●収録内容一覧

■2025年度中学受験用

山脇学園中学校

5年間(＋３年間HP掲載)スーパー過去問

入試問題と解説・解答の収録内容

2024年度　Ａ日程	算数・社会・理科・国語	実物解答用紙DL
2024年度　国・算１科午後	算数・国語	実物解答用紙DL
2023年度　Ａ日程	算数・社会・理科・国語	実物解答用紙DL
2023年度　国・算１科午後	算数・国語	実物解答用紙DL
2022年度　Ａ日程	算数・社会・理科・国語	実物解答用紙DL
2022年度　国・算１科午後	算数・国語	実物解答用紙DL
2021年度　Ａ日程	算数・社会・理科・国語	
2021年度　国・算１科午後	算数・国語	
2020年度　Ａ日程	算数・社会・理科・国語	
2020年度　国・算１科午後	算数・国語	

2019～2017年度(HP掲載)

「カコ過去問」
（ユーザー名）koe
（パスワード）w8ga5a1o

問題・解答用紙・解説解答DL

◇著作権の都合により国語と一部の問題を削除しております。
◇一部解答のみ（解説なし）となります。
◇９月下旬までに全校アップロード予定です。
◇掲載期限以降は予告なく削除される場合があります。

～本書ご利用上の注意～　以下の点について，あらかじめご了承ください。

★別冊解答用紙は巻末にございます。実物解答用紙は，弊社サイトの各校商品情報ページより，一部または全部をダウンロードできます。
★編集の都合上，学校実施のすべての試験を掲載していない場合がございます。
★当問題集のバックナンバーは，弊社には在庫がございません（ネット書店などに一部在庫あり）。

合格を勝ち取るための
『スーパー過去問』の使い方

本書に掲載されている過去問をご覧になって，「難しそう」と感じたかもしれません。でも，多くの受験生が同じように感じているはずです。なぜなら，中学入試で出題される問題は，小学校で習う内容よりも高度なものが多く，たくさんの知識や解き方のコツを身につけることも必要だからです。ですから，初めて本書に取り組むさいには，点数を気にしすぎないようにしましょう。本番でしっかり点数を取れることが大事なのです。

過去問で重要なのは「まちがえること」です。自分の弱点を知るために，過去問に取り組むのです。当然，まちがえた問題をそのままにしておいては意味がありません。

本書には，長年にわたって中学入試にたずさわっているスタッフによるていねいな解説がついています。まちがえた問題はしっかりと解説を読み，できるようになるまで何度も解き直しをしてください。理解できていないと感じた分野については，参考書や資料集などを活用し，改めて整理しておきましょう。

このページも参考にしてみましょう！

◆どの年度から解こうかな　「入試問題と解説・解答の収録内容一覧」

本書のはじめには収録内容が掲載されていますので，収録年度や収録されている入試回などを確認できます。

※著作権上の都合によって掲載できない問題が収録されている場合は，最新年度の問題の前に，ピンク色の紙を差しこんでご案内しています。

◆学校の情報を知ろう!!「学校紹介ページ」

このページのあとに，各学校の基本情報などを掲載しています。問題を解くのに疲れたら息ぬきに読んで，志望校合格への気持ちを新たにし，再び過去問に挑戦してみるのもよいでしょう。なお，最新の情報につきましては，学校のホームページなどでご確認ください。

◆入試に向けてどんな対策をしよう？「出題傾向＆対策」

「学校紹介ページ」に続いて，「出題傾向＆対策」ページがあります。過去にどのような分野の問題が出題され，どのように対策すればよいかをアドバイスしていますので，参考にしてください。

◇別冊「入試問題解答用紙編」

本書の巻末には，ぬき取って使える別冊の解答用紙が収録してあります。解答用紙が非公表の場合などを除き，(注) が記載されたページの指定倍率にしたがって拡大コピーをとれば，実際の入試問題とほぼ同じ解答欄の大きさで，何度でも過去問に取り組むことができます。このように，入試本番に近い条件で練習できるのも，本書の強みです。また，データが公表されている学校は別冊の１ページ目に過去の「入試結果表」を掲載しています。合格に必要な得点の目安として活用してください。

本書がみなさんの志望校合格の助けとなることを，心より願っています。

株式会社　声の教育社　編集部

山脇学園中学校

所在地	〒107-8371 東京都港区赤坂4-10-36
電　話	03-3585-3911～3
ホームページ	https://www.yamawaki.ed.jp/
交通案内	地下鉄銀座線ほか「赤坂見附駅」/千代田線「赤坂駅」/有楽町線ほか「永田町駅」/大江戸線ほか「青山一丁目駅」/銀座線ほか「溜池山王駅」より徒歩5～10分

くわしい情報はホームページへ

トピックス

★英語入試は英検3級相当以上の有資格者が対象（参考：昨年度）。
★英語・科学・リベラルアーツを学ぶ施設がそれぞれ設置されている。

創立年 明治36年 | 女子校 | 高校募集なし

応募状況

年度	募集数			応募数	受験数	合格数	倍率
2024	4科	A	約 65名	296名	282名	87名	3.2倍
	2科	B	約 50名	661名	513名	117名	4.4倍
	4科	C	約 40名	499名	354名	59名	6.0倍
	国・算		約 60名	800名	762名	311名	2.5倍
	探究		約 10名	60名	42名	7名	6.0倍
	英語	A		58名	57名	22名	2.6倍
	英語	B		96名	71名	16名	4.4倍
	英語	C	約55名	80名	59名	7名	8.4倍
	英語AL			119名	107名	25名	4.3倍
	帰国生			131名	126名	56名	2.3倍
2023	4科	A	約 65名	328名	310名	72名	4.3倍
	2科	B	約 50名	702名	571名	134名	4.3倍
	4科	C	約 40名	592名	444名	64名	6.9倍
	国・算		約 60名	780名	743名	259名	2.9倍
	探究		約 10名	77名	67名	10名	6.7倍
	英語	A		48名	44名	14名	3.1倍
	英語	B		85名	61名	14名	4.4倍
	英語	C	約55名	70名	42名	9名	4.7倍
	英語AL			74名	64名	15名	4.3倍
	帰国生			119名	112名	59名	1.9倍

2024年春の主な大学合格実績

＜国立大学＞
東京外国語大，お茶の水女子大，東京海洋大，金沢大

＜私立大学＞
慶應義塾大，早稲田大，上智大，東京理科大，明治大，青山学院大，立教大，中央大

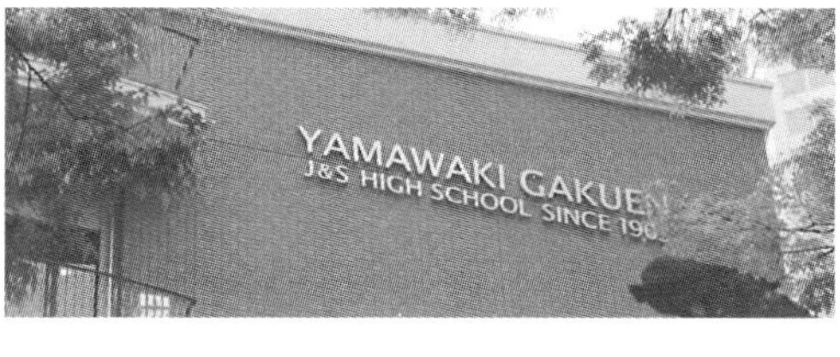

2024年度学校説明会等日程（※予定）

【オープンキャンパス】
第１回　６月22日　14：00～17：00
第２回　８月24日　９：00～12：30

【ナイト説明会】
第１回　５月22日　17：30～19：30
第２回　７月10日　17：30～19：30

【入試対策説明会＆自由見学】
第１回　10月５日　14：00～17：00
第２回　11月９日　13：30～17：00
第３回　12月14日　９：00～12：30
第４回　１月11日　13：30～17：00
※入試対策説明会＆自由見学は小６生対象です。

入試情報（参考：昨年度）

・入試日程：
　一般入試／英語入試
　A日程　2024年２月１日　８:20集合
　B日程　2024年２月２日　15:00集合
　C日程　2024年２月４日　８:20集合
　英語AL入試A　2024年２月１日　17:00集合
　英語AL入試B　2024年２月３日　14:30集合
　国・算１科入試　2024年２月１日　15:00集合
　探究サイエンス入試　2024年２月３日　14:30集合
・入試科目：
　一般入試（A，C）　国語・算数・社会・理科
　一般入試（B），英語入試　国語・算数
　英語AL入試　算数
　国・算１科入試　国語・算数より１科選択
　探究サイエンス入試　理科・課題研究
　※上記のほかに，帰国生入試（Ⅰ期・Ⅱ期）あり。

編集部注―本書の内容は2024年4月現在のものであり，変更されている場合があります。正式な情報は，学校のホームページ等で必ずご確認ください。

算数 出題傾向＆対策

◆基本データ（2024年度Ａ）

試験時間／満点	50分／100点
問題構成	・大問数…４題 計算・応用小問１題（９問）／応用問題３題 ・小問数…19問
解答形式	解答のみを記入するもののほかに，途中式や考え方を書くものもある。必要な単位などはあらかじめ印刷されている。
実際の問題用紙	Ａ４サイズ，小冊子形式
実際の解答用紙	Ａ３サイズ

◆出題傾向と内容

▶過去３年の出題率トップ３
１位：角度・面積・長さ12％　２位：四則計算・逆算10％　３位：体積・表面積７％

▶今年の出題率トップ３
１位：四則計算・逆算，角度・面積・長さ11％　３位：体積・表面積９％

大問１は，基礎的な計算力が問われる問題が集められています。純粋な計算問題２問程度と応用小問７問ほどがあり，濃度や旅人算，角度を求める問題などがよく出題されていますが，公式や基本的な解法をおさえておけば確実に得点できそうです。

そのほかの大問は，おおむね２～４問の小設問をともなった応用問題となっており，数量・図形・特殊算の各分野から標準的な問題がはば広く出題されていますが，全体的に図形の問題が多く見られます。

◆対策～合格点を取るには？

本校の問題は，ほとんどが基本的なことを問うものですから，計算ミスをなくし，小数や分数をふくめた四則計算を自由自在にこなすことを第一の目標におきましょう。

出題数の多い特殊算については，「○○算」といわれるものの基本をしっかり学習してください。

全体的にいえることは，基本的なことがらを各分野にわたってまんべんなく学習し，自分のものにすることです。本校の算数は，基本事項をしっかりおさえているかどうかが，合否の大きな分かれめとなっています。

分野 ＼ 年度		2024 A	2024 1科	2023 A	2023 1科	2022 A	2022 1科
計算	四則計算・逆算	◎	◎	◎	◎	◎	○
	計算のくふう				○		○
	単位の計算				○		
和と差	和差算・分配算		○				◎
	消去算	○					
	つるかめ算	○			○		○
	平均とのべ		○		○		
	過不足算・差集め算		○		○		
	集まり	○					
	年齢算						
割合と比	割合と比						
	正比例と反比例					○	
	還元算・相当算	○				○	
	比の性質			○	○		
	倍数算						
	売買損益	○		○	○		○
	濃度	○	○	○	○	○	○
	仕事算		○	○	○		○
	ニュートン算						
速さ	速さ			○			○
	旅人算			○		○	
	通過算						
	流水算	○	○			○	
	時計算						
	速さと比		○		○		○
図形	角度・面積・長さ	◎	◎	○	●	○	◎
	辺の比と面積の比・相似	◎		◎			
	体積・表面積	○	◎	◎	○	○	◎
	水の深さと体積	○	○			○	○
	展開図			○			
	構成・分割						○
	図形・点の移動			○	○		
表とグラフ		○				○	
数の性質	約数と倍数						
	N進数		○				
	約束記号・文字式		○				
	整数・小数・分数の性質			○	◎		
規則性	植木算						
	周期算					○	
	数列		○				○
	方陣算		○				
	図形と規則						○
場合の数							
調べ・推理・条件の整理			○	○		○	○
その他							

※　○印はその分野の問題が１題，◎印は２題，●印は３題以上出題されたことをしめします。

社会 出題傾向＆対策

◆基本データ（2024年度Ａ）

試験時間／満点	30分／60点
問題構成	・大問数…３題 ・小問数…21問
解答形式	記号選択と適語の記入のほか，１～２行程度の記述問題も出題されている。
実際の問題用紙	Ａ４サイズ，小冊子形式
実際の解答用紙	Ｂ４サイズ

分野		年度	2024	2023	2022	2021	2020
日本の地理		地図の見方	★	○	○	○	○
		国土・自然・気候	○	○	○	○	○
		資源					
		農林水産業	○	○	○	○	○
		工業		○		○	○
		交通・通信・貿易		○			
		人口・生活・文化	○		○		
		各地方の特色	○	○			
		地理総合		★	★	★	★
世界の地理							
日本の歴史	時代	原始～古代	○	○	○	○	○
		中世～近世	○	○	○	○	○
		近代～現代	○	○	○	○	○
	テーマ	政治・法律史					
		産業・経済史					
		文化・宗教史					
		外交・戦争史					
		歴史総合	★	★	★	★	★
世界の歴史							○
政治		憲法	○	○	○	★	
		国会・内閣・裁判所	○	○	○		
		地方自治					★
		経済		○			○
		生活と福祉	○				○
		国際関係・国際政治					
		政治総合	★	★	★		
環境問題					○		
時事問題							○
世界遺産							○
複数分野総合							

※　原始～古代…平安時代以前，中世～近世…鎌倉時代～江戸時代，近代～現代…明治時代以降

※　★印は大問の中心となる分野をしめします。

◆出題傾向と内容

●地理…地形図の読み取り，国土と自然，農林水産業，工業，交通，貿易，資源などのほか，一部の地域を取り上げて地勢と産業について問うものや，統計資料を用いたものが多く出されています。

●歴史…特定のテーマに沿った出題が多く，政治，文化や宗教，外交・戦争に関する問題のほか，世界遺産や世界の歴史なども出題されています。また，各時代の物や出来事，人物が問われるほか，年代順に並びかえさせる問題も多く出されています。

●政治…三権のしくみがよく取り上げられています。国会，内閣，裁判所のしくみとはたらきはよく理解しておいた方がよいでしょう。ほかに，経済（税金），地方自治，日本国憲法などが出題されています。なお，環境問題や国際関係が取り上げられているほか，ところどころ時事問題をあつかった小問も見られるので，注意が必要です。

◆対策～合格点を取るには？～

まず，基礎を固めることを心がけてください。教科書のほか，標準的な参考書を選び，基本事項をしっかりと身につけましょう。

地理分野では，地図とグラフを参照しながら，白地図作業帳を利用して地形と気候をまとめ，そこから産業のようすへと広げていってください。世界地理は小学校で取り上げられることが少ないため，日本とかかわりの深い国については，自分で参考書などを使ってまとめておきましょう。

歴史分野では，教科書や参考書を読むだけでなく，自分で年表を作って覚えると学習効果が上がります。それぞれの分野ごとにらんを作り，重要な出来事や事件，人物などを書きこんでいくのです。本校の歴史の問題にはさまざまな時代や分野が取り上げられていますから，この作業はおおいに威力を発揮するはずです。

政治分野では，日本国憲法の基本的な内容，特に政治のしくみが憲法でどう定められているかを中心に勉強してください。また，時事問題については関連する地理や歴史の知識をふくめて勉強しておくとよいでしょう。

理科 出題傾向＆対策

◆基本データ(2024年度Ａ)

試験時間／満点	30分／60点
問題構成	・大問数…４題 ・小問数…28問
解答形式	記号選択，用語や数値の記入が多いが，１行程度の短文記述も見られる。
実際の問題用紙	Ａ４サイズ，小冊子形式
実際の解答用紙	Ｂ４サイズ

◆出題傾向と内容

各分野からバランスよく出題されています。実験の結果をもとに考える問題や，見慣れないテーマを扱った問題がしばしば見られます。１つの大問で，複数の分野から出題されることもあります。

●生命…心臓のつくり，眼のつくりとはたらき，植物のつくりとはたらき，発芽の条件，人体などが出されました。

●物質…ものの燃え方，物質のすがた(ポンポン船のしくみ)，水溶液の性質，ものの溶け方などが出されました。

●エネルギー…物体の運動，ものの温まり方，光の性質，磁石の性質などから，いずれも，基本事項にそって考えれば正答が可能なものが出題されています。また，近年話題となっているエネルギー等の知識も出題されました。

●地球…雲と天候(水の循環，天気の変化，台風)，太陽系の惑星，地震などが取り上げられています。

分野＼年度		2024	2023	2022	2021	2020
生命	植物		★	★		★
	動物					
	人体	★			★	
	生物と環境					
	季節と生物					
	生命総合					
物質	物質のすがた					
	気体の性質					
	水溶液の性質				★	
	ものの溶け方		★			
	金属の性質					
	ものの燃え方					★
	物質総合			★		
エネルギー	てこ・滑車・輪軸					
	ばねののび方					
	ふりこ・物体の運動				★	★
	浮力と密度・圧力					
	光の進み方	○	★			
	ものの温まり方	★				
	音の伝わり方					
	電気回路	○				
	磁石・電磁石			★		
	エネルギー総合	★				
地球	地球・月・太陽系	★				
	星と星座					
	風・雲と天候		★	★		★
	気温・地温・湿度					
	流水のはたらき・地層と岩石					
	火山・地震				★	
	地球総合					
実験器具		○				
観察						
環境問題						
時事問題						
複数分野総合						

※　★印は大問の中心となる分野をしめします。

◆対策～合格点を取るには？～

本校の理科は，基礎的なものがほとんどです。したがって，基礎的な知識をはやいうちに身につけ，問題集で演習をくり返しましょう。

「生命」は，身につけなければならない基本知識の多い分野ですから，確実に学習しましょう。ヒトのからだのしくみ，動物や植物のつくりと成長などを中心に，ノートにまとめましょう。

「物質」では，気体や水溶液，金属などの性質に重点をおいて学習してください。そのさい，中和反応や濃度など，表やグラフの問題にも積極的に取り組むようにしましょう。ものの燃え方やものの溶け方，水の状態変化などにも注意をはらってください。

「エネルギー」では，ばねののび方，てこ，輪軸，ふりこの運動などについて，基本的な考え方をしっかりマスターし，さまざまなパターンの計算問題にチャレンジしてください。また，かん電池のつなぎ方や方位磁針のふれ方，磁力の強さなども出題が予想される単元です。

「地球」では，太陽・月・地球の動き，季節と星座の動き，天気と気温・湿度の変化，地層のでき方などが重要なポイントです。

国語　出題傾向＆対策

◆基本データ（2024年度Ａ）

試験時間／満点	50分／100点
問題構成	・大問数…４題 文章読解題３題／知識問題１題 ・小問数…24問
解答形式	記号選択と書きぬきのほかに，記述問題も見られる。記述問題には字数制限のあるものとないものがある。
実際の問題用紙	Ａ４サイズ，小冊子形式
実際の解答用紙	Ｂ４サイズ

◆出題傾向と内容

▶近年の出典情報（著者名）
説明文：市橋伯一　岩野卓司　岡田美智男
小　説：万城目学　菰野江名　柊サナカ

●読解問題…小説・物語文は，状況や動作・行動，登場人物の性格などとからめて心情を問うものが中心となっています。説明文・論説文は，論旨を正しく理解したうえで，接続語などの補充や理由を問うものなどが出題されます。

●知識問題…慣用句，ことわざ，四字熟語，敬語，外来語など，はば広く出題されています。漢字では，書き取りがほぼ毎年出題されているほか，同音異字，同訓異字や対になる漢字から成る熟語などが出題されています。

◆対策～合格点を取るには？～

長文読解問題の対策としては，日ごろから多くの文章に接して，読解力を十分につけておくことが大切です。そのさい，小説では登場人物の性格や気持ち，説明文では対比や言い換えに注目し，作者が伝えたいことがら（主題）をくみ取りながら読み進めるとよいでしょう。

表現力を養うためには，読書の後に要旨や感想を50～100字程度でまとめてみるのが効果的です。書き終えたら，主述の対応は問題ないか，漢字や接続語は正しく使えているかなどを確認し，先生や親に読んでもらいましょう。

漢字は，基本語中心の問題集などを利用して，毎日少しずつ練習しましょう。そのさい，一字一字の正確な書き取りを心がけてください。

分野＼年度			2024		2023		2022	
			Ａ	1科	Ａ	1科	Ａ	1科
読解	文章の種類	説明文・論説文	★	★	★	★	★	★
		小説・物語・伝記	★	★	★	★	★	★
		随筆・紀行・日記						
		会話・戯曲						
		詩						
		短歌・俳句						
	内容の分類	主題・要旨	○	○	○	○	○	○
		内容理解	○	○	○	○	○	○
		文脈・段落構成	○		○			○
		指示語・接続語	○	○	○	○	○	
		その他	○	○	○	○	○	○
知識	漢字	漢字の読み						○
		漢字の書き取り	○	○	○	○	○	○
		部首・画数・筆順						
	語句	語句の意味						
		かなづかい						
		熟語			○		○	
		慣用句・ことわざ	○				○	○
	文法	文の組み立て					○	
		品詞・用法						○
		敬語			○			
	形式・技法							
	文学作品の知識							
	その他		○				○	
	知識総合		★		★		★	
表現	作文							
	短文記述		○		○		○	
	その他							
放送問題								

※　★印は大問の中心となる分野をしめします。

2024年度 山脇学園中学校

【算　数】〈Ａ日程試験〉（50分）〈満点：100点〉

〈注意事項〉 • 円周率が必要なときは3.14を用いなさい。

• 必要ならば，「（角すい，円すいの体積）＝（底面積）×（高さ）÷３」を用いなさい。

1 次の□にあてはまる答を求めなさい。

(1) $2-\frac{1}{4}\div\left\{\left(1-\frac{3}{5}\right)-0.125\right\}-\left(\frac{3}{4}-\frac{7}{12}\right)\div1\frac{5}{6}=\square$

(2) $\frac{5}{7}+\frac{3}{28}\times\{4-(0.375+\square)\div1\frac{3}{8}\}=\frac{3}{4}$

(3) 算数の宿題が□問，出題されました。はじめの１日で，全体の$\frac{5}{17}$と４問を解きました。２日目に，残りの$\frac{3}{5}$と３問を解きました。残りの問題を数えたところ，３日目に５問解けば，宿題がすべて終わることが分かりました。

(4) ＡとＢの２種類の商品があります。Ａを20個とＢを15個買うと代金は9300円になり，Ａを25個とＢを10個買うと代金は9000円になります。Ａ１個の値段は［ア］円，Ｂ１個の値段は［イ］円です。

(5) ８％の食塩水320ｇと４％の食塩水□ｇと10％の食塩水280ｇを混ぜると7.7％の食塩水ができます。

(6) ある小学校の６年生に犬とネコを飼っているかどうかを調査しました。犬を飼っていると答えた人は全体の$\frac{5}{9}$で，ネコを飼っていると答えた人は全体の$\frac{7}{13}$，どちらも飼っていないと答えた人は全体の$\frac{23}{117}$でした。また，犬もネコも飼っていると答えた人は68人でした。この小学校の６年生は□人です。

(7) ある川では，24 kmはなれた上流と下流の2つの地点を，一定の速さで船が往復するのに，上りは3時間，下りは2時間かかります。この川沿いには，A町とB町があります。川の流れの速さが，いつもより毎時2 km速くなっていたとき，A町とB町を往復するのに2時間かかりました。A町とB町は［　　］kmはなれています。

(8) 図のように，三角形ABCを，点Aが辺BC上にくるように折りました。
角 x が角 y の2倍の大きさのとき，角 z の大きさは［　　］度です。

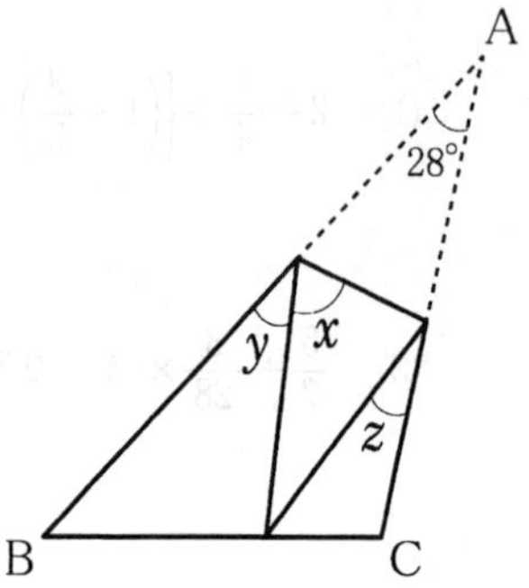

(9) 図は上に乗っている円柱が，下の円柱からはみ出さないように4つ重ねた立体です。それぞれの円柱の半径は，上から1 cm，2 cm，3 cm，4 cmで，円柱の高さはすべて2 cmです。この立体の表面積は［　　］cm^2 です。

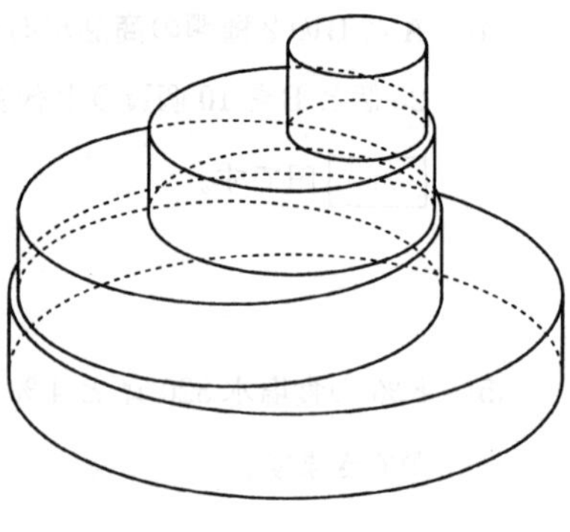

2 ある商品を600個仕入れ，仕入れ値の4割の利益をみこんで定価をつけました。この商品を3日間で売ることにします。定価で売れば，2割売れ残っても全体の利益が36000円となる予定でした。初日は定価で売っていましたが，売れ行きがあまりよくなかったので，2日目は定価の1割引きで売ることにしました。3日目は商品の残りが50個だったので，2日目の売り値のさらに1割引きで売ったところすべて売ることができ，3日間の全体の利益は100050円でした。次の各問いに答えなさい。

(1)　商品1個の仕入れ値は何円ですか。

(2)　3日目の売り値は何円ですか。

(3)　2日目に売れた商品は何個ですか。

3 図の四角形ABCDは平行四辺形です。辺AB上にAE：EB＝2：3となるように点Eをとり，辺AD上の真ん中に点Fをとりました。CE,CFが対角線BDと交わる点をそれぞれG,Hとします。平行四辺形ABCDの面積が32 cm^2であるとき，次の各問いに答えなさい。

(1)　BG:GDを最も簡単な整数の比で答えなさい。

(2)　三角形CGHの面積は何 cm^2 ですか。

(3)　五角形AEGHFの面積は何 cm^2 ですか。

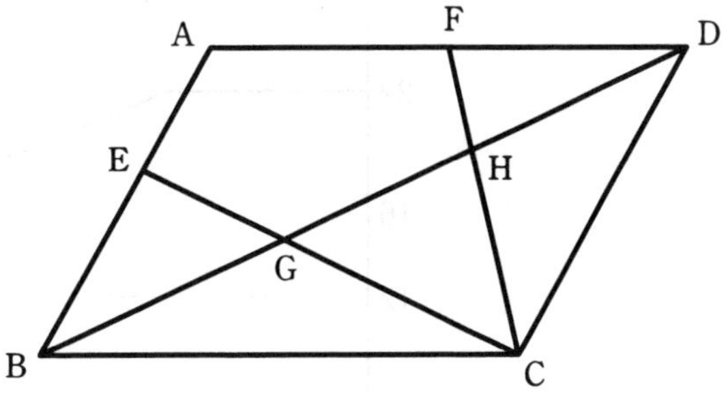

4 図のような直方体をつなげた形の水が入った容器の中に，糸のついた直方体のおもりがしずんでいます。糸を使って，おもりをかたむけずに一定の速さで引き上げました。下のグラフは，おもりを引き上げ始めてからの時間と水面の高さの関係を表したものです。次の各問いに答えなさい。ただし，糸の体積は考えないものとします。

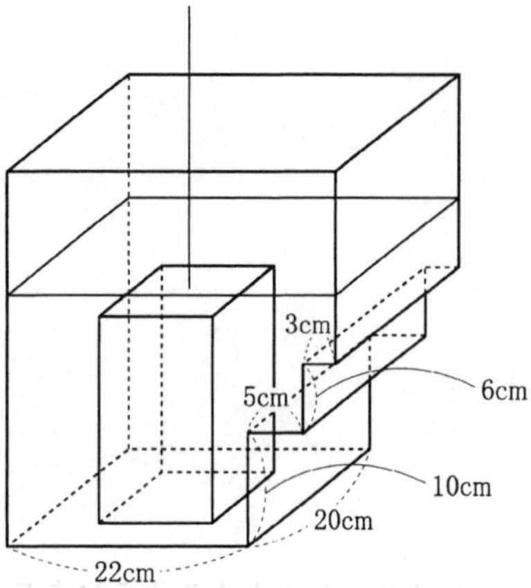

正面から見た図

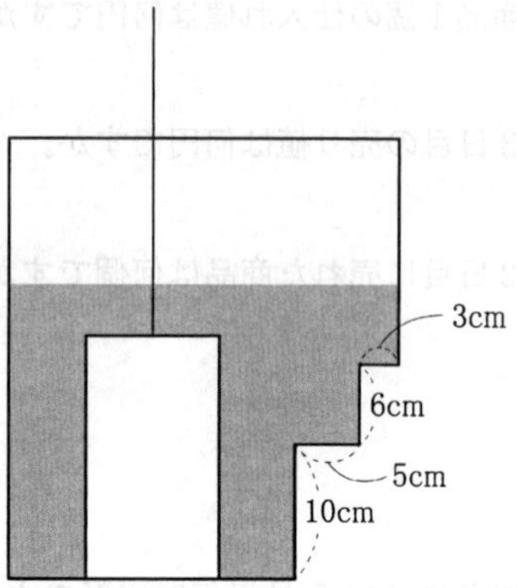

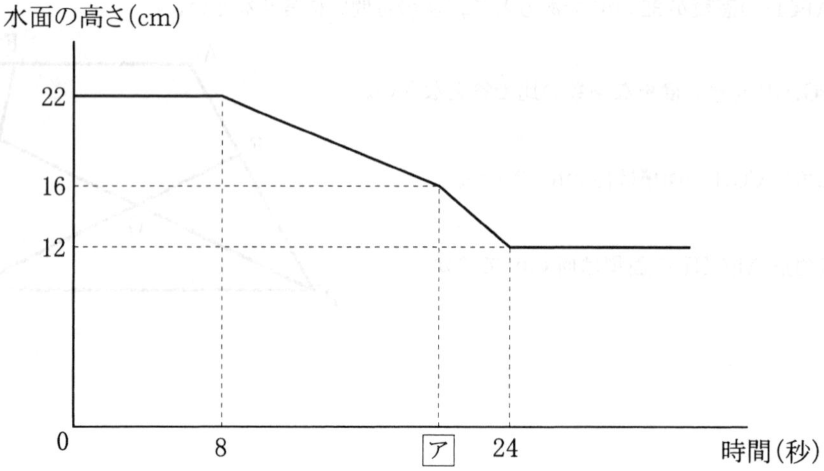

(1) 容器に入っていた水の体積は何 cm^3 ですか。

(2) おもりの高さは何 cm ですか。

(3) おもりの底面積は何 cm^2 ですか。

(4) グラフの［ア］にあてはまる数を答えなさい。

【社　会】〈A日程試験〉(30分)〈満点：60点〉

1　地理院地図をもとに作成した次の地図を見て、各問いに答えなさい。

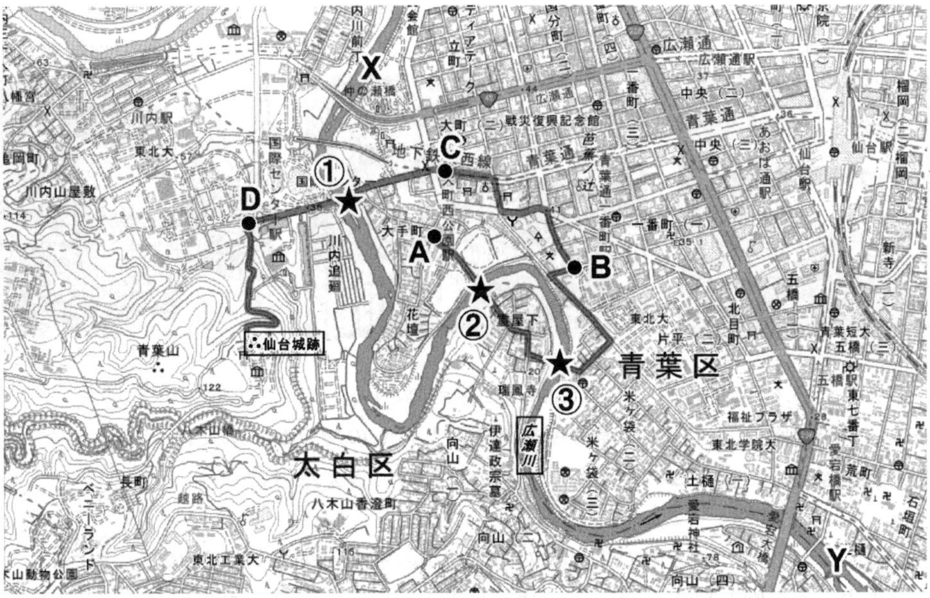

〈編集部注：編集上の都合により原図を80%に縮小しました。〉

問１　地図中には、地点Aをスタートとして**仙台城跡**まで歩いたルートが書きこまれています。（１）～（５）の問いに答えなさい。

（１）地点Aから**仙台城跡**までのルートは地図上での長さが15㎝あります。実際の距離は、何kmになるかを求めなさい。なお、地図の縮尺は25000分の１とします。

図１

（２）図１は、地図中の★①～③のいずれかの橋から、**広瀬川**の下流側を撮影《さつえい》したものです。地図中のXとYはいずれかが**広瀬川**の下流です。撮影した橋と**広瀬川**の下流の組み合わせとして正しいものを**ア～カ**の中から１つ選び、記号で答えなさい。

ア　橋は①、下流はX　　**イ**　橋は①、下流はY
ウ　橋は②、下流はX　　**エ**　橋は②、下流はY
オ　橋は③、下流はX　　**カ**　橋は③、下流はY

（３）**仙台城跡**と地点Bの標高の差はどれくらいですか。最も近いものを**ア～エ**の中から１つ選び、記号で答えなさい。

ア　40m　　**イ**　80m　　**ウ**　120m　　**エ**　160m

（４）地点Bから見た地点Cの方角を**ア～エ**の中から１つ選び、記号で答えなさい。

ア　北西　　**イ**　北東　　**ウ**　南西　　**エ**　南東

（5）次の**ア**～**ウ**は、地点**B**から地点**C**まで歩いている間にまちなみを撮影したものです。撮影した順番に並べかえなさい。

ア（裁判所）

イ（小学校）

ウ（消防署）

問２　次の図２について、（１）～（５）の問いに答えなさい。

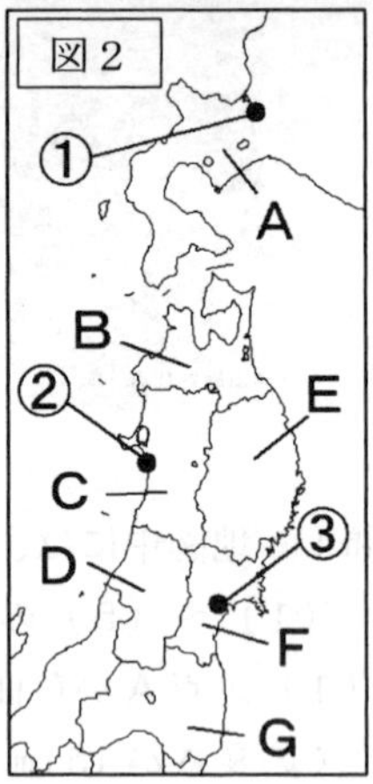

（１）前のページの地図はどこの県の県庁所在地を示したものですか。あてはまる県の位置を図２中の**B**～**G**の中から１つ選び、記号で答えなさい。

（２）次の雨温図**X**～**Z**は、図２中の①～③のいずれかの都市の気温と降水量を表しています。雨温図と都市の組み合わせとして正しいものを**ア**～**カ**の中から１つ選び、記号で答えなさい。

ア　①－X　②－Y　③－Z　　**イ**　①－X　②－Z　③－Y
ウ　①－Y　②－X　③－Z　　**エ**　①－Y　②－Z　③－X
オ　①－Z　②－X　③－Y　　**カ**　①－Z　②－Y　③－X

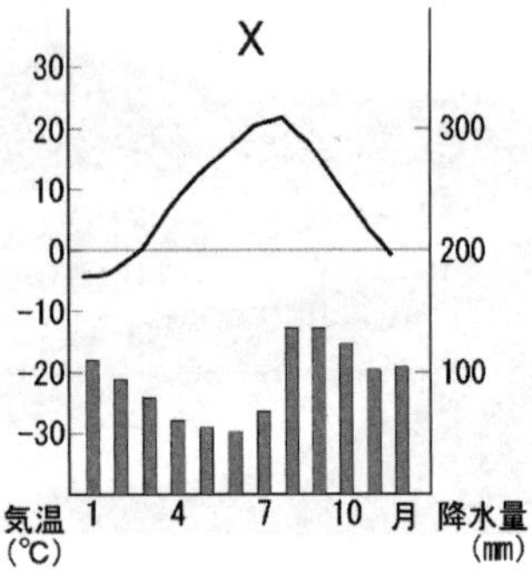

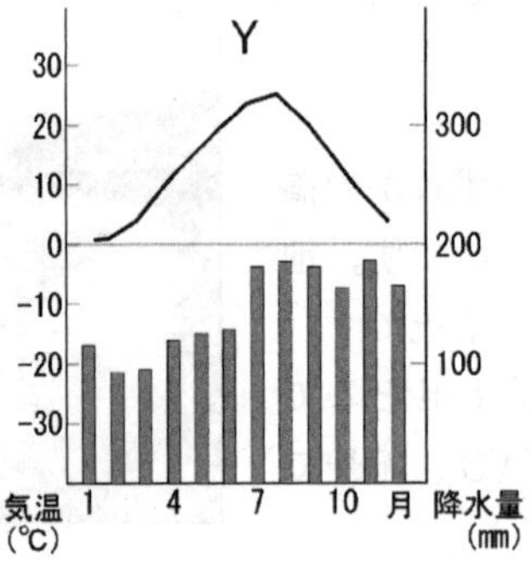

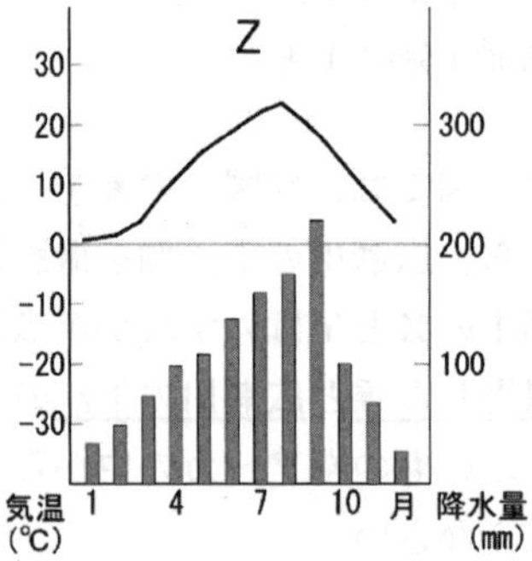

（３）右の表はある農作物・畜《ちく》産物の生産量（2021年）が５位以内に入る都道府県を示しています。表中のⅠとⅡにあてはまる農作物・畜産物の組み合わせとして正しいものを**ア**～**エ**の中から１つ選び、記号で答えなさい。なお、表中の**A**～**G**は図２中の記号と一致《いっち》しています。

ア　Ⅰ－ぶた　　　Ⅱ－西洋なし
イ　Ⅰ－ぶた　　　Ⅱ－りんご
ウ　Ⅰ－乳用牛　　Ⅱ－西洋なし
エ　Ⅰ－乳用牛　　Ⅱ－りんご

	Ⅰ	Ⅱ
1位	A	B
2位	栃木	長野
3位	熊本	E
4位	E	D
5位	群馬	G

「日本図勢図会 2023/24」より作成

（４）図２中のＣ県を生産地とする伝統工芸品を**ア**～**オ**の中から１つ選び、記号で答えなさい。

ア　南部鉄器　　**イ**　津軽ぬり　　**ウ**　曲げわっぱ　　**エ**　伝統こけし　　**オ**　将棋こま

（５）図２中のＢ県・Ｅ県・Ｆ県にかけて太平洋側に広がる三陸海岸について述べた文として、内容が誤っているものを**ア**～**エ**の中から１つ選び、記号で答えなさい。

ア　海岸線はのこぎりの歯のように出入りがはげしくなっている。

イ　松島湾や仙台湾では、かきの養殖がさかんとなっている。

ウ　沖合には、親潮と黒潮がぶつかる潮目ができ、よい漁場になっている。

エ　北上川が運んできた土や砂が、河口付近に積もってできた平地が広がっている。

問３　あなたは、社会科の授業で仙台市のまちづくりについて調べることになり、発表用の【原稿】と【資料】をつくっています。本文中の図５はどのような題名のグラフにしたらよいでしょうか。解答らんの「仙台市内の移動における」に続けて書きなさい。なお、設問の関係上、図５は示していません。

【原稿】

まずは図３を見てください。仙台市では、65 歳以上の人口の割合が年々高くなってきています。つぎに図４を見ると、仙台市における人口集中地区の面積は拡大傾向にあることが読み取れます。しかし、それに反比例して人口密度は低くなってきています。図５の内訳を見ると、多くの年代で、市内を移動する手段として徒歩や自転車よりも、自家用車への依存《いぞん》の割合が高いことが読み取れます。図４から分かるように、市街地が広いため移動距離が長く、自家用車が生活に欠かせないことを意味しています。そして、図５からは、交通弱者が高齢者に多いという、仙台市のかかえる課題が見えてきます。

以上の図３・図４・図５から読み取ったことを総合的に考えると、次のように言えます。これからの仙台市のまちづくりは、増加する高齢者のためにも、自家用車に依存した拡大型の市街地形成から、鉄道を中心とする集約型の市街地形成への転換を図ることが重要なのではないかと思います。

【資料】

図3. 仙台市における65歳以上の人口の割合

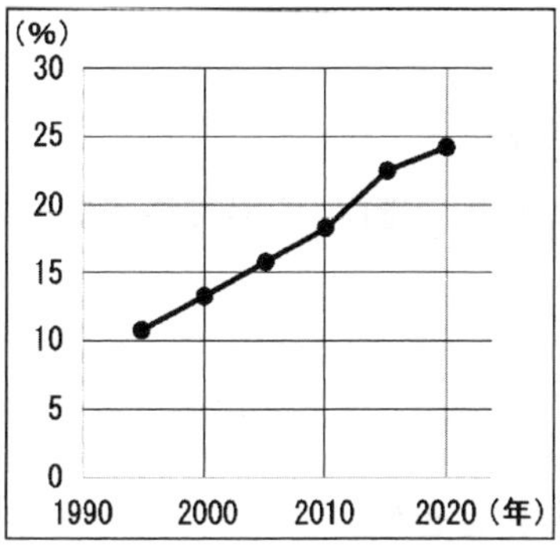

図4. 仙台市における人口集中地区の面積と人口密度の推移

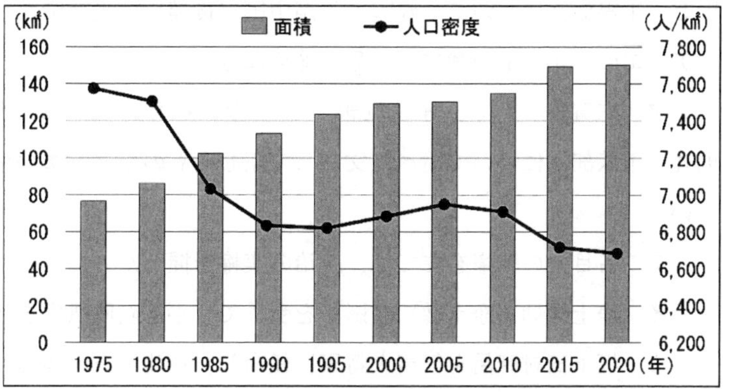

図3・図4ともに『仙台市統計書』より作成

2 次の文を読んで、各問いに答えなさい。

大小無数の島から形成されている日本では、古くから海上交通がさかんだったと考えられています。日本の船の起源は①縄文時代の丸木舟とされています。これは一本の木をくり抜いた船で、人びとは沿岸や河川などでの交通や漁に用いましたが、時には海を渡ることもありました。さらに、弥生時代にはより大型の船が利用され、②中国に使者を送っていることから、このころには中国に達する航路が開けていたと考えられます。

607年には、聖徳太子（厩戸皇子）が〔　A　〕を遣隋使として派遣し、隋との間に正式な国交が開かれました。その後、唐の政治のしくみや文化を取り入れるため、遣唐使が十数回派遣されました。894年、大使に任命された〔　B　〕の進言によって遣唐使が廃止されると、いったん大陸との行き来は途絶えました。平安時代末期になると、③平清盛は日宋貿易による富に着目して瀬戸内航路の整備につとめ、海上交通を守る〔　C　〕を修造しました。〔C〕は現在の広島県にあり、1996年にユネスコの世界文化遺産に登録されました。

室町時代には、〔　D　〕が明との間で勘合貿易を開始しました。外国との貿易が再びさかんになるとともに、造船技術も進みました。④織田信長、⑤豊臣秀吉、⑥徳川家康はともに海外貿易に熱心でしたが、江戸幕府第３代将軍〔　E　〕の時代には鎖国政策をとりました。⑦外国との交易は限られましたが、国内では海上交通が発展し、⑧江戸時代の経済や文化を支える大きな役割を果たしました。

1853年、ペリーが浦賀を訪れたことがきっかけとなって⑨日本は開国し、その後明治維新を迎えました。⑩明治政府は海運を拡大するために、民間海運会社を支援する政策を採用しました。そして、1885年には日本郵船会社が誕生しました。その後、日本の海運会社は積極的に外国航路を開き、⑪日清戦争・日露戦争による特需も日本の海運の発展につながりました。造船業も次第にその基盤を固めて、外国航路に就航する大型汽船の多くが国内で建造されるようになりました。

問１　空らん〔　A　〕～〔　E　〕に入る語句を、それぞれ漢字で答えなさい。

問２　下線部①の遺跡と考えられているものを**ア**～**エ**の中から１つ選び、記号で答えなさい。

ア　三内丸山遺跡　　**イ**　岩宿遺跡　　**ウ**　吉野ヶ里遺跡　　**エ**　登呂遺跡

問３　下線部②について、奴国の王が中国（後漢）の光武帝から送られた金印が出土した場所を**ア**～**エ**の中から１つ選び、記号で答えなさい。

ア　志賀島　　**イ**　琉球　　**ウ**　対馬　　**エ**　佐渡島

問４　下線部③について述べた文として正しいものを**ア**～**エ**の中から１つ選び、記号で答えなさい。

ア　名目上の執権を立てて、政治の実権を握った。

イ　浄土信仰（浄土教）の影響を受けて、平等院鳳凰堂を建てた。

ウ　坂上田村麻呂を征夷大将軍に任命し、東北地方の蝦夷を平定させた。

エ　太政大臣になり、藤原氏のように娘を天皇のきさきにし、朝廷の要職を一族で独占した。

問5　下線部④について、1575年の戦いに関する短文を読み、空らんに入る語句の組み合わせとして正しいものを**ア**～**カ**の中から1つ選び、記号で答えなさい。

このできごとは［X］の戦いと呼ばれます。織田信長は、［Y］を使用して戦いを有利にすすめ、［Z］の騎馬隊を破りました。

ア　X－桶狭間　Y－鉄砲　Z－武田氏

イ　X－桶狭間　Y－てつはう　Z－武田氏

ウ　X－桶狭間　Y－てつはう　Z－今川氏

エ　X－長篠　Y－てつはう　Z－今川氏

オ　X－長篠　Y－鉄砲　Z－武田氏

カ　X－長篠　Y－鉄砲　Z－今川氏

問6　下線部⑤は全国の田畑の面積や等級、耕作者を調べさせました。この政策を何といいますか。漢字で答えなさい。

問7　下線部⑥が奨励した貿易についての短文を読み、空らんに入る語句の組み合わせとして正しいものを**ア**～**エ**の中から1つ選び、記号で答えなさい。

朱印船が東南アジアに渡航して行った貿易で、日本は主に［X］を輸出し、［Y］を輸入しました。

ア　X－金　Y－木綿　　　**イ**　X－金　Y－生糸

ウ　X－銀　Y－木綿　　　**エ**　X－銀　Y－生糸

問8　下線部⑦について、長崎で交易を行うことを許されていたのは、中国とどこの国ですか。

問9　下線部⑧について述べた文として誤っているものを**ア**～**エ**の中から1つ選び、記号で答えなさい。

ア　千歯こきや備中ぐわなどの新しい農具が生まれ、農業生産が増大した。

イ　商工業者は同業者組合である株仲間をつくり、幕府に税を納めて営業を独占した。

ウ　大名や大商人の間で流行していた茶の湯を、千利休が茶道として大成した。

エ　井原西鶴は『日本永代蔵』などの浮世草子で、町人の生活をいきいきとえがいた。

問10　下線部⑨について、開国後のできごと**A**～**D**を年代順に並べかえ、記号で答えなさい。

A　大政奉還が行われた。　　　**B**　薩長同盟が成立した。

C　戊辰戦争が始まった。　　　**D**　桜田門外の変が起きた。

問11　下線部⑩が行ったこととして誤っているものを**ア**～**エ**の中から1つ選び、記号で答えなさい。

ア　地租改正を行った。　　　**イ**　普通選挙制を実現した。

ウ　徴兵令を出した。　　　**エ**　義務教育制度を定めた。

問１２　下線部⑪について、（１）～（２）の問いに答えなさい。

（１）日清戦争で、日本が朝鮮に出兵することになった直接的なきっかけとして正しいものを**ア**～**エ**の中から１つ選び、記号で答えなさい。

ア　甲午農民戦争が起きた。　　**イ**　日英同盟が成立した。

ウ　三国干渉を受けた。　　**エ**　関税自主権を回復した。

（２）日露戦争前後、日本国内の産業ではどのような分野が発展しましたか。「賠償金」「官営」の２語を使って具体的に説明しなさい。

3　次の、中学生の一子さんと友美さんの会話文を読み、各問いに答えなさい。

一子「ねぇねぇ、知ってる？2022 年度に高齢者がもらえる①年金の額が引き下げられたんだって。このまま少しずつもらえる額が少なくなっていったら……私たちが高齢者になるころには、年金がもらえなくなっているかもしれないね。」

友美「そうなの！？さすがにそうはならないと思うけどなぁ。現に、2023 年度にもらえる年金の額は、2022 年度に比べて増えているよ。」

一子「そうなんだ。たしかに、②憲法第２５条１項には、『すべて国民は〔　A　〕で〔　B　〕な〔　C　〕の生活を営む権利を有する』と定められているし。国は、私たちの生活を向上させるために、いろいろなことをしないといけないしね。」

友美「そうなんだけどね。『年金制度をなくします！』って③選挙に出て、当選する議員はいないだろうし。でも、私たちが将来もらえる年金の額が、ものすごく少なくなってしまうことは、あり得る話だよね……」

一子「いやだなぁ。生まれてくる子どもの数も減っているし、この先大丈夫かなぁ……いっそのこと、④日本国憲法に『年金の額は減らしません』って書いてしまうのはどうかな。」

友美「さすがにそれは無理があると思うけど……⑤私たちも、年金がずっともらえる社会にするためにはどんな制度が望ましいのか、そもそも年金制度が本当に必要なのかもふくめて、考えて話し合わないといけないのかもしれないね。」

問１　空らん〔　A　〕～〔　C　〕に入る語句を、それぞれ漢字で答えなさい。

問２　下線部①について、年金保険制度は、社会保障制度の「四つの柱」の一つに数えられます。「四つの柱」とは、具体的には、社会保険・社会福祉・〔　D　〕・公衆衛生を指します。空らん〔D〕に入る語句を、**ア**～**エ**の中から１つ選び、記号で答えなさい。

ア　治安維持　　**イ**　公共事業　　**ウ**　経世済民　　**エ**　公的扶助

問３　下線部②について、この日本国憲法の条文は国民の何の権利を表していますか。漢字３文字で答えなさい。

問４　下線部③について、日本では、選挙で投票することのできる年齢は満何歳からですか。

問５　下線部④のように憲法に新たな文章を書き加えるためにも、憲法改正の手続きが必要とされます。憲法改正の手続きは、日本国憲法第９６条１項に明記されています。以下の文章の空らん〔　Ｅ　〕～〔　Ｈ　〕に入る語句を、それぞれ答えなさい。なお、空らん〔Ｅ〕と〔Ｈ〕については、**ア**～**オ**から選び、記号で答えなさい。

> 日本国憲法９６条１項
> 「この憲法の改正は、各議院の総議員の〔　Ｅ　〕以上の賛成で、国会が、これを〔　Ｆ　〕し、〔　Ｇ　〕に提案してその承認を経なければならない。この承認には、特別の〔Ｇ〕投票又は国会の定める選挙の際行はれる投票において、その〔　Ｈ　〕の賛成を必要とする。」

ア　３分の１　　**イ**　半数　　**ウ**　過半数　　**エ**　３分の２　　**オ**　４分の３

問６　下線部⑤について、この国をより良い国にしていくためには、私たち自身が日々議論をし、それを選挙での投票を通じて政策に反映させていくことが必要です。以下の選挙ポスターを見て、あなたが投票するとしたら、どちらに投票しますか。どちらに投票するかを明らかにし、**「安定」**の語句を必ず使い、その理由を１文で簡潔に答えなさい。

山脇　愛美

現在の社会保障の仕組みを廃止し、全ての国民に、毎月 ８ 万円を配布します！

山脇　小百合

年金を払う人がもらう賃金や物の価格が変化する割合に応じて、年金額を調節します！

【理　科】〈A日程試験〉(30分)〈満点：60点〉

1 熱の伝わり方について、次の問いに答えなさい。

問1　**図1**のように飯ごうの中に水を入れ、湯をわかしたとき、次の**A**～**C**が起こりました。それぞれの熱の伝わり方を**漢字2字**で答えなさい。

A　飯ごうの側面に手をかざすと、熱く感じる。

B　水全体に熱が伝わり、湯がわく。

C　飯ごうの持ち手の部分が熱くなる。

図1

問2　飯ごう内の水での熱の伝わり方を、解答用紙の図に**矢印**でかき入れなさい。ただし、解答用紙の図のように飯ごうのふたは開いているものとします。

問3　次の①～④は問1の**A**～**C**の熱の伝わり方のどれともっとも関係がありますか。**A**～**C**からそれぞれ1つずつ選び、記号で答えなさい。ただし、同じ記号を何度使ってもかまいません。

①　クーラーは部屋の上部に設置することが多い。

②　日なたにいると暑いが、日かげに入るとすずしくなる。

③　カイロをにぎると手があたたかくなる。

④　ホットプレートで肉を焼く。

問4　**図2**のように、厚さが等しい1辺10 cmの正方形の鉄板を7枚つないで作った金属板があります。この金属板の**あ**～**お**の部分にろうをぬり、**×**印の部分に熱を加えました。ろうはどの順番でとけ始めますか。**あ**～**お**の記号で答えなさい。ただし、熱の伝わり方は金属のつなぎ目による影響《えいきょう》を受けないものとします。

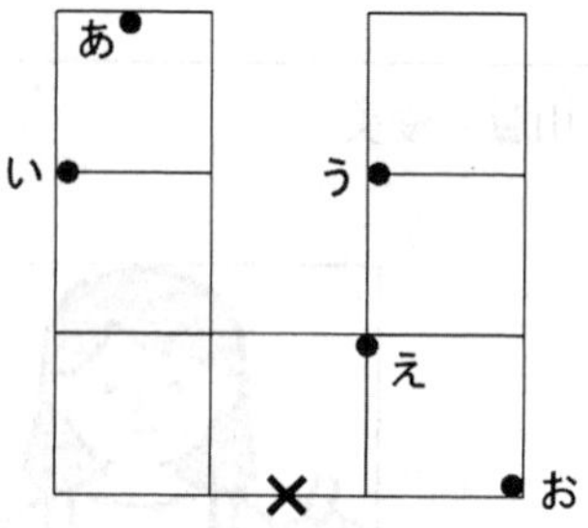

図2

問5　金属は種類によって熱の伝わりやすさが異なります。厚さが等しい1辺3 cmの正方形の銅板(色付き)と鉄板(色付き以外)をつないで、下の①～③のような金属板を作りました。それぞれの**×**印を加熱すると、もっともはやく●印にぬったろうがとけ始めるものはどの金属板ですか。正しく選んでいるものを次の**ア**～**キ**から1つ選び、記号で答えなさい。ただし、銅は鉄に比べて熱の伝わりやすさが5倍大きいとします。また、加熱しているとき、金属板以外の条件はすべて同じものとし、熱の伝わり方も金属のつなぎ目による影響を受けないものとします。

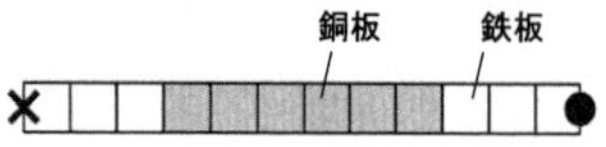

①

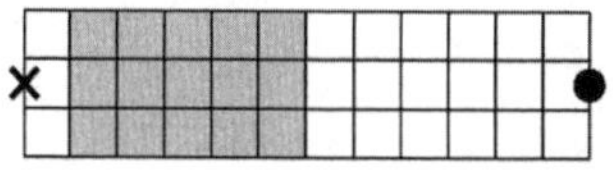

②

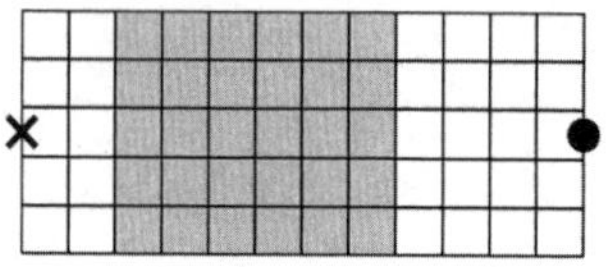

③

ア　①　　**イ**　②　　**ウ**　③　　**エ**　①と②　　**オ**　①と③　　**カ**　②と③　　**キ**　①と②と③

2 次の文章を読み、あとの問いに答えなさい。

宇宙には多くの天体があります。例えば、太陽のように①自分で光を出す天体もあれば、他の天体が出した光を反射して光っているものもあります。さらに、自分で光を出す天体のまわりを周っている（　②　）と呼ばれる天体もあります。私たちが住んでいる地球は（②）の一つです。太陽のまわりを周っている（②）は、地球も含《ふく》めて全部で（　③　）個あり、この中で、太陽から１番遠い（②）は（　④　）です。（②）の中には、そのまわりを周る（　⑤　）を持っている天体もあります。太陽系内でも、（⑤）の数は（②）によって様々です。例えば、（⑤）を１個持っている（②）は（　⑥　）です。

問１　下線部①について、このような天体を何というか答えなさい。

問２　文章中の（　②　）～（　⑥　）に当てはまることばや数字を答えなさい。

問３　太陽系の（　②　）の中には「環《わ》」と呼ばれるものを持っている天体がいくつかあります。「環」を持つ天体の名前を１つ答えなさい。

問４　「明けの明星《みょうじょう》」や「宵《よい》の明星」とも呼ばれる天体の名前を答えなさい。

問５　実は、地球のまわりには人工（⑤）もたくさん存在しています。人工（⑤）を打ち上げる目的を１つ説明しなさい。

問６　今、太陽から地球に届いている光は何分何秒前に太陽を出発した光ですか。整数で答えなさい。ただし、太陽から地球までの距離《きょり》は１億 5000 万 km、光速（光の速さ）は秒速 30 万 km とします。

問７　天体どうしの距離は「光年」という単位を用いて表します。１光年とは光が１年間で進む距離のことです。１光年は何 km ですか。もっとも近いものを次の**ア**～**エ**から１つ選び、記号で答えなさい。ただし、光速は秒速 30 万 km とします。

ア　１兆 km　　**イ**　５兆 km　　**ウ**　10 兆 km　　**エ**　20 兆 km

問８　太陽のまわりを周っている天体Ａが**右図**のように、ちょうど太陽・地球と一直線に並んでいたとします。この３つの天体が再び「太陽－地球－天体Ａ」のように一直線に並ぶのは何年後になりますか。四捨五入して小数第１位までで答えなさい。ただし、地球および天体Ａの公転周期はそれぞれ１年、1.9 年とします。

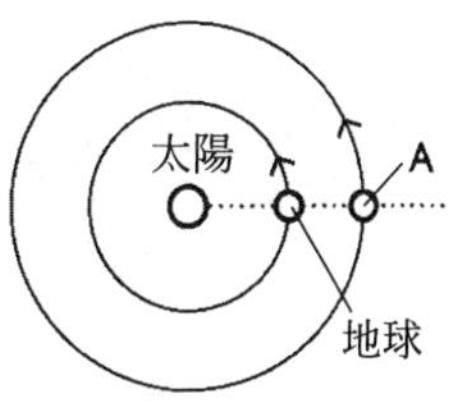

※図中の矢印の向きは公転の方向を示しています。

3　次の文章を読んで、あとの問いに答えなさい。

人体にはいろいろな種類の臓器があり、古来より「五臓六腑《ろっぷ》」という言葉も使われています。しかし、現代では「五臓」ではなく「①六臓」だと考えられています。

「六臓」の１つである②心臓は体全体に血液を送り出すポンプの役割を果たしています。体内にある③血液の総重量は、そのヒトの体重のおよそ13分の１と言われています。それだけの血液が心臓から送り出され、全身をまわって、また心臓にもどってくることになります。この時、④血管の壁《かべ》には心臓から送り出された血液によって押《お》される力がはたらいています。

この押す力を「⑤血圧」といい、単位は「mmHg（ミリメートル エイチジー）」を使います。「Hg」は液体の金属である水銀を表しています。例えば、血圧10 mmHg とは、血管に「水銀の柱を10 mm押し上げる力」がはたらいているということになります。（図１）

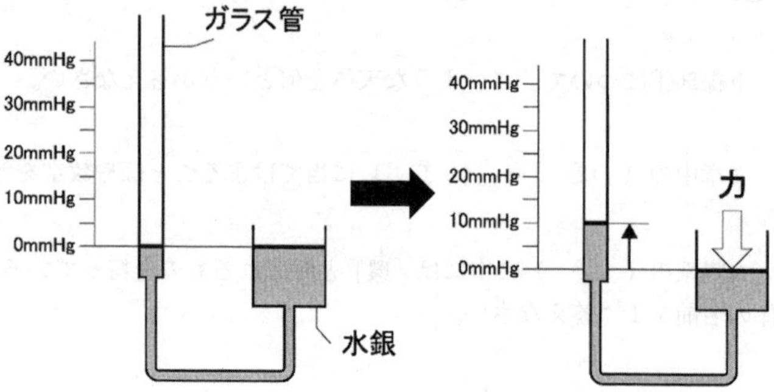

図１

また、血圧を測定すると「最高血圧」と「最低血圧」という２つの値《あたい》が出てきます。高血圧と呼ばれる状態の１つの目安として、「安静時に最高血圧が140 mmHg以上もしくは最低血圧90 mmHg以上」というものがあります。⑥高血圧の状態が続くと、血管に負担がかかり命の危険にかかわってくることがあるので、高血圧にならないように普段の生活から気を付ける必要があります。

問１　下線部①について、「六臓」に含まれるものを心臓以外で２つ答えなさい。

問２　下線部②について、次の問いに答えなさい。

（１）ヒトの心臓とそこにつながる血管の模式図《もしきず》として、正しいものを次の**ア**～**エ**から１つ選び、記号で答えなさい。

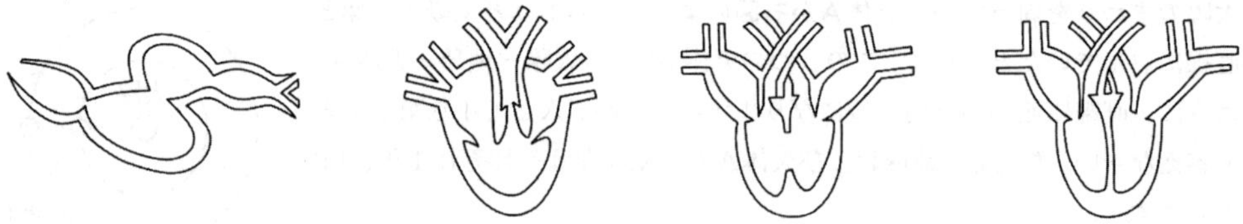

ア　　　　**イ**　　　　**ウ**　　　　**エ**

（２）成人のヒトの心臓の大きさはにぎりこぶし１個分と言われています。成人のヒトの心臓の重さとして近いものを次の**ア**～**エ**から１つ選び、記号で答えなさい。

ア　約50 g　　**イ**　約200 g　　**ウ**　約500 g　　**エ**　約1 kg

問３　下線部③について、体重が40 kgのヒトの血液の総重量は何kgになりますか。四捨五入して小数第１位までで答えなさい。

問4　ある人が心臓のはく動する回数を1分間測定したところ70回でした。心臓が体内の全血液を送り出すのにかかる時間はおよそ何秒ですか。四捨五入して整数で答えなさい。ただし、体内には血液が5Lあり、1回のはく動により心臓から75mLの血液が送り出されるものとします。

問5　下線部④について、次の（1）～（3）の血管の名前をそれぞれ答えなさい。
（1）心臓から送り出された血液が通る血管
（2）心臓にもどってくる血液が通る血管
（3）（1）と（2）の間をつなぐ血管

問6　下線部⑤について、次の文章の［A］・［B］に入る数字を答えなさい。ただし、Bに入る数字は四捨五入して小数第1位まででで答えなさい。

最高血圧が150 mmHgの時「血管には血液を何m押し上げる力」が加えられているかを考えます。150 mmHgとは「水銀を150 mm＝［A］m押し上げる力」が加えられているということです。水銀は重い液体で、1Lあたり13.6 kgもあります。水銀1Lを［A］m押し上げる力があれば、血液1L（1.05 kg分）を［B］m押し上げることができます。つまり、「血管には血液を［B］m押し上げる力」が加えられていることがわかります。

問7　下線部⑥について、高血圧にならないように、普段の生活の中でどのようなことに取り組めば良いですか。具体的な取り組みを簡単に説明しなさい。

4 次の文章を読んで、あとの問いに答えなさい。

［1］ YさんとFさんが、授業で学習した光電池について会話をしています。

Y：光電池（太陽電池）は<u>再生可能エネルギーの一つである太陽光</u>を利用して発電するから、ゴミやはい気ガスを出さない、環境《かんきょう》にやさしい発電方法だね。

F：でも、私たちは光電池の性質についてあまり知らないから、夏の自由研究で調べてみない？

Y：いいね！じゃあ、まずは実験用の回路を組み立てるために、電流計の使い方を確認してみよう。

F：電流計は回路に（ **あ** ）つなぎで、電流計の＋端子《たんし》と光電池の（ **い** ）端子を導線《どうせん》でつなぐんだね。電流計の一端子は「 50ミリアンペア」「 500ミリアンペア 」「 5アンペア 」の3つがあるけど、どこにつなげればいいんだっけ？

Y：最初は（ **う** ）電流がはかれる（ **え** ）アンペアの端子につなぐんだよ。

F：これで回路を組み立てることができるね。さっそく実験してみよう！

【実験1】光電池から作られる電流の大きさを調べる

快晴の日の正午に、山脇学園の屋外実験場で光電池を南向きに設置しました。**図1**は実験で使用した光電池を横から見たものです。

光電池と水平な地面との角度を変化させながら、光電池から作られる電流の大きさをはかりグラフにしました。

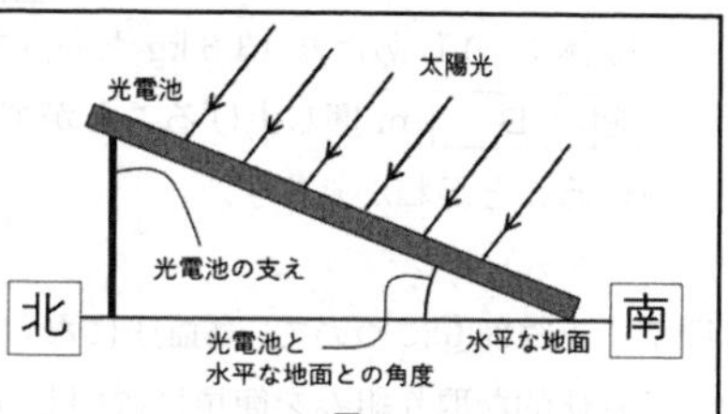

図1

問1 会話文中の下線部について、太陽光以外の再生可能エネルギーを2つ答えなさい。

問2 会話文中の（あ）～（え）に当てはまる数字やことばを次の**ア～コ**から1つずつ選び、記号で答えなさい。

ア 直列　**イ** 並列《へいれつ》　**ウ** ＋　**エ** ー　**オ** 最も大きい
カ 中間の　**キ** 最も小さい　**ク** 50ミリ　**ケ** 500ミリ　**コ** 5

問3 **実験1**の結果を表すグラフとして、もっとも適切なものはどれですか。次の**ア～カ**から1つ選び、記号で答えなさい。ただし、縦軸《たてじく》は光電池から作られる電流の大きさ、横軸は光電池と水平な地面との角度を示します。

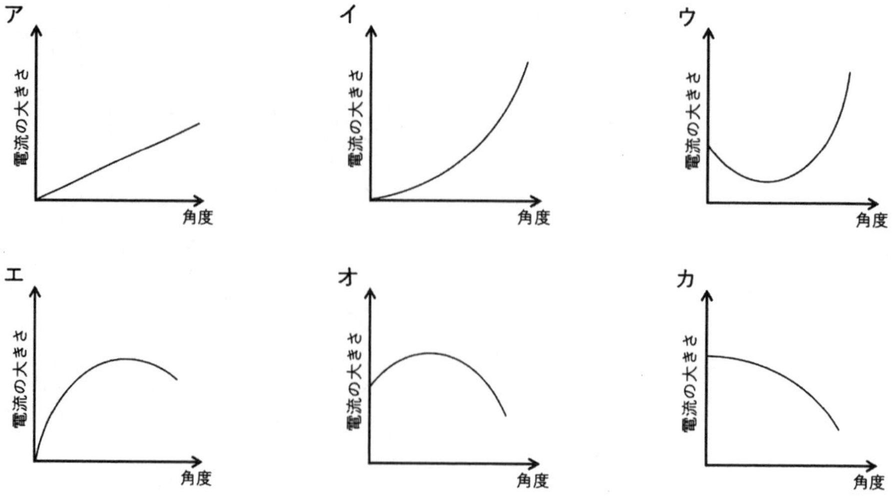

［2］　YさんとFさんは、**実験1**の結果を見ながら新たな実験計画について会話をしています。

Y：**実験1**から光電池から作られる電流の大きさには、光の（　①　）が関係していることがわかったね。

F：そうだね。ただ、大きい光電池は高価だから設置するのは難しいらしいよ。小さい光電池でも十分に発電する方法はないかな？

Y：凸《とつ》レンズを使えば、小さい光電池でも十分に発電できるかもしれないよ。

F：いいアイデア！凸レンズの（　②　）という性質を利用すればいいのね！

【実験2】凸レンズを利用して、光電池から作られる電流の大きさを調べる

快晴の日の正午に、山脇学園の屋外実験場で、光電池に太陽光が垂直に当たるようにして実験を行いました。**図2**はこの実験で使用した実験装置を横から見たもので、凸レンズと光電池の間の距離《きょり》を変化させながら、光電池から作られる電流の大きさを測定すると、**グラフA**のようになりました。ただし、凸レンズは光電池よりも大きく、観測者から見た太陽の位置による影響はないものとします。

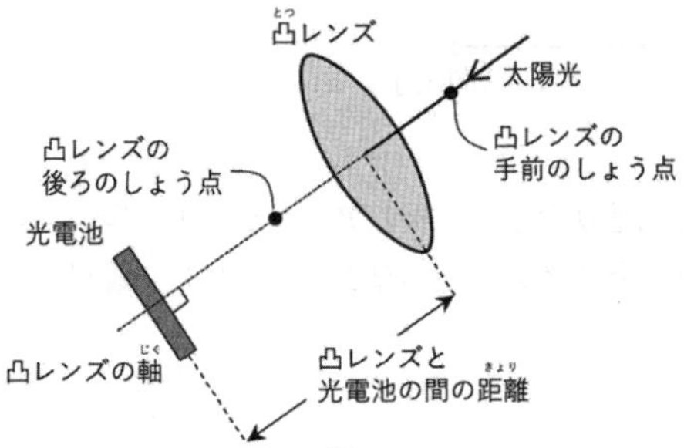

図2

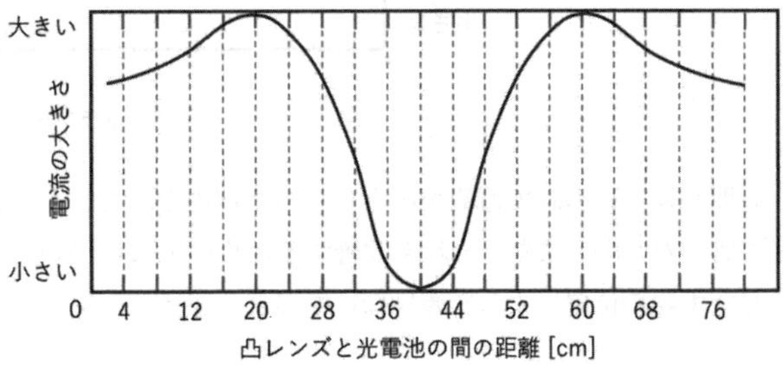

グラフA

問4　会話文中の（　①　）に当てはまることばとして、もっとも適切なものを次の**ア**～**エ**から1つ選び、記号で答えなさい。

ア　色　　**イ**　当たる面積　　**ウ**　量　　**エ**　温度

問5　会話文中の（　②　）に当てはまる文として、もっとも適切なものを次の**ア**～**ウ**から1つ選び、記号で答えなさい。

ア　軸に平行な光は、レンズを通ったあと、レンズの後ろのしょう点を通る

イ　中心を通った光は、レンズを通ったあと、くっ折しないでそのまま直進する

ウ　手前のしょう点を通った光は、レンズを通ったあと、レンズの軸に平行に進む

問6　**実験2**の結果（**グラフA**）より、凸レンズと光電池の距離が40 cmのとき電流はほとんど流れていないことがわかります。次の文章は、このことについて説明したものです。文中の**ア**～**ウ**に当てはまることばはどちらですか。解答らんの正しい方に○をつけなさい。

光電池の光が当たらない部分は『抵抗《ていこう》』となってしまいます。そのため、凸レンズにより光を（**ア**　拡散する・集める）ことで、光の当たる面積が（**イ**　小さく・大きく）なり、光電池の抵抗が（**ウ**　小さく・大きく）なったため、電流がほとんど流れなかったと予想されます。

問7　**実験2**で使用した凸レンズのしょう点距離は何cmだと考えられますか。

次に、**実験２**で使用した実験装置の**凸レンズと光電池の距離を 20 ㎝ に固定**して、５秒おきに光電池から作られる電流の大きさを測定しました。その結果、**グラフＢ**の実線のように、時間が経過すると電流の大きさが小さくなる様子が確認できました。凸レンズなしで同じ実験をした場合の光電池から作られる電流の変化は、**グラフＢ**の点線のようになりました。

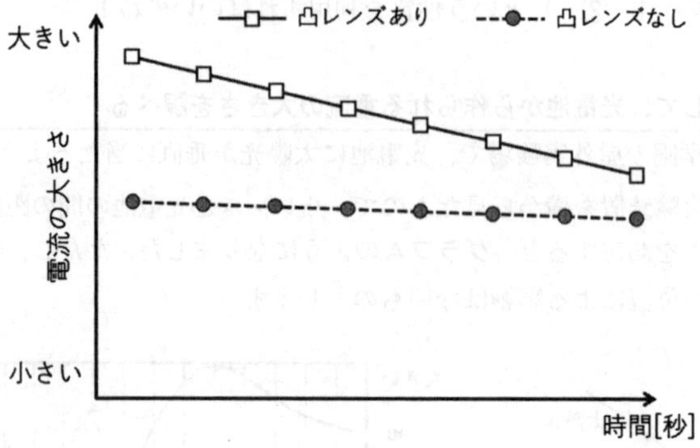

グラフＢ

問８　時間が経つにつれて電流が小さくなった理由として、もっとも適切なものを次の**ア〜ク**から１つ選び、記号で答えなさい。また、それを改善するための工夫についてあなたの考えを述べなさい。ただし、観測者から見た太陽の位置による影響はないものとします。

ア　光の色が鮮明《せんめい》になった。
イ　光の色が不鮮明になった。
ウ　光電池の光が当たる面積が大きくなった。
エ　光電池の光が当たる面積が小さくなった。
オ　光電池に当たる光の量が増えた。
カ　光電池に当たる光の量が少なくなった。
キ　光電池の温度が上がった。
ク　光電池の温度が下がった。

カ　取るに足りない人の無駄《だ》なあがきのこと。

キ　悪いものにも一つはとりえがあること。

ク　自分の活躍《やく》の場を見つけて、いきいきすること。

問二　次の1～5の――線部について、言葉の使い方が正しい場合は「〇」と答えなさい。正しくない場合は「×」と答え、下の解答らんに正しく直したものを書きなさい。(「〇」の場合は、下の解答らんには何も書かないこと)

1　もし明日晴れたら、一緒《しょ》に山に行こう。

2　今年の目標は、たくさん新しい友達を作りたいです。

3　私がかわいいと思った犬を彼《かれ》もかわいいと思ったようだ。

4　ニュースによると、今日は雨がふると言っていた。

5　デパートに行くのは、新しいセーターを買うことだ。

A 、直接体験とは何でしょうか。それは自分自身が実際に体験することです。たとえば、登山やスポーツをしたり、近所をbサンサクしたり、料理を作ったり食べたりするなど、自分の目で見て、耳で聞いて、手で触《ふ》れることです。このような経験はとても B で、私たちに深い印象を与《あた》えてくれます。直接的に経験することで、その場の雰《ふん》囲気や感情を実感できます。

次に、間接体験とは何でしょうか。たとえば、それは他人の話や本、映画、テレビ番組、新聞、インターネットなどを通じて得られる体験のことです。友人からの旅行の話を聞くことや、歴史の教科書を読むことなどもふくまれるでしょう。ただし、間接的に得た情報は正確であるとは限らないため、常に疑問を持ち、確認《にん》することは必要です。

これら二つの体験方法は、それぞれの良さがあります。直接体験は、自分自身の感情や感覚を実感として得ることができます。それに対して、間接体験は、 X 。

私たちがより良く学び、成長するためには、直接体験と間接体験の両方を大切にし、うまく組み合わせて利用することが重要です。人生は絶えず学びの旅です。二つの体験はこの旅がいっそう有意義なものになるための重要なツールです。私たちが意欲的に新しい知識と経験を追求し、両方の体験から得られる教訓を活用することで、人生はさらに豊かでcタサイなものとなるでしょう。

問一 〜〜線a〜cのカタカナを漢字に直しなさい。

問二 A に入る言葉として最も適当なものを、次のア〜エから選びなさい。

ア さて　イ また　ウ まず　エ 一方

問三 B に入る言葉として最も適当なものを、次のア〜エから選びなさい。

ア リアル　イ ポジティブ　ウ スムーズ　エ デリケート

問四 ——線「この旅がいっそう有意義なものになる」と同じ内容を表す言葉を、本文中から十字でぬき出しなさい。

問五 本文についての説明として適当なものを、次のア〜エから選びなさい。

ア 二つの体験を対比させた上で、一方の良さを説明している。
イ 二つの体験の特徴を、自分自身の経験をもとに説明している。
ウ 二つの体験への向き合い方をはじめとおわりに述べている。
エ 二つの体験を具体的に説明し、それぞれの長所と短所を指摘している。

問六 X に入る内容を、自分で考えて答えなさい。

四

次の各問いに答えなさい。

問一 次の1〜5の□に生き物を表す漢字一字を入れ、ことわざを完成させなさい。また、その意味として最も適当なものを、後のア〜クから選びなさい。(同じ記号を使用しないこと)

1 水を得た□
2 □子にも衣装《しょう》
3 立つ□跡《あと》をにごさず
4 たで食う□も好き好き
5 飼い□に手をかまれる

ア 外面をかざれば、立派にみえること。
イ かわいがっていた者に裏切られること。
ウ 偶《ぐう》然よい方向にみちびかれること。
エ 人の好みがそれぞれ違《ちが》うこと。
オ 去るときは始末をしていくべきだということ。

注2　同じ一年生のあの子…大会に出場した別の学校の選手。

注3　都大路…ここでは、京都で実施《し》される全国高校駅伝大会のこと。

問一　――線部①「強い声を発した」とありますが、このときの咲桜莉についての説明として最も適当なものを、次のア～エから選びなさい。

ア　やっとの思いで打ち明けた自分の悔《くや》しさを「私」にはぐらかされたように感じ腹立たしく思っている。

イ　自分の言葉が「私」に力を与えたことを知らないため、改めて応援の気持ちを届けようとしている。

ウ　「私」の走りを自分が認めていることや自分の正直な思いを、「私」に伝えたいと思っている。

エ　自分の純粋《すい》な思いを「私」に否定されたことにかっとなり、人目も気にせずむきになっている。

問二　――線部②「彼女が当然抱くであろう気持ち」とは、どのような気持ちですか。三十五字以内で答えなさい。

問三　――線部③「肝心な部分」の内容を具体的に表す一文を、これより後の本文中からぬき出し、最初の五字を答えなさい。

問四　――線部④「切れ長な目をさらに細めて訊ねてきた」とありますが、このときの荒垣さんについて説明した次の文の［1］・［2］に当てはまる言葉を、本文中からそれぞれ漢字二字でぬき出しなさい。

＊　突然「私」から告げられた［1］の言葉に対して、［2］に思う気持ちが表れている。

問五　――線部⑤「ラストスパートのときもこんな感じだった」とありますが、ここからは「私」が荒垣さんについてどのような印象を持っていることが分かりますか。最も適当なものを、次のア～エから選びなさい。

ア　相手のことを気にかけずに行動する印象。

イ　無表情で不機嫌《げん》に見え近寄りがたい印象。

ウ　言動が常に威《い》圧的で相手を突き放す印象。

エ　自分の思いを飾《かざ》らず素直に表現する印象。

問六　――線部⑥「ぼっと間違いなく種火が宿った」とは、「私」についてどのようなことを述べていますか。五十字以内で説明しなさい。

問七　～～線部ア～オを出来事が起こった順に並べかえなさい。

問八　本文についての説明として適当なものを、次のア～オから二つ選びなさい。

ア　複数の高校生の視点で話し言葉やユーモアを交えて語られており、親近感とともに作品に一貫《かん》した明るい印象を与えている。

イ　咲桜莉と「私」のやりとりや行動からは、二人が互いに相手のことを認め、大切に思い合っていることが読み取れる。

ウ　「私」と咲桜莉の関係を心配するあまり厳しい言葉を用いて助言する荒垣さんの姿からは、彼女の不器用な優《やさ》しさが感じられる。

エ　後半では、落ち込《こ》んでいた「私」がライバルである荒垣さんに意識を向けることで、前向きになっていく様子が描《えが》かれている。

オ　別れの場面では、言葉だけでなく表情や行動からも、「私」と荒垣さんの関係が以前とは変化したことが示されている。

三

次の文章を読んで、後の問いに答えなさい。

直接体験と間接体験は、私たちが世界を理解するための大切な方法です。この二つの体験の特徴《ちょう》を理解し、新しい経験をａツむことで、私たちは自分自身を発展させ、より豊かな人生を送ることができます。

「あの子？　私と気づく前に謝《あやま》っていた相手は」

咲桜莉の手に台湾カステラらしき紙袋《ぶくろ》が提《さ》げられているのを見て、無事に買えたんだ、と思いつつ、「いえ、それは……」と口ごもる私に、

「何で謝る必要があるの？　アンカーの責任を果たしたのに、それでも文句を言われたってこと？」

と荒垣さんはどこか怒《おこ》ったような調子で遠慮《りょ》なく斬《き》りこんでくる。

⑤ラストスパートのときもこんな感じだったなあ、と昨日の5区の終盤《ばん》をふと思い出した。私の様子なんていっさい確《か》かめず、駆け引きなしで、荒垣さんは一気に加速して、そのまま私を置き去りにした。

「そうじゃないんです」

こんなこと他校の人に話していいのかな、と思いつつ、彼女のほうがタイムがいいのに自分が先輩の代わりとして走者に選ばれた、それなのに、自分のことでいっぱいいっぱいでまわりに気を配る余裕がなかった、などと説明する途《と》中で、

「そんなの、謝る必要なんてない」

とこちらがドキリとするくらいの強い語気とともに荒垣さんが遮《さえぎ》ってきた。

「謝ることより、あなたがやるべきはひとつだよ」

「え？」

「また来年、ここにくる。サカトゥーが走って、あの子を連れてくるの。そして、注3都大路を二人でいっしょに走る。それしかないっしょ」

爪楊枝の先に唐揚げを突き刺した姿勢で固まった私の心に、⑥ぽっと間違いなく種火が宿った。

「サカトゥー、そろそろ京都駅！　新幹線の時間に遅《おく》れるよ！」

ハッとして顔を向けると、買ったばかりの唐揚げの袋を手に、咲桜莉が呼んでいる。そりゃ、マズいと最後の唐揚げを口に含み、立ち上がった。

「お先に失礼します」

慌《あわ》てて頭を下げてから、二歩、三歩と進んだとき、

「サカトゥー」

と呼び止められた。

はい、と振り返ると、「ありがとう」というくぐもった声が届いた。荒垣さんの顔が少しだけ赤くなっている。

「私もさ、あなたがいたから、がんばれたかも。あんないい走りできたの、私もはじめてだった。こんなクソ生意気そうなヤツには絶対に負けられない、ってスタート前に最高に気合いが入った。覚えてない？　オ中継所で、ものすごい勢いで私のこと、睨《にら》みつけてきたから」

「ち、違います。それは荒垣さんのほう」

立ち上がった私と、ベンチの荒垣さんとの中間で、またもや視線がガツンとぶつかった。

フッ、と荒垣さんが笑った。

私もフフフッと笑う。

「来年、また会おうよ」

「はい、必ず」

荒垣さんが突き出した拳《こぶし》に、少しだけ合わせる感じで、拳をこんとぶつけた。

ペコリと頭を下げて、リュックを背負い直す。「おーし、帰るぞー」と手を振って、咲桜莉のもとへ駆けだした。

【万城目　学「十二月の都大路上下ル」】

（一部内容を省略しました）

注1　ヒシコ…顧問の菱先生のあだ名。

いざ面《おもて》を上げたとき、そこにいたのは彼女ではなかった。
「え」
でも、知らない顔ではなく、いやそれどころか、昨日、5区のコースを肩《かた》を並べて走った相手その人だったものだから、
「うえええッ」
と声を出さずにのけぞってしまった。
タスキを受け取る前、中継《けい》所ではじめて目が合ったときそのままに、ぱっつんと真横にそろえた前髪《がみ》の下から、ギロリと鋭《するど》い眼《まな》差しを向け、
「台湾カステラ、ちゃんと買えた？　それ、何の話？」
ドスの利《き》いた低い声とともに、荒垣新菜《あらがきにいな》さんは爪楊枝の先に突《つ》き刺した唐揚げを口に運んだ。
あんな赤いユニフォームを採用していたのに、何でベンチコートはウチとそっくりな青なのよ、と頭の片隅《すみ》では思いつつ、
「す、すみません。友だちと間違っちゃって」
と全力で謝罪した。
あん、と了《りょう》承の意味なのか、どうでもいいという意味なのかわからない、くぐもった声が荒垣新菜さんの鼻奥から発せられた。
なぜ、彼女の名前を知っているのかというと、5区の区間記録の速報データに載《の》っていたからである。私より九秒速いタイムで、順位は八位。区間ごとに入賞者を決める仕組みはないが、多くの陸上競技で八位までを入賞と扱《あつか》うことが多いだけに、無意識のうちに「すごい」と思ったついでに名前も覚えた。
そう、残念ながら、私は彼女に負けた。
スタジアムに入る手前で、ラストスパートをかけた彼女に追いつくだけの体力は、私には残っていなかった。最後の最後で、実力の差をはっきりと見せつけられての完敗だった。
でも、この人には負けたくない、という一心で食らいついたからこそ、エスタジアムの手前一キロの地点で先行グループに追いつき、そのまま一気に四人抜きができたのだ。
ちなみに彼女は二年生。これも速報データ調べである。
「あの……、ありがとうございました」
最高の先導役だったことへの感謝の気持ちを要約して、私は小さく頭を下げた。
荒垣さんは眉《まゆ》根をひそめると、しばらく私の顔をじろじろと探《さぐ》っていたが、
「何で？」
と④切れ長な目をさらに細めて訊《たず》ねてきた。
そっか、いきなり「ありがとう」とか言われてもわからないかと、
「あ、あの、私……、前日に急に出走が決まって、まったく心の準備ができていなかったんです。でも、荒垣さんにくっついて無我《が》夢中で走ったら、今までの人生でいちばんじゃないか、ってくらい、いい走りができて。そのことへのありがとう、です。はい」
と補足を試みたが、不審《しん》者丸出しのしゃべり方になってしまった。
「私の名前、知っているんだ」
「す、すみません。速報データで見ました」
あん、とまた鼻の奥で声を発し、荒垣さんは唐揚げを口に含《ふく》むと、
「これ、おいしい」とぼそりとつぶやいた。
「一年生？」
「そうです」
「名前は？」
「坂東です。みんなからはサカトゥーって呼ばれています」
サカトゥーと反復する荒垣さんの横顔を、この人、きれいな肌《はだ》だな、と思いながら眺《なが》めた。
（中略）

ろだって見たかった。直接、応援《えん》したかった。少しだけビデオを見せてもらったけど、あんな本気で戦っているサカトゥーの顔を見たのははじめてだった。ものすごく、カッコよかった。でも、それを見てわかったの。私はまだ、あんなふうには戦えない。だから、先生やセンパイたちは、サカトゥーを選んだんだって」

　お世辞だなんて最悪の言葉のチョイスをしてしまってごめんなさい、と伝えたいのに、鼻の奥《おく》がツンとして声がのどから出てこない。

「選ばれなかったことは、今は納《なっ》得してる。それでも、注2同じ一年生のあの子とすれ違って、やりきったって笑《え》顔で買い物しているのを見たら、気がついたんだよね。私も走りたかったな――、って」

　真っ赤《か》に充《じゅう》血した彼女の目と正面で出会ったとき、菱先生から出場を告げられ完全にテンパってしまったのをいいことに、咲桜莉の心遣《づか》いにも、②彼女が当然抱《いだ》くであろう気持ちにも、何も気づいていなかった、何も見えていなかったイ己《おのれ》を知った。

「違う、私ひとりで走ったんじゃない」

　あなたの言葉のおかげで勇気が蘇《よみがえ》ったんだよ――。③肝《かん》心な部分を伝える前に、

「あ、ヤバい」

　と咲桜莉は急に腕《うで》時計の時間を確かめた。

「ちょっと、行ってくる」

「え?」

「あと一分で焼き上がりだ。お姉《ねえ》ちゃんから台湾《わん》カステラを買ってきてって頼《たの》まれていたんだ。今から、行ってくるね。さっきの、――のところで待ち合わせしよう」

　こちらが返事をする間もなく、咲桜莉はくるりと踵《きびす》を返すと、アーケードに充満する人ごみの向こうへとするすると走り去ってしまった。

　すぐさま追いかけるべきだったが、足が動かなかった。しかも、大事な待ち合わせ場所の部分が、ちょうど横を通り抜《ぬ》けた外国人観光客がどっと笑い声を上げたタイミングに重なったせいで聞き取れなかった。

　自分への嫌悪《けんお》の気持ちがあとからあとから石油のように噴《ふ》き出し、胸の内側にどろりと広がっていくのを感じながら、ひとまず彼女が進んだ方向へ、のろのろと歩き始めた。(中略)

　ちょうど、目の前においしそうな唐揚《からあ》げ屋さんを見つけた。お香《こう》屋さんまでひとっ走りしたこともあって、小腹も空《す》いている。ベンチもあるし、あそこで待っていたら、どちらのアーケードからも見える位置だし、もしも咲桜莉が戻ってきたら、お互《たが》いに発見の可能性はグンと上がるはず――。

　ということで、唐揚げ屋さんの列に並び、ひとパック購《こう》入した。ベンチに座《すわ》り、爪楊枝《つまようじ》が刺《さ》さった、かりんとうほどの大きさの唐揚げを持ち上げ、唐揚げ屋さんが映りこむように写真を一枚撮《と》った。

「広場みたいなところの唐揚げ屋さんの前にいます」

　と咲桜莉にLINE《ライン》で送った。

　ゥそれから、ひとつ頰《ほお》張った。

　存外に、おいしい。

　二つ、三つと矢継《つ》ぎ早に口に放りこんでいると、空いていた隣《となり》のスペースに誰《だれ》かが座ってきた。自分と同じ青色のベンチコートだったから、早くも咲桜莉が戻ってきたのかと思い、

「ワオ、早かったね。台湾カステラ、ちゃんと買えた? いや、それより、本当にゴメン。私、走ることばっかに頭を全部持っていかれて、何も咲桜莉の気持ちに気づいてなかった。でも、走る前に咲桜莉の言葉を思い出して、楽しむぞって勇気が湧《わ》いて、誰と走ることになっても絶対、負けないという気持ちになれたんだよ――」

　顔を伏《ふ》せたまま、思いのたけを一気に言葉にして放出したはいいが、

文明が維持されている点。

ウ　地球では、宇宙で唯一の生命体かもしれない生物や人類が、急激な変化をとげている点。

エ　地球では、幸運なことに宇宙を支配する神から特権を与えられた人類が存在している点。

問六　――線④「希少価値を大切にしていく」とありますが、そのために筆者はどのようなことをすべきだと述べていますか。五十字以内で説明しなさい。

問七　次の一文は、本文の「※」より前に入ります。この一文が入る直前の五字を答えなさい。

＊目的はなくても、私たちの人生には希少価値があります。

問八　本文の内容として最も適当なものを、次のア～エから選びなさい。

ア　すべての生命は物理現象であり、人間が幸せに生きようとすること自体に意味は存在しない。

イ　生きることに特別な使命がなかったとしても、人間として楽しく生きていくことに差し支えはない。

ウ　地球上にただひとつしか存在しないものや数が少ないものには、その珍しさから希少価値が生まれる。

エ　人間という存在が持つ希少価値を大切にしていくことによって、生きる幸せを感じることができる。

二

次の文章を読んで、後の問いに答えなさい。

全国高校駅伝大会の補欠選手として京都へやってきた陸上部で高校一年生の「私(坂東《さかとう》、サカトゥー)」は、大会前夜に先輩《ぱい》の代走として大会に出場するよう言い渡《わた》された。不安を感じる「私」だったが、顧《こ》問の菱《ひし》先生や同級生で補欠選手の咲桜莉《さおり》の言葉を受け、走りきった。以下は、「私」が、大会が終わり帰途《と》につく前に、京都の街で咲桜莉と自由行動をしている場面である。

「私も走りたかったな」

と咲桜莉がぽつりとつぶやいた。

「一瞬《しゅん》だよ。一瞬だけど、心弓《ここみ》センパイの代わりに一年生が走ることになったと教えてもらったとき、どうして私じゃないんだろうと思った」

弾《はじ》かれるように咲桜莉に顔を向けた私を、「わかってるから」とばかりに手で制し、彼《かの》女は続けた。

「サカトゥーが注1ヒシコの部屋に呼ばれたときに、私も柚那《ゆずな》キャプテンに呼ばれて、食堂で走者変更《こう》のことを聞かされたんだ。キャプテンから咲桜莉のほうがタイムはいいけど、先生や心弓センパイと相談してサカトゥーに決めた、って言われた。どうして、って思ったけど、何も言わなかった。部屋に戻《もど》ったら、サカトゥーはお化けのように真っ青《さお》になってるし、朝ごはんのときもゾンビのような顔で死ぬほど緊《きん》張しているのがわかったし――」

「だ、だから、あのとき、アあんなお世辞言ってくれたの？」

朝食会場で私の走り方が好きだと咲桜莉が突《とつ》然告白してくれたおかげで、走者交代を告げられてからはじめて心に余裕《ゆう》が生まれ、食事ものどを通ったのだ。

「お世辞？」

違《ちが》うよッ、と道行く人が思わず振《ふ》り返るくらい、咲桜莉が①強い声を発した。

「私は本当にサカトゥーの走り方が好き。アンカーで走っているとこ

会を維持していく、さらには今までなかったもっと珍しい社会に変えていくことには意味があります。私たちがもつ④希少価値を大切にしていくことが、私たちが生きる意味だとみなすことができるかと思います。

　私たちがもつ希少価値を大切にしていくとは、具体的には何をすればいいのでしょうか。

　まず必要なのは、今の人間の社会、文明、技術、知識の水準を維持していくことです。文明が滅びてしまえば、人間もサバンナに暮らすそれほど珍しくもない類人猿《えん》の一種に戻ってしまいます。それではせっかく培《つちか》ってきた希少価値が台無しです。

　現在の社会水準を維持するためのひとつの手段は子孫を残すことです。私たちは未《いま》だ不老不死ではありませんので、誰かに引き継《つ》いでもらわないと人間社会を維持できません。ただ、子孫を残すというのは、他人との協力関係を確立した人間にとっては、社会を引き継いでいく方法のひとつでしかありません。私たちは多くの人との協力でひとつの社会を作り上げており、私の命は私と関わるすべての人の命の一部でもあります。私の命の価値は、私を中心にだんだん薄《うす》くなりながら広がっています。社会の中で私が自分の役目を全《まっと》うすることは、子孫を残すこと以上に人間社会の維持に貢献《こうけん》するでしょう。

　つまり、職業、家事、学業、何でもいいですが、社会の中で自分の果たすべき役割を果たすということです。月並みですが、それがこの希少な人間社会を維持するために個々の人間のすべきことで、それは今を生きる人間にしかできないことです。

【市橋伯一『増えるものたちの進化生物学』】

(一部内容を省略しました)

注1　ニューロン…脳の中の情報伝達に関わる神経細胞《ぼう》。

注2　ダーウィン…十九世紀のイギリスの自然科学者。

問一　[A]・[B]に当てはまる言葉を、次のア〜オからそれぞれ選びなさい。(同じ記号を二度使用しないこと)

ア　また　イ　むしろ　ウ　なぜなら

エ　したがって　オ　たとえば

問二　――線①「生物は末永く幸せになるようにはできていません」とありますが、その理由として最も適当なものを、次のア〜エから選びなさい。

ア　生物とは、一度幸福を感じたとしてもすぐにその幸せに慣れてしまう欲深い存在であるから。

イ　幸せになりたいという欲求は祖先から刷り込まれたものに過ぎず、追求する必要はないから。

ウ　長期的に幸せを感じられる生物は、そうでない生物との生存競争で負けてしまうから。

エ　幸福感は、子孫の増加につながる行動を取ったときの報酬として与えられるものだから。

問三　――線②「当時の人にとって〜伴うものだったでしょう」とありますが、その理由を説明した次の文の[　]に当てはまる言葉を、三十五字以内で答えなさい。

＊　ダーウィンの説は、[　]ものだったから。

問四　[X]に当てはまる言葉を、本文のこれより前の部分から四字でぬき出しなさい。

問五　――線③「この宇宙で極めて珍しい存在なのは間違いありません」とありますが、どのような点が「珍しい」のですか。最も適当なものを、次のア〜エから選びなさい。

ア　地球では、ここ1万年の間に人類という種が急速に多様化し、科学を発展させた点。

イ　地球では、人類の進化や発展によって、長い期間にわたって問題が起きています。ダーウィンの提唱した「種の起源」は、人間が神によってつくられたものではなく、サルと共通祖先から進化したことを意味していました。それまで人間とは神が自らに似せて創られたもので、使命を帯びて生まれてきたとする当時の考え方に反します。おそらく、②当時の人にとってダーウィンの説は受け入れがたく、絶望を伴《ともな》うものだったでしょう。しかし、現代の人間から見れば、そもそもそんな使命があると信じていたのが不思議に思われます。そんな使命はなくても楽しく生きていけます。むしろない方が自由です。要するに、人間という存在に対して「神の子孫」だと X をしていたということです。そんなにたいそうなものだと思わなくても、サルの親戚《せき》だとしても、人間として楽しく生きていくのに支障はありません。(中略)

まず、現在直面している問題を整理してみたいと思います。今、問題になっているのは、「人生には目的はなく、だったら生きている意味や価値がないのではないか」ということです。しかし、これは早計です。

「希少価値」とは、珍《めずら》しいものに付随《ずい》する価値です。たとえば昭和64年に発行された500円硬《こう》貨などです。昭和64年は7日間しかなかったので、その間に発行された500円硬貨は希少です。その珍しさのために古銭を取り扱《あつか》う店では500円以上の値がついていたりします。その差額はただこの硬貨が希少であるがために生じた価値です。

希少価値が生まれるためには、少し条件があります。「その希少さを多くの人が認めている」必要があります。たとえば、その辺に落ちている石ころも、実は地球上に全く同じ形や組成の石ころはないはずで、地球でただひとつのものです。しかし、誰《だれ》も希少価値があるとはみなしません。それは多くの人にとって、その石と他の石との違《ちが》いがわからないからです。 B 、その珍しさを理解することができません。他の石と一緒《しょ》でしょ、と思ってしまうわけです。しかし、もし石ころが光っていたりすれば違います。普《ふ》通の石にそんな特徴《ちょう》がないことはわかりやすいので、その希少価値はすぐに認められるでしょう。希少価値が発生するには、珍しさが広く認識される必要があります。

さて、人間が生きている意味に戻《もど》ります。私たち人間を含む生物には、目的も使命もありませんが、③この宇宙で極《きわ》めて珍しい存在なのは間違いありません。動物学者のリチャード・ドーキンスも講演でこう述べたと言います「われわれがここにこうして存在しているのは、驚《おどろ》くほどの幸運であり、特権でもあるので、けっしてこの特権をムダにしてはならないのです」。

地球では、過去約38億年間で生物が800万種まで多様化しました。特にこの1万年については、人類という種が急速に増え、巨《きょ》大な建造物をつくり、惑《わく》星外へと飛び出しつつあります。こんな急激な変化が起きている惑星は、広い宇宙でも地球だけかもしれません。

宇宙は広いので、もっと生物がいると思われるかもしれませんが、生物が文明を維《い》持できる期間はそんなに長くない可能性があります。地球上で人類が文明をもち始めてからまだ1万年も経《た》っていません。あと1000年もしないうちに大量破壊《かい》兵器で滅《ほろ》びているかもしれません。もし文明の持続期間が1万年に満たないとすると、広い宇宙とはいえ、現在この瞬《しゅん》間に存在している生命体は地球だけだという可能性は大いにあり得ます。そうだとしたら、この宇宙で唯《ゆい》一の生命体が今まさに大躍《やく》進をとげているところです。もし全宇宙を支配する神様がいたとすれば、きっと地球の急激な変化にくぎ付けになっているでしょう。※

この珍しさを多くの人が認識すれば(それは難しいことではないでしょう)、そこには希少価値が生まれます。私たち人類はこの宇宙で極めて珍しく、それゆえ価値のある存在です。この希少価値のある社

2024年度

山脇学園中学校

【国　語】〈A日程試験〉（五〇分）〈満点：一〇〇点〉

注意　字数指定のある問いは、句読点・記号も一字として数えます。

一　次の文章を読んで、後の問いに答えなさい。

一般《いっぱん》的には、幸せになることが人生の目的のひとつのようになっているかと思います。ハッピーエンドのおとぎ話は「末永く幸せに暮らしました」と結ばれます。幸せになれば人生はゴールだという認《にん》識があるようです。ただ、私には、このような考え方は幸せを過大評価しているようにも思えます。幸福感の実態とは、煎《せん》じ詰《つ》めると「脳内での神経伝達物質の分泌《ぴつ》と、特定の注1ニューロンの発火」です。この発火がおこると人間の脳は幸福感を得るようにできています。

人間の脳はこの幸福感を、子孫を残すことに対する成功報酬《しゅう》として用いています。つまり、おいしいものを食べて栄養状態がよくなったり、ゆっくり休んで健康状態がよくなったり、伴侶《はんりょ》を見つけて子孫を残す確率が高まった場合に成功報酬として幸福感が与《あた》えられます。そうして人間は（おそらく他の動物も）、この幸福感を得るために、もっと子孫を残す行為《い》にいそしむというしくみになっています。つまり、幸せとは目の前にぶら下げられたニンジンです。

［Ａ］、幸せは決して長続きしないものでもあります。それは成功報酬なので当然です。生物としては一度の繁殖《はんしょく》成功で満足するよりも、二度三度と繁殖を成功させた方が子孫を増やせます。したがって、ひとたび幸せを感じたとしても、すぐにその状況《きょう》に慣れてしまい、そして次の幸せ（もっと生存率を高めたり、別の個体とも繁殖する）を追い求めたほうが子孫をたくさん残せることになります。ようするに、生物が増えるためのしくみとして幸福感を使っている以上、末永く幸せになることはあり得ません。もしかすると、過去に末永い幸せを獲《かく》得した生物はいたかもしれませんが、そういう生物は短期的な幸せしか得られない生物との競争に負けて絶滅《めつ》してしまったことでしょう。私たちは幸せになりたくて幸せを追い求めながらも、手に入れた幸せに決して満足することなく、次から次へと別の幸せを追い求める生物だったからこそ、現在まで生きのびられているのだと思います。

結局のところ、①生物は末永く幸せになるようにはできていません。これは増えるものとしての当然の性質です。そして、「幸せになりたい」という欲求も「死にたくない」「仲間外れにされたくない」といった欲求と同じで先祖から与えられた刷り込《こ》みです。その程度のものとして、ほどほどに追求するくらいがちょうどいいのかもしれません。

幸せになることが目的ではないのなら、私たちは何のために生きているのでしょうか。

これに対する答えははっきりしています。私たちには、「〇〇のために生きている」といったわかりやすい使命や目的はありません。私たち人間を含《ふく》むすべての生命は物理現象です。増えて遺伝するものが出現すると自動的に起こる現象です。物質が重力によって下に落ちることに目的や使命がないのと同じように、私たち増えて遺伝するものの存在にも目的や使命はありません。

だとすると、何を目指して生きていけばよいのでしょう。目的も使命もなく生きるなんて絶望的だと思う人がいるかもしれません。この問題への対処法として、私の考えを2つ述べたいと思います。

結局のところ、人間が生きるのに目的や使命が欲しいというのは、人間に過度に期待しすぎているのだと思います。

注2ダーウィンがいわゆる「進化論」を提唱した際にも同じような

2024年度

山脇学園中学校

▶解説と解答

算　数　＜Ａ日程試験＞（50分）＜満点：100点＞

解　答

[1] (1)　1　(2)　$4\frac{2}{3}$　(3)　34　(4)　ア　240　イ　300　(5)　200　(6)　234　(7)　8.4　(8)　20　(9)　226.08　[2] (1)　500円　(2)　567円　(3)　190個　[3] (1)　3：5　(2)　$4\frac{2}{3}\mathrm{cm}^2$　(3)　$9\frac{11}{15}\mathrm{cm}^2$　[4] (1)　$5480\mathrm{cm}^3$　(2)　18cm　(3)　$320\mathrm{cm}^2$　(4)　18.5

解　説

[1]　四則計算，逆算，相当算，消去算，濃《のう》度《ど》，集まり，流水算，角度，表面積

(1)　$2-\frac{1}{4}\div\left\{\left(1-\frac{3}{5}\right)-0.125\right\}-\left(\frac{3}{4}-\frac{7}{12}\right)\div 1\frac{5}{6}=2-\frac{1}{4}\div\left(\frac{2}{5}-\frac{1}{8}\right)-\left(\frac{9}{12}-\frac{7}{12}\right)\div\frac{11}{6}=2-\frac{1}{4}\div\left(\frac{16}{40}-\frac{5}{40}\right)-\frac{2}{12}\div\frac{11}{6}=2-\frac{1}{4}\div\frac{11}{40}-\frac{1}{6}\times\frac{6}{11}=2-\frac{1}{4}\times\frac{40}{11}-\frac{1}{11}=2-\frac{10}{11}-\frac{1}{11}=1\frac{11}{11}-\frac{10}{11}-\frac{1}{11}=1$

(2)　$\frac{5}{7}+\frac{3}{28}\times\left\{4-(0.375+\square)\div 1\frac{3}{8}\right\}=\frac{3}{4}$より，$\frac{3}{28}\times\left\{4-(0.375+\square)\div 1\frac{3}{8}\right\}=\frac{3}{4}-\frac{5}{7}=\frac{21}{28}-\frac{20}{28}=\frac{1}{28}$，$4-(0.375+\square)\div 1\frac{3}{8}=\frac{1}{28}\div\frac{3}{28}=\frac{1}{28}\times\frac{28}{3}=\frac{1}{3}$，$(0.375+\square)\div 1\frac{3}{8}=4-\frac{1}{3}=\frac{12}{3}-\frac{1}{3}=\frac{11}{3}$，$0.375+\square=\frac{11}{3}\times 1\frac{3}{8}=\frac{11}{3}\times\frac{11}{8}=\frac{121}{24}$　よって，$\square=\frac{121}{24}-0.375=\frac{121}{24}-\frac{3}{8}=\frac{121}{24}-\frac{9}{24}=\frac{112}{24}=\frac{14}{3}=4\frac{2}{3}$

(3)　右の図１のように表すと，３＋５＝８(問)が，１日目の残りの，$1-\frac{3}{5}=\frac{2}{5}$にあたるから，１日目の残りは，$8\div\frac{2}{5}=20$(問)となる。よって，４＋20＝24(問)が，全体の，$1-\frac{5}{17}=\frac{12}{17}$にあたるので，全体の問題数は，$24\div\frac{12}{17}=34$(問)と求められる。

図１

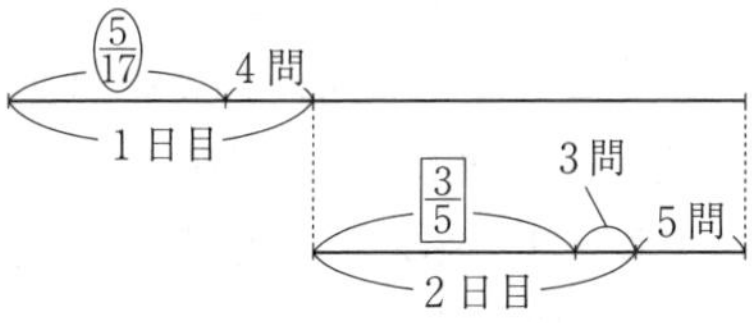

(4)　Ａ１個の値段をⒶ，Ｂ１個の値段をⒷとすると，右の図２の①，②のような式に表せる。①の式を２倍，②の式を３倍にして，Ｂの個数を30個にそろえると，それぞれ③，④の式のようになる。④の式から③の式を引くと，Ａの，75－40＝35(個)分の代金が，27000－18600＝8400(円)とわかるから，Ａ１個の値段は，8400÷35＝240(円)(…ア)と求められる。よって，Ａ20個の代金は，240×20＝4800(円)なので，①の式より，Ｂ15個の代金は，9300－4800＝4500(円)となり，Ｂ１個の値段は，4500÷15＝300(円)(…イ)とわかる。

図２

Ⓐ×20＋Ⓑ×15＝ 9300(円)…①
Ⓐ×25＋Ⓑ×10＝ 9000(円)…②
Ⓐ×40＋Ⓑ×30＝18600(円)…③
Ⓐ×75＋Ⓑ×30＝27000(円)…④

(5)　８％の食塩水320ｇには食塩が，320×0.08＝25.6(ｇ)含《ふく》まれており，10％の食塩水280ｇには食塩が，280×0.1＝28(ｇ)含まれている。そこで，この２つの食塩水を混ぜると，食塩水の重さは，320＋280＝600(ｇ)，食塩の重さは，25.6＋28＝53.6(ｇ)だから，濃度は，$53.6\div 600\times 100=8\frac{14}{15}$(％)になる。この

図３

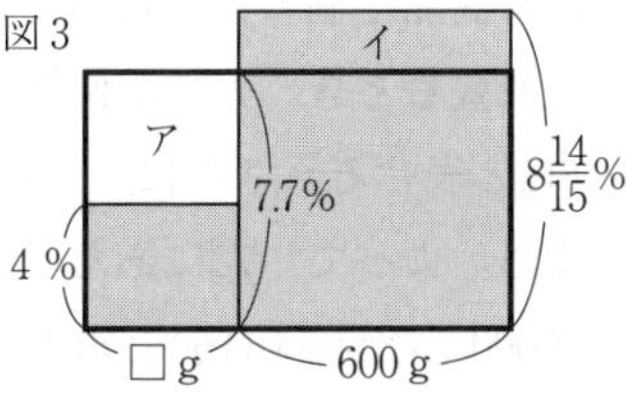

食塩水600ｇと４％の食塩水□ｇを混ぜると7.7％の食塩水ができるので，上の図３のように表せる。図３で，かげをつけた部分と太線で囲まれた部分の面積は等しいから，アとイの面積も等しい。また，アとイのたての長さの比は，$(7.7-4):\left(8\frac{14}{15}-7.7\right)=3.7:\frac{37}{30}=3:1$だから，横の長さの比は，$\frac{1}{3}:\frac{1}{1}=1:3$となる。よって，$□=600\times\frac{1}{3}=200$(ｇ)とわかる。

(6)　ある小学校の６年生全体の人数を①として線分図に表すと，右の図４のようになる。どちらも飼っていない人は全体の$\frac{23}{117}$なので，少なくとも一方を飼っている人は全体の，$1-\frac{23}{117}=\frac{94}{117}$である。また，図４の太線部分の両方飼っている人は全体の，$\frac{5}{9}+\frac{7}{13}-\frac{94}{117}=\frac{34}{117}$である。これが68人にあたるから，６年生全体の人数は，$68\div\frac{34}{117}=234$(人)とわかる。

図４

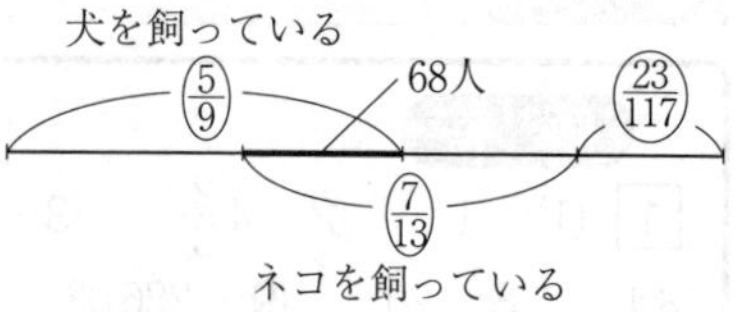

(7)　この船のいつもの上りの速さは毎時，$24\div3=8$(km)，下りの速さは毎時，$24\div2=12$(km)である。また，(上りの速さ)＝(静水での速さ)－(流れの速さ)，(下りの速さ)＝(静水での速さ)＋(流れの速さ)より，下りの速さと上りの速さの差は，川の流れの速さの２倍となっているから，いつもの川の流れの速さは毎時，$(12-8)\div2=2$(km)で，船の静水での速さは毎時，$8+2=10$(km)とわかる。すると，Ａ町とＢ町を往復したときの流れの速さは毎時，$2+2=4$(km)だから，そのときの上りの速さは毎時，$10-4=6$(km)，下りの速さは毎時，$10+4=14$(km)となり，上りにかかった時間と下りにかかった時間の比は，$\frac{1}{6}:\frac{1}{14}=14:6=7:3$になる。よって，Ａ町とＢ町を往復するのに２時間かかったから，上りにかかった時間は，$2\times\frac{7}{7+3}=1.4$(時間)であり，Ａ町とＢ町は，$6\times1.4=8.4$(km)はなれている。

(8)　右の図５は折り返しているので，同じ印をつけた角の大きさはそれぞれ等しい。よって，角xが角yの２倍のとき，角yの，$1+2+2=5$(倍)が180度にあたるから，角yの大きさは，$180\div5=36$(度)で，角xの大きさは，$36\times2=72$(度)となる。したがって，●１つの角の大きさは，$180-(72+28)=80$(度)なので，角zの大きさは，$180-80\times2=20$(度)とわかる。

図５

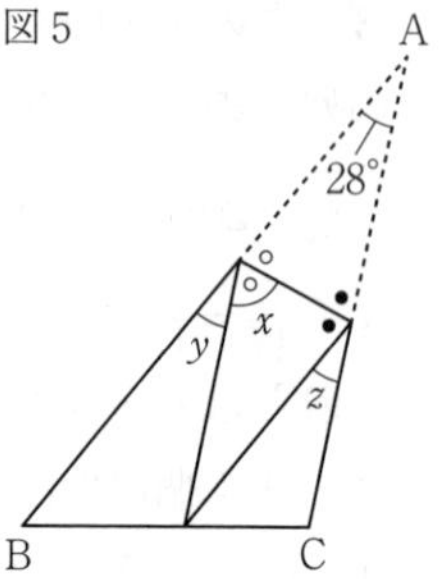

(9)　問題文中の立体を上から見ても下から見ても半径４cmの円が見えるので，上下から見える面の面積の和は，$4\times4\times3.14\times2=32\times3.14$(cm²)である。また，４つの円柱の側面積の和は，$2\times(1\times2\times3.14)+2\times(2\times2\times3.14)+2\times(3\times2\times3.14)+2\times(4\times2\times3.14)=4\times3.14+8\times3.14+12\times3.14+16\times3.14=40\times3.14$(cm²)となる。よって，表面積は，$32\times3.14+40\times3.14=72\times3.14=226.08$(cm²)と求められる。

2　売買損益，つるかめ算

(1)　商品１個の仕入れ値を$\boxed{1}$とすると，定価は，$\boxed{1}+\boxed{0.4}=\boxed{1.4}$と表せる。また，定価で売って２割売れ残るとき，売れた個数は，$600\times(1-0.2)=480$(個)になるので，売り上げ金額は，$\boxed{1.4}\times480=\boxed{672}$と表せる。さらに，仕入れ値の合計は，$\boxed{1}\times600=\boxed{600}$だから，全体の利益は，$\boxed{672}-\boxed{600}=\boxed{72}$となる。よって，$\boxed{72}$にあたるのが36000円だから，$\boxed{1}$にあたる金額，つまり，商品１個の仕入れ値は，$36000\div72=500$(円)と求められる。

(2)　定価は，500×1.4＝700(円)で，２日目の売り値は定価の１割引きだから，700×(１－0.1)＝630(円)である。よって，３日目の売り値は２日目の１割引きだから，630×(１－0.1)＝567(円)となる。

(3)　１個あたりの利益は，初日が，700－500＝200(円)，２日目が，630－500＝130(円)，３日目が，567－500＝67(円)である。また，３日目は50個売ったので，３日目の利益は，67×50＝3350(円)となる。すると，初日と２日目で，売れた個数の合計は，600－50＝550(個)，利益の合計は，100050－3350＝96700(円)とわかる。ここで，550個をすべて定価で売ったとすると，利益の合計は，200×550＝110000(円)となり，実際よりも，110000－96700＝13300(円)多くなる。定価で売る個数を１個減らし，２日目の売り値で売る個数を１個増やすごとに，利益は，200－130＝70(円)ずつ減るから，２日目の売り値で売った個数，つまり，２日目に売れた個数は，13300÷70＝190(個)と求められる。

３　平面図形―相似，辺の比と面積の比，面積

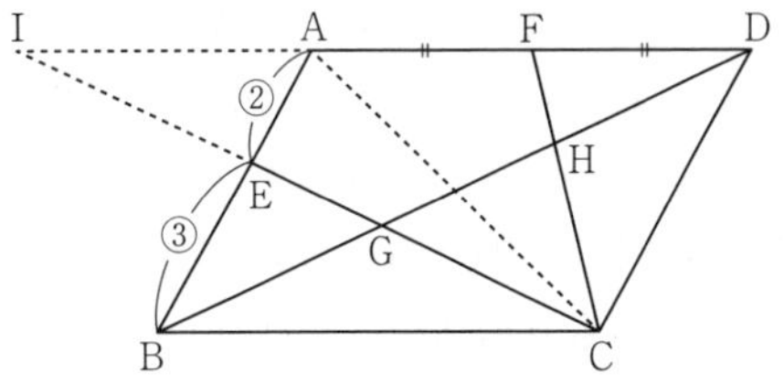

(1)　右の図のように，CEとDAを延長した直線が交わる点をＩとすると，三角形BECと三角形AEIは相似で，相似比は，BC：AI＝BE：AE＝３：２である。また，ADとBCの長さは等しいから，BC：ID＝３：(２＋３)＝３：５となる。よって，三角形BGCと三角形DGIも相似だから，BG：GD＝BC：ID＝３：５とわかる。

(2)　三角形BCDの面積は平行四辺形ABCDの半分なので，32÷２＝16(cm^2)である。また，三角形BCHと三角形DFHは相似で，相似比は，BH：HD＝BC：DF＝２：１となる。これより，BG：GD＝３：５，BH：HD＝２：１だから，BDの長さを，３＋５＝８と，２＋１＝３の最小公倍数である24とすると，BGの長さは，$24\times\frac{3}{3+5}=9$，HDの長さは，$24\times\frac{1}{2+1}=8$で，GHの長さは，$24-(9+8)=7$となる。よって，GH：BD＝７：24である。さらに，三角形CGHと三角形BCDはGH，BDをそれぞれ底辺とすると高さが等しいので，面積の比は，GHとBDの長さの比に等しく７：24になる。したがって，三角形CGHの面積は，$16\times\frac{7}{24}=\frac{14}{3}=4\frac{2}{3}$($cm^2$)と求められる。

(3)　五角形AEGHFの面積は，四角形AECFの面積から三角形CGHの面積を引いて求められる。まず，三角形ABCと三角形ADCの面積はどちらも平行四辺形ABCDの半分で，32÷２＝16(cm^2)である。次に，三角形BECと三角形AECの面積の比は，BEとAEの長さの比に等しく３：２なので，三角形AECの面積は，$16\times\frac{2}{3+2}=\frac{32}{5}$($cm^2$)となる。同様に，三角形AFCと三角形ADCの面積の比は，AFとADの長さの比に等しく１：２なので，三角形AFCの面積は，$16\times\frac{1}{2}=8$(cm^2)となる。よって，五角形AEGHFの面積は，$\left(\frac{32}{5}+8\right)-\frac{14}{3}=\frac{146}{15}=9\frac{11}{15}$($cm^2$)とわかる。

４　グラフ―水の深さと体積

(1)　問題文中のグラフで，水面の高さは12cmになってからはずっと変わらないので，下の図１のように，おもりが水からすべて出たときの水面の高さが12cmとわかる。このとき，容器に入っている水は，図１のかげをつけた部分が底面で，高さが20cmの角柱とみることができる。かげをつけた部分の面積は，10×22＋(12－10)×(22＋５)＝220＋54＝274(cm^2)なので，水の体積は，274

×20＝5480(cm^3)と求められる。

図１

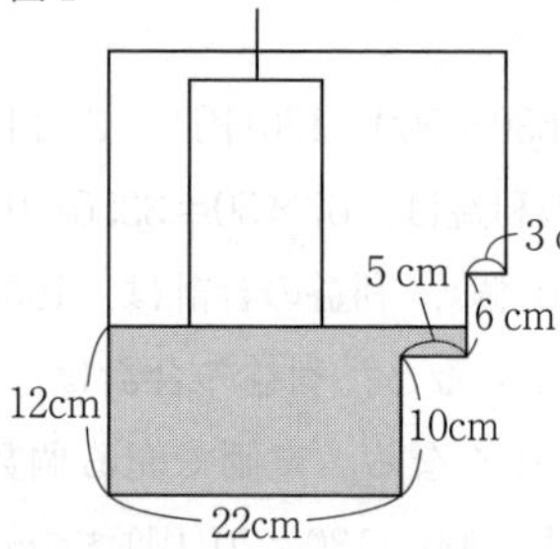

図２

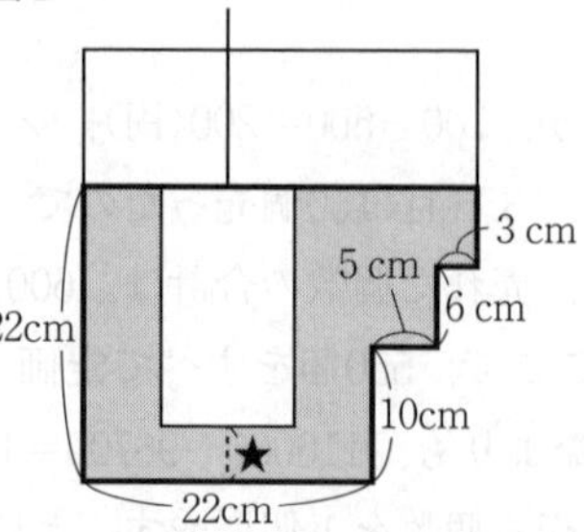

図３

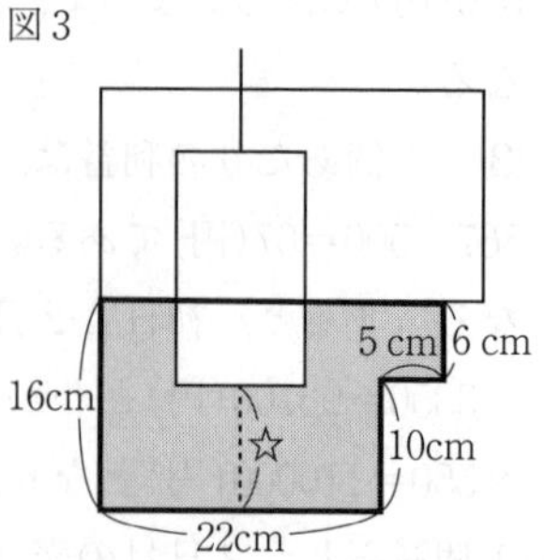

⑵　グラフより，図１のようになったのがおもりを引き上げ始めてから24秒後なので，１秒間に，12÷24＝0.5(cm)の割合で引き上げていることがわかる。また，上の図２のようにおもりの上面が水面の高さと同じになるのは，おもりを引き上げ始めてから８秒後だから，図２の★の長さは，0.5×８＝４(cm)となる。よって，おもりの高さは，22－４＝18(cm)と求められる。

⑶　おもりと水の体積の和は，図２で太線で囲んだ部分を底面とした，高さが20cmの角柱の体積と等しい。太線で囲んだ部分の面積は，10×22＋６×(22＋５)＋(22－10－６)×(22＋５＋３)＝220＋162＋180＝562(cm^2)だから，おもりと水の体積の和は，562×20＝11240(cm^3)となる。よって，おもりの体積は，11240－5480＝5760(cm^3)なので，おもりの底面積は，5760÷18＝320(cm^2)とわかる。

⑷　グラフのアは，上の図３のように，水面の高さが16cmになった時間を表している。このとき，水の体積と，水の中に入っているおもりの体積の和は，図３で太線で囲んだ部分を底面とした，高さが20cmの角柱の体積と等しくなる。太線で囲んだ部分の面積は，10×22＋６×(22＋５)＝220＋162＝382(cm^2)だから，水の体積と，水の中に入っているおもりの体積の和は，382×20＝7640(cm^3)となる。よって，水の中に入っているおもりの体積は，7640－5480＝2160(cm^3)で，おもりの底面積は320cm^{2}だから，水の中に入っているおもりの高さは，2160÷320＝$\frac{27}{4}$(cm)とわかる。したがって，図３の☆の長さは，16－$\frac{27}{4}$＝$\frac{37}{4}$(cm)だから，図３のようになるのは，おもりを引き上げ始めてから，$\frac{37}{4}$÷0.5＝$\frac{37}{2}$＝18.5(秒後)と求められる。

社　会　＜Ａ日程試験＞（30分）＜満点：60点＞

解　答

[1] **問１**　⑴　3.75　⑵　イ　⑶　イ　⑷　ア　⑸　イ→ア→ウ　**問２**　⑴　Ｆ　⑵　ア　⑶　エ　⑷　ウ　⑸　エ　**問３**　（例）　年齢別の交通手段の利用率　[2]　**問１**　**Ａ**　小野妹子　**Ｂ**　菅原道真　**Ｃ**　厳島神社　**Ｄ**　足利義満　**Ｅ**　徳川家光　**問２**　ア　**問３**　ア　**問４**　エ　**問５**　オ　**問６**　太閤検地　**問７**　エ　**問８**　オランダ　**問９**　ウ　**問10**　Ｄ→Ｂ→Ａ→Ｃ　**問11**　イ　**問12**　⑴　ア　⑵　（例）　日清戦争の賠償金を使って，官営の八幡製鉄所が建てられるなど，重工業が発達した。　[3]　**問１**　**Ａ**　健康　**Ｂ**　文化的　**Ｃ**　最低限度　**問２**　エ　**問３**　生存権　**問４**　18

問５　**Ｅ**　エ　**Ｆ**　発議　**Ｇ**　国民　**Ｈ**　ウ　**問６**　(例)　山脇愛美／景気の変動に関係なく一定の額がもらえると生活が安定するし，生活に必要な最低限のお金を元手に新たな職業に挑戦することなどがしやすくなるから。(山脇小百合／年金を払う人がもらう賃金や物の価格の上下に応じて年金額が決まれば，「年金をもらえない」という事態がなくなり，制度の安定性が高まると思うから。)

解　説

1　**地形図の読み取りや東北地方についての問題**

問１　(1)　地形図上の長さの実際の距離《きょり》は，(地形図上の長さ)×(縮尺の分母)で求められる。この地形図の縮尺は25000分の１なので，地形図上で15cmの長さの実際の距離は，15×25000＝375000(cm)＝3.75(km)となる。　(2)　まずはＸとＹのどちらが広瀬川の下流かを考えると，地図の右下にある「愛宕《あたご》神社」のすぐ西側に，川の流れを表す矢印(→)が確認できるのでＹが下流とわかる。図１を見ると，写真の中央付近に中州《なかす》があることがわかるので，①の橋から下流を向いて撮影《さつえい》した写真である。　(3)　「仙台城跡《じょうせき》」の南西(左下)にある122mを表す標高点(・)を参考にすると，「仙台城跡」の標高は約110mだとわかる。また，地点Ｂの北(上)には，等高線を１本はさんで41mを表す数字が見えるので，この地点の標高は30mから40mの間にあることがわかる。よって，イの80mが最も近い。　(4)　特にことわりのないかぎり地形図では上が北となる。地点Ｃは地点Ｂの左上に位置するので，方角は北西である。　(5)　地点Ｂから地点Ｃまで歩く間に，小・中学校(文)，裁判所(亽)，消防署(丫)の地図記号がある。

問２　図２中のＡは北海道，Ｂは青森県，Ｃは秋田県，Ｄは山形県，Ｅは岩手県，Ｆは宮城県，Ｇは福島県を示している。　(1)　地図で示された仙台市は，宮城県の県庁所在地である。　(2)　①の北海道札幌市は１月と２月の気温が０℃以下で，降水量が全体的に少ないＸ，②の秋田県秋田市は，冬の降水量が多い日本海側の気候であるＹ，③の宮城県仙台市は，夏の降水量が多い太平洋側の気候であるＺである。　(3)　Ⅰについて，北海道，栃木県，熊本県，岩手県，群馬県の順に飼養頭数が多いのは，乳用牛である。Ⅱについて，青森県，長野県，岩手県，山形県，福島県の順に収穫《しゅうかく》量が多いのは，りんごである。なお，ぶたの飼養頭数は，鹿児島県，宮崎県，北海道，群馬県，千葉県の順に，西洋なしの収穫量は山形県，新潟県，青森県，長野県，福島県の順に多い(りんごと西洋なしは2021年，乳用牛とぶたは2022年)。　(4)　秋田県の伝統工芸品は，大館《おおだて》市で生産がさかんなウの曲げわっぱである。なお，アの南部鉄器は岩手県，イの津軽ぬりは青森県，エの伝統こけしは宮城県，オの将棋《しょうぎ》こまは山形県の伝統工芸品である。　(5)　仙台平野を縦断しながら仙台湾《わん》に注いでいるのは旧北上川で，北上川の河口にあたる追波《おっぱ》湾の地形はリアス海岸である(エ…×)。なお，三陸海岸は，山地が沈《しず》んで谷であったところに海水が入りこんだ出入りが複雑な海岸地形で，海岸線がのこぎりの歯のように複雑なリアス海岸である(ア…○)。湾内部の波がおだやかなので，宮城県の松島湾や仙台湾では，かきの養殖《ようしょく》がさかんである(イ…○)。三陸海岸の沖合には，寒流の親潮と暖流の黒潮がぶつかる潮目があり，魚の数や種類が多いことからよい漁場になっている(ウ…○)。

問３　【原稿】の３行目から４行目にかけて，図５は「多くの年代で，市内を移動する手段として徒歩や自転車よりも，自家用車への依存《いぞん》の割合が高い」ことが読み取れる資料だと書かれている。

このことと，設問の書き出しから考えると，年代別の交通手段の利用割合，などの題名がふさわしい。

2 海上交通をテーマにした原始から近代の問題

問１ **Ａ** 607年に，聖徳太子(厩戸皇子《うまやどのおうじ》)が遣隋《けんずい》使として派遣した人物は小野妹子である。 **Ｂ** 894年に遣唐《けんとう》使の廃止《はいし》を進言したのは菅原道真である。 **Ｃ** 平安時代末期，日宋《にっそう》貿易を行うために平清盛が修築し，現在はユネスコ(国連教育科学文化機関)の世界文化遺産に登録されているのは厳島《いつくしま》神社である。 **Ｄ** 室町時代の1404年，明《みん》との間で勘合貿易を開始したのは室町幕府第３代将軍であった足利義満である。 **Ｅ** 江戸幕府第３代将軍で，鎖国政策をとったのは徳川家光である。

問２ 縄文時代の遺跡《いせき》はアの三内丸山遺跡(青森県)で，2021年に「北海道・北東北の縄文遺跡群」の構成資産の１つとしてユネスコの世界文化遺産に登録された。なお，イの岩宿遺跡(群馬県)は旧石器時代，ウの吉野ヶ里遺跡(佐賀県)とエの登呂遺跡(静岡県)は弥生時代の遺跡である。

問３ １世紀，奴《な》国の王は後漢(中国)の光武帝《こうぶてい》より「漢委《かんのわの》奴国王」と刻まれた金印を送られた。この金印は，江戸時代に志賀《しかの》島(現在の福岡県)で出土した。

問４ 平清盛は1167年に武士として初の太政《だいじょう》大臣となり，自分の娘《むすめ》を天皇のきさきにして朝廷《ちょうてい》の要職を一族で独占《どくせん》した(エ…○)。なお，アの鎌倉時代に執権を立てて政治を行ったのは北条氏，イの平等院鳳凰《ほうおう》堂を建てたのは藤原頼通《よりみち》，ウの坂上田村麻呂を征夷大将軍に任命したのは桓武天皇である。

問５ 1575年に起こった戦いは，長篠《ながしの》の戦いである。この戦いで，織田信長と徳川家康の連合軍は，大量の鉄砲《てっぽう》を効果的に使用し，武田氏(武田勝頼)の騎馬《きば》隊を破った。なお，桶狭間《おけはざま》の戦いは1560年に信長が今川氏(今川義元)を破った戦いである。

問６ 1582年，豊臣秀吉が全国の田畑の面積や等級，耕作者を調べ，記録させた。この政策を検地(太閤《たいこう》検地)という。秀吉は検地のために，全国の単位(ものさし・はかり・ます)を統一させた。

問７ 江戸時代初期の朱印船貿易は，朱印船が東南アジアに渡航《とこう》して行った貿易で，日本の主な輸出品は銀，輸入品は中国産の生糸や絹織物だった。なお木綿は，室町時代は朝鮮からの輸入品だったが，この時代には国内の河内(現在の大阪府)や三河(現在の愛知県)で自作できるようになっていた。

問８ 徳川家光によって鎖国政策が行われた以後，長崎で交易を行うことを許されたのは，中国とオランダだった。

問９ 茶の湯を千利休が茶道として大成したのは，16世紀末の安土桃山時代のことである(ウ…×)。なお，江戸時代，千歯こきや備中《びっちゅう》ぐわ，唐《とう》みや千石どおしなどの新しい農具が生まれ，農業生産が増大した(ア…○)。商工業者の同業者組合を株仲間といい，幕府に税を納めるかわりに営業を独占した(イ…○)。『日本永代蔵《えいたいぐら》』『世間胸算用』などの浮世草子を著《あらわ》したのは井原西鶴で，江戸時代前半の元禄文化を代表する人物である(エ…○)。

問10 Ａは1867年(大政奉還)，Ｂは1866年(薩長《さっちょう》同盟)，Ｃは1868年(戊辰《ぼしん》戦争)，Ｄは1860年(桜田門外の変)のことなので，年代の古い順にＤ→Ｂ→Ａ→Ｃとなる。

問11 明治時代は1868年から1912年の45年間である。イの普通《ふつう》選挙制の実現は，1925(大正14)年に普通選挙法が制定されたことによる。なお，アの地租《ちそ》改正とウの徴兵《ちょうへい》令は1873(明治６)年，エの学制発布による義務教育制度の開始は1872(明治５)年のことである。

問12 (1) 1894年，朝鮮で甲午農民戦争が起こり，清(中国)と日本が朝鮮に出兵したことをきっかけとして日清戦争が起こった。なお，イの日英同盟の成立は日露戦争前の1902年，ウの三国干渉《かんしょう》は日清戦争終結直後の1895年，エの関税自主権の完全回復は1911年のことである。 (2) 日清戦争で勝利した日本は，1895年に結ばれた下関条約で清に朝鮮の独立を認めさせ，多額の賠償《ばいしょう》金や台湾などの領土を獲得《かくとく》した。日本は清から得た賠償金をもとに福岡県に官営八幡《やはた》製鉄所を建てて，1901年に操業を開始させた。これをきっかけに日本の重工業が発展した。

３ 日本の社会保障や選挙，国民投票などについての問題

問１ Ａ～Ｃ 憲法第25条１項《こう》では，「すべて国民は健康で文化的な最低限度の生活を営む権利を有する」と定められている。

問２ 社会保障制度の「四つの柱」とは，社会保険・社会福祉《ふくし》・公的扶助《ふじょ》・公衆衛生を指す。このうち公的扶助は，生活の苦しい人に対して医療《いりょう》費や生活費などを国が支給する制度のことで，生活保護ともいう。

問３ 憲法第25条１項は，基本的人権の１つである社会権のうち，生存権を表している条項である。なお，社会権には他に，教育を受ける権利，勤労の権利，労働基本権(労働三権)がある。

問４ 2015年の公職選挙法改正により，選挙権年齢が満20歳《さい》から満18歳に引き下げられた。

問５ Ｅ～Ｈ 憲法改正の手続きは，日本国憲法第96条１項に明記されている。この中で，各議院の総議員の３分の２以上の賛成で国会が発議し，その後国民の承認を経るために特別の国民投票などで過半数の賛成を必要とすることが記されている。

問６ 山脇愛美を選んだ場合，毎月８万円を支給されることで生活が安定することや，支給されるお金で新たな事業を起こすことができることなどが理由として考えられる。また，山脇小百合を選んだ場合は，労働者の平均賃金や物価の変動に応じて支給される年金額を調節すれば，年金制度が安定する，などの理由を書くとよい。

理 科 ＜Ａ日程試験＞(30分)＜満点：60点＞

解 答

１ **問１** **Ａ** 放射 **Ｂ** 対流 **Ｃ** 伝導 **問２** 解説の図を参照のこと。 **問３** ① Ｂ ② Ａ ③ Ｃ ④ Ｃ **問４** え→お→う→い→あ **問５** オ **２** **問１** 恒星 **問２** ② 惑星 ③ ８ ④ 海王星 ⑤ 衛星 ⑥ 地球 **問３** (例) 土星 **問４** 金星 **問５** (例) 天気予報などに利用するデータをとるための気象観測を目的としている。 **問６** ８分20秒前 **問７** ウ **問８** 2.1年後 **３** **問１** (例) かん臓，じん臓 **問２** (1) エ (2) イ **問３** 3.1kg **問４** 57秒 **問５** (1) 動脈 (2) 静脈 (3) 毛細血管 **問６** **Ａ** 0.15 **Ｂ** 1.9 **問７** (例) 濃い味付けの食事を減らして，塩分を取りすぎないようにする。 **４** **問１** (例) 水力，風力 **問２** **あ** ア **い** ウ **う** オ **え** コ **問３** オ **問４** ウ **問５** ア **問６** **ア** 集める **イ** 小さく **ウ** 大きく **問７** 40cm **問８** キ／**工夫**…(例) 保冷剤を光

電池の裏につけて冷やす。

解　説

1　熱の伝わり方についての問題

問1　Aのように熱が空気などを素通りしてものを直接あたためることを放射，Bのようにあたためられた液体や気体が動いて熱が全体へ伝わることを対流，Cのようにあたためられたところから熱が順に伝わることを伝導という。

問2　あたためられた水は膨張《ぼうちょう》してまわりの水よりも軽くなるため，中央であたためられた水は上へ移動する。その後，右の図のように，水が移動した部分にまわりから水が流れこむように移動する。これらの水の移動がくり返されることで熱が全体へ伝わる。

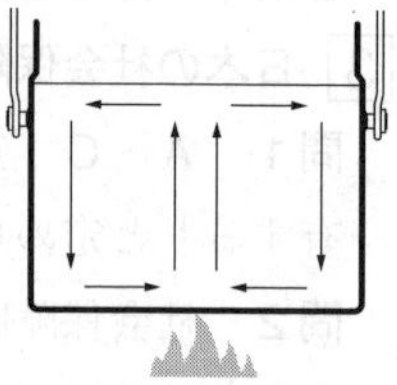

問3　①　あたたかい空気は上へ，冷たい空気は下へ移動する。そのため，冷風が上から出るようにクーラーを設置すると空気の対流により部屋全体を冷やしやすくなる。
②　太陽の熱は放射によって直接伝わるため，日なたは日光の当たらない日かげよりも暑くなりやすい。　③　カイロの熱は伝導により，にぎったところから手へ伝わる。　④　ホットプレートの熱は肉がふれている部分から伝導する。

問4　熱は伝導により，図2の×印に近いところから順に伝わっていく。よって，ろうは，「え」→「お」→「う」→「い」→「あ」の順番にとけ始める。

問5　①～③はいずれも×印と●印を結ぶ直線上に銅板と鉄板が合わせて12枚つながれており，この直線上に①では6枚，②では5枚，③では6枚の銅板がある。このとき，銅のほうが鉄よりも熱が伝わりやすいので，この直線上にある銅板の枚数が多いほど熱が伝わりやすいといえる。したがって，熱が伝わる速さは，①＝③＞②になると考えられるから，オが選べる。

2　天体についての問題

問1　太陽のように自分で光を出す天体を恒星《こうせい》という。なお，地球や月など太陽を中心とした天体の集まりを太陽系とよぶ。

問2　②～④　太陽のまわりを公転する地球のように，恒星のまわりをまわる天体を惑星《わくせい》という。太陽系には太陽から近い順に水星，金星，地球，火星，木星，土星，天王《てんのう》星，海王星の8個の惑星がある。　⑤，⑥　地球のまわりをまわる月のように，惑星のまわりをまわる天体を衛星という。地球は1個(月のみ)，火星は2個，木星，土星，天王星，海王星は多くの衛星を持つ。

問3　太陽系の惑星のうち環《わ》を持つのは木星，土星，天王星，海王星である。惑星の環をつくる物質は惑星ごとに異なり，たとえば土星の環は氷や岩石の粒《つぶ》が集まってできている。

問4　一般《いっぱん》に，明星《みょうじょう》とは金星のことをいい，明けの明星は明け方ごろ東の空，宵《よい》の明星は夕方ごろ西の空に見られる金星のことを指す。

問5　人工衛星には気象観測を目的とした気象衛星，大気や大地の状態を観測する地球観測衛星，インターネットやテレビ放送などに利用される通信放送衛星，地球上での位置などを測定するための測位衛星など，さまざまな種類がある。

問6　地球から太陽までの距離《きょり》は，1億5000万km＝15000万kmだから，地球に届いた太陽の光は，15000万÷30万＝500(秒)，500÷60＝8余り20より，8分20秒前に太陽から出た光とわかる。

問７　光は１年間で，30万×60×60×24×365＝946080000万(km)，つまり，約９兆5000億km進むので，ウが選べる。

問８　地球は１年で360度，天体Ａは１年で，$360 \div 1.9 = \frac{360}{1.9}$(度)太陽のまわりを公転する。図の状態から，再び太陽—地球—天体Ａの順に一直線に並ぶのは，この差が360度になったときだから，$360 \div \left(360 - \frac{360}{1.9}\right) = 2.11\cdots$より，約2.1年後と求められる。

3　人体についての問題

問１　五臓六腑《ぷ》の五臓は心臓，じん臓，かん臓，肺，ひ臓のことをいい，六臓はこれらにすい臓を加えた呼び方である。なお，六腑は胃，小腸，大腸，ぼうこう，胆のう，三しょう(実際には存在しない)のことを指す。

問２　(1)　ヒトなどのホ乳類や鳥類はエのような２つの心房《しんぼう》と２つの心室のある心臓を持つ。なお，アは魚類の心臓で１心房１心室，イは両生類の心臓で２心房１心室，ウはハ虫類の心臓で不完全な２心房２心室のつくりをしている。　(2)　一般に成人のヒトの心臓の重さは200～300ｇで，左右の肺の間のやや左寄りの位置にある。

問３　体重40kgのヒトの血液の総重量は，$40 \times \frac{1}{13} = 3.07\cdots$より，約3.1kgと求められる。

問４　１分間に心臓から送り出される血液は，75×70＝5250(mL)だから，全身の血液を送り出すのにかかる時間は，$5 \times 1000 \div 5250 = \frac{20}{21}$(分)とわかる。これは，$60 \times \frac{20}{21} = 57.1\cdots$より，57秒である。

問５　(1)　大動脈や肺動脈など，心臓から送り出された血液が通る血管を動脈という。　(2)　大静脈や肺静脈など，心臓へもどってくる血液が通る血管は静脈である。　(3)　動脈と静脈の間をつなぐ血管は細い網《あみ》の目のようになっていて，毛細血管とよばれる。

問６　水銀の重さは１Ｌあたり13.6kg，血液の重さは１Ｌあたり1.05kgだから，水銀１Ｌを，150mm＝0.15m押《お》し上げる力があれば，血液を，$0.15 \times \frac{13.6}{1.05} = 1.94\cdots$より，1.9m押し上げることができると考えられる。

問７　血液の量が増えたり，血液のねばり気が強くなったりすると心臓が血液を送り出すための圧力が大きくなる。食事のさいに塩分をとりすぎるとそれをうすめるために血液量が増え，また，糖分や脂質をとりすぎると血液がドロドロになったりして，血圧が高くなる(高血圧)とされている。そのため，高血圧をふせぐ取り組みとして，濃《こ》い味付けの食事を減らして塩分を取りすぎないようにすること，野菜を多く食べて栄養バランスの取れた食生活をすることなどがあげられる。ほかにも，適度な運動をすることや睡眠をしっかりとり，規則正しい生活をすることなども大切である。

4　光電池についての問題

問１　再生可能エネルギーとは，一度利用しても比較《ひかく》的短時間で再生可能で，なくなることのないエネルギーのことである。太陽光以外の再生可能エネルギーには水力，風力，地熱，バイオマスなどがある。

問２　**あ**　電流計は電流の大きさをはかりたいところと直列につなぐ。　**い**　電流計と電源を導線でつなぐときは，電流計の＋端子《たんし》は電源の＋端子側につなぐ。なお，電流計の－端子は電源の－端子側につなぐ。　**う，え**　電流計の－端子には，「50ミリアンペア」「500ミリアンペア」「５アンペア」の３種類の端子がある。回路へ流れる電流の大きさがわからない場合は，針が振《ふ》り切れて電流計がこわれるのをふせぐため，最も大きい電流がはかれる「５アンペア」の－端子から順につなぐとよい。

問３　太陽光が光電池へ垂直に入射するときに，光電池からつくられる電流の大きさは最大になる。また，光電池の角度が０度のときにも光電池に太陽光は当たるため，光電池からは一定の大きさの電流が流れる。よって，オのグラフのようになると考えられる。

問４　光電池は光のエネルギーを使って発電するので，ふつう光電池に当たる光の量が多いほど光電池の発電量は大きくなる。

問５　太陽光は平行光線で，ここでは光電池に当たる光の量を増やしたいのだから，凸《とつ》レンズの性質のうち，軸《じく》に平行な光はしょう点に集まるという性質を用いて，光を集めればよい。

問６　抵抗《ていこう》が大きくなると流れる電流は小さくなる。よって，凸レンズで光を集めた場合，光の当たる面積が小さくなる一方，光の当たらない面積が大きくなって光電池の抵抗が大きくなってしまい，電流がほとんど流れなかったと考えられる。

問７　軸と平行に凸レンズへ入射した光はしょう点へ集まるから，凸レンズと光電池の間の距離がちょうどしょう点距離と同じときに凸レンズに当たる光の面積が最も小さくなり，光電池から出る電流は小さくなると考えられる。よって，実験２で使用した凸レンズのしょう点距離は40cmとわかる。

問８　凸レンズを使用した場合もしなかった場合も，短時間であれば光の量や色などは変化しない。また，凸レンズを使って光を集めた場合は凸レンズがないときより，光が集まった分，光電池の温度が上がりやすくなる。以上のことから，光電池は温度が高くなると，発電効率が下がるとわかる。そのため，時間が経過しても電流の大きさが小さくならないようにするには，保冷剤《ざい》などを光電池の裏につけて光電池を冷やすことなどが考えられる。

国　語　＜Ａ日程試験＞（50分）＜満点：100点＞

解　答

一　**問１**　Ａ　ア　　Ｂ　エ　　**問２**　エ　　**問３**　（例）（ダーウィンの説は，）人間は神に似せて創られた存在で，使命があるという考えに反する（ものだったから。）　**問４**　過大評価　**問５**　ウ　**問６**　（例）子孫を残すだけでなく，個々の人間が社会の中で自分の役割を果たし，現在の社会水準を維持すること。　**問７**　早計です。　**問８**　イ　二　**問１**　ウ　**問２**　（例）タイムの良い自分が選手として選ばれなかったことに納得がいかない気持ち。　**問３**　でも，走る　**問４**　１　感謝　２　不審　**問５**　ア　**問６**　（例）荒垣さんの言葉のとおり，来年は咲桜莉といっしょに大会に出場できるよう励もうという思いが芽生えたこと。　**問７**　ア→オ→エ→イ→ウ　**問８**　イ，オ　三　**問１**　下記を参照のこと。　**問２**　ウ　**問３**　ア　**問４**　より豊かな人生を送る　**問５**　ウ　**問６**　（例）遠く離れた場所や過去のできごとなど自分が実際に体験できないことについて学ぶことができます　四　**問１**　（漢字，意味の順で）　１　魚，ク　２　馬，ア　３　鳥，オ　４　虫，エ　５　犬，イ　**問２**　１　○　２　×／（例）（今年の目標は，たくさん）新しい友達を作ることです（。）　３　○　４　×／（例）（ニュースによると，今日は）雨がふるそうだ（。）　５　×／（例）（デパートに行くのは，）新しいセーターを買うためだ（。）

●漢字の書き取り

三 問1　a　積(む)　b　散策　c　多彩

解説

一 **出典：市橋伯一《いちはしのりかず》『増えるものたちの進化生物学』**。人間は目的や使命がなくても楽しく生きていけるが，人間という種の希少価値を守るために，社会の中で自分の果たすべき役割を果たすことが大切だと述べている。

問1　**A**　人間が幸せだと感じるしくみについて，「子孫を残すことに対する成功報酬《ほうしゅう》」だと説明した後で，「幸せは決して長続きしないものでもあります」とつけ加えて述べているので，あることがらに次のことがらをつけ加える働きの「また」があてはまる。　**B**　希少価値について説明している部分で，石ころを例にあげながら，「その石と他の石との違《ちが》いがわからない」ため，「その珍《めずら》しさを理解することができ」ず，希少価値がわからないと述べているので，前のことがらを受けて，順当に次のことが起こるさまを表す「したがって」があてはまる。

問2　幸せになることが人生の目的であると考える人は多いが，人間が幸せだと感じるのは「子孫を残すことに対する成功報酬」であり，「生物が増えるためのしくみとして幸福感を使っている以上，末永く幸せになることはあり得ません」と筆者は述べているので，エがふさわしい。

問3　人間に目的や使命はないが，だとすると，何を目指して生きていけばよいのかということへの対処法について筆者は考えを述べている。ダーウィンが「進化論」を提唱したときにも，「それまで人間とは神が自らに似せて創られたもので，使命を帯びて生まれてきたとする当時の考え方に反し」たため，受け入れられなかったと書かれている。しかし，それは「人間に過度に期待しすぎている」のであり，「そんな使命はなくても楽しく生きていけます」と続けて主張している。

問4　筆者はダーウィンの進化論に対する昔の人の反応を例にあげながら，人間が生きるのに使命が必要だと考えるのは，「人間に過度に期待しすぎている」のだと述べている。これを短くまとめた四字として，本文の最初の部分にある「過大評価」がぬき出せる。

問5　人生に使命がないことに対する絶望感への対処法の二つ目を述べている部分である。人間を含《ふく》む生物は地球上で多様化し，「特にこの１万年については，人類という種が急速に増え，巨大《きょだい》な建造物をつくり，惑星《わくせい》外へと飛び出しつつあり」，現在この瞬間《しゅんかん》に存在している生命体は地球だけだという可能性を述べたうえで，「この宇宙で唯一《ゆいいつ》の生命体が今まさに大躍進《やくしん》をとげているところ」かもしれないと，地球上の人間や生物の「希少価値」を主張している。よって，ウが選べる。

問6　ぼう線④の後の部分で，希少価値を大切にしていくことの具体的な取り組みを述べている。まず必要なこととして，「今の人間の社会，文明，技術，知識の水準を維持《いじ》していくこと」をあげ，「現在の社会水準を維持するためのひとつの手段は子孫を残すこと」だと述べている。しかし，子孫だけでなく，人間は多くの人との協力で社会を作り上げているため，社会の中で「自分の役目を全《まっと》うすることは，子孫を残すこと以上に人間社会の維持に貢献《こうけん》する」と主張し，「職業，家事，学業，何でもいいですが，社会の中で自分の果たすべき役割を果たすということ」が大切だと述べている。

問7　もどす文の内容は，人生に使命や目的がなくても，地球の生物や人間には希少価値があるということである。空らんXの二段落後で，「『希少価値』とは，珍しいものに付随《ふずい》する価値です」と説明しているので，この直前に入れると文意が通る。

問８　ぼう線②の後の部分で，昔は人間が神の子孫だという使命を信じていたことについて，「そんな使命はなくても楽しく生きていけます」と筆者は述べているので，イが合う。

二　**出典：万城目《まきめ》 学《まなぶ》『八月の御所《ごしょ》グラウンド』所収「十二月の都大路《みやこおおじ》上下《カケ》ル」。**先輩《せんぱい》の代走として全国高校駅伝大会を走り終わった「私(サカトゥー)」は，同級生の咲桜莉《さおり》の気持ちを知り，また，いっしょに走った他校の荒垣《あらがき》さんと話したことで，来年の大会では，咲桜莉といっしょに走ろうという決意を抱《いだ》くようになる。

問１　「私」が同級生の咲桜莉と話している場面で，咲桜莉が大会の前にはげましてくれた言葉を「お世辞」と言ったことに対し，咲桜莉は「私は本当にサカトゥーの走り方が好き」だと，お世辞ではなく自分の本心からの言葉だったと伝えているので，ウがふさわしい。

問２　「私」よりタイムが速いのに，代走として選ばれなかったことについて，咲桜莉は「どうして私じゃないんだろうと思った」とはじめは納得がいかない気持ちがあったことを「私」に話している。

問３　「私」が咲桜莉に伝えたかったのは，ぼう線③の直前の「あなたの言葉のおかげで勇気が蘇《よみがえ》ったんだよ」という部分であり，咲桜莉が自分をはげましてくれた言葉のおかげで走りきることができたということである。その後の場面で，「私」が唐揚《からあ》げ屋さんの前で，隣《となり》に座った人を咲桜莉だとかんちがいして話をしている場面から，一文がぬき出せる。

問４　**１，２**　大会でいっしょに走った他校の荒垣さんと「私」が話している場面である。自分よりも速いタイムで走っていた荒垣さんに「負けたくない，という一心で食らいついた」ので，他の選手を追い抜《ぬ》くくらい自分も速く走れたことを思い出し，「私」は「最高の先導役だったことへの感謝の気持ち」でお礼を言ったが，荒垣さんは「何で？」と不審《ふしん》に思っている。

問５　咲桜莉を見て，荒垣さんは，「私」が咲桜莉に謝《あやま》る理由を怒《おこ》ったような調子で問いつめている。そのようすと，大会での荒垣さんの走り方を重ね合わせて，「私の様子なんていっさい確かめず，駆《か》け引きなしで，荒垣さんは一気に加速して，そのまま私を置き去りにした」と思い出しているので，アが合う。

問６　走者として選ばれなかったことに納得がいかない気持ちを抱《かか》えていた咲桜莉に気づかないくらい，余裕《よゆう》がなかったことを申し訳ないと話す「私」に，荒垣さんは，彼女《かのじょ》に謝るのではなく，また来年の大会でいっしょに走ることが「私」のやるべきことだと言っている。その言葉を受けて，来年へ向けてのやる気がみなぎり，いっしょに走れるようがんばろうという思いがわいてきているのである。

問７　波線部アは，大会の前に咲桜莉が「私」をはげましたときのことを指しているので，一番初めになる。次に，大会で走る前に荒垣さんと顔を合わせたときのことを指すオ，走っている最中のラストスパートのときを指すエが続く。さらに物語の中の場面のその時点でのできごとであるイ，ウの順になる。

問８　ぼう線①の場面で，咲桜莉が本心から「私」の走りが好きだと改めて伝えていたり，波線部ウの後の場面で，「私」が咲桜莉の気持ちに気づかなかったことを真剣《しんけん》に謝ろうとしたりするようすが読み取れるので，イはよい。波線部オの後の場面で，「私」と荒垣さんがおたがいに笑顔で言葉を交わしながら，「荒垣さんが突《つ》き出した拳《こぶし》に，少しだけ合わせる感じで，拳をこんとぶつけた」など，良いライバルとしての関係になったようすがえがかれているので，オもふさわしい。

三 「直接体験と間接体験」について書かれた文章

問１　**a**　音読みは「セキ」で，「積雪」などの熟語がある。　**b**　これといった目的もなく，ぶらぶら歩くこと。　**c**　変化や種類が多くにぎやかなさま。

問２　前では，直接体験と間接体験の特徴《とくちょう》を理解し，新しい経験を積むことで，「私たちは自分自身を発展させ，より豊かな人生を送ること」ができると述べられている。続く段落では，直接体験の特徴を説明し，その後の「次に」からはじまる段落で間接体験の特徴を述べているので，“はじめに，最初に”という意味の「まず」があてはまる。

問３　直接体験の特徴について説明している部分である。直接体験とは，「自分自身が実際に体験すること」で，「自分の目で見て，耳で聞いて，手で触《ふ》れること」など，現実世界で体験できるものなのだから，アが合う。

問４　筆者は直接体験と間接体験の特徴についてそれぞれ述べ，その両方を組み合わせることが大切だと主張している。この二つの体験によって，人生という「学びの旅」が，豊かで多彩《たさい》なものになると主張しているので，第一段落から，「より豊かな人生を送る」という部分がぬき出せる。

問５　はじめの部分で，直接体験と間接体験を知ることで，「自分自身を発展させ，より豊かな人生を送ることができ」ると説明した後で，二つの体験のそれぞれの特徴を述べ，最後の部分でもう一度，「私たちが意欲的に新しい知識と経験を追求し，両方の体験から得られる教訓を活用することで，人生はさらに豊かで多彩なものとなる」とまとめている。よって，ウが合う。

問６　間接体験の良さをまとめている部分である。前の部分で，間接体験とは，「他人の話や本，映画，テレビ番組，新聞，インターネットなどを通じて得られる体験のこと」だと述べられているので，直接体験とはちがい，自分が実際に体験できないことについて学ぶことができるものだとまとめられる。

四 ことわざの知識，ことばの使い方

問１　**１**　「水を得た魚」は，その人に合った場で生き生きと活躍《かつやく》するようす。　**２**　「馬子にも衣装《いしょう》」は，つまらぬ者でも外形をかざるとりっぱに見えること。　**３**　「立つ鳥跡《あと》をにごさず」は，立ち去る者は，あとが見苦しくないようにすべきであるということ。　**４**　「たで食う虫も好き好き」は，タデのからい葉を食う虫もあるように，人の好みはさまざまであるということ。

５　「飼い犬に手をかまれる」は，ふだんから目をかけてやっている者に裏切られ，ひどい目にあうこと。

問２　**１**　“仮にこうだとすると”という意味になる「もし」と，仮定の語である「たら」がいっしょに使われており，正しい。　**２**　「今年の目標」はことがらを表すので，「新しい友達を作ること」のように，名詞の形に直すのがよい。　**３**　ぼう線は「犬」を修飾《しゅうしょく》しており，「彼も」またそれを「かわいいと思った」という流れなので，正しい。　**４**　「ニュースによると」とあるとおり，他から聞いたことを伝える文なので，伝聞の語である「～そうだ」と直すのがよい。

５　「デパートに行くのは」と，目的を伝える文なので，「～ためだ」と直すのがよい。

2024年度 山脇学園中学校

〈編集部注：この試験は，算数・国語のいずれかを選択します。〉

【算　数】〈国・算１科午後試験〉（60分）〈満点：100点〉

〈注意事項〉・円周率が必要なときは3.14を用いなさい。
・必要ならば，「(角すい，円すいの体積)＝(底面積)×(高さ)÷３」を用いなさい。

(1)　次の□にあてはまる答を求めなさい。

$$2024\times\left(\frac{1}{8}-\frac{1}{11}+\frac{1}{23}\right)\div3.14=\square$$

(2)　次の□にあてはまる答を求めなさい。

$$18\times0.125+\left\{\left(9-1\frac{2}{\square}\times4\right)\times4.2\right\}\div\frac{7}{5}=9\frac{1}{4}$$

(3)　２以上の整数Ａについて，１からＡまでのすべての整数をかけ合わせた数をＡ！と表します。

(例)　３！＝１×２×３＝６

　　　４！＝１×２×３×４＝24

このとき，次の□にあてはまる答を求めなさい。

$$\frac{10\times9\times8}{3\times2\times1}=\frac{\boxed{①}\,!}{\boxed{②}\,!\times\boxed{③}\,!}$$

(4)　図の９個のマスに数を１つずつ入れて，縦，横，ななめに並んだ３つの数の和がすべて等しくなるようにします。

このとき，(ア)のマスに入る数字は□です。

		43
(ア)		11
	5	

(5) ある数Ａを，Ａに１を加えた数で割ります。その答えＢを，Ｂに１を加えた数で割ります。このような計算をくり返し，できた答えを並べていきます。

(例) Ａ＝１のとき，

$$1\div(1+1)=\frac{1}{2}$$

$$\frac{1}{2}\div\left(\frac{1}{2}+1\right)=\frac{1}{3}$$

$$\frac{1}{3}\div\left(\frac{1}{3}+1\right)=\frac{1}{4}$$

このようにしてできた答えをＡを１番目の数として並べると，$1,\ \frac{1}{2},\ \frac{1}{3},\ \frac{1}{4},\ \cdots\cdots$ となります。

このとき，次の□にあてはまる答を求めなさい。

Ａ＝［①］のとき，［②］番目の数は，$\frac{9}{199}$ になります。

(6) 水そうを満水にするためにＡ管１本では10分，Ｂ管１本では12分かかります。Ａ管１本，Ｂ管２本を使ってこの水そうに水を入れると，満水になるまでに何分何秒かかりますか。

(7) 同じ大きさのご石がいくつかあります。そのご石を図のようにすき間なくしきつめました。横にあるご石の列が縦にあるご石の列より３列多くなるように並べたところ，ご石は37個余りました。そこで，ご石の列を縦も横も１列ずつ増やすことにすると，ご石は27個不足することがわかりました。
このとき，ご石は全部で何個ありますか。

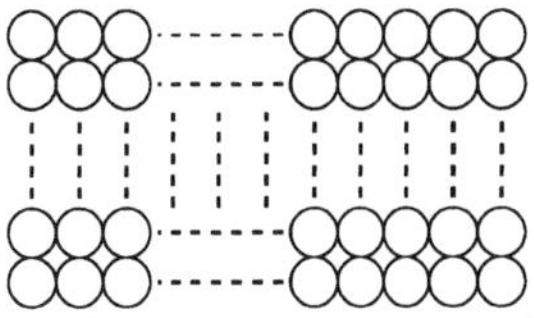

(8) 全部で200ページの本があります。この本は１ページ目と２ページ目が両面に印刷されており，１枚だけページが破れています。このとき，残りのページ番号を全部足すと，19833になりました。破れたページの小さい方のページ番号はいくつですか。

(9) 全校生徒1200人で生徒会長を１人決めます。この選挙にＡさん，Ｂさん，Ｃさんの３人が立候補しました。開票率が45％の時点で，Ａさんは開票された票のうち60％の票を得ました。Ｂさんと Ｃさんの得票数の差は30票だとわかりました。この後，Ａさんが確実に当選するために必要な票数は，少なくともあと何票ですか。ただし，立候補した人にも投票権はあることとします。

(10)　ライトが５個並んでいます。図１では光っているライトを●で表しています。このとき，ボタンを１回おすごとに光り方が図１のように変わります。

図１
1回：●○○○○
2回：○●○○○
3回：●●○○○
4回：○○●○○
5回：●○●○○

このライトを使って，Ａさん，Ｂさん，Ｃさん，Ｄさん，Ｅさんの５人で数あてゲームをしました。５人はそれぞれ，好きな回数だけボタンをおしたところ，下の図２のようにライトは光っていました。

図2　○●●○●

Ｅさん以外の４人がボタンをおした平均回数が 4.5 回だとすると，Ｅさんは何回ボタンをおしましたか。

(11)　ジョギングコースに図のような坂道があります。BC 間の道のりは AB 間の道のりより 400 m 長いです。行きはＡからＢまで坂道を下り，その後，Ｃまで坂道を上ります。行きは 9.5 分，帰りは来た道をもどって７分かかりました。どちらの坂道を下るときも速さは等しく，坂道を下る速さは，上る速さの２倍です。坂道を下る速さは毎分何 m ですか。

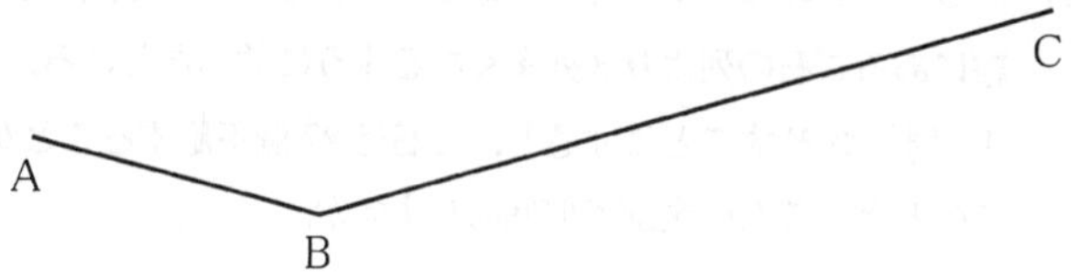

(12)　１周 560 m の流れるプールがあり，水は一定の速さで時計回りに流れています。静水での泳ぐ速さはＡさんが秒速 1.25 m，Ｂさんが秒速 1.55 m です。点検のため，ＡさんとＢさんはある地点から同時に，Ａさんは時計回りに，Ｂさんは反時計回りに泳ぎ始めました。２人が出会ったのは出発してから何分何秒後ですか。

(13)　駅とコンサートホールの間には両方向に進む動く歩道があります。Ａさんはこの歩道上を毎分 60 m の速さで歩いてコンサートホールから駅に向かい，Ｂさんはこの歩道の上で立ち止まって，駅からコンサートホールに向かいました。２人は同時に出発し，１分 30 秒後にすれちがい，Ａさんはそのちょうど 40 秒後に駅に着きました。動く歩道は毎分何 m の速さで動いていますか。

(14)　図のように三角形ABCにおいて，AEとAFは角Aを３等分，CDは角Cを２等分しています。このとき，角 x の大きさは何度ですか。

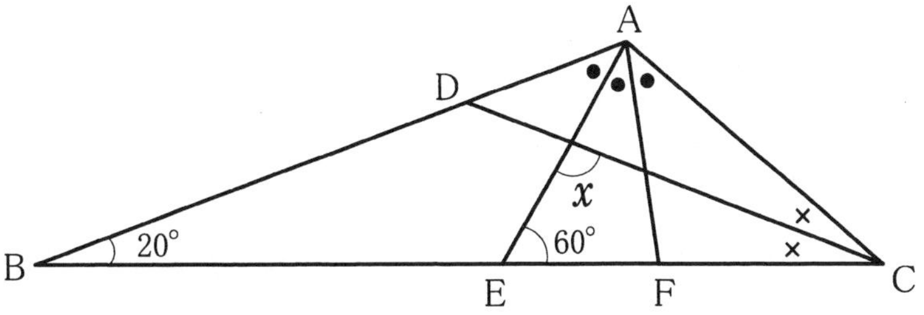

(15)　図は台形とおうぎ形を組み合わせたものです。２つのしゃ線部分(ア)と(イ)の面積が等しいとき，□にあてはまる数を求めなさい。

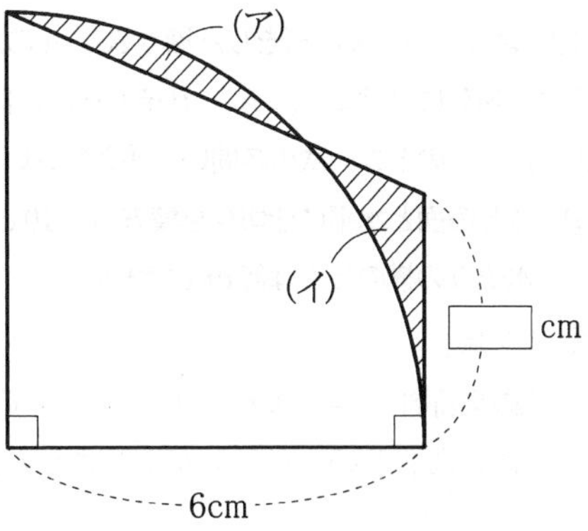

(16)　図は，体積が1680 cm^3 の直方体の展開図です。アの面積が140 cm^2，イの面積が112 cm^2 のとき，x の長さは何cmですか。

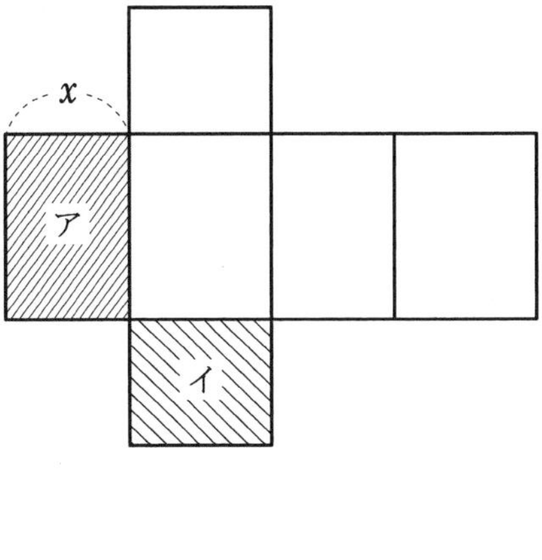

⒄　次の図は，ある立体の展開図です。この立体の表面積は何 cm^2 ですか。

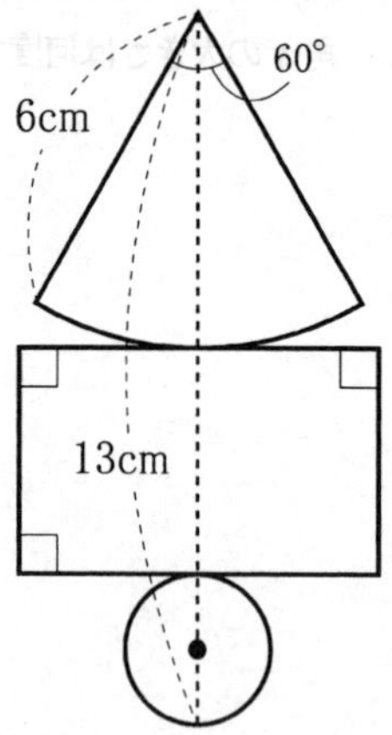

⒅　図のような直方体の形をした深さ 30 cm の水そうに，動かすことのできる仕切りを垂直に立てて，ＡとＢの２つの部分に分けます。Ａ，Ｂそれぞれに同じ量の水を入れたところ，ＡとＢの水面の高さの比は５：７になりました。このとき，次の各問いに答えなさい。ただし，水そうと仕切りの厚さは考えないものとします。

①　もとの面と水平に仕切りを横方向へ 10 cm 動かすと，ＡとＢの水面の高さの比は５：３になりました。水そうの横の長さは何 cm ですか。

②　「削除」

〔編集部注…学校より，⒅②については「実際の入試問題では不備があったため受験生全員を正解にした」とのコメントがありました。〕

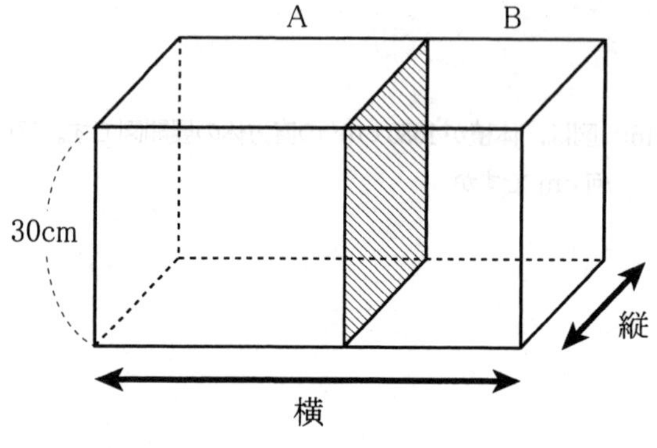

(19)　210 g の食塩と 1590 g の水を使って，３種類の食塩水を作り，それぞれ３つの容器Ａ，Ｂ，Ｃに入れました。容器Ａの食塩水の濃度は９％です。これらの食塩水に対して，次の操作を順番に行いました。

【操作】

（ア）　容器Ａから 260 g の食塩水を取り出し，容器Ｂに入れてよくかき混ぜる。

（イ）　容器Ｂから，容器Ｂに入っている食塩水の重さの $\frac{3}{13}$ の食塩水を取り出し，容器Ｃに入れてよくかき混ぜる。

（ウ）　容器Ｃから，ある重さの食塩水を取り出し，容器Ａに入れてよくかき混ぜる。

（イ）の操作で，容器Ｂから取り出した食塩水の重さは，はじめに容器Ｃに入っていた食塩水の重さの $\frac{1}{5}$ でした。

（ウ）の操作終了後に，３つの容器に入っている食塩水の濃度を調べたところ，容器Ａに入っている食塩水の濃度は 12％，容器Ｂに入っている食塩水の濃度は６％，容器Ｃに入っている食塩水の濃度は 16％でした。また，容器Ａに入っている食塩水の重さは 700 g でした。次の各問に答えなさい。

この問題では「求め方」も記入すること。

①　はじめに容器Ａに入っていた食塩水の重さは何 g ですか。

②　はじめに容器Ｃに入っていた食塩水の濃度は何％ですか。

③　はじめに容器Ｂに入っていた食塩水の重さは何 g ですか。

を思い合う家族の姿を大切にしたかった。

エ　今まで抱《かか》えていた不安がなくなり、晴太と蒼のやりとりが心地《ここち》よくいつまでも聞いていたくなった。

問九　……線ア～エについての説明として最も適当なものを、次のア～エから選びなさい。

ア　「ぽたたっと、思い出したみたいに台所の蛇口から水滴が落ちた」は、「私」が辛かったことを思い出し、泣き出したい気持ちでいることを暗示している。

イ　「透明の玉が晴太の頬を転がった」には擬《ぎ》人法が用いられており、晴太が自分でも気付かないうちに涙を流してしまっていることを表している。

ウ　「二人が同時に照明カバーの内側で死んでいる虫の影ごとその光を見上げた」で、兄弟のやりとりが一度途切れ、「私」の思考へと話が移っている。

エ　「蒼は晴太によく似た黒い目を私たちに据えて言う」では、蒼と晴太が血の繋がりがなくてもお互いそれを気にしていないことが強調されている。

も作れるようになればなんかいい感じだろ」

「ヒロのおかげって言えばいいだろ、最初から」

なに照れてんだよと晴太がつつくと、はあ照れてねえしと蒼がそっぽを向く。

⑥そのやりとりを、小さな箱に入れてしまいたいと思った。箱にしまって、そっととっておきたい。からからと振《ふ》ったらきれいな音が聞こえるはずだ。

【菰野江名『つぎはぐ、さんかく』】

注1 黒宮慎司…蒼の父親。蒼が生まれる前に、晴太を養子として引き取っていた。蒼とは別に、自分の後継《つ》ぎにと考えている子供がいる。

注2 ねめつける…にらみつけること。

注3 私のノート…提出した課題のノートをクラスメイトが答えを写すために利用していたのを晴太が見つけ、取り返した。

注4 澱…液体の中に沈んだかす。

問一 ～～線a～cのカタカナを漢字に直しなさい。

問二 [A]～[C]に入る言葉として最も適当なものを、それぞれ次のア～オから選びなさい。(同じ記号を使用しないこと)

ア おろおろ　イ しんしん　ウ ちりちり

エ はらはら　オ よろよろ

問三 ――線①「ツーと鳴り続ける電子音が、頭の中を一杯に満たす」とありますが、この「電子音」を実際に聞いたときの「私」の気持ちを八十字以内で説明しなさい。

問四 ――線②「晴太を責めるのはお門違いだ」とありますが、「私」がそのように思うのはなぜですか。本文中の言葉を用いて、六十字以内で答えなさい。

問五 ――線③「私たちは巧妙に～バランスを取っていた」とありますが、その説明として最も適当なものを、次のア～エから選びなさい。

ア 自分の本当の家族に関することを相手に伝えないことで、血の繋がった家族と暮らしたいという願いを隠《かく》そうとしていた。

イ 相手の自分に対するイメージを崩《くず》さないようにすることで、世間で理想的とされている家族の姿に近づけようとしていた。

ウ お互《たが》いにこの家以外に居場所があると相手に思わせるようなことはせず、自分たちだけの家族としての関係を作っていた。

エ 本当のことは話さず相手が望むことだけを伝えることでお互いに信頼関係を築いて、一般《ぱん》的な家族に見えるようにしていた。

問六 ――線④「蒼の気持ち」について、それを説明した次の文の[1]～[3]に当てはまる言葉を、それぞれ本文中から指定の字数でぬき出し、最初と最後の五字を答えなさい。

＊ ヒロについて [1(二十五字以内)] 理解しているつもりだったが、もしかしてヒロには [2(二十字以内)] のかもしれないと考えて行動した結果、[3(二十字以内)] ように感じるようになった。

問七 ――線⑤「それ」の内容を表している部分を、本文中から十五字以内でぬき出しなさい。

問八 ――線⑥「そのやりとりを、小さな箱に入れてしまいたいと思った」とありますが、このときの「私」についての説明として当てはまらないものを、次のア～エから選びなさい。

ア 蒼がこの先家を出ていってしまった後も、二人のこの何気ないやりとりをずっと覚えていたいと思った。

イ 自分がきっかけで料理の世界を目指すと蒼に言われて恥《は》ずかしくなり、誰にも見せたくないと思った。

ウ 晴太と蒼のやりとりを見て、血は繋がっていなくてもお互い

そしたら途端に帰りたくなったのだと蒼はふてくされたように言った。

「おれが行っても仕方ないところだったんだ。あそこがどういう場所なのかは、多分ヒロにしかわかんねーのに」

私ならわかるのかな。

疑問をぶつけるように晴太を見ると、まだ目の縁《ふち》を赤くした晴太は私を見つめ返した。丸くまっすぐな目。でも何も答えてくれない。

そうか。私のことは結局、私だけが受け入れて引き受けて背負っていくのだ。ハワイで、蒼は⑤それに気が付いたのだ。

私は蒼のゆりかごを摑《つか》んだあの日から、必死で蒼を私の一部にしようとしたけれど、土台無理な話だったのだ。

蒼はこれから自分で、自分を手に入れていくのだから。当然私の一部になるわけがない。もちろん晴太のそれにだってならない。

晴太は知っていたの、と聞きたくなる。私たちが一人ずつの私たちなことを知っていたの、と。

口をつぐんだままの晴太と私を交互《ご》に見て、蒼は自分の唇《くちびる》の皮を剝《む》きながら「なんかさ」と言った。

「おれたちはおれたちだけでいすぎる気がする。変だとかそういうんじゃないけど、おれたちは三人以外を知らなすぎる気がするって、前から思ってた」

エ蒼は晴太によく似た黒い目を私たちに据《す》えて言う。まるで教え諭《さと》す大人のように。

「おれはおれのことを知りたい。それからおれたち三人以外のことも知りたい。大人になったときに太刀《たち》打ちできるように。そのために、おれはここを出たい」

たちうち。何に、と聞きたくなるが、聞かずとも私はなんとなくわかっている。世間とか、社会とか、私たちを後ろから追い立てる強く大きいなにかだ。それに対抗《こう》するためには、まず蒼が私たちから離れなくてはいけない。蒼はそう言っているのだ。いつかまた三人で暮らせるように。

はっとして、私は気付く。思い出し、赤面する。蒼が家を出ると言ったあのとき、うろたえた私の姿に蒼はさらに確信したことだろう。この家を出なければと。三人でいること以外を受け付けない私の頬を叩き、目をこじ開けさせ、変化の先にあるものを見せるために。それが何か今はまだわからなくても、かならず存在することも蒼は知っていた。

「だから、学校は全寮《りょう》制のところに行きたい。その間、店、手伝えなくて悪いけど」

「それは」

私と晴太の声が重なる。ふっと肩の力が抜け、笑《え》みが洩《も》れた。

「大丈《じょう》夫」

「お前はたいした戦力じゃない」と晴太も続ける。

「むしろ皿も割れなくなるし」

「つまみ食い分の材料費が浮く」

「な、おれだって多少役に立ってただろ」

蒼が本気で憤慨《ふんがい》したように目を剝く。私と晴太はついに吹《ふ》き出して笑った。同時にこぼれた涙《なみだ》も止まらなくなった。でも、[C]と落ちる涙がテーブルに滲《し》みていくごとに、私の中の注4澱《おり》は澄《す》んで、体も軽くなっていく。

「料理の学校が良いかなって思ったのは、やっぱりヒロのせいだわ」

上目遣《づか》いに、嚙《か》み付く子犬のような目で蒼が私を見る。「私のせい」と聞き返すと、少し考え直す間を置いてから、蒼は首を傾《かし》げた。

「うちの環《かん》境のせいっつーか。いっつも食べ物の匂《にお》いがしてるのっていいじゃん。でも、うちでめし作れるのってヒロしかいないし、おれ

できず、私は目をそらした。

でも、蒼の言うことは違う。②晴太を責めるのはお門《かど》違いだ。だって晴太が今までただの一度も不幸な顔をしなかったから、蒼は自分で気がつくまで知らずにいられたのだ。黒宮家の「いらない部分」である自分たちを不幸だと嘆《なげ》かずにいてくれた晴太のおかげで、私たちはゆっくりと小さな幸福を作ってこられた。三人の、三人だけのための小さな家の中で。

晴太は小さく洟《はな》をすすり、律儀《りちぎ》にも「ごめん」と謝《あやま》った。そのまま椅子に沈《しず》み込み、また洟をすすり、言う。

「おれたち、誰一人として血が繋がってないけど」

そうだね、と私は頷く。

「でも家族だったじゃん」

晴太ははっきりと言った。そうだね、とまた私は頷く。

「おれはそれ以上も、それ以外にも、もうなんにもいらないんだよ。余分な本当のことはなくていいんだよ。知りたくないんだ。知るのが怖《こわ》い」

そのとき、ちかっと真上の照明が明滅《めつ》した。ウ三人が同時に照明カバーの内側で死んでいる虫の影《かげ》ごとその光を見上げた。

晴太がこうやって怯《おび》えていることを、本当は私は知っていたような気がした。だから私はハワイから時折届くエアメールを晴太に見せなかったし、晴太も黒宮慎司のもとから届く金額を私には知らせなかった。③私たちは巧《こう》妙に知り過ぎることを避《さ》け、バランスを取っていた。

私には、晴太の気持ちがよくわかった。

知ることは怖い。知らない日本は怖かったが、与《あた》えられる日本語を覚えていくことはまるで手当たりしだいに言葉を食べていくようで、自分がcクウフクの怪《かい》物になったような気がしてさらに恐《おそ》ろしかった。

中学で、注3私のノートを穏《おん》便に取り返してくれた晴太が言葉にしない怒《いか》りを喉につまらせていることに気付いたが、どうしてそれを言葉にしないのか、私にも私のクラスメイトにもぶつけないのか、わかってしまいそうなことが怖かった。私たちは怯えながらも、知らずにいることが私たちを守るのだと信じていた。

一方で、④蒼の気持ちも理解できた。いや、できるような気がする。

蒼が家を出ると言った日から私を埋《う》め尽《つ》くした「どうして」は、どこにも収まりきらずに溢れ出した。まだ自分で何もできない赤ん坊の蒼を知っているのに、まだ私は蒼のすべてを知らないでいる。この子をもっと知ることができていれば、蒼は出ていくなんて言わなかったのではないかと何度も考えた。私の中に蓄《ちく》積されたはずの蒼をかき集めて、目を凝《こ》らして見つめればわかるはずだと。

でも、血眼《まなこ》で探したところで、見つからなかった。わからない、の言葉だけがぽつんと残された。

「ヒロがもし、ハワイで大事にされてたのならどうしようかと思った」

「大事に？」

蒼がぽつりと言う。突然、寂《さび》しそうな表情を浮《う》かべて。

「帰りたくなる場所が、ここ以外にあるのはずるいじゃん」

きまり悪そうに早口でそう言って、蒼はうつむいた。そして続ける。

「ヒロの生まれたところがそういう場所だったらって想像したら、急にヒロが知らない人みたいに思えたんだよ。ヒロのことが知りたくてハワイまで行ったのに、知れば知るほど、知らない人になる気がして」

わかるよ、と不意に口をつきそうになる。

「でもわかんなかった。あそこが、ヒロにとってどういう場所なのか。っていうか、おれはそういうことを知りたくて行ったのかもわかんなくなってきた」

小学校を卒業するとき、中学、そして高校を卒業するときも、一瞬《しゅん》かすめた。私、ハワイに帰った方がいいのだろうか。でも、帰ったところできっとここ以上に居場所なんてないだろうという確信じみた予感もあって、同時に、ふたりと暮らすこの場所を手放すなんて絶対にできないと感じた。

よつばの家が父に送った事務連絡《らく》の手紙は、「あて所に尋ねあたりません」のはんこが押《お》されて戻《もど》ってきたという。そのことを聞いたとき、妙《みょう》なすがすがしさが私を包んだ。

これでひとりだ。ついにひとりになった。私の胸にぐっと押し込《こ》まれた事実を私は喜んで迎《むか》え入れた。

不意に気付く。頭の中を満たすこの電子音は、電話が切れたあとの音。

私は父の行き先がわからなくなったとき、唯《ゆい》一知らされていた電話番号がきちんと繋《つな》がらなくなっていることを確かめた。これまで自分からは一度もかけたことのなかった番号を押すとき、吐《は》き気がするほど緊《きん》張した。黙《だま》って居場所を移したのだ、もう繋がるわけがないとわかっていたのに、どこかで、もしかしたら父が電話に出るかもしれない、初めてその声を聞くかもしれないと、構えていた。

案の定機械音声が流れたとき、強《こわ》張っていた肩《かた》から力が抜《ぬ》けた。繋がらないことを確かめたはずなのに、同時に何かがひどく損《そこ》なわれ、もう戻ってこないようにも感じた。

そのとき耳に沁《し》みた音が脳裏《り》によみがえっているのだ。私にとってそれは、ある種はじまりの合図みたいなものだった。

「おれが言ったんだよ。三人で暮らそうって」

晴太が顔をしかめて言った。

「三人がよかったんだよ」

どこかｂランボウにそう言い切って、晴太は突然立ち上がった。椅《い》子の脚《あし》が床《ゆか》を叩《たた》き、思いのほか大きく響《ひび》いた。

「もういいだろ。お前、ヒロのことを知ってどうするんだよ。これ以上はおれだって知らないよ。知ってどうしたいんだよ。お前が思うヒロと違《ちが》ったりしたら、なにか変わんのかよ」

「晴太」

急に声を荒《あら》らげた晴太に戸惑《まど》い、［Ｂ］とした声がこぼれてしまう。

「おれはヒロが誰だろうとどうでもいい。もちろんヒロだろうがヒロコだろうが、どっちでもいい。三人でここまで暮らしてきたんだ。家だってあるし、蒼が出てったところで帰ってくる場所はここだ。おれだってここ以外に行くところなんてない。家族はふたり以外にはいない。おれがどんなつもりで、あの人を」

ぽろぽろっと水が落ちた。イ透《と》明《う》の玉が晴太の頬《ほお》を転がった。

「あの人を、父さんなんて呼んでるか、おれ以外には絶対にわからない」

私は座《すわ》ったまま、そのうっすら赤らんだ鼻先を見上げた。

知らないことをみずから知りに行った蒼。ぼやけた事実をあえてそのままにした晴太。

毎日笑っていたはずなのに。晴太は、その大きくなった身体の内側でずっと私と蒼と、そして自分自身を思ってこんなふうに泣いていたのだ。

「泣くなよ」

蒼が言った。

「ずるいだろ。おれより先に生まれて、三人で暮らすことも自分で決めたくせに。おれより先に生まれただけで、晴太もおれもあの家からほっぽりだされたのは同じじゃん。自分だけ辛《つら》いみたいな顔すんな」

蒼は注２ねめつけるみたいに晴太を見上げていた。そんな蒼を正視

ある。

「――なんで私の母を見に行こうと思ったの」
　そんな事を考えているなんて微塵《みじん》も想像していなかった。思えば蒼が専門学校へ行きたいなどと言い出したときから、私は途端《とたん》にこの子のことがわからなくなったのだった。なんでも知っているようなつもりだったのに。
　ふと、この子もそうだったのでは、と気付いて蒼を見つめた。なんでも知っているようなつもりだったのは、蒼もなのではないか。蒼はまるで私の疑問に答えるみたいに、
「おれ、なんにも知らなかった。ヒロがなんで日本に来たのか、どうやって大人になったのか、わかってたつもりで、考えたことなかった」
　私が晴太や蒼と暮らし始めたのは、親がおらず施設がいやで、注１黒宮慎《しん》司に家に置いてもらっていたのだと蒼には言ってあった。ハワイ生まれであることを蒼も知っていたが、今まで出自について訊《き》かれたことは一度もなかった。
　おおざっぱで、常に外を向いていて、友達の多い蒼が今の生活や私たちのことを正面から尋《たず》ねてこないのをいいことに、私は説明を怠《おこた》った。友達が多いからこそ、周りと比べて我《わ》が家を不思議がってもおかしくないのに。もしかするともっと早く、幼い頃《ころ》からふつふつと小さな疑問を胸に溜《た》めていったのかもしれない。
「ヒロのことが知りたかった。訊いたら教えてくれるのかもしれねーけど、そういうんじゃなくて、自分でどういうもんか確かめてみたかった。おれが死んだ母親のこととか金送ってくる父親のこととかをときどき考えるみたいに、ヒロは考えねーのかなと思ったんだよ。考えねーならなんでだろって思ったんだよ」

ア ぽたたっと、思い出したみたいに台所の蛇《じゃ》口から水滴《てき》が落ちた。
「私は」
　①ツーと鳴り続ける電子音が、頭の中を一杯《ぱい》に満たす。なんの音だろうと気になるものの、考えはまとまらず、代わりにまた「私は」と言葉が溢《あふ》れる。
「あそこに六歳までいたの。あんたが会ってきた人たちに育てられて」
　うん、と蒼が頷《うなず》く。
　うかされたように私は話す。
「私の父親は日本人で、だから日本に連れてこられたけど、私にも、どうしてそうなったのかちっともわからないの。誰《だれ》も教えてくれなかったし、私も知ろうとしなかったし。日本に来たとき、本当に、周りの言葉がわからなくて、いろんな生き物がいろんな声で鳴いてるみたいにしか聞こえなくて、でも、晴太が」
　晴太だけは聞こえた。私の言葉も、晴太にだけは届いた。そしていつの間にか蒼にも。
「晴太が蒼に会わせてくれたの。あんたがまだ赤ん坊《ぼう》のとき、初めて会った」
　言葉が詰《つ》まる。喉《のど》がひりつき、マグカップを握《にぎ》りしめる。まだ熱いカップが手のひらを焼き、［A］と痛む。まだ、どこか遠くからツーとａムキシツな電子音が耳鳴りのように聞こえてくる。
「うらやましくて、私、あんたたちがものすごくうらやましくて。本当の父親はよつばの家にときどきお金を送ってくれていたけど、それもコソコソした感じで、私はすごく嫌《いや》で、だからそういうものが届かない場所に行きたかった。あんたたちの家はすごく広くて、誰もいなくて、ここなら私一人居着いたってたいして変わらないんじゃないかと思って」

ことを忘れてはならない。

問四　――線②「日本のあいさつとは根本的に異なっている」とありますが、日本と欧米の「食事のあいさつ」についての説明として最も適当なものを、次のア～エから選びなさい。

ア　食事ができることを感謝する気持ちは同じだが、感謝の気持ちの強さが異なる。

イ　食事に対する感謝の思いを言葉にして表す点は同じだが、感謝の対象が異なる。

ウ　食材となった生き物への感謝の思いを持つ点は同じだが、その表現方法が異なる。

エ　食事の時にあいさつをする点は同じだが、あいさつのタイミングや回数が異なる。

問五　――線③「日本独特の仏教のあり方」とありますが、インド仏教と日本の仏教の考え方の違いについて、次の(1)・(2)の条件を全て満たすように説明しなさい。

(1)　書き出しは「インド仏教が」で始めること。

(2)　八十字以内の一文で書くこと。

問六　――線④「人間と動物の魂の連続性が前提になっている」とはどういうことかを説明した次の文の［　］に当てはまる言葉を、二十五字以内で答えなさい。

＊　［　　　　］ということが人々の共通の考えになっているということ。

問七　［X］に当てはまる言葉を、本文中から漢字二字でぬき出しなさい。

問八　――線⑤「『鯨法会』という詩」について、筆者はどのような意図でこの詩を引用したと考えられますか。最も適当なものを、次のア～エから選びなさい。

ア　子鯨の悲しみを通して、食肉という残酷《こく》な行いを非難するため。

イ　鯨の肉が神から人間への贈り物であることを印象づけるため。

ウ　生き物の命を奪うことへの日本独特の罪の意識を伝えるため。

エ　人間は自然の恵み無しには生きてはいけないことを示すため。

問九　本文の内容として当てはまるものを、次のア～オから二つ選びなさい。

ア　食事の時のあいさつの仕方は国や文化によって異なるが、そこに込められた思いはどの国でも共通している。

イ　種田山頭火は、自分の愛する自然の草木が樵たちによって伐採されてしまうことの悲しみを俳句で表現した。

ウ　インド仏教の僧侶と欧米のベジタリアンやヴィーガンが動物の肉を食べない理由には共通する部分がある。

エ　動物にも人間と同様に「生きる権利」があるという考え方は欧米独特のものとして考えられ主張されてきた。

オ　草木塔や鯨法会で表現されている精神は共通しており、それは日本独特の仏教の考え方とも通じている。

二

次の文章を読んで、後の問いに答えなさい。

「私（ヒロ）」は、ハワイで生まれ、日本の児童養護施設《し》「よつばの家」で育った。同じく施設にいたことのある一つ年上の晴《はる》太《た》と出会い、晴太と十歳《さい》ほど離《はな》れた弟の蒼《あお》とともに同じ家で暮らすこととなった。高校を卒業した後、専門学校などで料理を学んだ「私」は、晴太とともに惣《そう》菜店を営んでいる。ある日、中学三年生になった蒼が突《とつ》然一週間ほど家を空けた。本文は、帰ってきた蒼からハワイに行ってきたと打ち明けられた場面で

さまざまな用途《と》に余すことなく使われた。「鯨一頭七浦賑《うらにぎ》わう」と言われたように、鯨は漁師たちに多大な経済的な恩恵《けい》をもたらしたのだ。鯨組は藩のおかかえであり、捕鯨は藩の重要な財源となった。しかし漁師たちは、自分たちの生業のために、鯨の命をいただいたことには罪悪を感じるし、生活の糧《かて》になってくれたことには感謝もしていた。彼らは鯨墓や鯨塚《づか》を作って遺骸《がい》を埋葬《まいそう》したり、供養塔を建てたりした。鯨の注7位牌《はい》や過去帳を作り保存している寺もあった。

詩人の金子みすゞが生まれた山口県長門《ながと》市の先崎《せんざき》一帯も捕鯨の拠《きょ》点だった。彼《かの》女は⑤「鯨法会《ほうえ》」という詩を読んでいる。

鯨法会は春のくれ、
海に飛魚《とびうお》採れるころ。

浜《はま》のお寺で鳴る鐘《かね》が、
ゆれて水面《みのも》をわたるとき、

村の漁夫《りょうし》が羽織《はおり》着て、
浜のお寺へいそぐとき、

沖で鯨の子がひとり、
その鳴る鐘をききながら、

死んだ父さま、母さまを、
こいし、こいしと泣いてます。

海のおもてを、鐘の音は、
海のどこまで、ひびくやら。

多くの人が鯨の子の悲しさに共感するだろう。毎年春の暮れに鯨の注8法要がおこなわれるのは、犠牲になった鯨への感謝からであり、その命をいただいたことへの償いからなのだ。

【岩野卓司『贈与をめぐる冒険』】

（一部内容を省略し、表記を改めました）

注1　奔走…物事がうまく運ぶように、かけまわって努力すること。
注2　供養…亡くなった人などの死後の幸福を願って、お祈りやお供えものなどをすること。
注3　仏性…仏となることのできる性質のこと。
注4　愛玩動物…人間とともに暮らすペットのこと。
注5　コンパニオン・アニマル…人間と生活をともにするような、親密な関係の動物のこと。
注6　屠畜場…家畜を殺して食肉に加工する施《し》設のこと。
注7　位牌や過去帳…亡くなった人の名前や生没《ぼつ》年月日などを記した木札や帳面のこと。
注8　法要…死者を弔うために行う仏教の儀式。法会も同じ。

問一　〰〰線a～cのカタカナを漢字に直しなさい。

問二　[A]・[B]に当てはまる言葉を、次のア～オからそれぞれ選びなさい。（同じ記号を二度使用しないこと）

ア　もちろん　　イ　そのうえ　　ウ　けれども
エ　そのため　　オ　あるいは

問三　――線①「お百姓さんが丹精込めて作ったものを粗末にするな」という言葉に込められた思いを説明した次の文の□に当てはまる言葉を、本文中のこれより後ろの部分から十字でぬき出しなさい。

＊食事をする時には□に対する感謝の気持ちを持つ

いる。この供養塔が流布《る》して全国に広がっていったのである。日本の家屋は長いあいだ木造だったから、どうしても材木を必要とした。樵《きこり》と呼ばれる人たちは、山で木を切ることを生業にしていたが、自分たちが生活していくために、木々の生命を奪うことに罪悪感を覚えていた。彼らにとっては、木々にも魂《たましい》が宿っているのだ。その罪の償《つぐな》いのために草木塔を建てて、自分たちがその命をいただいた木々を供養し感謝したのである。

仏教の教えに、「草木国土悉皆成仏《そうもくこくどしっかいじょうぶつ》」というものがある。これは、草木や国土のような心のない存在にも注3仏性《ぶっしょう》が宿っているという意味である。この考えは③日本独特の仏教のあり方を表している。そもそもインド仏教の本来の思想は、「心のある存在」と「心のない存在」をはっきり分ける。前者は人間や動物であり感情をもっている。頭をぶたれたら痛いと感じる。後者は植物や石ころなど心をもっていないものである。ぶたれても痛いとは感じない(とされている)。だから、仏性が宿るのは「心のある存在」だけなのである。僧侶《そうりょ》が菜食主義であったのは、この理由からである。ところが、日本の仏教では、仏性の宿る存在の範《はん》囲が拡大されていき、あらゆるものがその対象となってしまった。その結果、草や木にも山や川にも魂があることになる。仏になれるのである。

そうであるから、自分たちの生活のためとはいえ、草木の大切な命を奪うということは、罪深いことなのだ。命を与えてくれたことに感謝しなければならないし、その魂を弔《とむら》わなければならない。「自然の恵《めぐ》み」への感謝には罪悪感がともなわれている。

動物のほうはどうだろう。注4愛玩《がん》動物の供養の話はよく聞く。ペットとして飼い始めた動物が、自分にとってかけがえのない注5コンパニオン・アニマル(伴侶《はんりょ》動物)になることもよくある。家族の一員としての動物や人生の伴侶としての動物が死んだら、人間に対するのと同じくらい悲しいし、葬《そう》式をしたりお墓を作ったりする。しかし、こういった愛玩動物でなくても、動物の供養はおこなわれている。注6屠畜《とちく》場では、食肉のために犠牲になった牛や豚《ぶた》を供養しているし、動物実験をする大学や研究所では、その命を奪った動物のために慰霊《いれい》祭がおこなわれている。なぜこういう儀《ぎ》式をするかと言えば、命を与えてくれた動物たちへの感謝の気持ちからという理由とともに、殺された動物たちの祟《たた》りを恐《おそ》れるという理由もあげられるだろう。ただそれも、日本人の心性のなかで④人間と動物の魂の連続性が前提になっているからだと言える。

こういったかたちでの供養は日本独特のものだ。［Ｂ］欧米には動物愛護の精神があり、一九世紀のイギリス以来、動物保護の法律も作られている。動物福祉《し》に関する法律では、日本よりイギリスやドイツのほうが進んでいるとも言われている。また、ＮＰＯ法人も活動家もたくさん存在している。動物の肉を食べないベジタリアンやヴィーガンの伝統もある。「動物の解放」や「動物の権利」を主張する哲《てつ》学者たちもいる。しかし、彼らが動物を保護するのは、動物には感情と知性があり、それが人間に近いからである。その結果、動物には人間同様に「生きる権利」があるのだ。しかしその反面、知性と感情において人間から遠い存在である［Ｘ］は、食材として用いられてかまわないのだ。これは、あらゆる存在には仏性が宿るという日本化した仏教の考えとは、根本的に異なる。

日本の伝統的な動物供養で有名なものに、鯨《くじら》供養がある。捕鯨《ほげい》は縄《じょう》文時代から日本でおこなわれていたが、飛躍《やく》的に発展したのは江戸時代である。「網《あみ》取り」という捕鯨技術のｃカクシンの結果、鯨はそれまでよりはるかに多く捕獲《ほかく》できるようになったのだ。いくつかの藩《はん》には、鯨組という専門集団があった。紀《き》州、長《ちょう》州、平戸《ひらど》藩などが名高い。鯨は神からの贈《おく》り物とされ、食肉や油をはじめ肥料や香《こう》料など

2024年度 山脇学園中学校

【国語】〈国・算一科午後試験〉（六〇分）〈満点：一〇〇点〉

注意　字数指定のある問いは、句読点・記号も一字として数えます。

一　次の文章を読んで、後の問いに答えなさい。

　みなさんは食事のときにあいさつはするだろうか。ファミレスに入って見ていても、ひとりで食事を取る人で声に出して「いただきます」とか「ごちそうさま」と言っている人はまずいない。家族づれで小さな子供のいる場合は、両親と子供たちであいさつしているのを見かけることもある。たぶん家でも同じだろう。食事のあいさつは、家族団らんの象徴《ちょう》かもしれない。こういった食事のあいさつだけれど、学生に聞いてみると家庭と学校で教えられたそうだ。ぼくも子供のころ家庭で教えられ、幼稚《ち》園や小学校でみんな一斉《せい》に「いただきます」や「ごちそうさま」と言っていた記憶《おく》がある。

　ところで、食事のあいさつの意味はどういうものだろうか。これは基本的に感謝の表現だ。「いただきます」は料理を作ってくれた人への感謝、それから料理の材料を作ってくれた人への感謝である。ぼくも小さいころご飯を残したところ、①お百姓《しょう》さんが丹《たん》精込《こ》めて作ったものを粗《そ》末にするな、と親に叱《しか》られたことがある。それからもうひとつ、食材となっている植物や動物に対する感謝も、そこでは表現されている。その a トウトい命をいただいているからである。そして、「ごちそうさま」は、かつては料理を作りもてなす人が食材をそろえるのに手間がかかりあちこち走り回ったことから、その労に感謝して「ご馳走さま」と食後に言うようになったそうである。「いただきます」にしても、「ごちそうさま」にしても、すべて贈与《ぞうよ》に対する感謝の気持ちを表している。料理を与《あた》えてくれた者への感謝、料理の材料を与えてくれた者への感謝、食材となり命を与えてくれた植物や動物たちへの感謝、料理を与えるために注1奔《ほん》走してくれた者への感謝が、そこには見られる。このように、単に人への感謝だけではなく、食材のため犠牲《ぎせい》となっている自然の生き物への感謝もふくまれているのだ。

　食前のあいさつは欧《おう》米にも見られる。キリスト教徒は食べる前に神に感謝の祈《いの》りを捧《ささ》げる。自分たちが生きて食事ができることへの感謝である。そして、お祈りが終わったあと、「イート」とか「レッツ・イート」とか言って食べ始めるのだ。ただ、この祈りはあくまで神への感謝であり、料理を作ってくれた人や食材を作ってくれた人への感謝とは違《ちが》う。ましてや、犠牲になった食材への感謝もそこには認められない。人間と動植物のあいだの b キョウカイをはっきりさせるキリスト教には、食材となって命を奪《うば》われる生き物たちへの感謝は基本的には存在しない。すべて神への感謝なのだ。この点で、②日本のあいさつとは根本的に異なっている。（中略）

　動植物の命を奪うことにいかにぼくら日本人が敏《びん》感であったかを示す例を、ふたつあげておこう。

　まずは草木塔《そうもくとう》。草木塔とは何だろうか。

　俳句好きな人なら、放浪《ろう》の俳人、種田山頭火《たねださんとうか》の句集が『草木塔』というタイトルであることを思い浮《う》かべるかもしれない。「分け入っても　分け入っても　青い山」のような素晴《す》らしい句をいくつも残したこの俳人は放浪の旅を続けながら自然の草木を愛していた。彼《かれ》の俳句は草木を注2供《く》養するものだったのである。

　草木塔とは、伐《ばっ》採された草や木を供養するために建てられた記念碑《ひ》のことである。江《え》戸時代の中期に、米沢《よねざわ》で大規模な火事があり、町を再建するために大量の木材が必要となった。［A］多くの木が伐採された。そのとき建てられた供養塔が、草木塔のはじまりとされて

2024年度

山脇学園中学校 ▶解説と解答

算　数　＜国・算１科午後試験＞（60分）＜満点：100点＞

解　答

(1) 50　(2) 3　(3) ① 10　②，③ 7，3　(4) 81　(5)（例）① 9　② 23　(6) ３分45秒　(7) 1027個　(8) 133　(9) 230票　(10) ４回　(11) 毎分160m　(12) ３分20秒後　(13) 毎分48m　(14) 100度　(15) 3.42　(16) $9\frac{1}{3}$cm　(17) 53.38cm^2　(18) ① 48cm　② 省略　(19) ① 660ｇ　② 18％　③ 390ｇ

解　説

計算のくふう，逆算，約束記号，条件の整理，数列，仕事算，方陣算，過不足算，和差算，N進数，平均，速さと比，流水算，角度，面積，体積，表面積，水の深さと体積，濃度《のうど》

(1)　$2024\times\left(\frac{1}{8}-\frac{1}{11}+\frac{1}{23}\right)\div3.14=\left(2024\times\frac{1}{8}-2024\times\frac{1}{11}+2024\times\frac{1}{23}\right)\div3.14=(253-184+88)\div3.14=(69+88)\div3.14=157\div3.14=50$

(2)　$18\times0.125=18\times\frac{1}{8}=\frac{9}{4}$より，$\frac{9}{4}+\left\{\left(9-1\frac{2}{\square}\times4\right)\times4.2\right\}\div\frac{7}{5}=9\frac{1}{4}$，$\left\{\left(9-1\frac{2}{\square}\times4\right)\times4.2\right\}\div\frac{7}{5}=9\frac{1}{4}-\frac{9}{4}=\frac{37}{4}-\frac{9}{4}=\frac{28}{4}=7$，$\left(9-1\frac{2}{\square}\times4\right)\times4.2=7\times\frac{7}{5}=\frac{49}{5}$，$9-1\frac{2}{\square}\times4=\frac{49}{5}\div4.2=\frac{49}{5}\div4\frac{1}{5}=\frac{49}{5}\div\frac{21}{5}=\frac{49}{5}\times\frac{5}{21}=\frac{7}{3}$，$1\frac{2}{\square}\times4=9-\frac{7}{3}=\frac{27}{3}-\frac{7}{3}=\frac{20}{3}$，$1\frac{2}{\square}=\frac{20}{3}\div4=\frac{20}{3}\times\frac{1}{4}=\frac{5}{3}=1\frac{2}{3}$　よって，$\square=3$

(3)　$10\times9\times8=8\times9\times10=(1\times2\times3\times\cdots\times8\times9\times10)\div(1\times2\times3\times\cdots\times7)$なので，$10\times9\times8=10!\div7!=\frac{10!}{7!}$と表せる。また，$3\times2\times1=1\times2\times3=3!$である。よって，$\frac{10\times9\times8}{3\times2\times1}=(10\times9\times8)\div(3\times2\times1)=\frac{10!}{7!}\div3!=\frac{10!}{7!\times3!}$と表せる。

(4)　右の図①で，$B+5+A=43+11+A$だから，$B+5=43+11$となり，$B=43+11-5=54-5=49$とわかる。すると，(ア)$+C+11=49+C+43$となるので，(ア)$+11=49+43$より，(ア)$=49+43-11=92-11=81$と求められる。

図①

		43
(ア)	C	11
B	5	A

(5)　$A=2$のとき，2，$\frac{2}{3}$，$\frac{2}{5}$，$\frac{2}{7}$，…となり，$A=3$のとき，3，$\frac{3}{4}$，$\frac{3}{7}$，$\frac{3}{10}$，…となる。このことから，１番目の整数がAのとき，分子はいつもAで，分母は１から始まり，Aずつ増えることがわかる。よって，何番目かの数が$\frac{9}{199}$になるとき，$A=9$（…①）である。また，分母は１から始まり９ずつ増えて199となるから，１番目の数より，$(199-1)\div9=22$(個)あとの数となる。したがって，$1+22=23$(番目)(…②)の数とわかる。なお，①$=\frac{9}{190}$，②$=2$も考えられる。

(6)　水そうの満水の量を１とすると，Ａ管１本では１分間に，$1\div10=\frac{1}{10}$，Ｂ管１本では１分間に，$1\div12=\frac{1}{12}$の水が入る。よって，Ａ管１本，Ｂ管２本を使うと，１分間に，$\frac{1}{10}+\frac{1}{12}\times2=\frac{1}{10}+\frac{1}{6}=\frac{4}{15}$の水が入るので，満水になるまでにかかる時間は，$1\div\frac{4}{15}=\frac{15}{4}=3\frac{3}{4}$(分)とわかる。これは，$60\times\frac{3}{4}=45$(秒)より，３分45秒である。

(7) 縦，横1列ずつ増やしたところ，37個余っていたのが27個足りなくなったので，縦，横1列ずつ増やすのに，37＋27＝64(個)必要である。また，1列ずつ増やすときに並べるご石を黒で表すと，右の図②のようになり，はじめは横のご石が縦のご石より3列多かったので，アはイより3個多い。さらに，アとイの個数の和は，64－1＝63(個)だから，イの個数は，(63－3)÷2＝30(個)，アの個数は，30＋3＝33(個)となる。よって，はじめに並べたご石の個数は，30×33＝990(個)だから，ご石は全部で，990＋37＝1027(個)ある。

図②

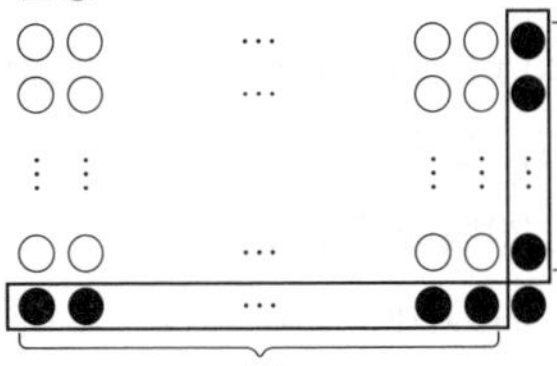

(8) 200ページまでのすべてのページ番号の和は，1＋2＋3＋…＋200＝(1＋200)×200÷2＝20100だから，破れたページの番号の和は，20100－19833＝267とわかる。また，破れたページの番号は差が1となる連続する2つの整数である。よって，その小さい方のページ番号は，(267－1)÷2＝133と求められる。

(9) 開票率が45%の時点で，開票された票数は，1200×0.45＝540(票)で，そのうちAさんの得票数は，540×0.6＝324(票)である。また，Bさん，Cさんの得票数の合計は，540－324＝216(票)で，差は30票だから，この時点で2位の人の得票数は，(216＋30)÷2＝123(票)となり，Aさんと2位の人の票数の差は，324－123＝201(票)とわかる。さらに，まだ開票されていない残りの票数は，1200－540＝660(票)で，これをAさんと2位の人だけで分け合う場合を考える。(660－201)÷2＝229.5より，Aさんのこの後の得票数が229票だと，残りの票をすべて2位の人が得た場合，Aさんは当選できず，Aさんのこの後の得票数が230票だと，残りの票をすべて2位の人が得ても，Aさんは当選できる。よって，Aさんはあと230票を得れば確実に当選できる。

(10) 右の図③より，アのライトは1回，イのライトは2回，ウのライトは4回を表すと考えられる。例えば，アとイのライトが光っていれば，おした回数は，1＋2＝3(回)，アとウのライトが光っていれば，おした回数は，1＋4＝5(回)となる。これより，エのライトは，4×2＝8(回)，オのライトは，8×2＝16(回)を表すので，問題文中の図2のように，イ，ウ，オのライトが光っているとき，5人がおした回数の合計は，2＋4＋16＝22(回)とわかる。また，Eさん以外の4人がおした回数の平均が4.5回なので，その合計は，4.5×4＝18(回)となる。よって，Eさんがおした回数は，22－18＝4(回)である。

図③

アイウエオ
1回：●○○○○
2回：○●○○○
3回：●●○○○
4回：○○●○○
5回：●○●○○

(11) BC間の道のりはAB間の道のりより400m長いので，Cから400mの地点をDとすると，右の図④のように表せる。AB間の道のりとBD間の道のりは同じで，どの道を進むときも上る速さと下る速さはそれぞれ同じだから，A→B→Dと進むときと，D→B→Aと進むときでかかる時間は等しい。よって，DからCまで上る時間はCからDまで下る時間と比べて，9.5－7＝2.5(分)長い。また，下る速さは上る速さの2倍なので，CD間の道のりを下るときと上るときでかかる時間の比は，$\frac{1}{2}:\frac{1}{1}=1:2$となる。この比の，2－1＝1にあたる時間が2.5分なので，CからDまで下るのにかかる時間は2.5分とわかる。よって，下る速さは毎分，400÷2.5＝160(m)と求められる。

図④

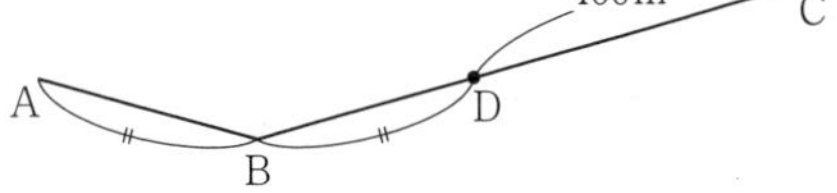

(12) 時計回りに流れる水の速さを秒速□mとすると，時計回りに泳ぐAさんの速さは秒速(1.25＋□)

m，反時計回りに泳ぐＢさんの速さは秒速(1.55－□)ｍと表せる。よって，２人の速さの和は秒速，(1.25＋□)＋(1.55－□)＝1.25＋1.55＝2.8(m)となり，２人が合わせて560m進んだときに出会う。よって，２人が出会ったのは出発してから，560÷2.8＝200(秒後)で，これは，200÷60＝３余り20より，３分20秒後である。

⒀　右の図⑤より，Ｂさん(動く歩道)が，１分30秒＝90秒で進んだ道のりをＡさんは40秒で進んだことになるので，Ｂさん(動く歩道)とＡさんが進む速さの比は，$\frac{1}{90}$：$\frac{1}{40}$＝４：９となる。また，Ａさんは動く歩道の上を毎分60mの速さで歩くから，２人が進む速さの差は毎分60mで，これは，４：９の比の，９－４＝５にあたる。よって，比の１にあたる速さは，毎分，60÷５＝12(m)なので，Ｂさんの進む速さ，つまり，動く歩道の速さは毎分，12×４＝48(m)と求められる。

図⑤

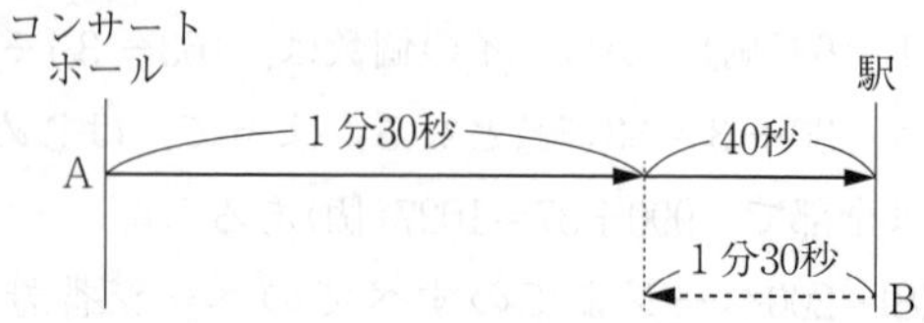

⒁　右の図⑥で，三角形ABEの内角と外角の関係から，●１つ分の大きさは，60－20＝40(度)とわかる。また，三角形ABCで，角BACの大きさは，40×３＝120(度)だから，角ACB(×２つ分)の大きさは，180－20－120＝40(度)とわかる。よって，×１つ分の大きさは，40÷２＝20(度)なので，三角形GECに注目すると，角xの大きさは，180－20－60＝100(度)と求められる。

図⑥

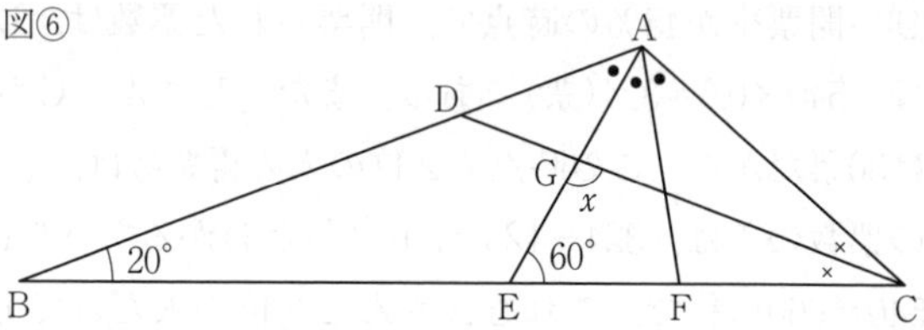

⒂　下の図⑦で，(ア)と(イ)の面積が等しいので，(ア)と(ウ)を合わせたおうぎ形BACと，(イ)と(ウ)を合わせた台形ABCDの面積が等しくなる。そこで，おうぎ形BACの面積は，６×６×3.14÷４＝28.26(cm^2)だから，台形ABCDの面積も28.26cm^{2}となる。よって，(６＋□)×６÷２＝28.26(cm^2)と表せるから，６＋□＝28.26×２÷６＝9.42より，□＝9.42－６＝3.42(cm)となる。

図⑦

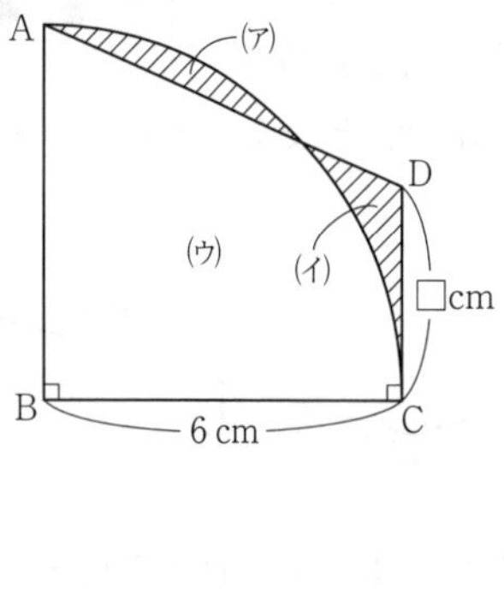

図⑧

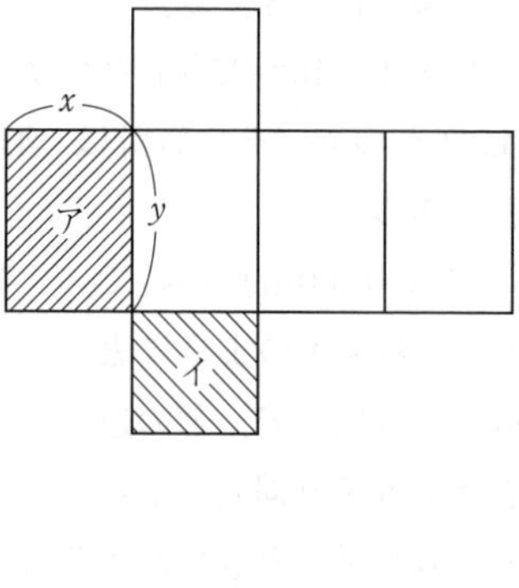

図⑨

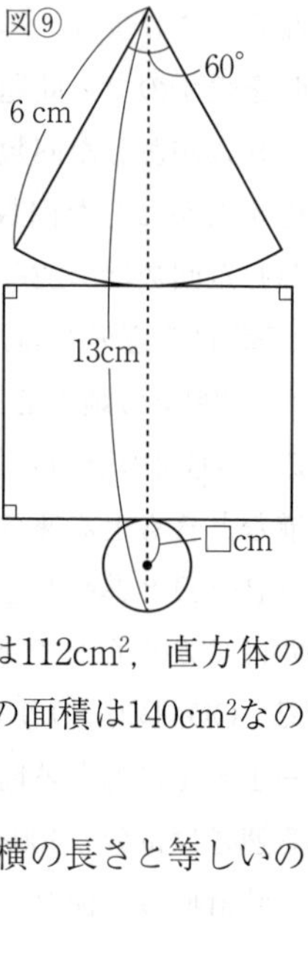

⒃　上の図⑧で，イを底面としたときの直方体の高さはyになる。イの面積は112cm^2，直方体の体積は1680cm^{3}だから，yの長さは，1680÷112＝15(cm)とわかる。よって，アの面積は140cm^{2}なので，xの長さは，140÷15＝$\frac{28}{3}$＝$9\frac{1}{3}$(cm)となる。

⒄　上の図⑨で，おうぎ形の弧《こ》の長さと円の円周の長さは，どちらも長方形の横の長さと等しいので，

おうぎ形の弧の長さと円の円周の長さは等しい。ここで，円の半径を□cmとすると，□×２×3.14＝６×２×3.14×$\frac{60}{360}$より，□＝$\left(6\times2\times3.14\times\frac{60}{360}\right)$÷3.14÷２＝６×$\frac{60}{360}$＝１(cm)となるから，長方形の縦の長さは，13－６－１×２＝５(cm)とわかる。よって，おうぎ形の面積は，６×６×3.14×$\frac{60}{360}$＝６×3.14(cm^2)，長方形の面積は，５×$\left(6\times2\times3.14\times\frac{60}{360}\right)$＝10×3.14($cm^2$)，円の面積は，１×１×3.14＝１×3.14($cm^2$)だから，この立体の表面積は，６×3.14＋10×3.14＋１×3.14＝(６＋10＋１)×3.14＝17×3.14＝53.38(cm^2)と求められる。

⒅ ① はじめ，Ａ，Ｂに同じ量の水を入れて，水面の高さの比が５：７になったので，はじめのＡとＢの底面積の比は，$\frac{1}{5}$：$\frac{1}{7}$＝７：５となり，はじめのＡとＢの横の長さの比も７：５になる。また，仕切りを横に10cm動かした後も，ＡとＢに入っている水の量は同じで，このときの水面の高さの比は５：３だから，底面積の比は，$\frac{1}{5}$：$\frac{1}{3}$＝３：５となり，横の長さの比も３：５になる。よって，はじめのＡの横の長さは水そうの横の長さの，$\frac{7}{7+5}$＝$\frac{7}{12}$で，仕切りを移した後のＡの横の長さは水そうの横の長さの，$\frac{3}{3+5}$＝$\frac{3}{8}$だから，水そうの横の長さの，$\frac{7}{12}$－$\frac{3}{8}$＝$\frac{5}{24}$が10cmにあたる。したがって，水そうの横の長さは，10÷$\frac{5}{24}$＝48(cm)と求められる。 ② 省略

⒆ ① ㋐の操作で容器Ａから容器Ｂに食塩水を260ｇ移すと，容器Ａには９％の食塩水が何ｇか残る。また，㋒の操作で容器Ｃから容器Ａに入れた食塩水の濃度は，最後の容器Ｃの食塩水の濃度と同じ16％である。よって，容器Ａに残っていた９％の食塩水に容器Ｃから16％の食塩水を何ｇか入れると，12％の食塩水が700ｇできたことになるから，右の図⑩のように表せる。図⑩で，かげをつけた部分の面積と太線で囲んだ部分の面積はどちらも最後にできた容器Ａの食塩水に含《ふく》まれる食塩の重さを表すので，これらの面積は等しい。よって，㋐と㋑の面積は等しく，㋐と㋑の縦の長さの比は，(12－９)：(16－12)＝３：４だから，横の長さの比は，$\frac{1}{3}$：$\frac{1}{4}$＝４：３となる。したがって，㋐の横の長さは，700×$\frac{4}{4+3}$＝400(ｇ)で，これは㋐の操作の後，容器Ａに残っていた食塩水の重さだから，はじめの容器Ａの食塩水の重さは，400＋260＝660(ｇ)とわかる。

図⑩

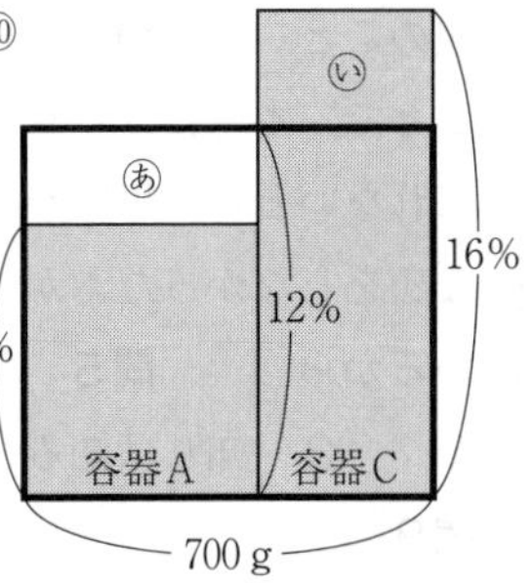

② ㋑の操作で容器Ｂから容器Ｃに入れた食塩水の濃度は，最後の容器Ｂの食塩水の濃度と同じ６％である。このとき，容器Ｂから入れた食塩水と容器Ｃに入っていた食塩水の重さの比は，$\frac{1}{5}$：１＝１：５で，混ぜてできた食塩水の濃度は，最後の容器Ｃの濃度と同じ16％だから，右の図⑪のように表せる。図⑪で，㋒と㋓の面積は等しく，㋒と㋓の横の長さの比は１：５だから，縦の長さの比は，$\frac{1}{1}$：$\frac{1}{5}$＝５：１となる。よって，㋓の縦の長さは，(16－６)×$\frac{1}{5}$＝２(％)だから，☆の部分の長さ，つまり，はじめの容器Ｃの食塩水の濃度は，16＋２＝18(％)と求められる。

図⑪

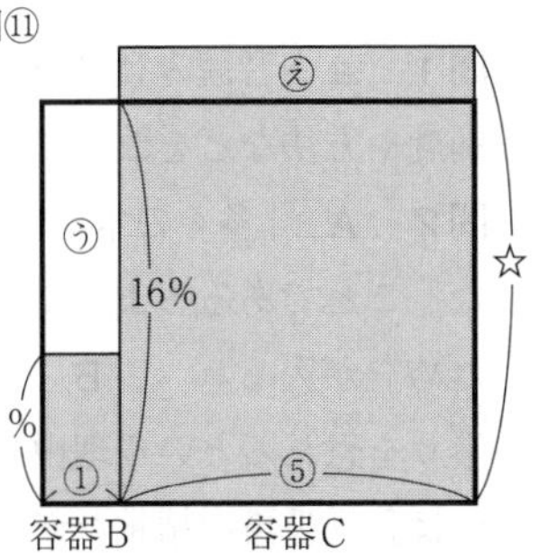

③ ３つの容器に入っている食塩水の重さの和は，210＋1590＝1800(ｇ)で，㋐の操作の後の容器Ａの食塩水の重さは400ｇだから，このときの容器Ｂと容器Ｃの食塩水の重さの和は，1800－400＝1400(ｇ)となる。また，㋑の操作で，容器Ｂから容器Ｃに入れた食塩水とはじめに容器Ｃに入っていた食塩水の重さの比は１：５で，容器Ｂから容器Ｃに入れた食塩水の重さは，㋐の操作の後，容器Ｂ

に入っていた食塩水の重さの$\frac{3}{13}$だから，(ア)の操作の後で，容器Ｂと容器Ｃに入っていた食塩水の重さの比は，$\left(1\div\frac{3}{13}\right):5=\frac{13}{3}:5=13:15$となる。これらの和が1400ｇなので，(ア)の操作の後で，容器Ｂに入っていた食塩水の重さは，$1400\times\frac{13}{13+15}=650$(ｇ)とわかる。よって，はじめの容器Ｂの食塩水の重さは，650－260＝390(ｇ)と求められる。

国　語　＜国・算１科午後試験＞（60分）＜満点：100点＞

解　答

一　**問１**　下記を参照のこと。　**問２**　**Ａ**　エ　**Ｂ**　ア　**問３**　食材を作ってくれた人　**問４**　イ　**問５**　(例)　インド仏教が人間や動物のような「心のある存在」だけに仏性が宿ると考えたのに対して，日本の仏教は草木や国土をふくむあらゆるものに仏性が宿ると考えている。　**問６**　(例)　人間も動物も心の在り方に大きな違いがない(ということが人々の共通の考えになっているということ。)　**問７**　植物　**問８**　ウ　**問９**　ウ，オ　二　**問１**　下記を参照のこと。　**問２**　**Ａ**　ウ　**Ｂ**　ア　**Ｃ**　エ　**問３**　(例)　父親の電話がつながらないことで，本当にひとりになることができたと確かめられた一方で，初めて父親の声を聴けるかもしれないという思いがかなわず，さびしさを感じた。　**問４**　(例)　晴太が今まで一度も不幸な顔をしなかったおかげで，蒼は自分が不幸だと気付かずに三人で幸せでいられたのだと考えているから。　**問５**　ウ　**問６**　**１**　なんで日本～なったのか　**２**　帰りたくな～以外にある　**３**　知れば知る～い人になる　**問７**　私たちが一人ずつの私たちなこと　**問８**　イ　**問９**　ウ

●漢字の書き取り

一　**問１**　**ａ**　尊(い)　**ｂ**　境界　**ｃ**　革新　二　**問１**　**ａ**　無機質　**ｂ**　乱暴　**ｃ**　空腹

解　説

一　**出典：岩野卓司《いわのたくじ》『贈与《ぞうよ》をめぐる冒険《ぼうけん》―新しい社会を作るには』**。筆者は，食事のあいさつがもつ意味を考察し，日本人がどのようなものに魂《たましい》が宿ると考えているかということについて説明している。

問１　**ａ**　音読みは「ソン」で，「尊敬」などの熟語がある。　**ｂ**　土地や物事の境。　**ｃ**　制度や方法などを改めて新しくすること。

問２　**Ａ**　「多くの木が伐採《ばっさい》された」ことの理由は，「町を再建するために大量の木材が必要となった」ことである。よって，前のことがらを受けて，結果として次のことが起こるさまを表す「そのため」が入る。　**Ｂ**　「命を与《あた》えてくれた動物たちへの感謝の気持ち」や「殺された動物たちの祟《たた》りを恐《おそ》れるという理由」から行われる「供養《くよう》は日本独特のもの」だが，当然のことながら「欧米《おうべい》には動物愛護の精神」があり，「動物保護の法律」もあるという文脈なので，「もちろん」が入る。

問３　「お百姓《ひゃくしょう》さん」は，「料理の材料を作ってくれた人」なので，「食材を作ってくれた人」というところが，指定字数に合う。

問４　日本では，「料理を与えてくれた者」や「料理の材料を与えてくれた者」や「食材となり命を与えてくれた植物や動物たち」への感謝として，「いただきます」や「ごちそうさま」と言う。これに対して，欧米では「自分たちが生きて食事ができること」を「神に感謝」して食事のときに祈《いの》りを捧《ささ》げる。どちらも，「感謝」の思いを言葉に託《たく》してはいるが，その対象が日本と欧米では異なっている。

問５　インド仏教では，「心のある存在」と「心のない存在」をはっきりと分け，「仏性《ぶっしょう》が宿る」のは，「感情をもっている」人間や動物など「心のある存在」だけとした。それに対して，日本の仏教では，「草木や国土のような心のない存在にも仏性が宿っている」と考えられている。

問６　日本人が「命を与えてくれた動物たちへの感謝の気持ち」や「殺された動物たちの祟りを恐れる」ことから供養をするのは，動物も人間と同じような「魂」を持っていると考えているからである。人間も動物も，同じ「心のある存在」であると，日本人は考えているのである。

問７　空らんＸ直後の「食材として用いられてかまわない」に着目して考える。「動物の権利」を主張する哲学《てつがく》者たちは，動物には，人間に近い「感情と知性」があるので，動物にも人間同様に「生きる権利」があると主張している。この考えによれば，植物は食べてもよいということになる。

問８　金子みすゞの詩では，「死んだ父さま，母さま」の供養をしている「鯨法会《くじらほうえ》」の鐘《かね》の音を，「鯨の子」が悲しい思いで聞いている場面がえがかれており，筆者は「多くの人が鯨の子の悲しさに共感するだろう」としている。生き物の命を奪《うば》うことに罪の意識を感じるのは，日本人固有の感覚であるということを伝えるため，筆者は「鯨法会」を引用したと考えられる。

問９　日本では，「料理の材料を与えてくれた者」や，「食材となり命を与えてくれた植物や動物たち」，さらには「料理を与えるために奔走《ほんそう》してくれた者」への感謝として，食事のあいさつをするが，欧米では「神への感謝」を捧げるので，アは合わない。また，種田山頭火《たねださんとうか》の俳句《はいく》からもわかるように，日本人は「木々にも魂が宿っている」と考えており，日本の仏教の教えでは，「心のない存在」にも「仏性」が宿るとされている。これに対して，インド仏教では「仏性が宿る」のは「心のある存在」だけとし，その思想は，動物の肉は食べないが，植物は食材として用いる「ベジタリアンやヴィーガン」の考え方とも通じているといえるので，イは誤りであるが，ウは正しい。欧米人は，動物には「生きる権利」があると考えているのに対し，日本人は，動物だけではなく植物にも「魂」があると考えており，その思想は山頭火の『草木塔《そうもくとう》』に託された思いや，「鯨法会」に込《こ》められた思いにも通じているので，エは当てはまらないが，オは当てはまる。

二　**出典：菰野江名《こものえな》『つぎはぐ，さんかく』**。血の繋《つな》がりはないが，同じ家で暮らしている「私(ヒロ)」と晴太《はるた》と蒼《あお》の三人は，蒼が「私」の出自を知ろうとしたことをきっかけに，それぞれの思いを語る。

問１　**a**　生命感のない物質のような冷たい感じ。　**b**　物事のやり方が荒々《あらあら》しく，ていねいでないこと。　**c**　腹がすくこと。「空」には，「そら」「あ(く)」「から」などの訓読みがある。

問２　**A**　「まだ熱いカップが手のひらを焼き」とあるので，皮ふなどが焼けて痛むさまを表す「ちりちり」が入る。　**B**　晴太が「急に声を荒らげた」ことに，「私」が「戸惑《とまど》い」を感じた場面なので，うろたえるさまを表す「おろおろ」が入る。　**C**　「私」のこぼした涙《なみだ》がテーブルに落ちて「滲《し》みて」いるので，小さくて軽いものが静かに落ちていくさまを表す「はらはら」が入る。

問３　「この電子音は，電話が切れたあとの音」だと「私」が気付く場面がある。父に「もう繋がるわけがないとわかって」いてかけたはずの電話だったが，「ツーと鳴り続ける電子音」が聞こえてきたとき，「私」の「強張《こわば》っていた肩《かた》から力が抜《ぬ》け」てしまった。父との接点が完全になくなり，「ついにひとりになった」と確認できた一方で，「私」は「何かがひどく損《そこ》なわれ，もう戻《もど》ってこない」ようなさびしさも感じたと考えられる。

問４　「お門違《かどちが》い」は，見当違いのこと。晴太が「今までただの一度も不幸な顔」をせず，黒宮家の「いらない部分」である自分と蒼のことを不幸だと嘆《なげ》かなかったおかげで，「私たちはゆっくりと小さな幸福を作ってこられた」と，「私」は考えている。だから，蒼が「自分だけ辛《つら》いみたいな顔すんな」と晴太を責めるのは見当違いだと「私」は思ったのである。

問５　「私」は，「ハワイから時折届くエアメールを晴太に見せなかった」し，晴太も「黒宮慎司《しんじ》のもとから届く金額」を「私」に知らせなかった。晴太の言うように，三人が家族としての「幸福」を守っていくためには，「余分な本当のこと」は知らなくていいと，「私」も思っている。よって，ウが合う。

問６　蒼は，「私」のことを「どういうもんか確かめて」みるためにハワイに行った。つまり，「私」が「なんで日本に来たのか，どうやって大人になったのか」ということを，「わかってたつもり」でいたが，もしかしたら「私」には「帰りたくなる場所が，ここ以外にある」のではないかと思い，自分の目で確かめにいったのである。しかし，「私」のことを「知れば知るほど，知らない人になる気がして」しまったと蒼は話している。蒼に家を出ると言われて，蒼のすべてを知ろうとしたが，わからなかった「私」にも，蒼の気持ちが理解できるような気がしたと考えられる。

問７　蒼の話を聞き，「私」は，自分のことは自分だけが「受け入れて引き受けて背負っていくのだ」ということに気付いた。そして，蒼を，「私」や晴太の「一部」にすることなどできないし，「蒼はこれから自分で，自分を手に入れていく」ということにも思い至った。「私たちが一人ずつの私たちなこと」に蒼は気が付いたと，「私」は思ったのである。

問８　蒼と晴太が言い合うのを見ていた「私」は，心の中の「澱《おり》」が「澄《す》んで，体も軽くなっていく」ように思った。蒼はもうすぐ家を出ていってしまうので，「私」はこの二人の「やりとり」をずっとしまっておきたいと思うと同時に，血は繋がっていなくても互《たが》いを大切に思っていることを感じたので，それまで心の中に溶《と》けずに沈《しず》んでいた不安のような感情が消えていくように思ったと考えられる。「私」がきっかけで料理の学校に通うのを決めたということを，照れくさく感じたのは蒼なので，イが当てはまらない。

問９　晴太と蒼の会話がとぎれて静かになったことが，「ちかっと真上の照明が明滅《めいめつ》した」という表現によって暗に示されている。また，「死んでいる虫の影《かげ》ごとその光を見上げた」の後に，「私」が，晴太や蒼の気持ちについて，回想を交えて思いをめぐらせているので，ウが合う。

2023 年度　山脇学園中学校

【算　数】〈Ａ日程試験〉（50分）〈満点：100点〉

1　次の□にあてはまる答を求めなさい。

(1)　$\frac{2}{5}+2\frac{1}{3}\div\left(\frac{8}{9}+\frac{2}{3}\right)-1.25\times0.8=\square$

(2)　$17\times\{7+8\times(10+\square)\}=2023$

(3)　$\frac{7}{13}$ の分母と分子の両方に同じ数を足して約分したところ $\frac{5}{6}$ になりました。
足した数は□です。

(4)　ある商品を定価の 25 % 引きで売ると 120 円の利益があり，30 % 引きで売ると 80 円の利益があります。この商品の仕入れ値は□円です。

(5)　A さんと B さんの所持金の比は 4 : 7 です。B さんが A さんに 360 円わたすと，2 人の所持金は同じになりました。はじめに A さんは□円持っていました。

(6)　5 %の食塩水が 160 g あります。これに 3 %の食塩水 400 g を混ぜ，さらに水を 60 g 蒸発させたところ，□%の食塩水になりました。

(7)　ある仕事をするのに，A さん 1 人では 12 日，B さん 1 人では 18 日，C さん 1 人では 24 日かかります。 3 人でこの仕事を始めましたが，5 日目から B さんが 1 人で仕事をすることになったため， 仕事を終えるのに全部で□日かかりました。

(8) 右の図で，三角形ADE, DFE, EFG, FBG, GBCの面積はすべて等しいとき，

GCの長さは[　　]cmです。

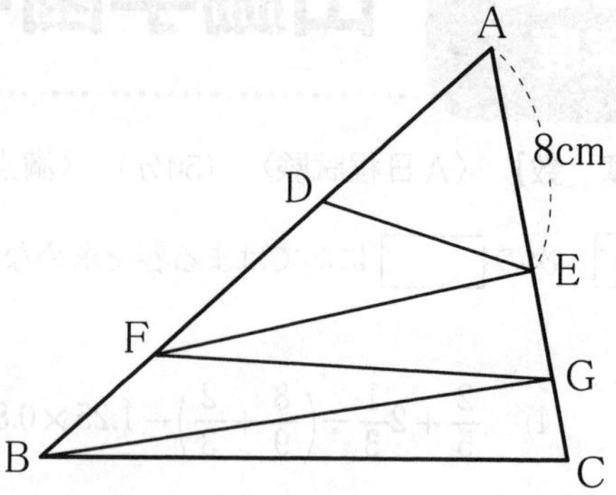

(9) 右の図のように，ABを直径とする半円をAを中心に30°回転しました。

斜線《しゃせん》部分の面積は[　　]cm^2です。ただし，円周率は3.14とします。

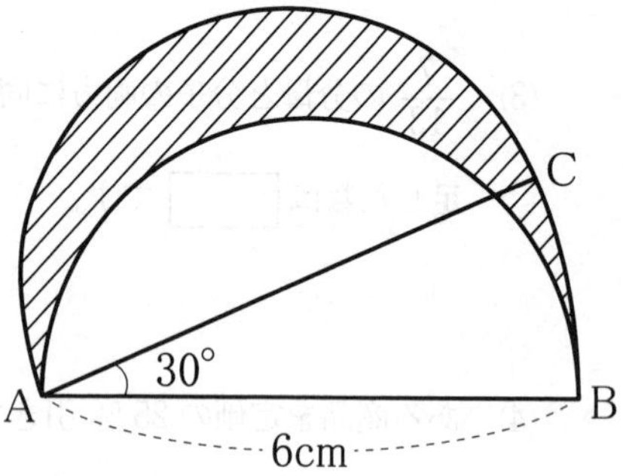

2 1, 2, 3, 4, 5 の数字が1つ書かれているカードがそれぞれ4枚ずつ合計20枚あります。次の各問に答えなさい。

(1) 20枚のカードに書かれている数字をすべて加えると，和はいくつですか。

(2) カードを8枚だけ取り出し，4けたの数を2個つくり，2個の数の和を求めます。和が最も小さくなるようにするとき，和はいくつですか。

(3) カードを10枚だけ取り出し，5けたの数を2個つくり，2個の数の差を求めます。差が最も大きくなるようにするとき，差はいくつですか。

(4) カードすべてを使って，2けたの数を10個つくり，10個の数の和を求めます。和が最も小さくなるようにするとき，和はいくつですか。

3 Aさんは，午前8時にP地点を出発し，午前8時27分にQ地点に着いた後，すぐにP地点に向かって引き返しました。

Bさんは，Aさんの$\frac{1}{2}$の速さで，午前8時にQ地点を出発し，P地点に向かいました。

Cさんは，Aさんと同じ速さで午前8時42分にP地点を出発し，Q地点に向かいました。

また，AさんとCさんが出会ったとき，BさんとCさんは540 mはなれていました。

次の各問に答えなさい。

(1) AさんとBさんが初めて出会ったのは午前何時何分ですか。

(2) AさんとCさんが出会ったのは午前何時何分ですか。

(3) P地点とQ地点は何mはなれていますか。

4 【図１】の三角すいは，【図２】の正方形を点線で折り曲げて作られたものです。
次の各問に答えなさい。ただし，角すいの体積は「（底面積）×（高さ）÷３」で求められます。

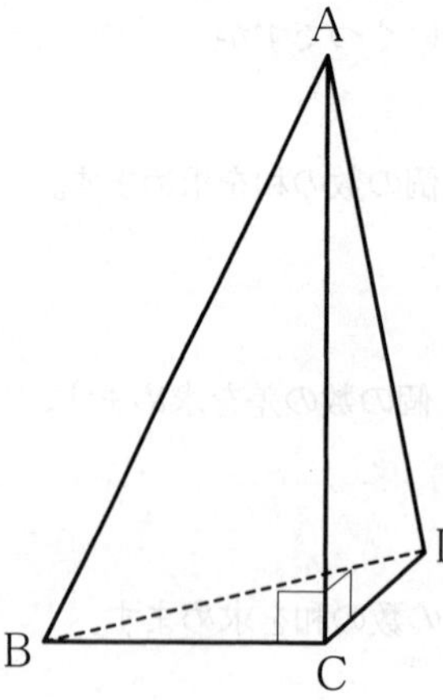

【図１】

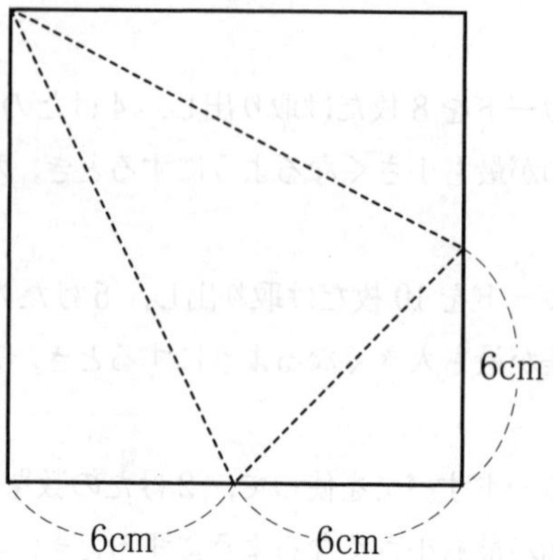

【図２】

(1) 【図１】の三角すいの表面積は何 cm^2 ですか。

【図１】の三角すいを辺 AB，AC，AD をそれぞれ２等分する点 P，Q，R を通る面で切って，２つの立体に分けます。体積の大きい方の立体を立体 X とします。

(2) 立体 X の体積は何 cm^3 ですか。

(3) 立体 X の表面積は何 cm^2 ですか。

(4) 三角形 CPR の面積は何 cm^2 ですか。

【社　会】〈A日程試験〉(30分)〈満点：60点〉

1　地理院地図で作成した次の地図(範囲は2万5千分の1地形図「越後寒川」)を見て各問いに答えなさい。

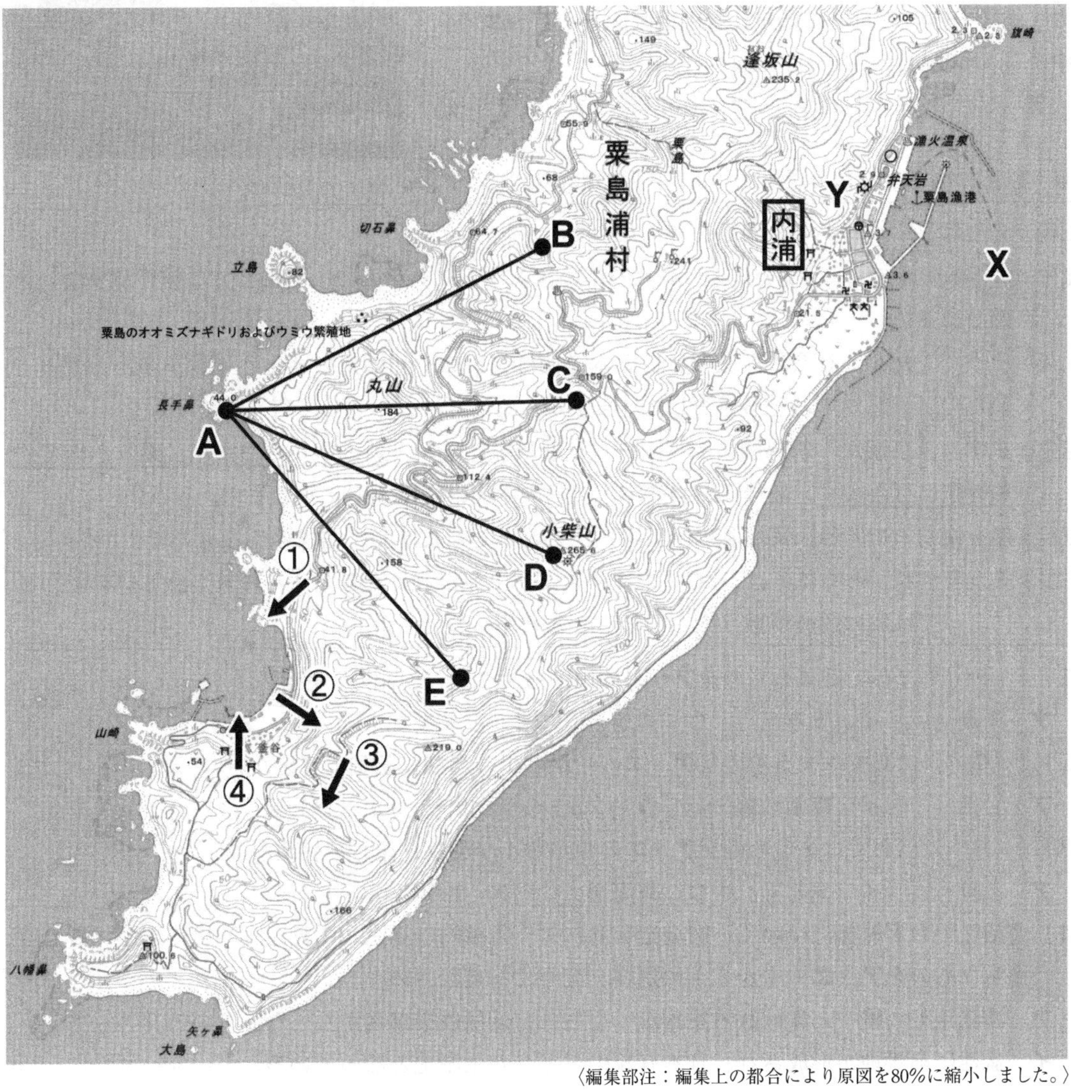

〈編集部注：編集上の都合により原図を80%に縮小しました。〉

問1　図1は、地図中に引かれた直線AB～AEのいずれかの地形断面図を示しています。図1にあてはまる直線を**ア**～**エ**の中から1つ選び、記号で答えなさい。

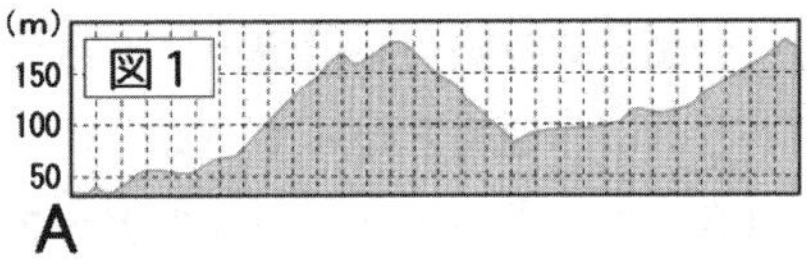

ア　AB　　**イ**　AC　　**ウ**　AD　　**エ**　AE

問2　直線AB～AEの距離《きょり》は、すべて1500mです。地図の縮尺が2万5千分の1だった場合、直線を定規で測ると何cmになりますか。

問3　地点Aから見た地点Eの方角を**ア**～**エ**の中から1つ選び、記号で答えなさい。

ア　北東　　**イ**　北西　　**ウ**　南東　　**エ**　南西

問４　次の図２の写真は地図のどこから見たものですか。
地図中①～④の中から１つ選び、番号で答えなさい。

図2

問５　地図中の**内浦**周辺に見られない地図記号を**ア**～**エ**の中から１つ選び、記号で答えなさい。

ア　灯台　**イ**　村役場　**ウ**　郵便局　**エ**　高等学校

問６　以下の会話文を読み、(１)～(５)の問いに答えなさい。

> 生徒：先生は、いつ新潟県の粟島《あわしま》を訪れたのですか。
>
> 先生：３年前の冬でした。〔　Ｆ　〕海流のえいきょう下にあるので、冬にしては積雪が少ないと感じました。
>
> 生徒：そうでしたか。社会の授業では、日本海側は〔　Ｇ　〕のえいきょうで雪が多いと習っていたので予想外でおどろきました。東京から粟島にはどうやって行くのですか？
>
> 先生：まず、東京駅から新潟駅まで〔　Ｈ　〕新幹線に乗り、新潟駅から在来線に乗りかえて岩船町駅に行きます。最後に、岩船港と粟島の内浦港を結ぶ船に乗ります。
>
> 生徒：船を使うのですね。実は私は船に乗ったことがありません。結構ゆれるものですか？
>
> 先生：そうですね。とくに冬は、〔Ｇ〕のえいきょうで波が高くなりやすくゆれが激しいので、日によっては船の運航が取りやめになることもあるのですよ。

(１)〔　Ｆ　〕にあてはまるものを**ア**～**エ**の中から１つ選び、記号で答えなさい。

ア　千島　**イ**　日本　**ウ**　対馬　**エ**　リマン

(２)〔　Ｇ　〕にあてはまるものを**ア**～**エ**の中から１つ選び、記号で答えなさい。

ア　台風　**イ**　梅雨前線　**ウ**　フェーン現象　**エ**　季節風

(３)〔　Ｈ　〕にあてはまるものを**ア**～**エ**の中から１つ選び、記号で答えなさい。

ア　上越　**イ**　東北　**ウ**　東海道　**エ**　山陽

(４)会話文中の下線部について、図３を参考にし、電車内の車窓から見られる風景として最も適当なものを**ア**～**エ**の中から１つ選び、記号で答えなさい。

ア　濃尾平野に輪中とよばれる集落がつくられ、近郊農業がさかんとなっている。

イ　盆地に扇状地が形成され、日本有数のぶどうの生産地となっている。

ウ　高原のすずしい気候を生かし、はくさいやレタスなどの高原野菜を栽培している。

エ　阿賀野川や信濃川によってつくられた平野が広がり、水田単作地帯となっている。

(５)次の①～④は、図３の**ア**～**エ**のいずれかの県について述べたものです。①にあてはまる県の位置を図３の**ア**～**エ**の中から１つ選び、記号で答えなさい。

①　美濃市の美濃和紙が有名。

②　諏訪湖周辺で、精密機械工業がさかん。

③　輪島市の輪島ぬりが有名。

④　豊田市において、自動車の生産がさかん。

図３
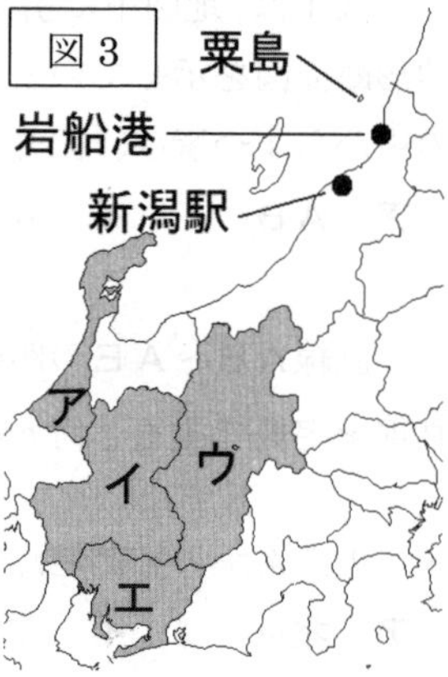

問７　図４と図５は、漁業で使用するあみの模式図です。以下の文章中の空らん〔Ｉ〕の漁法と、その漁法で使用するあみの組み合わせとして正しいものを**ア**～**エ**の中から１つ選び、記号で答えなさい。

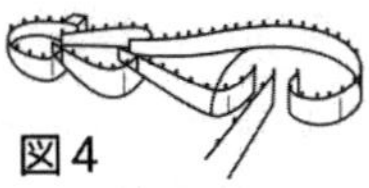

図４

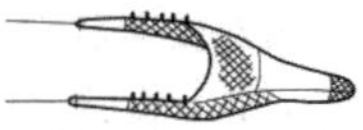

図５

図は新潟県ホームページより引用

> 粟島漁港において、令和元年に最も多くとれた魚はブリ類で、全体の 39%をしめている。同じく令和元年の漁業種類別陸揚《あげ》量は、〔　Ｉ　〕漁法が最も多く、次いで〔　Ｊ　〕が二番目に多い。〔Ｉ〕は魚のむれが集まるところにあみをはりめぐらせる漁法である。一方〔Ｊ〕は海底にいる魚をとる漁法である。

ア　漁法は「底びきあみ漁法」で、あみは図４を使用する。
イ　漁法は「底びきあみ漁法」で、あみは図５を使用する。
ウ　漁法は「定置あみ漁法」で、あみは図４を使用する。
エ　漁法は「定置あみ漁法」で、あみは図５を使用する。

問８　あなたは粟島で風力発電の導入を進める仕事をしています。この仕事に関わるメンバーとともに作成した以下の**【提案書】**について、各問いに答えなさい。

> **【提案書】**
> 地図中**Ｙ**に、発電所の地図記号があります。この発電所では、〔　Ｋ　〕発電が行われています。エネルギー供給面では、粟島浦村は 100%が〔Ｋ〕発電に依《い》存しています。しかし、脱《だつ》炭素社会が目指されている我が国において、〔Ｋ〕発電だけにたよらず、風力発電などの再生可能エネルギーの割合を増やしていくことが重要だと考えています。
> そこで地図中**Ｘ**の海域に、風力発電施《し》設を設置することを提案します。構造物は、海底にうめこんで固定します。**Ｘ**の海域は内浦港から距離的に近いので、発電設備にトラブルがあってもすぐにかけつけて、点検をすることができます。

（１）**【提案書】**の文章中の空らん〔Ｋ〕にあてはまる最も適当な語句を**ア**～**エ**の中から１つ選び、記号で答えなさい。

ア　水力　　**イ**　太陽光　　**ウ**　地熱　　**エ**　火力

（２）この**【提案書】**の通りに風力発電施設を設置しようとすると、脱炭素社会の実現に近づくかもしれませんが、粟島に住む人々との間で、別の問題が引き起こされる可能性があります。どのような問題が予想できますか。

2 次の文を読んで、各問いに答えなさい。

2024年を目《め》途《ど》に、新しいデザインの紙幣《しへい》が発行されることが発表されました。新しい紙幣には、①一万円札に「渋沢栄一」五千円札に「津田梅子」千円札に「北里柴三郎」、それぞれの紙幣の裏面に「②東京駅」、「藤」、「③富嶽三十六景」が採用される予定です。

歴代の紙幣に肖像画《しょうぞうが》が採用された人物をみてみましょう。政府から初めに肖像入り紙幣が発行されたのは1881年で、④古代神話に登場する神功皇后が採用されました。このように明治時代の初期の紙幣では神話上の人物が取り上げられることもありました。

古代に活躍した人物のなかから代表的な人物を挙げてみましょう。聖徳太子は〔　A　〕天皇の摂政として政治のしくみを整えました。肖像画として長期間採用されたことから、「お札の肖像画といえば聖徳太子」というイメージを持っている人も多いようです。藤原鎌足は大化の改新の中心人物です。和気清麻呂は、⑤奈良時代から平安時代にかけて役人だった人物で、桓武天皇の下で行った平安京遷都などでも功績を残しました。現在は発行されていませんが、2000円札に印刷された『源氏物語』の作者〔　B　〕もあげられます。

中世に活躍した人物が肖像画として採用された例は少なく、楠木正成が挙げられます。⑥中世から選ばれるとしたら、誰が選ばれるでしょうか。

近世に活躍した人物では、⑦二宮尊徳が挙げられます。苦学の末、一家を再び興した後、様々な村や町の復興に尽力しました。

近代に活躍した人物はたくさんいます。自由党をつくり、自由民権運動の中心となった〔　C　〕、明治時代のはじめに欧米を訪れた使節の代表人物であった岩倉具視、同じく使節で派遣され、帰国後は4回首相をつとめた〔　D　〕、山脇学園の近くに記念公園がある高橋是清の紙幣がつくられました。夏目漱石や樋口一葉など文化面で活躍した人物や、慶應義塾を創設し、著書『〔　E　〕』で学ぶことの重要性を強調した福沢諭吉など、教育面で活躍した人物なども採用されました。また、現在千円札に採用されている〔　F　〕は黄熱病の研究をして、多くの人を助けた人物です。

また、紙幣ではありませんが、⑧オリンピック開催を記念してつくられた貨幣など、大きな行事を記念してつくられた貨幣もあります。

問1　空らん〔　A　〕～〔　F　〕に入る語句を答えなさい。

問2　下線部①について、それぞれの人物の業績として、正しいものを**ア**～**カ**の中からそれぞれ1つずつ選び、記号で答えなさい。

（1）渋沢栄一　（2）津田梅子　（3）北里柴三郎

ア　女性が学べる塾を開き、英語教育を重視して行った。
イ　伝染病の研究所を設立し、破傷風菌《はしょうふうきん》の治療法をみつけた。
ウ　女性の権利を獲得する運動の中心となり、雑誌「青鞜」を創刊した。
エ　日本で初めての銀行設立に関わった。
オ　海運を扱う会社を設立し、海外への輸送の大部分を担った。
カ　新たな栄養成分を取り出すことに成功し、病気の予防に使えることを発見した。

問3　下線部②について、東京駅は大正時代に建てられました。大正時代に初めて平民出身で内閣総理大臣となり、東京駅で襲撃《しゅうげき》された人物は誰ですか。漢字で答えなさい。

問4　下線部③について、「富嶽三十六景」の作者は誰ですか。正しいものを**ア**～**エ**の中から1人選び、記号で答えなさい。

ア　歌川広重　　**イ**　雪舟　　**ウ**　喜多川歌麿　　**エ**　葛飾北斎

問5　下線部④について、神功皇后も登場し、神話や天皇が行ったことをまとめた歴史書として正しいものを、**ア**～**エ**の中から1つ選び、記号で答えなさい。

ア　『万葉集』　　**イ**　『古今和歌集』　　**ウ**　『徒然草』　　**エ**　『古事記』

問6　下線部⑤について、奈良時代から平安時代に起きたできごと**A**～**D**を年代順に並べ記号で答えなさい。

A　藤原頼通が平等院鳳凰堂を設立した。

B　平城京に初めて遷都した。

C　坂上田村麻呂が、蝦夷を押さえ胆沢城をつくった。

D　東大寺につくった大仏が完成した。

問7　下線部⑥について、中世の代表的な人物として、足利義満を候補に挙げました。指定された語句をつかって、足利義満の功績を文章で説明しなさい。

指定語句　**【南北朝、貿易】**

問8　下線部⑦について、二宮尊徳が活躍した時期は江戸時代の中期から後期で、幕府による改革が行われていた時期です。以下の問いに答えなさい。

(1) 年貢の税率を上げ、新田開発を実施するとともに、上げ米を実施して幕府の財政を立て直そうと改革を実施した人物は誰ですか。漢字で答えなさい。

(2) 松平定信の行った改革を何といいますか。解答らんにあてはまるように漢字で答えなさい。

(3) 天保の改革について述べた文として誤っているものを**ア**～**エ**の中から1つ選び、記号で答えなさい。

ア　この改革は、国内での反乱やききん、海外船の接近などの問題を背景に実施された。

イ　倹約令を出し、人々にぜいたくをしないように命じた。

ウ　現在の北海道地域の開発を計画し、収入を増やそうとした。

エ　物価を引き上げている原因と考えた株仲間の解散を命じた。

(4) 以下は(1)～(3)で問われているいずれかの改革を批判する内容の歌です。どの改革を批判したものと考えられますか、**ア**～**ウ**から1つ選び、記号で答えなさい。

白河の清きに魚も住みかねてもとの濁りの田沼恋しき

ア　(1)の改革　　**イ**　(2)の改革　　**ウ**　(3)の改革

問9　下線部⑧について、1964年の東京オリンピック開催のときの内閣総理大臣は誰ですか。正しいものを**ア**～**エ**の中から1人選び、記号で答えなさい。

ア　吉田茂　　**イ**　岸信介　　**ウ**　池田勇人　　**エ**　佐藤栄作

3 次の文を読んで、各問いに答えなさい。

2022年の夏も、各地で体温に近いような気温が記録され、とても暑い夏となりました。

今年は梅雨が観測史上最短ともいわれたように（後に1か月修正されましたが）、7月までは非常に天気のよい日が続いたことから、夏野菜の生育には好都合でした。質が良く、美味しい野菜が収穫できました。収穫できたら、いっぱい売ってもうかればいい…しかし現実はそんなに甘くないようです。あまりに多くとれすぎた場合には、①出荷調整を行うことがあります。

8月上旬には各地で激しい降雨となり、特に日本海側の地域で河川の氾濫などの大きな被害が出ました。家屋の浸水によって、住むことができなくなってしまった家屋の片付けをする様子が、ニュースでも報じられました。このような災害から②国民の安全を確保し、生活を保障するのも政府の大切な役割です。

しかし、これらのような政策を行って役割を全うするには、大きな資金が必要です。その大部分は国民が納めた③税金を元手としています。税金の使い道は、④国会で審議された上で決定されます。

問1　下線部①について、とれすぎた場合には出荷調整を行って、わざと出荷数を減らすことがあります。そのような調整を行う理由として正しいものを、次の**ア**～**エ**の中から1つ選び、記号で答えなさい。

ア　世の中に出回る量が増えて余ってしまうので、価格を上げるため。

イ　世の中に出回る量が増えて余ってしまうので、価格を下げるため。

ウ　世の中の消費量が増えて足りなくなってしまうので、価格を上げるため。

エ　世の中の消費量が増えて足りなくなってしまうので、価格を下げるため。

問2　下線部②に関連して、次の条文の〔　A　〕～〔　C　〕に入る語を答えなさい。

日本国憲法第13条

すべて国民は、〔　A　〕として尊重される。生命、自由及び〔　B　〕に対する国民の権利については、公共の福祉に反しない限り、立法その他の国政の上で最大の尊重を必要とする。

日本国憲法第25条第1項

すべて国民は、健康で文化的な〔　C　〕を営む権利を有する。

問3　下線部③について、右のグラフは令和4年度当初の国家予算の歳入を表したものです。次の（1）～（3）に答えなさい。

（1）グラフ内で最も多くの割合を占めている《X》の税金は何ですか。漢字で答えなさい。

（2）《X》や揮発油税、酒税、たばこ税などのように、納税義務のある人と、税金を負担する人が一致していない税金のことを何といいますか。漢字で答えなさい。

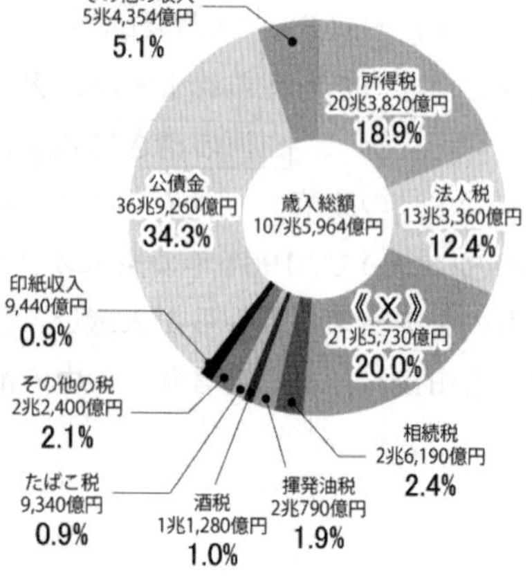

国税庁ホームページ「税の学習コーナー」より抜粋。※一部加工

（3）現在、国債の発行が増加している問題があります。もしも国会で国債を発行しないと決定したとしたら、あなたの生活にとって**ア**：有益ですか。それとも**イ**：有害ですか。**ア**と**イ**のどちらかを選んだ上で、具体的に理由を述べなさい。

問4　下線部④について、次の（1）～（3）に答えなさい。

（1）次の条文の〔　D　〕～〔　E　〕に入る語を漢字で答えなさい。

日本国憲法第41条 国会は、国権の〔　D　〕であつて、国の唯一の〔　E　〕である。

（2）現在の参議院の議員定数は何名ですか、数字で答えなさい。

（3）主に国家予算についての審議が行われる、毎年1月から開かれる国会のことを何といいますか。漢字で答えなさい。

【理　科】〈Ａ日程試験〉（30分）〈満点：60点〉

1　次の文章を読んで、あとの問いに答えなさい。

光は、空気中や水中など同じ物質の中を進むときはまっすぐに進む。これを光の（　**ア**　）という。異なる物質へななめに出入りするとき、光は折れ曲がって進む。これを光の（　**イ**　）という。また、鏡などにあたると光がはね返り、進む向きが変わる。これを光の（　**ウ**　）という。

問１　文章中の（**ア**）～（**ウ**）に当てはまる言葉をそれぞれ答えなさい。

問２　次の**Ａ**～**Ｄ**のような現象は、（**ア**）～（**ウ**）のどの光の性質によって起こっているか。それぞれ**ア**～**ウ**から１つずつ選び、記号で答えなさい。同じ記号を何度選んでも構いません。

Ａ　太陽がある方向と反対側にかげができる。
Ｂ　水が入ったお椀《わん》にコインをしずめると浮《う》き上がって見える。
Ｃ　ビルのガラスに映った太陽が見える。
Ｄ　虹《にじ》が七色に見える。

問３　光の（**イ**）を利用した道具にとつレンズがある。とつレンズは光の（**イ**）を使って、ある一点に光を集めることができる道具である。この一点のことを何というか。

問４　水中から空気中に光が入射するとき、光の（**イ**）と光の（**ウ**）は同時に起こる。しかし、右の**図１**のように、光を水面と平行に近づけていくとある角度から光の（**イ**）が起こらなくなる。この現象を何というか。

図１

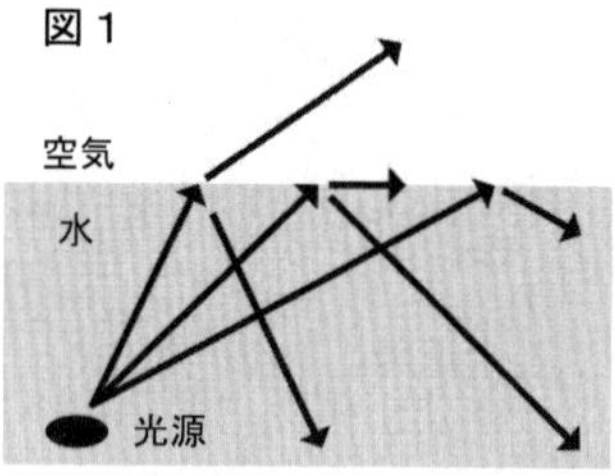

問５　日光が当たり続けると物体は熱くなる。物体が最も熱くなりやすい色は何色か。次の①～⑤から１つ選び、番号で答えなさい。

①　白色　　②　青色　　③　赤色　　④　黄色　　⑤　黒色

2 植物の発芽について、あとの問いに答えなさい。

右の表の**A**～**E**に示した条件で、インゲンマメの種子の発芽のようすを観察した。**A**～**E**のすべてに水は十分にあたえたとする。発芽の結果は表の通りである。

	温度	肥料	空気	光	発芽の結果
A	20℃	なし	あり	あり	発芽した
B	20℃	あり	あり	あり	発芽した
C	20℃	あり	あり	なし	発芽した
D	20℃	あり	なし	あり	発芽しなかった
E	0℃	あり	あり	なし	発芽しなかった

問1　表の**B**と**D**の結果から、インゲンマメの発芽についてわかることを次の**ア**～**エ**から1つ選び、記号で答えなさい。

ア　発芽には、水が必要である。　　**イ**　発芽には、水が必要ではない。
ウ　発芽には、空気が必要である。　**エ**　発芽には、空気が必要ではない。

問2　発芽には適当な温度が必要であることを確かめるには、どの実験結果を比べればわかるか。表の**A**～**E**から**2つ**選び、記号で答えなさい。

問3　**A**と**B**の条件で発芽したインゲンマメを、それらの条件のままでしばらく育てた。このとき、発芽後の育ち方を比べるとどうなると考えられるか。次の**ア**～**ウ**から1つ選び、記号で答えなさい。

ア　**A**に比べて、**B**の方が大きく育つ。　**イ**　**B**に比べて、**A**の方が大きく育つ。
ウ　**A**と**B**で育ち方に大きな差はない。

問4　**C**の条件で発芽したインゲンマメを、その条件のままでしばらく育てたところ、葉が黄色くなってかれてしまった。かれてしまった理由について説明しなさい。

問5　右の**図1**はインゲンマメが発芽したときのようすを表したものである。**図1**の**X**の名前を答えなさい。

図1

問6　**図1**の**X**は、その後どうなるか。次の**ア**～**エ**から1つ選び、記号で答えなさい。

ア　やがて葉に成長する。　**イ**　やがてくきに成長する。
ウ　やがて種子に成長する。　**エ**　やがてしおれてしまう。

問7　右の**図2**はインゲンマメの種子の断面図を表したものである。**図1**の**X**は、**図2**の**あ**～**お**のどこにあたるか。**あ**～**お**から1つ選び、記号で答えなさい。

図2

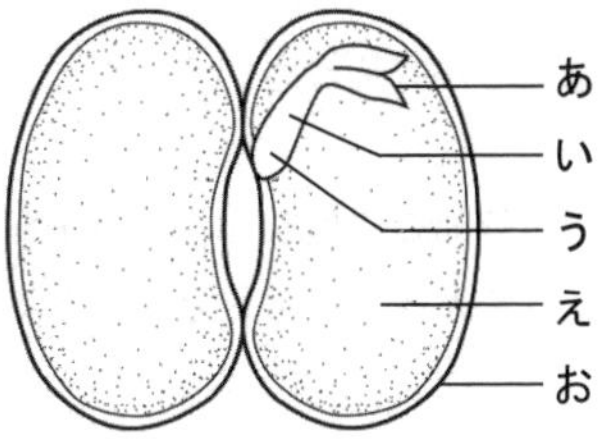

問8　**図2**のインゲンマメの種子にヨウ素液をたらしたときに、青むらさき色に変化する場所はどこか。**図2**の**あ**～**お**から1つ選び、記号で答えなさい。

3 次の文章は、結しょうのつくり方と、つくったときの感想を述べたものである。これを読んで、あとの問いに答えなさい。

【結しょうのつくり方】

① なべに水を入れ、火にかけ、あたたまったらA結しょうの生ミョウバン（以下ミョウバンとする）を入れ、Bミョウバンをとけるだけ水にとかした。

② ①の液体をろ過し、しばらく放置したところ、小さな結しょうができていた。

③ ミョウバンをとけるだけとかしたあたたかい水よう液をビーカーに入れ、銅線とわりばしを用いて、②でできた結しょうの１つぶをビーカーの中につるした。

④ C③のビーカーを発ぽうスチロールの箱に入れ、結しょうが大きくなったところで結しょうを取り出した。

【つくったときの感想】

- ③の作業で、まちがえて水をビーカーに入れたところ、Dモヤモヤしたものを出しながら、結しょうがとけた。不思議だった。
- はじめのうちはE②や④の操作で結しょうができず大変だったが、くり返していくうちに大きな結しょうがつくれるようになり、楽しく取り組めた。

問１　下線部Aに関して、ミョウバンの結しょうはどれか。次の**ア**～**エ**から１つ選び、記号で答えなさい。

ア　　**イ**　　**ウ**　　**エ**

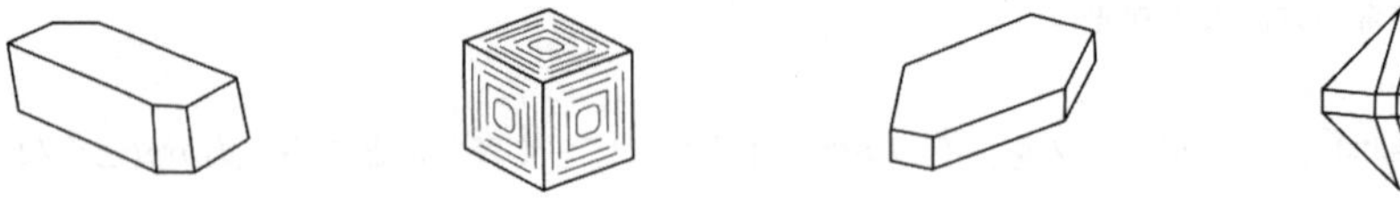

問２　下線部Bに関して、次の問いに答えなさい。

（１）とけているミョウバンのこさについて、正しいものを次の**ア**～**ウ**から１つ選び、記号で答えなさい。

ア　ビーカーの水面に近いほうがこい。

イ　ビーカーの底に近いほうがこい。

ウ　ビーカー内はどこでも同じこさである。

（２）ミョウバンは80℃の水 350g に最大何 g までとけるか答えなさい。ただし、ミョウバンは80℃の水 100g に対して、最大 320g とけるものとする。

（３）80℃の水 350g にミョウバンを 100g 入れて十分に混ぜ、40℃まで冷やしたとき、最大何 g の結しょうが得られるか答えなさい。ただし、ミョウバンは40℃の水 100g に対して、最大 24g とけるものとする。

問３　下線部Cに関して、この作業は、結しょうをより大きくするために行われる。なぜ、この作業により結しょうを大きくすることができるのか。その理由を答えなさい。

問４　下線部**D**に関して、次の問いに答えなさい。

（１）ビーカーを横から見たとき、モヤモヤしたものがどのように見えるのかを説明した文として正しいものを次の**ア**～**エ**から１つ選び、記号で答えなさい。

ア　結しょうのまわりだけに見え、モヤモヤしたものが広がることはなかった。

イ　結しょうをつるした位置から、ビーカーの底に向かってモヤモヤしたものが広がった。

ウ　結しょうをつるした位置から、上に向かってモヤモヤしたものが広がった。

エ　結しょうのまわりから、モヤモヤしたものが同心円状に広がっていった。

（２）この現象と同じと考えられるものを次の**ア**～**エ**から**すべて**選び、記号で答えなさい。

ア　アイスコーヒーにガムシロップを入れてまぜたら、モヤモヤしたものが見えた。

イ　森の中で木もれ日が差し込んでいて、光って見えた。

ウ　ティッシュで水をふきとると、ティッシュ全体に水が広がっていった。

エ　日当たりのよい海岸で陽炎《かげろう》が見られた。

問５　熱の伝わり方には伝導、対流、放射の３種類があり、もののとけ方と似ている部分がある。しかしながら、もののとけ方では見られないものがある。次の**ア**～**ウ**から１つ選び、記号で答えなさい。

ア　伝導　　**イ**　対流　　**ウ**　放射

問６　下線部**E**に関して、仮に、この実験を無重力の宇宙空間で行った場合、地上で実験を行ったときよりも結しょうがつくりやすいとされている。その理由を説明した次の文章の（**あ**）～（**え**）に当てはまる言葉を答えなさい。なお、（**い**）については問５を参考にしなさい。

宇宙空間では（　**あ**　）が存在しないため、ミョウバンの結しょうができる際に結しょうのまわりに（　**い**　）が発生しない。また、できた結しょうが（　**う**　）ため、初めにできた結しょうを水よう液の中につるしておく必要がない。このことから、地球よりも結しょうが大きく成長しやすく、できる結しょうの形はより（　**え**　）と考えられる。

問７　地球と宇宙の環境のちがいを利用して、あなたが宇宙で実験して確かめたいことを述べなさい。

4 次の文章を読んで、あとの問いに答えなさい。なお、計算結果はそのまま書きなさい。

［I］房子さんとお父さんが、地域の新聞を見ながら会話をしている。

房子：近くで熱気球大会があるんだって。

父親：面白そうじゃないか。

房子：お父さん、気球はどうして空に浮《う》かぶんだろう？

父親：気球にはガス気球と熱気球があるよ。まずは、風船を例にしてガス気球の方から説明しよう。水の中でピンポン玉が浮くように、物体は自分の体で押《お》しのけた周りの物体の重さの分だけ上向きの力を受けているんだよ。風船の中に空気より軽いヘリウムガスを入れることで、どんどん上昇《じょうしょう》しようとして空中に浮くんだね。**図1**の情報をもとに説明してみよう。

図1　＜風船（ヘリウムガス入り）の情報＞

空気の重さ…　1Lで1.2 g

ヘリウムガスの重さ…　1Lで0.17 g

風船自体の重さ…　3 g

風船いっぱいに気体を入れたときの体積…　7L

風船いっぱいに入れたヘリウムガスの重さは（　**あ**　）gで、これに風船自体の重さを足した（　**い**　）gが風船全体の重さだね。風船は押しのけた空気の重さの分だけ押し上げようとする上向きの力を受けるよ。上向きの力は、風船の体積分の空気の重さだから（　**う**　）gだね。このように、風船が受ける上向きの力が風船全体の重さより大きいと浮くんだ。風船と同じように、ガス気球も空気より軽いヘリウムガスなどの気体を利用して浮かぶんだ。それに対して、熱気球は熱の力を利用して浮かぶんだよ。

房子：熱の力を利用するってどういうこと？

父親：今度は、**図2**で実際の気球の情報をもとに自分で考えてごらん。

図2　＜熱気球のイメージ＞

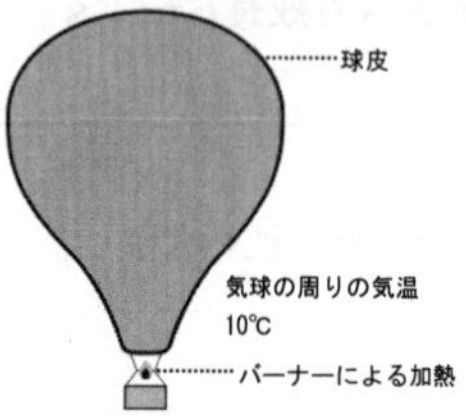

気球の周りの気温…　10℃

球皮内の空気の温度…　80℃

搭乗《とうじょう》人員を除いた機体の重量…　300 kg

球皮の体積…　2000 m^3

温度変化による空気の重さ

気温	1 m^3あたりの空気の重さ
10℃	1.247 kg
40℃	1.128 kg
60℃	1.060 kg
80℃	1.000 kg

房子：そっか。バーナーの火で加熱して球皮内の温度を高くすると、球皮内の空気が周りの空気よりも軽くなって、気球を浮かばせることができるんだね。

父親：そういうことだよ。この条件で離陸《りりく》するためには、搭乗人員の最大重量が何kgになるか計算してごらん。

房子：球皮内の空気の温度（80℃）だと球皮内の空気の重さは（　**え**　）kgで、これに搭乗人員を除いた機体の重量を足した（　**お**　）kgが気球全体の重さだね。一方、球皮が押しのけた気球の周りの空気（10℃）の重さが（　**か**　）kgだから、搭乗人員の最大重量は（　**き**　）kgかな。

父親：いいじゃないか。正解だよ。

問1　会話文の（**あ**）～（**き**）に当てはまる数字を答えなさい。

問2　ふつう気温はどのようなところで測るか。次の**ア**～**エ**から1つ選び、記号で答えなさい。

ア　風通しがよい日なた　　**イ**　風通しがよくない日なた

ウ　風通しがよい日かげ　　**エ**　風通しがよくない日かげ

［Ⅱ］房子さんとお父さんが、熱気球大会の会場で配布された資料を見ながら話をしている。

房子：今日の天気はA晴れでよかった。熱気球が飛ぶところを見るのは初めてだから楽しみだわ。熱気球の浮く仕組みについては分かったけど、熱気球はどうやって前に進むんだろう？

父親：会場で配布された資料（**図３**）を見てみよう。

図３　＜熱気球をコントロールできる操作は２つ！＞

パイロットによる操作は、バーナーを点火して温かい空気を球皮内部に送ることによる【上昇】と、球皮内部の温かい空気を外に排出《はいしゅつ》することによる【下降】のみで、水平方向（東西南北）への移動は上空に吹《ふ》く自然の風を利用するしかありません。風は高度によって吹く方向や強さが異なります。熱気球の高度を調整することで進みたい方向の風に乗せ、目的地を目指します。そのため、パイロットは行きたい方向に吹く風を探して、その風の層に高さを合わせて気球を上下させる高い技術が必要になります。

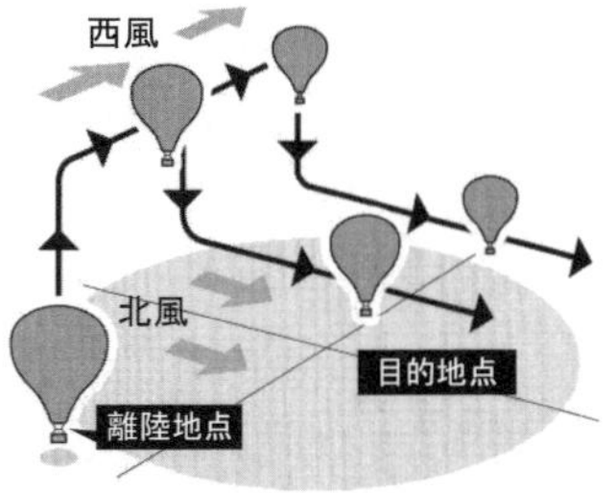

★上空の風の参考情報

地面からの高さ	風向*1	風速*2
0 m～150 m	北	秒速 1 m（分速 60 m）
150 m～300 m	西	秒速 2 m（分速 120 m）

＊1　風がどこから吹いてくるかを示します。

＊2　気球が風に乗って水平な方向に移動する速さを示します。

房子：熱気球が進む方向は風まかせなんだ。目的地点（**図４**）にたどり着くためには、計画的に気球の高さを変える必要があるのね。

父親：どのような計画を立てたらいいかな？

房子：分かった。考えてみるわ。

図４　＜会場を上空から見た平面図＞

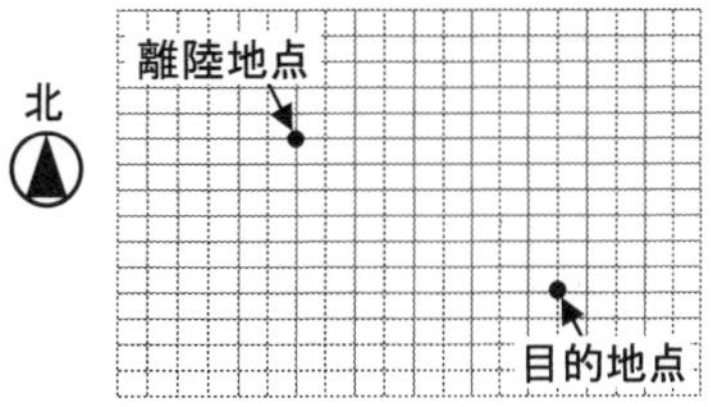

※ マス目の一辺を 60 mとします。

問３　下線部Aの晴れでは、空全体を 10 としたときに雲がそのうちどれだけをしめるかを表す雲量はいくつからいくつまでを示すのか、数字で答えなさい。また、晴れの天気の記号を解答らんに書きなさい。

問４　房子さんは目的地点に到着するまでの計画（**図５**）を立てた。この計画では、離陸から着陸までに何分かかるか答えなさい。また、離陸地点から目的地点までの経路を解答らんの平面図に実線で書きなさい。なお、気球が【上昇】や【下降】しているときも水平方向への移動は起きているものとして考えなさい。

図５　＜房子さんが立てた計画＞

1．離陸して分速 50 mで高さ 200 mまで上昇
2．同じ高さを 3 分間保つ
3．分速 100 mで高さ 50 mまで下降
4．同じ高さを 1 分間保つ
5．分速 50 mで下降して着陸

問５　ガス気球と熱気球を比べて、ガス気球にはどんなよさがあると考えられるか１つ答えなさい。

問二　次の1～5の——線部の敬語には誤りがあります。それぞれ指定の字数で正しい敬語に直し、ひらがなで答えなさい。

1　校長先生が私に本をくれた。（五字）

2　先生は昼食にいつもそばを食べる。（五字）

3　お客様は、田中様でございますか。（八字）

4　その話は先生から聞きました。（四字）

5　先生からのお手紙をご覧になる。（六字）

保全する方法を考えてみましょう。

サンゴ礁は多様な生物のすみかとなるため「海のaネッタイ林」と呼ばれています。そのすき間は生物の産卵《らん》場所となり、サンゴ内部の光合成によって作られる酸素や栄養分、表面の藻《も》は魚たちのエサとなります。魚が群れる色とりどりのサンゴ礁は、人気の観光スポットとなり、地域の観光業を支えています。[A]、健全なサンゴ礁がある地域では津《つ》波の被《ひ》害が最小限に抑《おさ》えられた例もあり、防波堤《てい》としての役割も果たします。このようにサンゴ礁を守ることは[X]を守ることにつながります。

サンゴ礁の死滅には二つの要因があります。一つは海水温上昇《しょう》やヒトデによるサンゴの食い荒《あ》らし被害など自然が要因となるものです。もう一つは漁師や観光客によるサンゴの損傷や森林伐《ばっ》採による海への土砂《しゃ》流入、生活用水やゴミによる水質汚染《おせん》など人が要因となるものです。こうした要因によるサンゴ礁の死滅には、地域の人々はどのようなbタイサクをしたら良いのでしょうか。

例えば、サンゴ礁への観光客の立ち入りを禁止にするのはどうでしょうか。[B]それによって観光客が減少すると、観光業は損害をこうむってしまいます。サンゴ礁は海の生態系を支えるだけでなく、人々の生活資源にもなっています。②地域の人々にとって無理なく、継続《けい》的にサンゴ礁を守っていけるような方法を考える必要があります。

問一 〰〰線a・bのカタカナを漢字に直しなさい。

問二 [A]・[B]に当てはまる言葉を、それぞれア～オから選びなさい。(同じ記号は二度使用しないこと)

ア しかし　イ また
ウ そのため　エ 例えば
オ 一方

問三 ――線①「サンゴ礁の役割」について説明した次の文の[I]・[II]に当てはまる言葉を、それぞれ指定の字数で本文中からぬき出しなさい。

＊ サンゴ礁は[I(六字)]を作り出して海の生態系を支え、人々の[II(四字)]にもなっている。

問四 [X]に当てはまる十一字の言葉を、本文中からぬき出しなさい。

問五 本文の内容として最も適当なものを、次のア～エから選びなさい。

ア 健全なサンゴ礁により守られた地域では津波の被害が全くなかった。
イ ヒトデはサンゴを主食とするため、毎年食害の被害が出ている。
ウ サンゴ礁には珍《めずら》しい魚が暮らすため、観光資源となっている。
エ サンゴ礁の大規模な白化は、海の生物の減少につながる。

問六 ――線②「地域の人々にとって無理なく、継続的にサンゴ礁を守っていけるような方法」とありますが、地域の人々が中心になってサンゴ礁の保全活動を行う場合、どのような方法がありますか。本文の内容をふまえて、あなたの考えを具体的に述べなさい。

四 次の各問いに答えなさい。

問一 次の1～5の(　)に上の漢字と反対の意味の漢字を入れて、――線部の二字熟語を完成させなさい。

1 始(　)本を読んでいる。
2 昼(　)が逆転の生活をする。
3 潮の干(　)の差が大きい。
4 車の往(　)が絶えない。
5 お金を貸《たい》(　)する関係にある。

う、お気に入りの歌。

寂しがり屋の最後のひとりが、たったひとりになっても寂しくないように。

三人で、もう一度歌えるように。

新垣は、カセットテープを抱《だ》きしめるようにして、うずくまる。

【柊　サナカ『天国からの宅配便』】

（一部内容を省略しました）

注1　民生委員…市町村に配置され、常に住民の立場に立って相談に応じたり、必要な援《えん》助を行ったりする社会奉《ほう》仕者。

注2　天涯孤独…この世に誰ひとりとして身寄りのいないこと。

問一　――線①「その日」に荷物が届けられたのは、なぜだと考えられますか。「その日は」に続くように十字程度で説明しなさい。

問二　A～C に当てはまる言葉の組み合わせとして最も適当なものを、次のア～エから選びなさい。

ア　A　びりびり　B　めらめら　C　まじまじ
イ　A　ぐしゃぐしゃ　B　めらめら　C　しみじみ
ウ　A　びりびり　B　ふつふつ　C　しみじみ
エ　A　ぐしゃぐしゃ　B　ふつふつ　C　まじまじ

問三　――線②「ずっとふたりに訊きたかったこと」とありますが、その内容について、三十字以内で説明しなさい。

問四　――線③「ふたりの」とありますが、その後に省略されていると考えられる言葉を、次のア～エから選びなさい。

ア　届け物　イ　送り状　ウ　筆跡　エ　遺品

問五　――線④「ひざの力が抜ける」とありますが、どのような様子を表現したものですか。最も適当なものを、次のア～エから選びなさい。

ア　友人たちの遺品が届けられたことに絶望する様子。
イ　届くはずのない友人からの荷物に呆《ぼう》然とする様子。
ウ　突《とつ》然泣き崩《くず》れた自分自身にとまどっている様子。
エ　怒鳴られても動じない七星に途《と》方に暮れた様子。

問六　――線⑤「それでも、歌った」とありますが、そこには二人のどのような思いが込められていますか。五十字以内で説明しなさい。

問七　――線⑥「人生で何よりも大事なプレゼント」とありますが、それは何ですか。最も適当なものを、次のア～エから選びなさい。

ア　三人で歌った思い出　イ　誕生日に歌った思い出
ウ　新垣夕子の歌声　エ　明神と渡部の歌声

問八　本文から読み取れる内容として最も適当なものを、次のア～エから選びなさい。

ア　亡くなった二人の友人からの遺品を新垣に届けに来た七星もまた、天国の住人であった。
イ　七星が新垣に届けた友人からの遺品には、曲の入ったカセットテープだけが入っていた。
ウ　沖野は誕生日を一緒に祝おうと手作りのアップルパイを持って訪ねたが、新垣に追い返された。
エ　新垣はカセットテープから流れる「鱒」を聴き、いつしか自分も川の中にいるように感じていた。

三

次の文章を読んで、後の問いに答えなさい。

現在、石垣《がき》島と宮古島では、大規模なサンゴ礁《しょう》の白化が起こっています。サンゴ礁の白化は、サンゴ内部で光合成を行う褐《かつ》虫藻《そう》が失われることで起こります。二〇一六年の大規模な白化の際には魚の種類や数が減少しました。白化現象が長引くとサンゴ礁は死滅《めつ》し、海の生態系と人々の生活に影響《えいきょう》をおよぼします。①サンゴ礁の役割を知り、

新垣が、よろけるように椅子に座《すわ》り、レコーダーに指先で触《ふ》れる。食い入るようにカセットレコーダーを見つめていた。

　これはいつ録《と》られたものだろう。歌声も声も、嘘《うそ》みたいにどこまでも張りがある。もしこの録音が、病気がわかってからだとしたら、体調だって、かなりきつかったに違いない。でも、そんなことをまったく感じさせない声量と、声の伸びだ。もしかしてふたりとも、これを録音するために、かなり無理をしたのではないか。

　⑤それでも、歌った。

　カセットレコーダーの輪郭《かく》が、視界の中でにじみ、ぼやけていく。

　新垣は涙をぬぐった。

「……久しぶりに歌った。わたしたち、コーラス部だったの。テンコちゃんのアルト、カナちゃんのメゾソプラノ、わたしのソプラノで、〝最強の三人〟ってね」

「今だって最強の三人です。歌、素《す》晴らしかったです」

　カナちゃんがピアノを弾《ひ》いて、この部屋で、何度も歌った。イントロが流れてくると、雑誌を読んでいても、ついつい鼻歌で歌い始めていて、洗濯《たく》物を干していたテンコちゃんも声を重ねてきて、気がついたらいつも三人で歌っていた。昔からずっとそうだった。ひとりで歌うのも好きだが、三人で声を重ねると、ひとりで歌うより、ずっと世界が開けるような気がしていた。（中略）

「ところで、わたしテープ世代じゃないから、びっくりしちゃったんですが、このテープって、裏返せるんですね、衝撃《しょうげき》です。アナログって感じがいいです」

　カチリ、と七星がボタンを押《お》すと、再生が始まった。

　すうっ、と息を吸う音がした。

　――お誕生日おめでとう！　ユウちゃん――

　テンコちゃん、カナちゃん、ふたりの声だ。拍《はく》手の音もする。

　――まさかまさか、メソメソしてないわよね？――

　――それとも起きたばっかりかしら。のんびりしてるもの。いつも一番最後に起きてくるし、着替《が》えもマア、ゆーっくり、のんびりなのよ――

　――一度、旅行も遅《おく》れかけたしね――

　――あったあったそんなこと――

　笑い声がする。

　――今、思い出すのは三人で歌ったことよ。ユウちゃんの声はどこまでも綺麗《きれい》に通って、まさに天に選ばれた声みたいだった――

　――いつだってユウちゃんは三人の中で一番うまかった。うまいだけじゃなくて、わたしたちの声をまとめる強さみたいなものがあった。〝最強の三人〟は、ユウちゃん抜きでは無理よ――

　――今になってみるとね、どんな贅沢《ぜいたく》よりも、ユウちゃんと公園で歌ってた頃《ころ》のことを思い出すの――

　――わたしもよ。あの頃、わたしたちは本当に最強だった。ユウちゃんはわたしに、一番の思い出をくれた。⑥人生で何よりも大事なプレゼントだった――

　――ありがとうユウちゃん――

　――ゆっくりのユウちゃんなんだから、もうちょっとゆっくりして、こっちにおいでなさいね――

　――またね！――

　ふたりの声が重なった。

　しん、と部屋に静寂《じゃく》が戻る。

　七星が、カセットテープの再生を止めた。

　今日が誕生日であったことに、新垣は、今、気がついた。

　毎年、誰かの誕生日は、カナちゃんがとってケーキを作ってくれた。テンコちゃんがとっておきのワインを開けてくれた。そして歌

に足があるか、確かめたりするまでもなく、どう見ても、実体のある人間だ。

「明神さんと渡部さんは、ご存命のうちに、わたくしどもに依頼をされました。これを新垣さん宛に届けるようにと」

　七星は静かに笑みを浮《う》かべた。ふたりのことを話す七星の口調はごく自然で、もう亡《な》くなってここにはいない人、という感じはしなかった。この配達人は、本人こそ若くて元気なのだろうが、どこか死と地続きのところにいるようでもあり、不思議な存在感の娘だ、と思う。

「ということは、ふたりは生きているときに、これを？」テンコちゃんが入院したのが今から一年半ほど前なので、その少し前と見ていいだろう。

　荷物を目の前にしても、開ける気にはなれなかった。中に何が入っていようとも、どうせふたりとも、ここにはいない。開けたところで、このひとりの家で、よけいに寂《さび》しさが増すだけだろう。（中略）

　目の前に置かれた、ふたりの筆跡をじっと眺める。

　何を思って、ふたりはここに名前を書いたのか。

　ふたりの、人生最後の贈《おく》り物とは、いったい何なのか――

　仕方なく開けると、中には四角い何かが入っている。包装紙を外すと、一台の機械が入っていた。どうやら、カセットレコーダーらしい。中には、テープが入っている。

　その他は、何の手紙も入っていない。

　機械には弱いので、これをどうすればいいのかわからない。

「じゃあ、わたしが再生してもいいですか」と、七星が指を伸《の》ばしてきた。

　なぜだか、怖《こわ》い、と思った。（中略）

　制止しようと思ったが、もうかすかに、カセットのテープは動き始めていて――

ちょっと、これ、何？　と言いかけたときに。

ピアノの音が流れ出した。

　新垣は、すべての動きを止めた。目だけが瞬《まばた》きを繰《く》り返す。

　聴《き》き覚えがある。何百回、いや、何千回と聴いたこのメロディー。

　透《とう》明な音が次々に連なり、川のせせらぎを作りあげる。想像の中で新垣は、いつしか森の中にいて、冷たい流れにふくらはぎまで浸《つ》からせていた。岩にぶつかって冷たいしぶきを上げる流れ、そこへ、銀の光のように魚影《えい》が通り過ぎていく。

　これは、シューベルトの「鱒《ます》」だ。

　コーラスが重なる。よく通る低い声と、その上に重なる、少し高い声。間違いない、これはテンコちゃんとカナちゃんの声だ。

　　――清き流れを　光映《は》えて
　　矢のごと奔《はし》る　鱒のありき

　新垣は、指先で涙《なみだ》をぬぐうと、椅子から立ち上がった。肩幅《かたはば》に脚《あし》を開き、両肩を少し上げて、力を抜いて落とす。視線を上げて。

　新垣は、ふたりの声の上に、一番高い声を重ねた。

　　――歩みをとどめ　われ眺めぬ
　　輝《かがや》く水に踊《おど》る姿
　　輝く水に踊る姿

　二番、三番と流れて曲が終わり、伴《ばん》奏の音も終わると、ぱちん、と音がして、テープが止まった。

　部屋に静けさが戻ってくる。

ったくないので、注2天涯《がい》孤《こ》独に近い。それだけではなく、友人もいないため、宅配便を送ってくるような人間はひとりもいないはずだった。現に、ここ一年近く、何の宅配便も受け取っていなかった。表札も外してある。

　これはひとり暮らしの老人を狙《ねら》った、送りつけ詐欺《さぎ》か何かに違《ちが》いないと見当をつける。沖野といい、この女といい、［Ｂ］と怒《いか》りが込《こ》み上げてくる。どうやって追い返してやろうかと腹をくくる。このあたりでは、一度も見たことのない制服というのも怪《あや》しい。

　ピンポン、とまた呼び鈴《りん》が鳴った。

　扉《とびら》を開けるなり、「すみません、こちら、新垣夕子さんのお宅でしょうか」と配達人が訊いてきた。「〝天国宅配便〟です。お荷物のお届けに参りました」

　天国、宅配便？　耳慣れない配達業者だ。配達人は、女にしては背が高い、若い娘《むすめ》。ほっそりしていて、腰《こし》の位置も驚《おどろ》くほど高い。見上げると目が合ったが、制帽の下の目が、人懐《なつ》こそうにくりっとしている。灰色の制服の胸には白い羽根のマーク。やはり家の中からすごい臭《にお》いがするのだろう、この配達人は顔に出るタイプなのか、一瞬《しゅん》、吸い込んでむせそうになったが、何とか持ちこたえて、笑《え》みを作った。手に持っている小さな包みをこちらに差し出そうとしてくる。

「いりません」

　そのまま扉を閉めようとすると、向こうは慌《あわ》てたらしい。

「待ってください、このお荷物はですね――」

「いらないわよ！」怒《ど》鳴りつける。声量には昔から自信がある。こういうときは先手必勝、怒鳴って戦意を喪《そう》失させるのがいい。このまえも同じ方法で訪問販《はん》売を撃《げき》退したばかりだ。

「どうせ詐欺か何かでしょ！　警察呼ぶわよっ！」

　耳にビリビリ響《ひび》くのか、配達人は後ずさりしかけて、何とか踏《ふ》みとどまった様子。

「でも、新垣さん。この荷物、明神《みょうじん》さんと、渡部《わたべ》さんからのお届け物なんです」

　明神さんと、渡部さんからのお届け物。

　まさか、そんなはずは。

　本当にテンコちゃんと、カナちゃんから？

　一瞬、すべての時間が止まったような気がした。

「い、いらないわよっ！」

　もうさっきまでの怒鳴り声は、出なくなっていた。

「でも本当に、明神さんと、渡部さんからのお届け物なんですよ。ほら、ここを見てください」と、包みの上に貼《は》りつけられた伝票を見せてくる。宛《あて》名は［新垣夕子さま］とある。

　送り主のところに、連名で書かれた、懐かしいその名前。

　見覚えのある筆跡《せき》。筆圧が強く、右上がりの角ばった字のテンコちゃん。どこか筆記体のような優雅《が》な字のカナちゃん、③ふたりの。

　急に目の前が揺《ゆ》らいだ。何が起こっているのか、自分でもわからなかった。

　④ひざの力が抜《ぬ》ける。

　顔を覆《おお》った手の間から、ぽたん、ぽたんと玄《げん》関に雫《しずく》がこぼれ落ちていく――（中略）

　配達人は、七星律《ななほしりつ》、と名乗った。

「わたくしども天国宅配便は、ご依頼《いらい》人の遺品を、しかるべき方のところへお渡《わた》しするという仕事をしております」

「天国……宅配？　遺品？」

　理解が追いつかない。ふたりのそれぞれの葬儀《そうぎ》会社からも何も案内はなかった。まさかふたりが天国から地上宛に送り状を書いた、というわけでもないだろう。［Ｃ］と七星の顔を見た。テーブルの下

明しなさい。

問七　次の一文は、本文の「※」より前の、ある段落の最後に入ります。この一文が入る直前の七字を答えなさい。（句読点なども一字にふくみます）

＊　そんな感覚を人とロボットとのあいだでも作りだせないだろうか、ということである。

問八　本文の内容の説明として最も適当なものを、次のア〜エから選びなさい。

ア　ロボットには複雑なことはできないという短所をどうしても克《こく》服できず、やむを得ず機能が限られたロボットを作りだした。

イ　ロボットは十分な実用性が求められがちだが、それに加えて人に非日常的な楽しさを与えてくれるロボットが生みだされた。

ウ　ロボットが人を一方的にサポートするのではなく、相互適応によってわかりあう関係を作りだすロボットが生みだされた。

エ　人とお互いの心を読みあうようなロボットの開発は難しいので、まずは人の動きに的確に反応できるロボットを作りだした。

二　次の文章を読んで、後の問いに答えなさい。

> 注1 民生委員の沖野《おきの》が手作りのアップルパイと歌のサークルのビラ（＝チラシ）を持って、ある一軒《けん》の小さな家を訪問した。
> ①その日は——。

「これどうぞ。アップルパイ、後で食べてくださいね。すごくうまく焼けたの」

はたき落とそうかと思ったが、さすがにそれははばかられて、仕方なく包みを受け取った。

アップルパイは焼き立てだったのか、まだほのかに温かい。

わざと派手な音をたてて鍵《かぎ》を閉めると、もらったビラを［A］に丸めてゴミ袋《ぶくろ》の山の上に放り投げ、通路のゴミをかき分けるようにして新垣《あらがき》は居間に戻《もど》った。アップルパイは机に置き、そのまま手を付けなかった。

もう誰《だれ》もこの家に来なくていい。

心から。

このゴミ袋とよどんだ空気で繭《まゆ》のようになった家の中で、ゆっくりと眠《ねむ》りにつきたい。新垣は定位置である長椅子《いす》の上で、元のように体を横たえた。

じっと天井《じょう》を眺《なが》める。得体のしれない虫が這《は》っている。

あのふたりがわたしを置いて行って、もう一年近くが経《た》とうとしていた。

②ずっとふたりに訊《き》きたかったことがあったのだが、もはやその問いは、この長椅子の上から、どこへも届かない。

この問いに対する、ふたりの返事は戻ってこない。永遠に。

ねえ。

わたしたちは、本当の友達《だち》だったの。テンコちゃん、カナちゃん——

ピンポンと、また音がする。

この家に一日に二度訪問者が来るのは、とても珍《めずら》しい。もしや沖野が引き返してきたのかとうんざりしつつ、新垣はモニターをチェックした。

モニターに映るのは、知らない顔の女だ。

ショートカットに灰色の制服の帽《ぼう》子をかぶり、何やら荷物を持っていることから判断して、宅配便の配達なのだろう。ところが新垣には兄弟はおらず、夫とも十年以上前に死別、夫の実家とも付き合いはま

かと窮屈《きゅうくつ》なこともあるけれど、それだけでなぜかホッとすることも。これはどうしてなのかと思う。

一人で居るととても自由でいいのだけれど、その抱《かか》えきれない可能性に疲《つか》れることもある。なにをしていてもいいのだけれど、それを一つに絞《しぼ》り切れない……。こうしたときには、ほどよく制約しあう相手が必要なのだろう。一緒に居るというのは、お互いのなかで膨《ふく》らんだ自由度を減じあう作業でもある。相手に半ば委ねながら、その判断の責任を担《にな》わせつつ、こちらでも相手の行動の責任の一端《たん》を担ってあげる。これは〈並ぶ関係〉での注8グラウンディングと呼べるものだろう。

一緒に公園を歩きながら、そのスピードや進むべき方向を緩《ゆる》く制約しあう。思い出を語りあうなかで、その想起内容や順序を制約しあう。人とロボットとの関わりでは、注9対峙《じ》しあうような関係を想定しやすいのだけれど、こうして横に並んだような、④つかず離れずの関わりから始めてもよさそうに思うのだ。

【岡田美智男『〈弱いロボット〉の思考』】

（一部内容を省略しました）

注1　ラリー…ボールを続けて打ち合うこと。
注2　雑踏…人ごみ。
注3　なり込み…相手の振《ふ》る舞《ま》いに自分の身体を重ねてしまうこと。
注4　共同想起…複数の人々が、会話しながら過去の共通の出来事を思い起こすこと。
注5　トーキング・アイ…筆者が研究しているコンピュータ技術。コンピュータの仮想空間のなかで、仮想生物たちがおしゃべりを続けるという内容。
注6　俎上には載らない…対象にはならない。
注7　方略…計画。
注8　グラウンディング…ここでは、精神的に安定させる役割を果たしているということ。
注9　対峙…ここでは、お互いに向きあっていること。

問一　[A]・[B]に当てはまる言葉を、次のア～オからそれぞれ選びなさい。（同じ記号は二度使用しないこと）

ア　かつて　　イ　むなしく　　ウ　やがて
エ　しばらく　　オ　ようやく

問二　――線①「伝えようとしなくとも、結果として伝わってしまう」とありますが、これはどのようなやりとりによって生じますか。それを説明した次の文の[Ⅰ]～[Ⅲ]に当てはまる言葉を、それぞれ指定の字数で本文中からぬき出しなさい。

＊　ある対象に対して、相手と自分とが[Ⅰ（二字）]ように関わりあい、お互いに[Ⅱ（二字）]の状態を感じとりながら、[Ⅲ（三字）]を推し量ろうとするやりとり。

問三　[X]に当てはまる言葉を、本文の「※」より後の部分から五字でぬき出しなさい。

問四　――線②「ただ一緒に並んで歩くロボット」とありますが、この「ロボット」はどのように機能することで、人と「一緒に並んで歩く」ことが可能になるのですか。三十字以内で説明しなさい。

問五　――線③「自他非分離な状態」に当てはまるものを、次のア～エから選びなさい。

ア　オリジナルの相手が理解できない状態
イ　行動パターンが一致している状態
ウ　ギクシャクとした感じがしている状態
エ　人がロボットに適応している状態

問六　――線④「つかず離れずの関わり」とは、どのような「関わり」ですか。「自由」という言葉を必ず用いて、五十字以内で説

なのところに引っ張りだすって、なんか込み入ってない？」「ただ、手をつなぐだけでいいんじゃない？」というわけで、そのコンセプトは「②ただ一緒に並んで歩くロボット」に落ち着いた。思い描《えが》いていたのは、「ロボットとおばあちゃんとが一緒に公園のなかを散歩する」という情景である。

おばあちゃんを目的地まで案内するとか、おばあちゃんがロボットの世話をしながら、一緒に歩くでもない。ただ、並んで一緒に歩くだけ、それでお互いの気持ちが通じあえるのなら、研究としてじゅうぶんにおもしろいものになるのではないか、というわけだ。

ここでは詳《くわ》しい説明は必要ないだろう。一緒に公園を散歩する。そこでなにも言葉はないのだけれど、いつの間にか、歩調が合ってきて、相手の気持ちがなんとなく伝わってくる。自分の気持ちも相手に伝わっているような感じがする。

ロボットというのは、「もっとシンプルに考えてみよう！」を実践《せん》するうえで、おもしろいツールだと思う。所詮《せん》は機械なのだから、そんな複雑なことはできない。そこでシンプルに考えるしかない。目玉だけのロボット〈む～〉とか、ゴミを拾えない〈ゴミ箱ロボット〉とか、非分節音だけ、モタモタしているだけ、そして「一緒に歩く」だけのコミュニケーション。ある一部の機能だけを引きだしたロボットでも、そこに違《い》和感はない。わたしたちに「非日常性」を提供してくれるのがロボットの役目なのだから。

では、一緒に並んで歩くだけの〈マコのて〉とは、どのようなものか。どちらに歩いていくのか、どのようなスピードで歩くのか。目の前に近づく障害物に対して、どちらに避けるのか。そのときの状況に合わせて、動的に行動選択《たく》をおこなうのだけれど、それを一緒に歩く人にも合わせようとする。（中略）これはロボットの人に対する適応である。

わたしたちもロボットと一緒に歩くときに、「このロボットはこんな判断をしているのではないか」ということを、自らの身体を参照しながら、推《お》し量ろうとする。そこにずれを見出《いだ》すたびに、自分の行為《い》注7 方略を修正している。こちらは人のロボットに対する適応である。

一緒に歩くなかで、どちらにどんな歩調で歩こうとするのか、はじめはギクシャクとしてしまう。これは聞き分けのない犬を連れて歩いているようなものだろう。でも、一緒に歩くなかで、だんだんに相手の癖《くせ》や好みもわかってくる。同時に、自分の好みも伝わっているような気がする。相手に対する適応をくりかえすなかで、その行動パターンや好みが一致《ち》してくる。そこでギクシャクとした感じも取れてくるのだ。

※　このように、お互いに適応しあうことは「相互適応」と呼ばれる。自分を相手に合わせる、と同時に、相手も自分に合わせようとする。これは例の「なり込み」あうことや、それぞれの発話を「なぞり」あうことにも近いだろう。自分と相手の行動パターンが相互に近づいてきて、どちらがオリジナルなのかわからない、そんな状態だろうか。

こうした③自他非分離《り》な状態を介して、人とロボットとが相手の状態を理解しあう。ちょっとシンプルすぎるかもしれないけれど、〈並ぶ関係〉でのコミュニケーション、すなわち「間身体的なコミュニケーション」というものに一歩ずつ近づいているように思う。（中略）

とりたてて役には立たないのだけれど、そこに居ないとなんだかさびしい……。［B］、そうした存在感とか関係性とはどのようなものか、そういう関係性をロボットとのあいだで作れないものかと考えていたことがある。いまから思えば、それは本章で見てきたような〈並ぶ関係〉というものだったのかもしれない。

一緒に散歩する、映画を観《み》る、テニスコートで一つのボールを打ちあう。あるいは、他愛もない思い出を語りあう。二人で居ると、なに

2023年度 山脇学園中学校

【国　語】〈A日程試験〉（五〇分）〈満点：一〇〇点〉

一　次の文章を読んで、後の問いに答えなさい。

言葉を尽《つ》くしても、その思いがなかなか伝わらない。という一方で、①伝えようとしなくとも、結果として伝わってしまうこともある。この伝えようとして伝わらない、伝えようとしなくとも伝わってしまう、という二つの事態はどのようにして生じているのか。

　このことを意識しはじめたのは、テニスのボールを打ちあう乱打と呼ばれる練習でのことであった。相手のコートから飛んでくるボールを懸《けん》命に追いかけ、それをただ打ち返す。うまく返せればいいのだけれど、ラケットの面が馴《な》染《じ》むまですこし時間もかかる。「あれれっ、ちょっと調子がでないぞ……」などと思いながらも、しばらくすると注1ラリーもつづくようになり、楽しくなってくるのだ。

　こうした状態になると、自らの調子だけでなく、相手の調子や気持ちまでも伝わってくる。「なかなか素《す》直なんじゃないの……」とか、「ちょっとイラついてるのかな……」とか。ただボールを打ちあうだけなのに、どうしてなのかと思う。相手から飛んでくるボールの物理的なスピードを測定しても、そうした情報は得られない。（中略）

　テニスボールを打ちあう、なにげない言葉を交《か》わす、注2雑踏《とう》ですれちがう。こうした場面では、ふつう相手との〈 X 関係〉を想定しやすい。けれども、一緒《しょ》にボールのスピードを調整しあうという点では、ボールに対して二人は並んでいる。その会話の場やすれ違《ちが》い場面に対しても、お互《たが》いは並んでいるといえるだろう。この〈並ぶ関係〉におけるコミュニケーションの様相について考えてみよう。

（中略）

　春の日差しのなかを、誰《だれ》かと一緒に公園などを散歩する状況《きょう》を考えよう。なにを話すわけでもなければ、なにか目的があるわけでもない。一緒に木々を眺《なが》めながら、柔《やわ》らかくなった日差しや風を感じている。そうして A 歩いていると、いつの間にかお互いの歩調もあってくる。

（中略）

「相手はきっとこんな風に感じているのではないか」ということを、自らの身体を手がかりにして考える。と同時に、相手も自らの身体で感じていることを手がかりに、こちらの気持ちを探《さぐ》ろうとする。この「相互《ご》の注3なり込《こ》み」によって、お互いの身体の状態も近づいていく。（中略）

〝Keep it simple, stupid〟をどう訳すのか、穏《おだ》やかにいえば「もっとシンプルに考えてみよう！」ということだろう。一緒に注4共同想起をするような、そんなロボットを作ってみたい。かれこれ二十年近く、〈注5トーキング・アイ〉を使って雑談を生みだす試みのなかで考えてきたことである。でも、「相手の心を読む、その想起のプロセスを人とロボットとのあいだで合わせ込む」というのは、それほど容易なことではない。人とロボットとの〈並ぶ関係〉でのコミュニケーションというのは、まだ研究の注6俎《そ》上には載《の》らないのだろうか。

　しばらく忘れかけていたころ、学生たちとのプロジェクトのなかで、ちょっと変わった名称《しょう》のロボットが生まれてきた。

　そのかわいいロボットには腕《うで》が一つだけ。しり込みしているおじいちゃんを、みんなの会話の場に引っ張りだすような、孫の役割をするロボットらしい。その名も〈マコのて〉、なんともお節介《かい》なロボットなのだ。

　例の「〇〇してくれるロボット」という枠《わく》組みは避《さ》けたい。「みん

2023年度

山脇学園中学校　▶解説と解答

算　数　＜Ａ日程試験＞（50分）＜満点：100点＞

解　答

[1] (1) $\frac{9}{10}$　(2) 4　(3) 23　(4) 480　(5) 960　(6) 4　(7) 9　(8) 3　(9) 9.42　[2] (1) 60　(2) 2244　(3) 44442　(4) 222　[3] (1) 8時18分　(2) 8時48分　(3) 4860m　[4] (1) 144cm^2　(2) 63cm^3　(3) 117cm^2（または，112.5cm^2）　(4) 13.5cm^2

解　説

[1] 四則計算，逆算，分数の性質，売買損益，比の性質，濃度《のうど》，仕事算，辺の比と面積の比，図形の移動，面積

(1) $\frac{2}{5}+2\frac{1}{3}\div\left(\frac{8}{9}+\frac{2}{3}\right)-1.25\times0.8=\frac{2}{5}+\frac{7}{3}\div\left(\frac{8}{9}+\frac{6}{9}\right)-1=\frac{2}{5}+\frac{7}{3}\div\frac{14}{9}-1=\frac{2}{5}+\frac{7}{3}\times\frac{9}{14}-1=\frac{2}{5}+\frac{3}{2}-1=\frac{4}{10}+\frac{15}{10}-\frac{10}{10}=\frac{9}{10}$

(2) $17\times\{7+8\times(10+\square)\}=2023$より，$7+8\times(10+\square)=2023\div17=119$，$8\times(10+\square)=119-7=112$，$10+\square=112\div8=14$　よって，$\square=14-10=4$

(3) 分母と分子に足した数を□とすると，約分する前の分数は$\frac{7+\square}{13+\square}$と表せる。これを約分すると$\frac{5}{6}$になったので，（７＋□）：(13＋□)＝５：６とわかる。このとき，比の差の，６－５＝１にあたる数が，(13＋□)－（７＋□）＝６となる。よって，比の５にあたる数，つまり，（７＋□）は，６×５＝30だから，□＝30－７＝23と求められる。

(4) 定価の25％引きの値段から定価の30％引きの値段にすると，利益が，120－80＝40(円)減るので，定価の30％引きの値段は定価の25％引きの値段よりも40円安い。よって，定価の，30－25＝５(％)にあたる金額が40円となるから，定価は，40÷0.05＝800(円)とわかる。したがって，定価の25％引きは，800×（１－0.25）＝600(円)となり，この値段で売ると120円の利益があるから，仕入れ値は，600－120＝480(円)と求められる。

(5) ＢさんがＡさんに360円わたすと，２人の所持金は同じになったので，はじめの２人の所持金は，Ｂさんの方がＡさんよりも，360×２＝720(円)多い。よって，４：７の比の，７－４＝３にあたる金額が720円だから，比の１にあたる金額は，720÷３＝240(円)とわかる。したがって，はじめのＡさんの所持金，つまり，比の４にあたる金額は，240×４＝960(円)と求められる。

(6) ５％の食塩水160ｇには食塩が，160×0.05＝８（ｇ）含《ふく》まれ，３％の食塩水400ｇには食塩が，400×0.03＝12(ｇ)含まれるので，これらを混ぜてから水を60ｇ蒸発させてできた食塩水には食塩が，８＋12＝20(ｇ)含まれる。また，この食塩水の重さは，160＋400－60＝500(ｇ)だから，濃度は，20÷500×100＝４（％）とわかる。

(7) この仕事全体の量を12，18，24の最小公倍数である72とすると，１日あたり，Ａさん１人では，

72÷12＝6，Bさん1人では，72÷18＝4，Cさん1人では，72÷24＝3の仕事ができる。よって，3人ですると1日に，6＋4＋3＝13の仕事ができるので，4日目までに終えた仕事の量は，13×4＝52となる。したがって，残りの量の，72－52＝20をBさんが1人ですると，20÷4＝5(日)かかるから，全部で，4＋5＝9(日)かかったとわかる。

(8)　右の図1で，○印をつけた三角形の面積がすべて等しいから，三角形AFEと三角形AFGの面積の比は2：3である。また，三角形AFEと三角形AFGは，底辺をそれぞれAE，AGとみると，高さが等しいので，底辺の比と面積の比は等しい。よって，AE：AG＝2：3だから，AGの長さは，$8\times\frac{3}{2}=12$(cm)とわかる。同様に，三角形ABGと三角形GBCの面積の比は4：1なので，AG：GC＝4：1となる。したがって，GCの長さは，$12\times\frac{1}{4}=3$(cm)と求められる。

図1

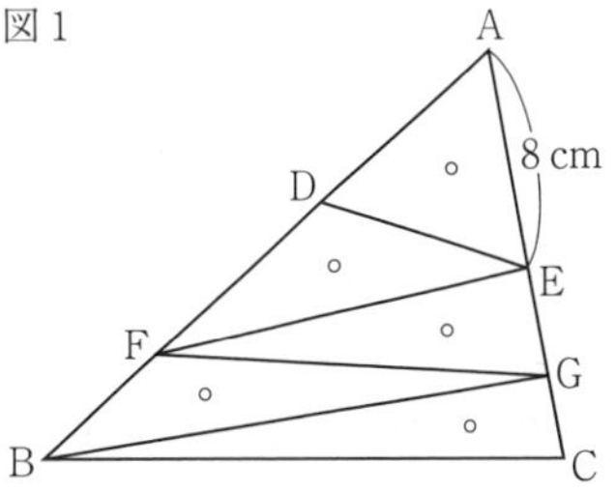

(9)　右の図2で，㋐の部分(太線で囲んだ部分)と㋑の部分(直線AD，直線AB，曲線BDで囲まれた部分)は，どちらも直径6cmの半円から㋒の部分を取り除いた形なので，面積は等しい。よって，斜線《しゃせん》部分の面積は，㋐＋㋓＝㋑＋㋓より，おうぎ形ABCの面積に等しいから，その面積は，$6\times6\times3.14\times\frac{30}{360}=3\times3.14=9.42$(cm²)となる。

図2

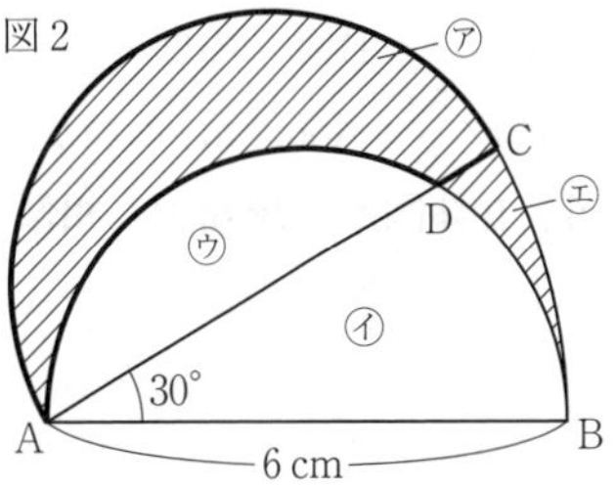

2 条件の整理

(1)　1，2，3，4，5のカードが4枚ずつあるので，すべての数字の和は，1×4＋2×4＋3×4＋4×4＋5×4＝(1＋2＋3＋4＋5)×4＝15×4＝60である。

(2)　和を最も小さくするには，できるだけ小さい数字を使えばよいので，まず，1を4枚，2を4枚取り出すことになる。また，千の位や百の位に小さい数字を使う方が，できる数は小さくなるから，2個の数の千の位と百の位に1を使い，十の位と一の位に2を使えばよい。よって，1122を2個つくると，2個の数の和は最も小さくなるから，その和は，1122＋1122＝2244となる。

(3)　差を最も大きくするには，最も大きい数と最も小さい数をつくればよい。最も大きい数は，5を4枚，4を1枚使ってできる55554で，最も小さい数は，1を4枚，2を1枚使ってできる11112だから，5けたの2つの数の差が最も大きくなるとき，55554－11112＝44442と求められる。

(4)　できるだけ小さな2けたの数を10個つくればよいから，10個の2けたの数の十の位に{1，1，1，1，2，2，2，2，3，3}を使い，一の位に{3，3，4，4，4，4，5，5，5，5}を使うと，和が最も小さくなる。このとき，十の位の数の和は，1×4＋2×4＋3×2＝18，一の位の数の和は，3×2＋4×4＋5×4＝42だから，10個の2けたの数の和は，10×18＋1×42＝222とわかる。

3 速さ，旅人算

(1)　3人が進んだようすをグラフに表すと，下の図のようになる。Bさんの速さはAさんの速さの$\frac{1}{2}$なので，AさんとBさんの1分間に進む道のり(分速)をそれぞれ[2]，[1]とすると，AさんはP地点からQ地点まで，8時27分－8時＝27分かかるので，P地点からQ地点までの道のりは，[2]×27＝[54]と表せる。また，AさんとBさんが1分間に進む道のりの和は，[2]＋[1]＝[3]だから，初めて出会うのは２人が出発してから，$\boxed{54}\div\boxed{3}=18$(分後)となる。よって，その時刻は８時18分である。

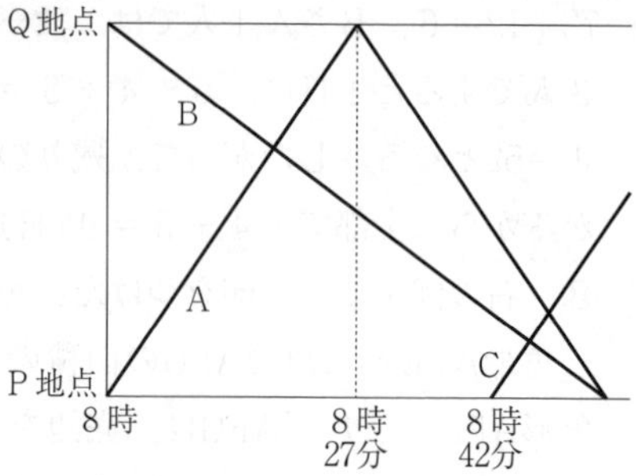

⑵　ＣさんがＰ地点を出発したとき，ＡさんはＱ地点で引き返してから，８時42分－８時27分＝15分進んでいるので，Ｑ地点から，$\boxed{2}\times15=\boxed{30}$進んだところにいる。すると，このとき，ＡさんとＣさんは，$\boxed{54}-\boxed{30}=\boxed{24}$はなれている。よって，Ｃさんの分速はＡさんの分速と同じ$\boxed{2}$だから，ＡさんとＣさんが出会う時刻は，Ｃさんが出発してから，$\boxed{24}\div(\boxed{2}+\boxed{2})=6$(分後)の，８時42分＋６分＝８時48分と求められる。

⑶　ＡさんはＣさんと出会うまでに，Ｑ地点で引き返してから，15＋６＝21(分)かけて，$\boxed{2}\times21=\boxed{42}$進む。また，Ｂさんは８時にＱ地点を出発してから８時48分までの48分間に，$\boxed{1}\times48=\boxed{48}$進む。さらに，ＡさんとＣさんが出会った８時48分に，ＢさんとＣさんは540mはなれていて，これは，ＡさんとＢさんの間の道のりの，$\boxed{48}-\boxed{42}=\boxed{6}$にあたる。よって，Ｐ地点からＱ地点までの道のりは，$540\times\frac{54}{6}=4860$(m)とわかる。

4　立体図形─展開図，相似，表面積，体積

図①

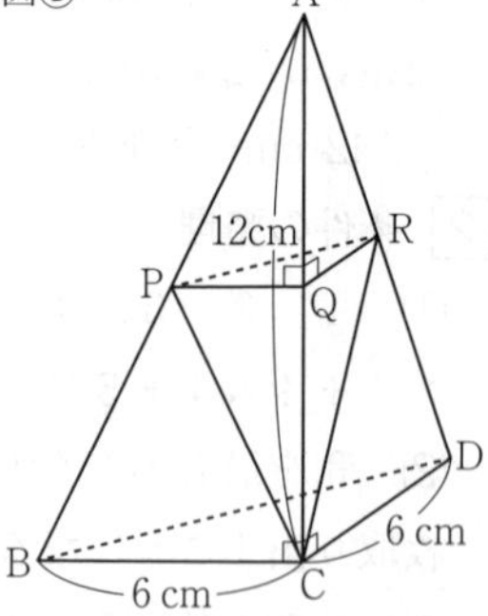

⑴　右の図①の三角すいABCDは，問題文中の図２の正方形を折り曲げてつくったものだから，三角すいABCDの表面積は，図２の正方形の面積と等しくなる。図２の正方形の１辺の長さは，$6\times2=12$(cm)なので，三角すいABCDの表面積は，$12\times12=144$(cm²)である。

⑵　立体Ｘは，三角すいABCDから三角すいAPQRを切り取った立体となる。三角すいABCDは，底面を三角形BCDとすると高さはACであり，三角形BCDの面積は，$6\times6\div2=18$(cm²)で，ACの長さは12cmだから，三角すいABCDの体積は，$18\times12\div3=72$(cm³)となる。また，点Ｐ，Ｑ，Ｒはそれぞれ辺AB，AC，ADの真ん中の点だから，三角すいAPQRと三角すいABCDは相似で，相似比が１：２の立体である。よって，三角すいAPQRと三角すいABCDの体積の比は，$(1\times1\times1):(2\times2\times2)=1:8$だから，三角すいAPQRの体積は，$72\times\frac{1}{8}=9$(cm³)とわかる。したがって，立体Ｘの体積は，$72-9=63$(cm³)と求められる。

図②

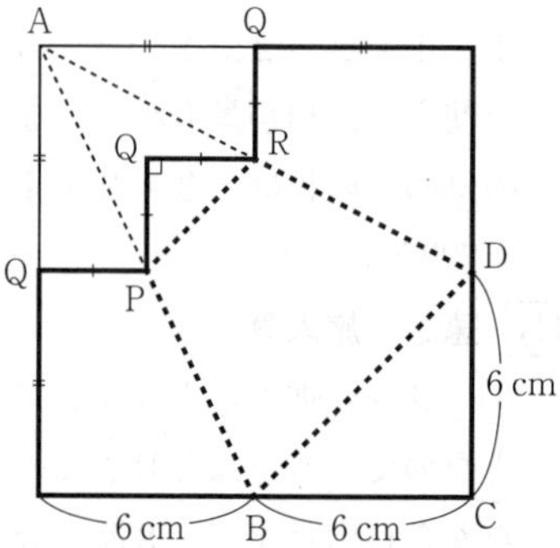

⑶　立体Ｘの展開図は，右の図②のようになる。立体Ｘの表面積は，図②の太線で囲まれた部分の面積に等しい。⑵より，三角形PQRと三角形BCDの相似比は１：２だから，PQ＝RQ＝$6\times\frac{1}{2}=3$(cm)と求められる。よって，立体Ｘの表面積は，$144-(6\times3+3\times3)=117$(cm²)と求められる。なお，三角形PQRの部分を除くと，表面積は112.5cm²と考えることもできる。

⑷　図①で，三角すいAPQRと三角すいCPQRは，底面が三角形PQR，高さがAQ＝CQ＝６cmの合同な三角すいである。よって，三角すいCPQRと三角すいABCDの相似比は１：２だから，三角形CPRと三角形ABDの相似

比も1：2とわかり，面積の比は，(1×1)：(2×2)＝1：4となる。したがって，三角形ABDの面積が，144－(6×12÷2×2＋6×6÷2)＝54(cm^2)だから，三角形CPRの面積は，$54\times\frac{1}{4}=13.5$(cm^2)とわかる。

社　会　＜Ａ日程試験＞（30分）＜満点：60点＞

解　答

1 **問1**　イ　**問2**　6(cm)　**問3**　ウ　**問4**　④　**問5**　エ　**問6**　(1)　ウ　(2)　エ　(3)　ア　(4)　エ　(5)　イ　**問7**　ウ　**問8**　(1)　エ　(2)　(例)　周辺住民への騒音問題。　**2** **問1**　A　推古　B　紫式部　C　板垣退助　D　伊藤博文　E　学問のすすめ　F　野口英世　**問2**　(1)　エ　(2)　ア　(3)　イ　**問3**　原敬　**問4**　エ　**問5**　エ　**問6**　B→D→C→A　**問7**　(例)　分かれていた南北朝を統一し，明と正式な国交を結んで貿易を行った。　**問8**　(1)　徳川吉宗　(2)　寛政(の改革)　(3)　ウ　(4)　イ　**問9**　ウ　**3** **問1**　ア　**問2**　A　個人　B　幸福追求　C　最低限度の生活　**問3**　(1)　消費税　(2)　間接税　(3)　(例)　ア／将来返済しなければいけない国の国債費が減る。(イ／お金が足りなくなるので，受けられる行政サービスが減る。)　**問4**　(1)　D　最高機関　E　立法機関　(2)　248(名)　(3)　通常国会

解　説

1 **地形図の読み取りや日本の気候，産業などについての問題**

問1　図1の断面図から，ほぼ中央と一番右の地点の標高が180mほどであることから，直線ACだと判断できる。直線ABは中央付近が標高50m以下のくぼみになっている。直線ADでは，地点Dの標高が260mを超《こ》えている。直線AEは中央付近で標高140mほど，地点Eの標高は200mとなっているため，いずれも断面図と合わない。

問2　地形図上の距離《きょり》は，(実際の距離)÷(縮尺の分母)で求められるので，1500(m)÷25000＝150000(cm)÷25000＝6cmとなる。

問3　特にことわりがない限り，地形図の上が北，下が南，右が東，左が西にあたる。地点Aから見て地点Eは右下にあり，これは8方位では南東にあたる。

問4　手前に神社の鳥居，奥《おく》に海が見えるので，神社の地図記号(⛩)を起点に海側へ矢印がのびている④だとわかる。

問5　内浦周辺には，灯台(☼)，村役場(○)，郵便局(〒)は見られるが，高等学校(⊗)は見られない。なお，(文)は小・中学校を表している。

問6　(1)，(2)　新潟県の粟島《あわしま》がある日本海には，本州に沿うようにして，暖流の対馬《つしま》海流が流れている。日本海側の地域の冬の気候は，日本海を吹《ふ》き渡《わた》ってくる北西の季節風と対馬海流のえいきょうを強く受ける。なお，千島海流(親潮)は日本列島の太平洋側を北から南へ流れる寒流，日本海流(黒潮)は日本列島の太平洋側を南から北へ流れる暖流，リマン海流は日本海をユーラシア大陸に沿って北から南へ流れる寒流。また，台風は夏の終わりから秋にかけて，日本列島の南から北上してくる。梅雨前線はおもに6～7月ごろに日本列島上に停滞《ていたい》し，梅雨をもたらす。フェーン現象は，

山を下る風が高温で乾燥《かんそう》した状態となり，風下にあたるふもとの地域へと吹き下ろす現象。　(3) 上越新幹線は東京駅から埼玉県・群馬県を経て新潟駅に至る新幹線で，「上越」は一部で平行して走っている群馬県(上野国)と新潟県(越後国)を結ぶ上越線からその名前がとられた。なお，東北新幹線は東京駅と新青森駅，東海道新幹線は東京駅と新大阪駅，山陽新幹線は新大阪駅と博多駅(福岡県)を結んでいる。　(4) 新潟駅のある越後平野には，日本一の長流である信濃《しなの》川や，新潟(第二)水俣《みなまた》病が発生したことで知られる阿賀野《あがの》川が流れている。越後平野は日本を代表する稲作地帯で，水田単作を行っている地域も多い。なお，アは岐阜県など，イは山梨県，ウは群馬県や長野県にあてはまる。　(5) 美濃《みの》は岐阜県南部の旧国名で，伝統的工芸品である美濃和紙の産地となっている。岐阜県は中部地方の内陸県で，横長の長方形に近い下部に，正方形に近い上部がややかたむいた状態で乗ったような形となっている。なお，②はウの長野県，③はアの石川県，④はエの愛知県にあてはまる。

問7　Ⅰは，「魚のむれが集まるところにあみをはりめぐらせる漁法」とあることから，図4のあみを使用するとわかる。これは，むれで泳ぎ回る魚をとるため，あらかじめ海にあみをはりめぐらせておく漁法で，定置あみ漁法とよばれている。なお，Ｊには，船で図5のようなあみを引き，海底にいる魚をとる漁法である底引きあみ漁法があてはまる。

問8　(1) 「脱《だつ》炭素社会が目指されている我が国において，〔Ｋ〕発電だけにたよらず(…)再生可能エネルギーの割合を増やしていくことが重要」という記述から，Ｋには再生可能エネルギー以外のエネルギーがあてはまると判断できる。ア～エのなかでこれにあたるのは，エの火力である。

(2) 風力発電に用いる大きな風車を設置する場合，周囲の景観との調和や，自然環境に与《あた》えるえいきょうを考慮《こうりょ》する必要がある。また，仮に設置したとしても，風車の回転にともなう騒音《そうおん》などが問題となるおそれがある。

2 各時代の歴史的なことがらについての問題

問1　**A**　推古天皇は初めての女性天皇として592年に即位《そくい》すると，翌593年にはおいにあたる聖徳太子を摂政《せっしょう》として政務に参加させ，天皇中心の国づくりを進めた。　**B**　紫式部は平安時代の宮廷女官で，藤原道長の娘の彰子《しょうし》に仕えた。長編小説『源氏物語』は紫式部の代表作として知られ，当時の宮廷生活のようすなどがかな文字でえがかれている。　**C**　板垣退助は土佐藩(高知県)出身の政治家で，1874年に民撰議院設立の建白書を政府に提出するなどし，自由民権運動を指導した。1881年に政府が国会開設を約束すると，同年，自由党を結成した。　**D**　伊藤博文は長州藩(山口県)出身の政治家で，岩倉使節団に同行して帰国したのち，政府の中心となって活躍《かつやく》した。1885年には内閣制度をつくってみずから初代内閣総理大臣になり，その後もふくめ合計4回，内閣総理大臣をつとめた。　**E**　『学問のすすめ(学問のすゝめ)』は，明治時代初めに出版された福沢諭吉の代表作で，「天は人の上に人を造らず」という書き出しで知られる。人間の平等や学問の大切さを説いたこの本は当時のベストセラーとなり，多くの人にえいきょうを与えた。　**F**　野口英世は福島県出身の細菌《さいきん》学者で，アメリカで研究を行って世界的に知られるようになったが，アフリカで研究していた黄熱病にみずからが感染し，命を落とした。

問2　(1) 渋沢《しぶさわ》栄一は埼玉県出身の実業家で，1873年に日本で最初の銀行である第一国立銀行を設立した。そのほかにも数多くの企業《きぎょう》の設立や経営にたずさわり，その功績から「日本資本主義の父」ともよばれる。　(2) 津田梅子は，幼いときに岩倉使節団に同行してアメリカへ留学した。

帰国後は女性の高等教育発展に力をつくし，1900年には女子英学塾(現在の津田塾大学の前身)を創立した。　(3)　北里柴三郎《しばさぶろう》はドイツ留学中に破傷風菌の血清療法《りょうほう》を発見し，世界的な細菌学者として知られるようになった。また，伝染病研究所を設立したり，ペスト菌を発見したりするなど，日本の医学と細菌学の発展に大きく貢献《こうけん》した。　なお，ウは平塚らいてう(雷鳥)，オは岩崎弥《や》太《た》郎《ろう》，カは鈴木梅太郎にあてはまる。

問3　原敬《たかし》は岩手県出身の政治家で，1918年に平民出身の衆議院議員として初めて内閣総理大臣になった。陸軍・海軍・外務の各大臣以外を立憲政友会の議員がつとめる初の本格的な政党内閣を組織するなど，「平民宰相《さいしょう》」として期待を集めたが，1921年に東京駅で襲撃《しゅうげき》され，暗殺された。

問4　葛飾北斎《かつしかほくさい》は，江戸時代後半に栄えた化政文化を代表する浮世絵《うきよえ》師で，さまざまな場所から見た富士山をえがいた46枚の連作「富嶽《ふがく》三十六景」はその代表作として世界的に知られている。なお，歌川広重は「東海道五十三次」の作者として，喜多川歌麿《きたがわうたまろ》は美人画の名手として知られる浮世絵師で，ともに江戸時代後半に活躍した。雪舟《せっしゅう》は，室町時代に明(中国)に渡り，帰国後，日本風の水《すい》墨画《ぼくが》を大成した画僧である。

問5　『古事記』は，神話の時代から推古天皇までのできごとなどについて稗田阿礼《ひえだのあれ》が暗記していたものを太安万侶《おおのやすまろ》が書きとめてつくられた歴史書で，奈良時代の712年に完成した。720年に完成した歴史書の『日本書紀』と合わせて，「記紀」とよばれる。なお，『万葉集』は現存最古の和歌集，『古今《こきん》和歌集』は最初の勅撰《ちょくせん》和歌集(天皇の命令でつくられた和歌集)で，これらと『新古今和歌集』を合わせて三大和歌集という。『徒然草』は，鎌倉時代に兼好《けんこう》法師(吉田兼好)が著した随筆《ずいひつ》である。

問6　Ａは1053年，Ｂは710年，Ｃは802年，Ｄは752年のできごとなので，年代順にＢ→Ｄ→Ｃ→Ａとなる。

問7　足利義満は室町幕府の第３代将軍になると，室町幕府のしくみを整えるとともに，1392年にはおよそ60年にわたって続いた南北朝の争いをおさめて統一するなど，大きな権力をふるって幕府の全盛期を築いた。将軍職を子の義持にゆずったあとも実権をにぎり続け，15世紀初めには明(中国)と国交を開いて日明貿易を始めた。日明貿易は，正式な貿易船と倭寇《わこう》(日本の武装商人団・海《かい》賊《ぞく》)の船を区別するのに「勘合《かんごう》」という合い札が用いられたことから，勘合貿易ともよばれる。

問8　(1)　徳川吉宗は1716年，紀伊藩(和歌山県)の藩主から江戸幕府の第８代将軍になると，財政再建などを目指して享保《きょうほう》の改革とよばれる幕政改革に取り組んだ。享保の改革では，「四公六民」から「五公五民」への年貢《ねんぐ》率の引き上げや，積極的な新田開発が行われた。また，米価の調整につとめたり，米を差し出す代わりに大名の参勤交代の負担を減らす上げ米の制度を導入したりするなど，米を中心とした経済政策をおし進めた。そのため，徳川吉宗は「米将軍」とよばれた。　(2)　松平定信は1787年に江戸幕府の老中になると，寛政《かんせい》の改革とよばれる幕政改革に取り組んだ。ききんに備えて米をたくわえさせる囲い米の制度や，旗本・御家人が札差《ふださし》からした借金を帳消しにする棄捐令《きえんれい》などの政策を実施したが，厳しい質素倹約《けんやく》政策などが反発を招き，1793年に定信は老中を辞職した。　(3)　江戸幕府の老中田沼意次《おきつぐ》は，工藤平助が著した『赤蝦夷《えぞ》風説考』を参考にしてロシアとの交易を計画し，そのために蝦夷地(北海道)の調査を命じるなど，蝦夷地の開発を進めようとした。なお，天保の改革は老中水野忠邦が1841～43年に行った幕政改革である。　(4)　田沼意次は商業をさかんにして幕府の財政再建を目指したが，わいろが横行するなどして政治が乱れ，幕府の権威《けんい》が弱まった。こうした状態を立て直すため，松平定信は祖父にあたる第８代将軍徳川吉宗の政治を理想として寛政の改革を進めた。しかし，質素倹約や思想・出版の統制などを目指して厳しい取り締《し》まりを行ったため，各身分の反発を招いた。示された歌は江戸時代後半に流行した狂《きょう》歌《か》とよばれる形式のもので，「汚れのない松平定信の政治よりも，汚《よご》れていた田沼の政治のほうがよかった」という気持ちをよんで，寛政の改革を風刺《ふうし》している。この歌では，白河藩(福島県)の藩主だった松平定信が，水のきれいな川を意味する「白河」にたとえられている。

問９　1960年，岸信介《のぶすけ》内閣は日米安全保障条約改正を強行採決したのち，総辞職した。このあとを継《つ》いだ池田勇人《はやと》内閣は，「国民所得倍増計画」とよばれる経済政策をおし進めて高度経済成長を後押しした。池田勇人首相は1964年の東京オリンピック開催《かいさい》を見届けると，体調不良を理由に総辞職し，佐藤栄作内閣がこれを引き継いだ。なお，吉田茂《しげる》は1940年代後半～1950年代に内閣総理大臣をつとめた。

3　経済や税，財政，政治のしくみなどについての問題

問１　一般に，物が多くて余るようなときはその物の価格が下がり，不足するときには価格は上がる。野菜も，とれすぎて売れ残りが出るような状況《じょうきょう》では価格が下がってしまい，農家の利益が減る。そのため，とれた野菜を捨てるなどの調整を行い，価格が下がりすぎないようにすることがある。

問２　**Ａ，Ｂ**　日本国憲法第13条は，個人の尊厳や幸福追求の権利，公共の福祉について規定した条文である。　**Ｃ**　日本国憲法第25条は，「健康で文化的な最低限度の生活を営む権利」として，国民の生存権を保障している。

問３　(1)　消費税は原則としてすべての商品やサービスにかかる税で，2019年に税率が原則10％へと引き上げられたこともえいきょうし，2022(令和４)年の当初予算の税収で最も多くの割合を占《し》めていた。　(2)　消費税であれば，税を負担するのは商品やサービスを購入《こうにゅう》した消費者だが，税を納めるのは企業などになる。このように，税を負担する人と税を納める人が異なる税を，間接税という。　(3)　国債《こくさい》は国の借金にあたるもので，当然返済する義務がある。歳《さい》出を税収だけでまかなえない場合，当面の政策を実施するためには国債を発行して予算を確保する必要があるが，その返済にかかるお金は将来の世代への負担となって残ることになる。国債の発行をおさえれば，そのぶん返済費用(国債費)も少なくて済むが，一方で，歳出を減らすために行政サービスの質や量を下げるようなことも考えられる。また，将来の世代がその政策の恩恵《おんけい》を受けないようであれば，そうした政策のための国債発行は，不公平感や不満を生むことにつながる。

問４　(1)　日本国憲法は第41条で国会の地位を，「国権の最高機関であって，国の唯一《ゆいいつ》の立法機関」と定めている。　(2)　2023年２月時点の参議院の議員定数は248名で，選挙区選挙で148名が，比例代表選挙で100名が選ばれる。　(3)　通常国会は常会ともよばれ，毎年１月に会期150日(１回だけ延長できる)で召集《しょうしゅう》される。通常国会では，おもに次年度の予算が審議《しんぎ》される。

理 科 ＜Ａ日程試験＞（30分）＜満点：60点＞

解 答

1 **問1** **ア** 直進 **イ** くっ折 **ウ** 反射 **問2** **A** ア **B** イ **C** ウ **D** イ **問3** しょう点 **問4** 全反射 **問5** ⑤ 2 **問1** ウ **問2** C，E **問3** ア **問4** （例） 光があたらず，光合成ができなかったから。 **問5** 子葉 **問6** エ **問7** え **問8** え 3 **問1** エ **問2** (1) ウ (2) 1120ｇ (3) 16ｇ **問3** （例） 温度変化がゆるやかで，ゆっくり結しょうを成長させられるから。 **問4** (1) イ (2) ア，エ **問5** ウ **問6** **あ** 重力 **い** 対流 **う** （例） 浮かんでいる **え** （例） ととのう **問7** （例） 重力の有無で食べ物の消化にかかる時間のちがいを確かめる。 4 **問1** **あ** 1.19 **い** 4.19 **う** 8.4 **え** 2000 **お** 2300 **か** 2494 **き** 194 **問2** ウ **問3** **雲量**…2～8 **記号**…① **問4** 10.5分／**図**…解説の図を参照のこと。 **問5** （例） 熱気球よりも小さな量で大きな浮く力を得られる。

解 説

1 光の性質についての問題

問1 **ア** 光は同じ物質の中ではまっすぐに進む性質があり，これを光の直進という。 **イ** 性質の異なる物質の境界面へななめに出入りする光は，境界面で折れ曲がる。これを光のくっ折という。 **ウ** 光は鏡のように表面がなめらかな物体にあたると，はね返って進む向きを変える。これを光の反射という。

問2 **A** 光には直進する性質があるので，さえぎるものにぶつかると，光が来た方向と反対側にかげができる。 **B** 光が水中から空気中へ進むときは，境界面に近づくようにくっ折して進む。この進んできた光を見るので，水が入ったお椀《わん》にしずめたコインは浮《う》き上がって見える。 **C** ビルのガラスに太陽光があたると反射するため，ガラスに太陽が映って見える。 **D** さまざまな色(波長)の光をふくむ太陽光が空気中をただよっている雨つぶに入ると，光は色によってくっ折する角度が異なるため，雨つぶから出てくる光はさまざまな色に分かれる。このようにして七色の虹《にじ》が見られる。

問3 光軸《こうじく》(レンズの中心を通り，レンズの面に垂直な直線)に対して平行に進んでとつレンズに入った光は，とつレンズでくっ折して一点に集まる。この一点をしょう点という。

問4 光が水中から空気中に向かってななめに進むと，光の一部は境界面でくっ折して空気中に出ていき，一部は境界面で反射する。このとき，光の進む向きを境界面に近づけていくと，くっ折して空気中に出ていく光が境界面に近づいていき，ある角度からは空気中に出ていく光はなくなり，すべての光が水中で反射するようになる。この現象を全反射という。

問5 物体の色は，その物体が反射した光の色によって決まる。たとえば，赤い花が赤く見えるのは，花が赤い光を反射して，ほかの色の光は反射せずに吸収しているからである。白色に見える場合，物体はすべての光を反射していて，逆に黒色に見える場合は，物体はすべての光を反射せずに吸収している。光を吸収するほど，物体は温められて温度が上がるので，物体が最も熱くなりやすいのは黒色である。

[2] 植物の種子のつくりと発芽についての問題

問1　ＢとＤを比べると，空気の条件だけが異なっていて，空気があるＢでは発芽したが，空気がないＤでは発芽しなかった。このことから，発芽には空気が必要なのがわかる。

問2　温度だけが異なり，ほかの条件(肥料，空気，光)は同じになっているＣとＥを比べればよい。20℃のＣでは発芽したが，０℃のＥでは発芽しなかったことから，発芽には適当な温度(20℃程度)が必要であることがわかる。

問3　発芽時は，適当な温度，空気，水の３つの条件が必要であるが，発芽後の成長にはそれらに加えて光(日光)が絶対に必要で，さらに肥料がある方がよく育つ。よって，肥料があるＢの方が，肥料がないＡよりも大きく育つ。

問4　発芽後の成長に光(日光)が必要なのは，発芽後の植物が光合成を行って養分をつくり出すためには光が欠かせないからである。したがって，光がないＣは，発芽後に光合成ができないため，かれてしまったと考えられる。

問5　インゲンマメは，発芽のときに子葉を地上に出す。子葉には発芽に必要な養分がたくわえられている。

問6　インゲンマメの子葉は，発芽に必要な養分をたくわえる役割をしているので，発芽し，光合成が行えるようになるころには，役割を終えてしおれてしまう。

問7　図２で,「あ」は発芽後に本葉となる部分(幼芽),「い」はくきになる部分(はい軸),「う」は根になる部分(幼根),「え」は養分をたくわえている子葉,「お」は種皮である。

問8　インゲンマメの子葉は，発芽に必要な養分としておもにデンプンをたくわえている。そのため，図２のインゲンマメの種子にヨウ素液をたらすと,「え」の子葉の部分が反応して青むらさき色に変化する。

[3] もののとけ方についての問題

問1　ミョウバンの結しょうは正八面体のような形をしている。

問2　(1)　水よう液はとけたものが水全体に広がっているから，ビーカー内でこい部分ができたりうすい部分ができたりすることはなく，どの部分も同じこさになっている。　(2)　ミョウバンは，80℃の水100ｇに対して最大320ｇとけるので，80℃の水350ｇには最大，$320\times\frac{350}{100}=1120$(ｇ)とける。　(3)　ミョウバンは，40℃の水100ｇに対して最大24ｇとけるので，40℃の水350ｇには最大，$24\times\frac{350}{100}=84$(ｇ)とける。したがって，入れたミョウバン100ｇのうち，84ｇはとけたままとなるが，100－84＝16(ｇ)はとけきれず，結しょうとなって出てくる。

問3　温度の下がり方が急だと，小さな結しょうがたくさんできてしまう。ビーカーを発ぽうスチロールの箱に入れると，温度の下がり方がゆるやかになり，結しょうを大きく成長させることができる。

問4　(1)　水を入れたので，ミョウバンの水よう液はうすくなる。すると，つるした結しょうの一部がうすくなった水よう液にとける。そして，結しょうのまわりにはこい水よう液ができ，こい水よう液はまわりのうすい水よう液より重いため，下にしずんでいく。こい水よう液とうすい水よう液では光がくっ折する度合いが異なるので，このようすがモヤモヤしたものとして見える。

(2)　アでは，アイスコーヒーにガムシロップがとけこんだときのこさのちがいから，モヤモヤしたものが見える。エでは，地面に熱せられた空気はぼう張して上にのぼっていくが，それはまわりの空気よりうすいため，空気にこい部分とうすい部分ができる。このようすがゆらゆらした陽炎《かげろう》となって見られる。

問５　たとえば，こさがちがう水よう液どうしがふれ合い，こい水よう液からうすい水よう液へとけている物質が移動して，水よう液のこさが均一になっていくようすは，熱の伝導に似ている。また，こさがちがう水よう液どうしがふれ合うと，こい水よう液は重いので下に移動し，うすい水よう液は軽いので上に移動する。これは熱の対流に似ている。しかし，熱の放射は，はなれたものに直接熱が伝わるという伝わり方であり，もののとけ方では見られない現象といえる。

問６　宇宙空間では重力が存在しないため，水よう液のこい部分とうすい部分ができたとしても，水よう液が対流することがない。また，水よう液の中に入れる結しょうは，底に落ちることがなく，水よう液中に浮かんだままになるので，糸でつるさなくてもよい。このことから，重力のある地球でつくるよりも均質で大きな結しょうに成長しやすく，できる結しょうの形はより整ったものになると考えられる。

問７　地球と宇宙の大きなちがいは，重力の有無である。そこで，地球の重力を受けるのを前提にからだのしくみができている地球上の生物が，重力の影響《えいきょう》を受けない宇宙でも，からだのしくみを正常に機能させることができるかを確かめる実験をすることなどが考えられる。実際に，国際宇宙ステーション(ISS)ではこのことに関するさまざまな実験を行っている。なお，ほかのことがらをとり上げても構わない。

４　ガス気球と熱気球についての問題

問１　**あ**，**い**　風船いっぱいに入れたヘリウムガスの重さは，0.17×７＝1.19(ｇ)であり，これに風船自体の重さを足すと，1.19＋３＝4.19(ｇ)になる。　**う**　風船の体積は７Ｌだから，その体積分の空気の重さは，1.2×７＝8.4(ｇ)となる。　**え**，**お**　球皮内の空気が80℃のとき，球皮内の空気の重さは，1.000×2000＝2000(kg)なので，これに搭乗《とうじょう》人員を除いた機体の重量を足すと，2000＋300＝2300(kg)になる。　**か**　球皮に押《お》しのけられた10℃の空気は2000m^3で，その重さは，1.247×2000＝2494(kg)である。　**き**　球皮内の空気と搭乗人員を除いた機体の重量の合計にあたる下向きの力が2300kgであり，それに対して球皮には上向きの力が2494kgはたらくので，下向きの力をあと，2494−2300＝194(kg)増やすことができる。これが搭乗人員の最大重量となる。

問２　気温は，風通しがよい開けた場所で，地上から1.2〜1.5mの高さで測る。また，温度計に直射日光や地面からの照り返しがあたらないようにするため，日かげで測るようにする。

問３　空にしめる雲の割合を雲量という。空全体を10として，０〜１を「快晴」，２〜８を「晴れ」，９〜10を「くもり」という。なお，2019年以降，観測地点の大部分では，気象観測を自動化したのにともない「快晴」と「晴れ」の区別をしなくなった(「晴れ」に統一している)。

問４　まず，離陸《りりく》から着陸までにかかる時間を求める。図５の計画にそって計算すると，１にかかる時間は，200÷50＝４(分)，３にかかる時間は，(200−50)÷100＝1.5(分)，５にかかる時間は，50÷50＝１(分)なので，全部で，４＋３＋1.5＋１＋１＝10.5(分)となる。次に，経路について考える。高さ150m以下では風向が北なので熱気球は南(図４の下方向)に進み，高さ150m以上では風向が西なので熱気球は東(図４の右方向)に進む。１では，高さ150mに達するまでの，150÷50＝３(分)の間は南に，60×３＝180(m)進み，その後の，４−３＝１(分)の間は東に，120×１＝120(m)進む。２では，東に，120×３＝360(m)進む。３では，高さ150mまで下降する，(200−150)

÷100＝0.5(分)の間は東に，120×0.5＝60(m)進み，それから高さ50mまで下降する，1.5－0.5＝1(分)の間は南に，60×1＝60(m)進む。4では，南に，60×1＝60(m)進み，5でも，南に，60×1＝60(m)進む。以上のことから，マス目の1目もりが60mであることに注意すると，右の図のような経路になる。

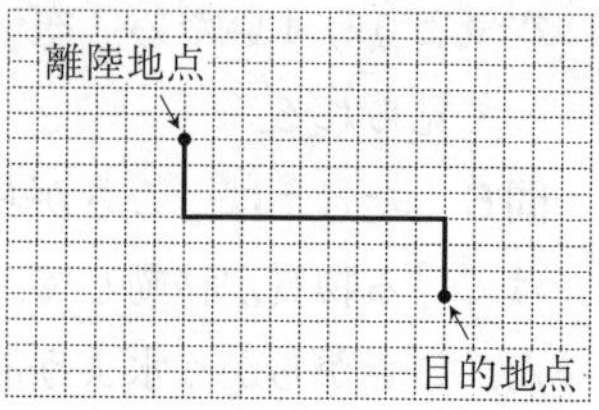

問5　1 m^3＝1000Lより，ヘリウムガス1 m^3の重さは0.17kgに対して，80℃の空気1 m^3の重さは1.000kgである。よって，物体は自分が押しのけた周りの物体の重さの分だけ上向きに力を受けるから，10℃の空気を80℃にあたためた空気の重さよりも，その空気をヘリウムガスに取りかえた重さの方が軽いため，浮く力(上向きの力)が大きく得られると考えられる。

国　語　＜A日程試験＞（50分）＜満点：100点＞

解　答

一 **問1**　A　エ　B　ア　**問2**　Ⅰ　並ぶ　Ⅱ　身体　Ⅲ　気持ち　**問3**　対峙しあう　**問4**　(例)　一緒に歩く人に合わせて，自らの行動を選択しようとすること。　**問5**　イ　**問6**　(例)　相手の自由をほどよく制約しあうことで，自由を担う責任の一端から解放し，人を楽な気持ちにさせる関わり。　**問7**　な感じがする。　**問8**　ウ　二 **問1**　(その日は)新垣夕子の誕生日だから。　**問2**　エ　**問3**　(例)　明神と渡部は，自分を本当の友達だと思っていたのかということ。　**問4**　ウ　**問5**　イ　**問6**　(例)　二人の歌声を録音することで，いつでも三人でコーラスができ，新垣夕子が寂しがらずにすむ，という思い。　**問7**　ア　**問8**　エ　三 **問1**　下記を参照のこと。　**問2**　A　イ　B　ア　**問3**　Ⅰ　酸素や栄養分　Ⅱ　生活資源　**問4**　海の生態系と人々の生活　**問5**　エ　**問6**　(例)　水質汚染を防ぐために地域住民で月に一度海の清掃を行いながら，サンゴ礁のある水域にどのようなゴミが流れていることが多いかを調査し，ゴミ捨てのルールを定期的に修正して，観光客にもそのルールを周知する。　四 **問1**　1　終　2　夜　3　満　4　来　5　借　**問2**　1　くださった　2　めしあがる　3　いらっしゃいます　4　うかがい　5　はいけんする

●漢字の書き取り

三 **問1**　a　熱帯　b　対策

解　説

一 **出典は岡田美智男《おかだみちお》の『〈弱いロボット〉の思考―わたし・身体・コミュニケーション』による。**人間と並んで歩くことで，互《たが》いに適応し合い，理解し合えるロボットについて説明されている。

問1　A　直後の「いつの間にかお互いの歩調もあってくる」に注目する。一定の時間にわたって散歩が続いていると考えられるので，「しばらく」が入る。　B　文末が「考えていたことがある」となっているので，過去の経験などを表す「かつて」が入ると考えられる。

問2　Ⅰ　「テニスボールを打ちあう」場面の例から，「伝えようとしなくとも，結果として伝わってしまう」のは，「並ぶ関係」だとわかる。　Ⅱ，Ⅲ　「この〈並ぶ関係〉におけるコミュニケー

ションの様相について考えてみよう」の後に続く内容から，「伝えようとしなくとも，結果として伝わってしまう」ことのしくみを読み取る。誰《だれ》かと一緒《いっしょ》に散歩するときのように「並ぶ関係」で接していると，「お互いの身体の状態」が感じ取れるようになり，さらに互いの「気持ち」がわかるようになると述べられている。

問3　並んで一緒に散歩をしたり，テニスで一緒に「ボールのスピードを調整」し合ったりする場合，相手のことを考えるので「お互いは並んでいる」といえるが，一般には「テニスボールを打ちあう」ときや「雑踏《ざっとう》ですれちがう」ときなどは，互いに向き合った状態にあると考えられる。つまり，相手と「対峙《たいじ》しあうような関係」にあるといえる。

問4　「一緒に並んで歩くだけの〈マコのて〉とは，どのようなものか」の後に注目する。「ただ一緒に並んで歩くロボット」は，「並んで歩く」だけで，「どちらに歩いていくのか」や「どのようなスピードで歩くのか」，「障害物に対して，どちらに避《さ》けるのか」といったことを，「一緒に歩く人」や「そのときの状況に合わせて，動的に行動選択《せんたく》をおこなう」のである。

問5　「自他非分離な状態」とは，「相互適応」により，「自分と相手の行動パターンが相互に近づいて」きて，「どちらがオリジナルなのか」がわからなくなるくらい，行動のパターンが一つになった状態を指している。

問6　「つかず離れず」とは，二つの物事が近づきすぎず，また離れすぎもせずに，一定の距離を保って関係を続けるさま。「一人で居るととても自由」ではあるが，可能性がありすぎて疲れてしまうこともある。そのようなときに，一定の距離を保っている「ほどよく制約しあう相手」がいると，「お互いのなかで膨《ふく》らんだ自由度」が軽減され，「相手の行動の責任の一端《いったん》」を担うことができるようになるため，互いに楽な気持ちになれると，直前の段落で述べられている。

問7　戻す文にある「そんな感覚」にあたる内容が書かれている段落を見つける。〈マコのて〉をつくるにあたって「人とロボットとのあいだ」に作りだしたいと思った「感覚」とは，「一緒に歩く」ことで，「相手の気持ちがなんとなく伝わって」きたり，「自分の気持ちも相手に伝わって」いたりするような「感じ」だと考えられる。

問8　「ただ一緒に並んで歩くロボット」は，人間のために「○○してくれるロボット」ではなく，「自分を相手に合わせる，と同時に，相手も自分に合わせよう」とする「相互適応」によって，「並ぶ関係」におけるコミュニケーションを実現させようとして生み出されたものである。よって，ウの内容が合う。

二　**出典は柊《ひいらぎ》サナカの『天国からの宅配便』による。**一人で暮らしている新垣《あらがき》のもとに宅配便によって届けられたのは，亡《な》くなったはずの二人の友人からの贈《おく》り物であった。

問1　最後の場面で，「その日」に届けられたカセットテープに，「お誕生日おめでとう！」というテンコちゃんとカナちゃんの声が録音されていたことから考える。二人からのメッセージを聞いて，新垣は「今日が誕生日であった」と気づいたのである。

問2　A　「もらったビラ」を，見もせずに「丸めて」いるので，物の形を無造作にくずすさまを表す「ぐしゃぐしゃ」が入る。　B　直後に「怒《いか》りが込《こ》み上げてくる」とあるので，感情がわきあがってくるさまを表す「ふつふつ」が入る。　C　死んだテンコちゃんとカナちゃんからの「遺品」が届いたという現実を理解できない新垣が，「七星《ななほし》」の顔を見ているので，じっと見つめるさまを表す「まじまじ」が入る。

問３　少し後に，新垣が「わたしたちは，本当の友達《だち》だったの」と問いかけていることから考える。新垣は，テンコちゃんとカナちゃんに，自分のことを「本当の友達」だと思っていたのかどうかをたずねたいと思っている。

問４　連名で書かれた伝票の送り主のところには，「見覚えのある」ふたりの「筆跡《ひっせき》」で文字が書かれていた。

問５　新垣は，「明神《みょうじん》さんと，渡部《わたべ》さんからのお届け物」と聞いても，「まさか，そんなはずは」と思い，信じられなかったが，「見覚えのある筆跡」で書かれた伝票を見て，「何が起こっているのか」が自分でもわからなくなるほど，おどろいて，力が抜《ぬ》けてしまったのである。

問６　二人からのメッセージに「まさかまさか，メソメソしてないわよね？」とあることに着目して考える。テンコちゃんとカナちゃんの体調は，録音したときには「かなりきつかった」状態にあったとも思われるが，「寂《さび》しがり屋」の新垣が，「たったひとりになっても寂しくないように」という思いをこめて，そして「三人で，もう一度歌えるように」，カセットテープで歌声を贈ってくれたのである。

問７　テンコちゃんとカナちゃんからのメッセージには，「三人で歌ったこと」が「一番の思い出」とある。新垣を中心として，三人で歌った思い出が，何よりも大切なプレゼントだったと考えられる。

問８　テープから流れる「鱒《ます》」のメロディーを聴いた新垣が，自分が「いつしか森の中にいて，冷たい流れにふくらはぎまで浸《つ》からせ」ているように感じている場面があるので，エが合う。

三　サンゴ礁《しょう》の大切さやサンゴ礁の白化について説明されている文章

問１　ａ　赤道を中心として南北の回帰線にはさまれた地帯。「熱帯林」は，熱帯に発達する森林帯のこと。　　ｂ　事件の状況《じょうきょう》などに対応するための手段や方法。

問２　Ａ　自然におけるサンゴ礁の役割やサンゴ礁が「観光業を支えて」いることなどの説明に加えて，サンゴ礁が「防波堤《てい》としての役割」も果たしていることが述べられている。よって，あることがらに次のことがらをつけ加える働きの「また」が入る。　　Ｂ　「サンゴ礁への観光客の立ち入りを禁止にするのはどうでしょうか」という提案の後に，「観光業」が「損害をこうむって」しまうという立ち入り禁止によって生じる不都合な内容が述べられている。よって，前のことがらを受けて，それに反する内容を述べるときに用いる「しかし」が入る。

問３　Ⅰ　サンゴ礁は，内部の光合成によって「酸素や栄養分」を作り出して海の生態系を支えている。　　Ⅱ　また，色とりどりのサンゴ礁は，人気の観光スポットにもなっているので，「人々の生活資源」にもなっている。

問４　問３でみたように，サンゴ礁は海の生態系を支えたり，観光スポットとして観光業を支えたりしている。また，津波から人々を守るという役割もある。つまり，サンゴ礁は，「海の生態系と人々の生活」の両方を守っているといえる。

問５　第一段落で，サンゴ礁の「大規模な白化」のさいに「魚の種類や数が減少」したと述べられているので，エが合う。

問６　第三段落に，サンゴ礁の死滅の原因が二つに分けて述べられている。一つは「海水温上昇《じょうしょう》やヒトデによるサンゴの食い荒《あ》らし被害」といった「自然が要因」となるもので，もう一つは「漁師や観光客によるサンゴの損傷」や「森林伐採《ばっさい》による海への土砂《どしゃ》流入」や「生活用水やゴミによる水質汚染《おせん》」といった「人が要因」となるものである。このうち地域の人々が中心になって行えることとしては，「人が要因」となっているものについての対策が考えられる。たとえば，サンゴ礁を傷つけないように人々に注意喚起《かんき》すること，海を汚さないようにする具体的な方策について考えること，計画的に森林伐採を行うことなどが考えられる。

四　熟語の完成，敬語の知識

問1　**1**　「始終」は，始めから終わりまでのこと。　**2**　「昼夜」は，昼と夜のこと。　**3**　「干満」は，潮の満ちひき。　**4**　「往来」は，行ったり来たりすること。　**5**　「貸借《たいしゃく》」は，貸すことと借りること。

問2　**1**　「校長先生」が，「くれた」という動作の主体なので，尊敬表現の「くださった」とするのが正しい。　**2**　「先生」が，「食べる」という動作の主体なので，尊敬表現の「めしあがる」とするのが正しい。　**3**　「お客様」に対して，質問する側が敬意を示さなければならないので，丁寧表現の「ございます」ではなく，尊敬表現の「いらっしゃいます」とするのが正しい。　**4**　「先生」に対して，話を聞いた側の人がへりくだらなければならないので，謙譲《けんじょう》表現の「うかがい」とするのが正しい。　**5**　「先生」に対して，手紙を見た側の人がへりくだらなければならないので，謙譲表現の「はいけんする」とするのが正しい。

Dr.福井の入試に勝つ！脳とからだのウルトラ科学

右の脳は10倍以上も覚えられる！

手や足，目，耳に左右があるように，脳にも左右がある。脳の左側，つまり左脳は，文字を読み書きしたり計算したりするときに働く。つまり，みんなはおもに左脳で勉強していることになる。一方，右側の脳，つまり右脳は，音楽を聞き取ったり写真や絵を見分けたりする。

となると，受験勉強に右脳は必要なさそうだが，そんなことはない。実は，右脳は左脳の10倍以上も暗記できるんだ。これを利用しない手はない！　つまり，必要なことがらを写真や絵などで覚えてしまおうというわけだ。

この右脳を活用した勉強法は，図版が数多く登場する社会と理科の勉強のときに大いに有効だ。たとえば，歴史の史料集には写真や絵などがたくさん載っていて，しかもそれらは試験に出やすいものばかりだから，これを利用する。やり方は簡単。「ふ～ん，これが○○か…」と考えながら，載っている図版を５秒間じーっと見つめる。すると，言葉は左脳に，図版は右脳のちょうど同じ部分に，ワンセットで記憶される。もし，左脳が言葉を忘れてしまっていたとしても，右脳で覚えた図版が言葉を思い出す手がかりとなる。

また，項目を色でぬり分け，右脳に色のイメージを持たせながら覚える方法もある。たとえば江戸時代の三大改革の内容を覚えるとき，享保の改革は赤，寛政の改革は緑，天保の改革は黄色というふうに色を決め，チェックペンでぬり分けて覚える。すると，「“目安箱”は赤色でぬったから享保の改革」というように思い出すことができ，混同しにくくなる。ほかに三権分立の関係，生物の種類分け，季節と星座など，分類されたことがらを覚えるときもピッタリな方法といえるだろう。

Dr.福井（福井《ふくい》一成《かずしげ》）…医学博士。開成中・高から東大・文Ⅱに入学後，再受験して翌年東大・理Ⅲに合格。同大医学部卒。さまざまな勉強法や脳科学に関する著書多数。

2023 年度　山脇学園中学校

〈編集部注：この試験は，算数・国語のいずれかを選択します。〉

【算　数】〈国・算１科午後試験〉（60分）〈満点：100点〉

(1)　次の $\square$ にあてはまる数を求めなさい。

$$\left(8.5-1\frac{3}{8}\times4.8\right)\div7\frac{3}{5}=\square$$

(2)　次の $\square$ にあてはまる数を求めなさい。

$$2\times\left(1.85-\frac{3}{5}\right)\times\frac{8}{\square}-\frac{5}{12}\div1.25=1$$

(3)　次の $\square$ にあてはまる数を求めなさい。

$$\frac{1}{5\times6\times7}+\frac{1}{6\times7\times8}+\frac{1}{7\times8\times9}+\frac{1}{8\times9\times10}=\square$$

(4)　$\frac{3}{8}$ 以上 $\frac{4}{9}$ 以下であり，分子が 24 のこれ以上約分できない分数は全部で何個ありますか。

(5)　スイスのお金の単位はフラン，韓国《かんこく》のお金の単位はウォンといいます。1 フラン ＝ 142 円，1 ウォン ＝ 0.11円とするとき，44 フランは何ウォンになりますか。

(6)　4 %の食塩水 300 g に 30 g の食塩を加えてよくかき混ぜた食塩水 A に，さらに食塩水 B 450 g を加えてよくかき混ぜたところ，10 %の食塩水になりました。食塩水 B のこさは何 %ですか。

(7)　ある商品に 25 %の利益を見こんで定価をつけましたが，売れないので定価の 1 割引きで売ったところ，利益は 80 円となりました。商品の原価は何円ですか。

(8)　異なる 3 つの品物の値段はそれぞれ A 円，B 円，C 円で，値段の比は A : B ＝ 4 : 5，B : C ＝ 3 : 2 です。3 つの品物の値段の平均が 370 円のとき，1 番高い品物は何円ですか。

(9) X 商店では，はじめに 400 円はらって会員になると，すべての商品を定価の 15 %引きで買うことができます。このお店で会員になり，定価 300 円の商品 2 個と定価 500 円の商品をいくつか買います。定価 500 円の商品を何個以上買うと，会員にならないときより得になりますか。

(10) 兄と弟がじゃんけんをして，勝つと 3 点，負けると 0 点，あいこのときは 2 人とも 2 点得るというルールでゲームをしました。全部で 15 回じゃんけんをしたところ，兄の得点は 18 点，弟の得点は 33 点でした。あいこになったのは何回ですか。

(11) 兄が 4 歩走る間に弟は 5 歩走ることができます。また，兄が 3 歩で進むきょりを弟は 5 歩で進むことができます。弟が 12 分で走るきょりを兄は何分で走ることができますか。

(12) A だけで行うと 12 日，B だけで行うと 18 日かかる作業があります。はじめの 3 日間は A だけで行い，次の 4 日間は A と B の 2 人で行い，残りを B だけで行いました。すべての作業を終わったのは，作業をはじめてから何日目ですか。

(13) 東京が 2 月 1 日の午前 7 時のとき，ペルーは 1 月 31 日の午後 5 時です。東京の時刻で 2 月 1 日の午後 8 時に東京を出発しペルーに向かったところ，ペルーに着いたときの現地の時刻は 2 月 2 日の午前 5 時 10 分でした。このとき，移動にかかった時間は，何時間何分ですか。

(14) 図のように点 O を中心とする周の長さが 10 cm と 15 cm の 2 つの円があります。点 P は A を，点 Q は B を同時に出発して，それぞれ毎秒 1 cm の速さでともに矢印の方向に円周上を動きます。はじめて 2 点 P，Q のきょりがもっとも長くなるのは出発してから何秒後ですか。

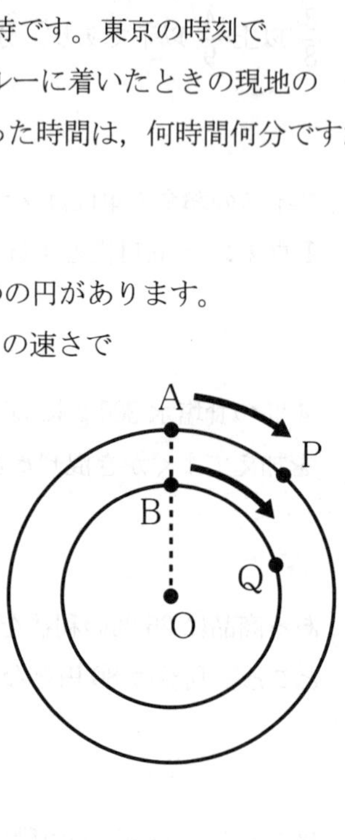

(15)　図の四角形 ABCD は平行四辺形です。
角アの大きさは何度ですか。

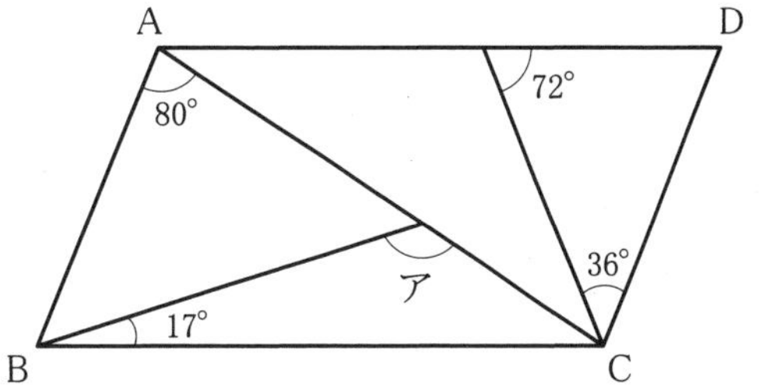

(16)　図は，犬が 4 m のひもで，へいの A 点につながれているところを，上から見たものです。犬が動き回ることができる部分の面積は何 m^2 ですか。ただし，円周率は 3.14 とします。

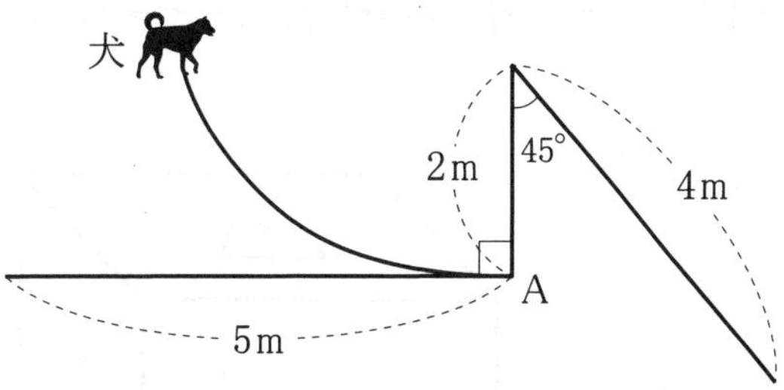

(17)　図は，1 辺の長さが 18 cm の正方形の紙を，AB を折り目として折り返したものです。
斜線《しゃせん》部分の面積と三角形 ABC の面積の比が 10 : 3 であるとき，BC の長さは何 cm ですか。

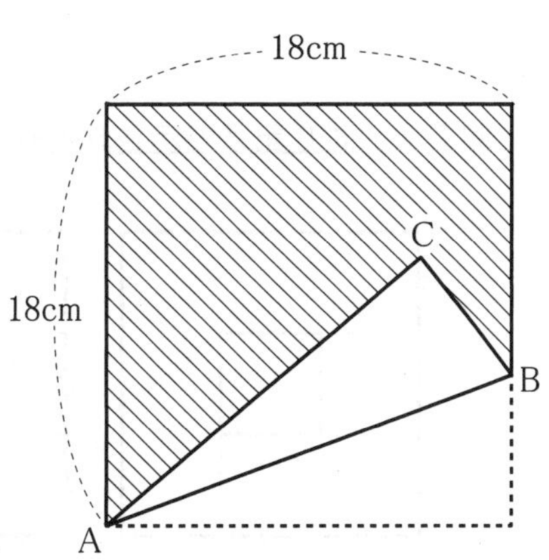

(18)　図の三角形 ADE の面積が 15 cm^2 のとき，BE の長さは 何 cm ですか。

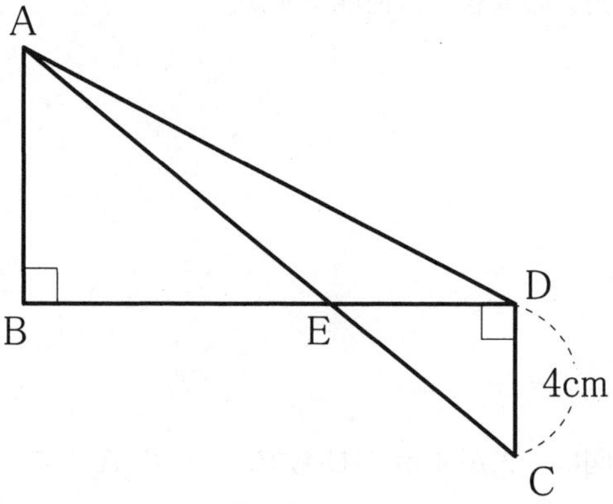

(19)　図１のように，１辺 12 cm の立方体から円，三角形，四角形の形を各面に垂直に反対側までくりぬいて，立体をつくります。できた立体をそれぞれの方向から見ると，図２のようになりました。この立体の体積は何 cm^3 ですか。ただし，円周率は 3.14 とします。

図１

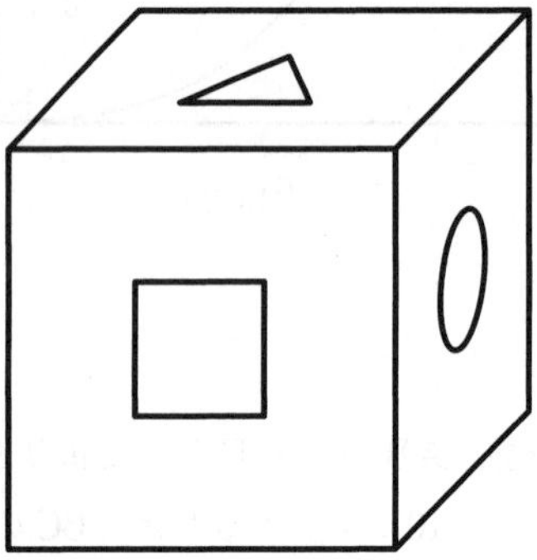

図２　<u>同じ記号で示される長さはすべて等しいものとします。</u>

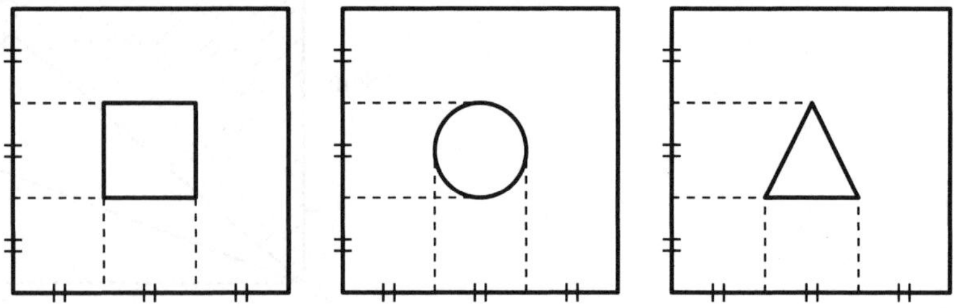

真正面から見た図　真横から見た図　真上から見た図

(20)　1から50までの番号が1つずつ書かれた50個の球があります。
スタートの穴から，1番から50番までの球が番号順に出て，レールの上を転がってきます。
レールの上から球がなくなったあとで，次の球が出てきます。
Aさん，Bさん，Cさんの3人は，レールの前に並び，転がってきた球を次のルールにしたがって取ることにします。

○　Aさんは，目の前のレールを転がってきた球にかかれた番号が2で割り切れるとき，その球を取ります。

○　Bさんは，目の前のレールを転がってきた球にかかれた番号が3で割り切れるとき，その球を取ります。

○　Cさんは，目の前のレールを転がってきた球にかかれた番号が5で割り切れるとき，その球を取ります。

○　取られなかった球は，レールの先にある箱に入ります。

この問題では「求め方」も記述すること。

①　スタートの穴に近い方からAさん，Bさん，Cさんの順に並んだとき，Cさんが取った球は全部で何個ですか。

②　ある順で並んだところ，Aさんが20番の球を取り，Bさんが30番の球を取りました。このとき，Aさんが取った球は全部で何個ですか。

③　ある順で並んだところ，箱に7個目の球が入るまでに，Aさんは9個の球を取っていました。このときまでに，Bさんが取っていた球の番号をすべて答えなさい。

察せなかった自分に気付いたため。

問七　C ～ E に入る言葉として適当なものを、それぞれ次のア～ウから選びなさい。（同じ記号は二度使用しないこと）

ア　足を止めた

イ　まっすぐにわたしを見た

ウ　表情が少しやわらかくなった

問八　――線⑤「あぁ、いつもの坂巻さんだ」とありますが、このときの「わたし」についての説明として最も適当なものを、次のア～エから選びなさい。

ア　自分と他のクラスメイトへの接し方の違《ちが》いから、坂巻さんにとって自分との関係が特別であることを感じている。

イ　互いの思いを言葉にして伝えあったことで、かたくなっていた坂巻さんの気持ちが緩《ゆる》んだように感じてうれしく思っている。

ウ　先ほどまではおとなしかった坂巻さんの態度の変化に対しておどろきながらも、その立ち直りの早さに感心している。

エ　普《ふ》段通りの大きな声を張り上げる坂巻さんの姿に、普段の威《い》勢の良さを見いだして頼《たの》もしく感じている。

問九　本文についての説明として適当なものを、次のア～オから二つ選びなさい。

ア　麻里子先生の立ち居振《ふ》る舞《ま》いに目を向ける「わたし」の描《びょう》写から、「わたし」が先生に憧れを抱いていることがうかがえる。

イ　「わたし」の目から語られる相手の表情や仕草によって、その人柄《がら》や気持ちの変化まで詳《しょう》細に読み取ることができる。

ウ　胸に抱《かか》えている思いを自分に相談しない「わたし」を心配した母は、「ことば」にすることの大切さを「わたし」に説いた。

エ　「わたし」は、麻里子先生の言葉で自分のあやまちに気付き、母の言葉もあって、自分から坂巻さんに声をかけることができた。

オ　母は、普段はきちんとしているが、休日はそうではない面や弱さも娘に見せたり語ったりしつつ、「わたし」と接している。

「絶対受かるよ。合格する、町田さんなら絶対！　あたし舞台観《み》に行くから」

あんまり必死にいうから、わたしはうっかり笑ってしまった。

「ごめん、うん、観に来て」

そういったとき、バタバタバタと足音がした。「うりゃ」「まて！」と体操服袋《ぶくろ》をふりまわしながら、注7滝《たき》島と細川さんが、わたしたちの横をかすめるように駆《か》けぬけていった。

「ちょっと！　あぶないでしょ！」

坂巻さんが、細川さんたちの背中に向かってどなった。

⑤あぁ、いつもの坂巻さんだ。

【いとうみく『ちいさな宇宙の扉のまえで』】

（一部内容を省略しました）

注1　ママになにかを期待して…母親に対し、仕事より自分を見てほしいという思いを口にしたり、話を聞いてほしいと感じたりするようになったことを指す。

注2　かぶり…頭。

注3　ストイック…自らを厳しく律する様子。

注4　ルーティーン…規則的にくり返される行動や手続き。

注5　ママは、ちょっとわかる気がしたよ…テレビで放送していた事件の犯人の心情に対する言葉。

注6　勘ぐりたくなる…「勘ぐる」は、疑うこと。

注7　滝島と細川さん…「わたし」や坂巻さんのクラスメイトの男子と女子。

問一　〰〰線a「ミレン」、b「アタタ」、c「イワ」のカタカナを、それぞれ漢字に直しなさい。

問二　――線①「わたしはそういう人間じゃない。そう思っていた」とありますが、「わたし」がこのように感じるのは自分のどのような変化に対してですか。八十字以内で説明しなさい。

問三　――線②「いいえとかぶりをふった」とありますが、このときの「わたし」についての説明として最も適当なものを、次のア～エから選びなさい。

ア　麻里子先生から思いもかけない考え方を示されて、動揺《よう》しつつもその言葉の意味を深く考えている。

イ　麻里子先生の言葉に内心では強い不満を感じているが、言い返すことができずにもどかしく思っている。

ウ　麻里子先生の言葉は理解したが、自分はそうではないと信じているので話を切り上げようと思っている。

エ　麻里子先生の言うことは分かるが、自分はそうしてはならないと感じ、言いかけた思いを胸のうちにしまっている。

問四　[A]・[B]に入る言葉の組み合わせとして最も適当なものを、次のア～エから選びなさい。

ア　A　特別　B　一番がある

イ　A　凡《ぼん》人　B　一番がある

ウ　A　特別　B　一番がない

エ　A　凡人　B　一番がない

問五　――線③「野球ばか」とありますが、麻里子先生はこの言葉を持ち出すことで「わたし」にどのようなことを伝えようとしていると考えられますか。五十字以内で説明しなさい。

問六　――線④「わたし、人が考えてることなんてぜんぜんわからない」とありますが、「わたし」がこのように発言した理由について説明した次の文の[1]・[2]に当てはまる言葉を、それぞれ指定の字数で本文中からぬき出しなさい。

＊　母親の話を聞くまで、[1(五字以内)]が、[2(十八字)]を抱《いだ》いていたかもしれないということを

けど、聞いているうちにだんだん自分だけ蚊帳《かや》の外、取り残されちゃう気がしてね。みんなが帰ったあと泣いちゃった」

　ママはわたしを産んだことを後悔《かい》したってこと？　それって娘《むすめ》にいうことじゃ……。

　わたしがだまっていると、ママは「やだ」と笑った。

「子育ては楽しかったのよ。みんなママのことをうらやましがってたし、ママも幸せだった」

「ならなんで？」

「贅沢《ぜいたく》、とはちがうな。うまくいえないけど、そうね、やっぱり置いていかれるんじゃないかっていう焦り。それから仕事に復帰したときに、自分の居場所があるんだろうかっていう不安かな。人ってそんなに強くないから、確かめたくなるの。自分は必要とされているかとか、愛されているかって。気持ちが弱いときほど強烈《れつ》にね」

　ふっと坂巻さんの顔が浮《う》かんだ。

　でもそれならどうすればよかったんだろう。友だちを不安にさせないために、わたしはオーディションをあきらめればよかった？　ムリ。そんなことをしたら、わたしは一生後悔する。後悔して、うまくいかなくなったとき、坂巻さんのせいにしてしまう。そんな友だち関係になんてなりたくないし、なにより、わたしはそんな自分になりたくない。選ぶのも、決めるのもわたしだ。

「④わたし、人が考えてることなんてぜんぜんわからない」

「あたりまえじゃない」

　ママはおかしそうに笑った。

「だから、ことばにしなきゃ」

「ことば」

「そうよ。お互《たが》いにね」

　ママはぽん、とわたしの頭に手をあてて「よし」と立ちあがった。

「ママはもう一《ひと》寝入りしてくるね」

　月曜日。いつもの角のところに坂巻さんがいた。約束をしているわけじゃないけれど、三年生のときに同じクラスになってから、坂巻さんはここでわたしを待っている。「おはよう」と声をかけると、坂巻さんはほっとしたように「おはよう」と、わたしのとなりに並んだ。

「町田さん、金曜日はごめんね。あたしあんなこと思ってないのに」

　歩きながらわたしが顔を向けると、坂巻さんはすっと視線をさげた。

「坂巻さんは応援《えん》してくれてるって、わかってるから」

「ほんと!?」

「あらためていわれると、逆に注６勘《かん》ぐりたくなる」

「え、ちがうちがう本当にちがうから」

　わかってる、と笑うと、坂巻さんも［　C　］。

「あやまらなきゃいけないのは、わたしでしょ」

「町田さんが？」

「修学旅行」

　あ、と口を動かして、坂巻さんは数度かぶりを横にふった。

「わたし、修学旅行に行きたくないわけじゃないよ。みんなと行けば楽しいと思うし。あとで修学旅行に行けばよかったって後悔するかもしれないし」

　坂巻さんはだまってわたしの話を聞いている。

「ドイツのバレエスクールとの合同公演会があるの、そのオーディション。受かったとしても大した役じゃないってわかってる」

「ドイツ？」

　そう、とうなずくと、坂巻さんは［　D　］。

「わたし、どんな役でも舞《ぶ》台に立ちたい」

　町田さん……と、坂巻さんは［　E　］。

麻里子先生は、そうそうとうなずいて、もう一つ、と人さし指を立てた。

「それしか知らない、その世界しか知らないっていう意味で使われる場合もあるの。ばかっていうのはいい過ぎだと思うけど、ある意味あたってるよね。たとえばさ、子どもがすごく野球うまかったとするでしょ。そうすると、親も周りも期待するじゃない。末はプロ野球選手か大リーガーかなんてね」

と、目じりをさげた。

「そうなると勉強ができなくても、自己中心的で周りが引いていても、この子には野球があるから、特別なものがあるから、って放置しちゃう。野球だけやっていればいいんだ、みたいにね」

麻里子先生は、すっと真顔にもどった。

「良子ちゃんには、そうなってもらいたくないな。べつに注3ストイックに一つのこと極《きわ》めていくことを否定しているわけじゃないのよ。そういうことが必要な時期もあると思う。けど、良子ちゃんは小学生だよ。いまから捨てるクセをつけちゃダメ」

そういって麻里子先生は、ムダのない動きで立ちあがった。

「……修学旅行に行ったほうがいいっていうことですか？」

わたしがいうと、麻里子先生はにこっとした。

「もっとあがいてみたら？　ってこと」

エントリーはちゃんとしておくから、と麻里子先生はスタジオをあとにした。

あがく。あがくってなにを、どうやって……。

日曜の朝、いつもの通り五時半に起きてランニングに出た。商店街をぬけて、落合川まで行き、川沿いの土手を走る。日中は真夏並みの暑さだけど、この時間はまだ風が気持ちいい。（中略）わたしはそのまま走って、坂間《さかま》橋の手前から土手をおりる。注4ルーティーン通り、四丁目公園でストレッチをしてマンションまでもどった。

「ただいま」

ママの部屋を開けると、ひんやりとした空気がこぼれた。エアコンの表示を見ると二十四度。ママは布団《とん》にくるまって、まだ眠《ねむ》っている。平日は朝ランから帰る頃《ころ》には、もう朝食の用意ができていて、ママは仕事に行く支度《たく》をすませて新聞二紙に目を通しているけれど、休みの日はたいてい、十時過ぎまで眠っている。

「冷え過ぎはよくないよ」

サイドテーブルの上に置いてあるリモコンで、設定温度を二十七度に変えた。

ぬるめのお湯でシャワーを浴びてからリビングにもどると、キッチンにママがいた。ぼさぼさの髪に黒縁《ぶち》のメガネをかけて、完全にオフモードだけど。

「もう起きたの？」

「水を飲みにね。もう少し寝《ね》ようかな」

うん、といってわたしは髪を拭《ふ》きながらテレビをつけた。

「あ、この事件」

チャンネルを変えようとしていたら、ママがテレビに目をやりながらこっちに来た。

「注5ママは、ちょっとわかる気がしたよ」

やめてよ、とわたしが顔をしかめると、ママは苦笑《しょう》した。

「でも、あるんじゃないかな、だれにでも。自分だけ取り残されてしまうような不安を感じて、焦《あせ》ったりさみしくなることって」

「そうかな」

「ママはあったよ。育休中に同僚《りょう》が何人かでおｃイワいに来てくれたときがそうだったな。みんな会社のことをいろいろ話してくれたんだ

バレエはわたしを強くしてくれる。わたしをわたしらしく生きさせてくれる。わたしにとって、信じられるただ一つのものだった。ずっとずっと。

いつからだろう。友だちの存在がわたしのなかでほんの少しふくらんで、注1ママになにかを期待して、やってみたいことがぽつぽつと目の前にちらついて。

大切なものが増えたぶん、わたしは弱くなった。

ふっと息をついて、バッグのなかのエントリーシートを確認し、ゴムで髪《かみ》を結《ゆ》わき直して部屋を出た。

「良子ちゃん、ちょっといい？」

レッスンが終わったあと、麻里子《まりこ》先生に呼び止められた。

「オーディションの申し込《こ》みなら」

「うん、周子先生からさっき預かったよ」

はい、とうなずくと、麻里子先生は「座《すわ》らない？」と、スタジオの隅《すみ》に腰《こし》をおろした。片膝《ひざ》を立てて、もう片方の足は足先を反対側の足の腿《もも》裏につける。背筋はピンと伸《の》びたままだ。

麻里子先生は座り姿もきれい。わたしは両膝を立ててその足に両手をまわした。

つぎの時間は大人のレッスンで、もう数人がスタジオのなかを走ったり、エアー縄跳《なわと》びをしてウォーミングアップをはじめている。そうしてからだをbアタタめてから、ストレッチをするのがレッスンまえの流れだ。

「修学旅行、行かなくていいの？」

「えっ？」

わたしが小さく声を漏《も》らすと、麻里子先生は目じりをさげた。

「重なってるんだって？　修学旅行」

まあ、とことばを濁《にご》らせた。

「でもめずらしいね、良子ちゃんが迷うって。あぁ、誤解しないでね、わたしは迷って当然だと思うよ。そういうことじゃなくて。うん、良子ちゃんがどっちを選ぶか、悩《なや》めるようになったことって、わたしはすてきなことだと思ってるの」

「すてき、ですか」

うん、すてき。と麻里子先生は顔をくしゃっとさせた。

「迷ったり悩んだりできるって、それだけ良子ちゃんにとって大切なものがあるってことだからね」

「でも」

ん？　と首をかしげる麻里子先生に、②いいえと注2かぶりをふった。

でも、大切なものをすべて手に入れるなんて都合のいいことは、できっこない。あれもこれもと手を伸ばしたら、きっと一番大切なものを失う。だから、一番大切なものを手放したくなかったら、欲張ってはいけない。

あれもこれも手に入れることができるのは、本当の天才と、一番をもっていない器用な人だけ。

わたしは［A］だから。［B］から。だからほかのことは望んじゃいけない。

……わかっていたはずなのに、どうしてあんなに迷ったんだろう。

「③野球ばか」

へっ？　と顔をあげた。

「野球ばかとかサッカーばかっていうじゃない？　あれってどんな意味か知ってるよね」

「野球とか、サッカーに熱中しているとか、打ちこんでいる人のことですよね」

問六　X　に当てはまる言葉を、本文中から七字以内でぬき出しなさい。

問七　――線④「天文学者と小さな少年」の例でデューイはどのようなことを示そうとしているのですか。最も適当なものを、次のア～エから選びなさい。

ア　知識を持つ者も、知識を持たない者も、経験を通して学ぶという点は同じであるということ。

イ　知識を持つ者ほど、自分の経験を通して、より深い知識を身につけようとするということ。

ウ　知識を持つ者は、知識を持たない者のように純粋《すい》な気持ちで物事を経験できないということ。

エ　知識を持つ者と知識を持たない者とでは、同じ物事に対する見方が全く異なるということ。

問八　――線⑤「知識の関係する先は未来すなわち前途なのである」とありますが、デューイが挙げている医者の例で「前途」に当たるものは何ですか。「～ということ。」に続くように、本文中から三十字以内でぬき出し、最初と最後の三字を答えなさい。

問九　＝＝線「学校の知の意義」について、筆者は「学校の知」をどのようなものだと考えていますか。次の(1)～(3)の条件を全て満たすように説明しなさい。

(1)　本文全体の内容をふまえること。

(2)　「世界」という言葉と「経験」という言葉を必ずふくむこと。

(3)　七十字以上九十字以内で答えること。

二

次の文章を読んで、後の問いに答えなさい。

　小学六年生の「わたし(町田良子)」は、習い事のバレエのオーディションと学校の修学旅行の日程が重なってしまい、学校での班決めの時間に旅行に参加しないことをクラスメイトに告げた。すると、友達の坂巻さんが「行くのやめたって選ばれるかわからないのに」と発言するなど、教室が気まずい空気になってしまった。

　葡萄《ぶどう》色のレオタードとタイツ、それからオーディションのエントリーシートをレッスンバッグに入れた。迷ったけど、ぎりぎりのところでわたしはオーディションを選んだ。どちらかに決めてさえしまえば、もう気持ちはゆれない。捨てたことをaミレンたらしくいつまでも考えるようなムダなことはしたくないし、①わたしはそういう人間じゃない。そう思っていた。

　なのになぜだろう。胸の奥《おく》が落ち着かない。

　バッグに入れたエントリーシートを取り出して、もう一度机の上に置いた。

　わたしの夢はプロのバレエダンサーになることだ。ただの憧《あこが》れなんかじゃない。

　まえの教室では、家族で出かけるからとか、友だちの誕生日パーティーがあるからと、レッスンを休む子もいた。でもわたしは一度も、そんな理由で休んだことはない。足をケガしたときも、教室へ通った。レオタードを着て鏡に自分を映す。からだのライン、姿勢をチェックして、上半身や指の動きを確認《にん》する。レッスンはできなくても、できることもすべきこともいくらでもある。

　食べることや着るものも同じことだ。バレエを中心に考えれば、自分がすべきことはかんたんに答えが出る。

と考えられているものなのであるが、⑤知識の関係する先は未来すなわち前途《と》なのである。というのは、知識は、今なお進行中のことや、これから行なわれようとしていることを、理解したり、それに意味を与えたりする手段を提供するからである」。私はここを読んで、「ああ、なるほど」と思いましたね。

デューイが挙げている例は医者の例です。目の前の患《かん》者の症《しょう》状、頭が痛いとか喉《のど》が痛いとか、注6既往症が何かとか、こういうのを全部総合して考えると、これはこういう病気でこれからこうなるから、そうすると投与《よ》すべき薬はこれだとか、そういうふうに考えます。そのことをデューイは、「直面する未知の事物を解釈《しゃく》し、部分的に明らかな事実をそれと関連して思い当たる諸現象で補充《じゅう》し、それらの事実の起こり得る未来をcヨケンし、それによって計画を立てる」と述べています。十分な知識があってこそ、「目の前の患者を診《み》る」という新しい経験に、適切に対応できるわけです。

同じように、われわれは、世の中のあれこれについての知識を持っていて、それを使って、現状を認識し、未来に向けた判断をするのです。知識は常に過去のものです。過去についての知識を組み合わせて現状を分析《せき》し、未来に向けていろいろなことをする。これが知識の活用の本質です。そうすると、学校の知というのは、そういう意味で意義がとてもよく分かるわけです。

【広田照幸『学校はなぜ退屈でなぜ大切なのか』】

（一部内容を省略しました）

注1　カリキュラム化…教育内容を目的や段階に応じて並べること。
注2　モレンハウアー…ドイツの教育哲学者。
注3　宰相…首相のこと。
注4　ノウハウ…物事を行うための方法や手順に関する知識。
注5　二項対立…物事を二つの事がらの対立関係でとらえること。
注6　既往症…今までにかかったことがある病気のこと。

問一　～～線a「ハイゾク」、b「カンシュウ」、c「ヨケン」のカタカナを漢字に直しなさい。

問二　[A]・[B]に当てはまる言葉として最も適当なものを、それぞれ次のア～オから選びなさい。（同じ記号は二度使用しないこと）

ア　ところで　イ　つまり　ウ　しかも
エ　あるいは　オ　ところが

問三　――線①「愚かな人は自分が経験したところから学ぶ」とありますが、なぜ「自分が経験したところから学ぶ」ことが「愚か」なのですか。それについて説明した次の文について、後の(1)・(2)の問いに答えなさい。

＊個人の経験は[1]ものでしかないため、それだけでは[2]に対応できないから。

(1)　[1]に当てはまる言葉を本文中から七字でぬき出しなさい。
(2)　[2]に当てはまる言葉を本文中から三十五字以内でぬき出し、最初と最後の三字を答えなさい。

問四　――線②「難しい言葉も文字式も、社会も理科も、そこには不要です」とありますが、それはなぜですか。最も適当なものを、次のア～エから選びなさい。

ア　商売では知識よりも人づき合いのほうが大事だから。
イ　日常の経験の中で身につく知識で対応できるから。
ウ　学校の勉強は現実の社会では役に立たないから。
エ　商売は知識が無くても誰でもできるものだから。

問五　――線③「今まで経験で身につけたことのない知」を、すぐに手に入れるためにはどうしたらよいですか。三十字程度で答えなさい。

来、変わりやすく、当てにならない。それは、不安定であるから、無秩《ちつ》序なのである。経験を信頼《らい》する人は、自分が何に頼《たよ》っているのかを知らない。なぜなら、それは、人ごとに、また、日ごとに変わり、そして言うまでもなく国ごとにも変わるからである」。ある人が経験するものは、たまたまそれであって、偶《ぐう》然的で特殊《しゅ》的なものなのです。

それどころか、個人の経験というのは、狭く偏《かたよ》っていたりもします。デューイは、次のように述べています。「経験からは、信念の基準は出てこない。なぜなら、多種多様な地方的bカンシュウからもわかるように、あらゆる相容《い》れない信念を誘《ゆう》発するのが、まさに経験の本性《しょう》そのものだからである」。

[B]、経験は大事だけれども、それはどうしても狭い限定されたものでしかありません。しかも、経験から学ぶというときに、経験の幅《はば》を少しずつ拡《ひろ》げていくのには結構時間がかかります。少しずつ経験を拡げたり、何度も失敗したりするためには、人の人生はあまりにも時間が限られています。

むしろ、文字による情報を通して、ほかの人の成功や失敗がどうだったのかとか、ほかの人の経験がどうなのかということを学ぶのが、てっとり早く「自分の経験」の狭さを脱《だつ》する道です。そこでは、単に文字の読み書きができるというだけでなく、学校で学ぶ社会科や理科、外国語や数学の知識などが役に立つはずです。何《なに》せ、学校の知は[X]なのですから。

二つ目に話したいのは、知識があるかないかで経験の質は違うということです。「知識か経験か」という注5二項《こう》対立ではなくて、そもそも経験の質は、知識があるかないかで異なっているのです。

ここでも再びデューイの議論を紹介《しょうかい》します。一つ目は、十分な知識があれば、深い意味を持つ経験ができる、ということです。デューイは、同じように望遠鏡で夜の星を見ている④天文学者と小さな少年との違いを例に挙げて論じています。望遠鏡で見えている星は同じです。だけれども、そこから読み取るものは全然違うということです。望遠鏡を覗《のぞ》いている小さな少年は、「赤く光る星がきれいだなあ」と思うかもしれません。しかし、同じ星を同じような望遠鏡で見ている天文学者は、「この光の色は、星の温度や現在の状況《きょう》を伝えている。この星の色をどう考えればいいんだ」ということを考えながら星を見たりするでしょう。そこから、宇宙の謎《なぞ》が解明できるかもしれません。「単なる物質的なものとしての活動と、その同じ活動がもつことのできる意味の豊かさとの間の相違《い》ほど著《いちじる》しいものはない」とデューイは述べています。

これは私たちもよくあることです。たとえば、海外旅行でどこか歴史的な建造物を見に行くという話になったときに、歴史を知っているか知らないかで興味の持ち方や見方が全然違います。歴史を知らない人は、「大きいな」とか、「古いな」とか、「壊《こわ》れかけているな」とか、「人がいっぱいいるな」とか、そんなことを思いながら建物内を歩いています。それに対して、歴史を知っていて、なぜこの建物がこういう形で残っているか知っている人は、「あの物語に出てきたあの建物だ！」とか、「この柱は何やら様式で、何やら王が趣《しゅ》味で造らせたんだ」とか、そういうふうに楽しみ方がまったく違います。同じものを見ても質の異なる経験になる。知識があるかないかで経験の質が違うのです。

デューイが言っている知識と経験の話でもう一つなるほどと思うのは、まだ経験していないもの、これから何が起きるかといったことを考えるために、既《き》存の知識が必要だ、と述べているくだりです。

デューイはそれをこういうふうに書いています。「知識の内容は、すでに起こったこと、終了《りょう》し、またそれゆえに解決され、確実である

2023年度

山脇学園中学校

【国　語】〈国・算一科午後試験〉（六〇分）〈満点：一〇〇点〉

一 次の文章を読んで、後の問いに答えなさい。

子どもたちは学校に通って、そこで、「注1カリキュラム化された知」を学びます。その「カリキュラム化された知」というのは、この世界を再構成して縮約（縮尺）したものです。注2モレンハウアーは、学校のカリキュラム化された知を通した学習の形式を、「代表的提示（代理的提示）」（Repräsentation）と呼んでいます。モレンハウアーの本の訳者である今井康雄《いまいやすお》さんの解説を引用しておきます。「そこでは子どもたちは、学校のような実生活から区別された空間のなかで、言語的・記号的に組織された知識を学ぶことになる。……子どもたちは、知の世界を通して現実世界とは何であるかを知り、こうして現実世界への参入が準備されることになる」。

生まれ育った身の回りの世界を超《こ》えて、広い世界で生きていくためには、子どもたちは、言葉や記号を通して、この世界がどういうものなのかを理解しないといけない。学校で教えられるのはそういう知なのです。だから、学校知は、いわば記号化された「世界の縮図」だといえるのです。（中略）

少し違《ちが》う角度から学校の知の意義を話しましょう。一つ目は、経験は狭《せま》いし、経験し続けるだけでこの世の中のいろいろなことを学べるほど人生は長くない、ということです。

十九世紀ドイツの「鉄血注3宰《さい》相」と言われたオットー・フォン・ビスマルクが、「愚《ぐ》者は経験から学ぶ、賢《けん》者は歴史から学ぶ」と言ったと言われています。正確には少し違うようですが、なかなか味わいのある言葉です。

①愚《おろ》かな人は自分が経験したところから学ぶ。賢者はほかの人の経験、すなわち、歴史の中の誰《だれ》かの成功や誰かの失敗、そういうものから学んで、自分の目の前のことに生かしていく。そういう意味の言葉です。

身近な問題を日常的にこなすためには、多くの場合、自分の経験だけで大丈夫《じょうぶ》かもしれません。しかし、身近で経験できる範《はん》囲の外側にある問題や、全く新しい事態にある問題について、考えたり、それに取り組んだりしようとすると、身近なこれまでの自分の経験だけではどうにもなりません。

たとえば、何年も商売をやっていくと、商売のこつを覚えたりお客さんとの関係ができたりします。②難しい言葉も文字式も、社会も理科も、そこには不要です。しかし、ある日、「今、自分たちの市で起きている再開発計画について、商店街のみんなで対応を考えましょう」という話になったら、商売の経験だけでは対応できません。再開発計画の書類を手に入れて目を通したり、法令を調べたり、みんなで議論をしたりすることが必要になります。それには、経験で身につけた日々の商売の知識や注4ノウハウとは異なる種類の知が必要になるのです。日々の経験を超えた知、です。

［A］、会社に入ってどこかの営業所にaハイゾクされて、一生懸《けん》命に頑張《がんば》っていたけれど、突《とつ》然、「東南アジアに行って、工場を造る責任者をやれ」とか言われた場合を考えてみてください。田舎《いなか》町での営業のノウハウでは対応できません。そこでも、③今まで経験で身につけたことのない知が必要になります。

ジョン・デューイという非常に有名な教育哲《てつ》学者が『民主主義と教育』という本の中で、次のように書いています。「経験の材料は、本

2023年度

山脇学園中学校　▶解説と解答

算　数　＜国・算１科午後試験＞（60分）＜満点：100点＞

解　答

(1)　$\frac{1}{4}$　(2)　15　(3)　$\frac{1}{90}$　(4)　３個　(5)　56800ウォン　(6)　８％　(7)　640円
(8)　450円　(9)　５個以上　(10)　６回　(11)　９分　(12)　11日目　(13)　23時間10分
(14)　15秒後　(15)　135度　(16)　17.27m^2　(17)　$6\frac{3}{4}$cm　(18)　7.5cm　(19)　1371.52cm^3
(20)　①　３個　②　17個　③　３，９，21

解　説

四則計算，逆算，計算のくふう，分数の性質，単位の計算，濃度《のうど》，売買損益，比の性質，平均，差集め算，つるかめ算，速さと比，仕事算，単位の計算，点の移動，角度，面積，長さ，体積，整数の性質

(1)　$\left(8.5-1\frac{3}{8}\times4.8\right)\div7\frac{3}{5}=\left(8\frac{1}{2}-\frac{11}{8}\times4\frac{4}{5}\right)\div\frac{38}{5}=\left(\frac{17}{2}-\frac{11}{8}\times\frac{24}{5}\right)\times\frac{5}{38}=\left(\frac{17}{2}-\frac{33}{5}\right)\times\frac{5}{38}=\left(\frac{85}{10}-\frac{66}{10}\right)\times\frac{5}{38}=\frac{19}{10}\times\frac{5}{38}=\frac{1}{4}$

(2)　$2\times\left(1.85-\frac{3}{5}\right)=2\times(1.85-0.6)=2\times1.25=2.5=2\frac{1}{2}=\frac{5}{2}$，$\frac{5}{12}\div1.25=\frac{5}{12}\div1\frac{1}{4}=\frac{5}{12}\div\frac{5}{4}=\frac{5}{12}\times\frac{4}{5}=\frac{1}{3}$より，$\frac{5}{2}\times\frac{8}{\square}-\frac{1}{3}=1$，$\frac{5}{2}\times\frac{8}{\square}=1+\frac{1}{3}=\frac{3}{3}+\frac{1}{3}=\frac{4}{3}$，$\frac{8}{\square}=\frac{4}{3}\div\frac{5}{2}=\frac{4}{3}\times\frac{2}{5}=\frac{8}{15}$　よって，$\square=15$

(3)　整数Nについて，$\frac{1}{N\times(N+1)\times(N+2)}=\left\{\frac{1}{N\times(N+1)}-\frac{1}{(N+1)\times(N+2)}\right\}\times\frac{1}{2}$となることを利用すると，$\frac{1}{5\times6\times7}+\frac{1}{6\times7\times8}+\frac{1}{7\times8\times9}+\frac{1}{8\times9\times10}=\left(\frac{1}{5\times6}-\frac{1}{6\times7}+\frac{1}{6\times7}-\frac{1}{7\times8}+\frac{1}{7\times8}-\frac{1}{8\times9}+\frac{1}{8\times9}-\frac{1}{9\times10}\right)\times\frac{1}{2}=\left(\frac{1}{30}-\frac{1}{90}\right)\times\frac{1}{2}=\left(\frac{3}{90}-\frac{1}{90}\right)\times\frac{1}{2}=\frac{1}{90}$と求められる。

(4)　$24\div3=8$，$24\div4=6$より，$\frac{3}{8}=\frac{3\times8}{8\times8}=\frac{24}{64}$，$\frac{4}{9}=\frac{4\times6}{9\times6}=\frac{24}{54}$だから，$\frac{24}{64}$以上$\frac{24}{54}$以下でこれ以上約分できない分数の個数を求めればよい。このような分数は$\frac{24}{61}$，$\frac{24}{59}$，$\frac{24}{55}$の３個ある。

(5)　１フラン＝142円，１ウォン＝0.11円より，１フランは，$142\div0.11=\frac{14200}{11}$（ウォン）となる。よって，44フランは，$\frac{14200}{11}\times44=56800$（ウォン）である。

(6)　最後にできた10％の食塩水の重さは，300＋30＋450＝780（g）だから，とけている食塩の重さは，780×0.1＝78（g）である。また，４％の食塩水300gには食塩が，300×0.04＝12（g）とけていて，これに30gの食塩を加えてできた食塩水Ａには食塩が，12＋30＝42（g）とけている。よって，食塩水Ｂ450gにとけている食塩の重さは，78－42＝36（g）だから，食塩水Ｂのこさは，36÷450×100＝８（％）とわかる。

(7)　商品の原価を１とすると，25％の利益を見こんでつけた定価は，１＋0.25＝1.25と表せるので，定価の１割引きは，1.25×（１－0.1）＝1.125と表せる。よって，利益は，1.125－１＝0.125となり，これが80円だから，比の１にあたる金額，つまり，原価は，80÷0.125＝640(円)と求められる。

(8)　３つの品物の値段の平均が370円なので，A円，B円，C円の合計は，370×３＝1110(円)である。また，$A：B$＝４：５，$B：C$＝３：２より，Bの比の数を５と３の最小公倍数の15にそろえると，$A：B$＝12：15，$B：C$＝15：10となるので，$A：B：C$＝12：15：10とわかる。よって，１番高い品物の値段はB円で，その値段は，$1110\times\frac{15}{12+15+10}=1110\times\frac{15}{37}=450$(円)である。

(9)　会員にならないときより得になるのは，割り引かれる値段の合計が400円をこえる場合である。定価300円の商品を２個買うと，割り引かれる値段は，300×0.15×２＝45×２＝90(円)だから，定価500円の商品で割り引かれる値段の合計が，400－90＝310(円)をこえればよい。定価500円の商品は１個あたり，500×0.15＝75(円)割り引かれるから，310÷75＝4.1…より，５個以上買うと，会員にならないときより得になる。

(10)　２人の得点の合計は，勝ち負けが決まったときは，３＋０＝３(点)増え，あいこのときは，２＋２＝４(点)増える。もし，15回とも勝ち負けが決まったとすると，２人の得点の合計は，３×15＝45(点)になり，実際の得点の合計である，18＋33＝51(点)よりも，51－45＝６(点)少なくなる。勝ち負けが決まった回数が１回減り，あいこの回数が１回増えるごとに，得点の合計は，４－３＝１(点)ずつ多くなるから，あいこになった回数は，６÷１＝６(回)とわかる。

(11)　兄が３歩で進むきょりを弟は５歩で進むから，兄と弟の歩幅《ほはば》(１歩で進むきょり)の比は，$\frac{1}{3}:\frac{1}{5}$＝５：３となる。そこで，兄の歩幅を[5]，弟の歩幅を[3]とすると，兄が４歩進む間に弟は５歩進むので，兄が，[5]×４＝[20]進む間に，弟は，[3]×５＝[15]進む。よって，兄と弟が同じ時間に進むきょりの比，つまり，速さの比は，20：15＝４：３となり，同じきょりを進むのにかかる時間の比は，速さの比の逆比に等しいから，$\frac{1}{4}:\frac{1}{3}$＝３：４とわかる。したがって，弟が12分で走るきょりを兄は，$12\times\frac{3}{4}=9$(分)で走ることができる。

(12)　この作業全体の量を12と18の最小公倍数の36とすると，１日あたり，Ａだけでは，36÷12＝３，Ｂだけでは，36÷18＝２の作業ができる。よって，はじめの３日間はＡだけで，次の４日間は２人で行うと，３×３＋(３＋２)×４＝９＋20＝29の作業ができるので，残りの作業量は，36－29＝７となる。したがって，残りをＢだけで行うと，７÷２＝3.5より，Ｂだけではじめてから４日目で終わるので，すべての作業が終わったのは，作業をはじめてから，３＋４＋４＝11(日目)とわかる。

(13)　ペルーは東京の時刻よりも，(24＋７)－(12＋５)＝14(時間)おくれているから，東京を出発したときのペルーの時刻は，(12＋８)－14＝６より，２月１日の午前６時である。よって，移動にかかった時間は，２月１日の，24－６＝18(時間)と，２月２日の５時間10分だから，18時間＋５時間10分＝23時間10分と求められる。

(14)　２点Ｐ，Ｑのきょりがもっとも長くなるのは，右の図Ⅰのように，Ｐ，Ｏ，Ｑがこの順で一直線に並ぶときである。はじめてそのようになるのは，ＱがＰよりもはじめて180度多く回転したときとなる。ここで，Ｐ，Ｑの速さはどちらも毎秒１cmで，Ｐが動く円周の長さは15cm，Ｑが動く円周の長さは10cmだから，１秒あたり，Ｐは，$360\times\frac{1}{15}=24$(度)，Ｑは，$360\times\frac{1}{10}=36$(度)回転する。したがって，はじめて２点Ｐ，Ｑのきょりがもっとも長くなるのは，出発してから，180÷(36－24)＝15(秒後)と求められる。

図Ⅰ

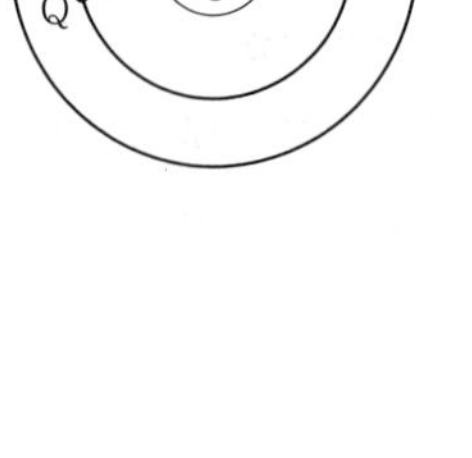

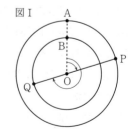

(15)　下の図Ⅱで，三角形CDPに注目すると，角イの大きさは，180－72－36＝72(度)となり，平行四辺形の向かい合う角の大きさは等しいから，角ウの大きさも72度とわかる。さらに，三角形ABCに注目すると，角エの大きさは，180－80－72＝28(度)である。よって，三角形QBCに注目すると，角アの大きさは，180－17－28＝135(度)とわかる。

図Ⅱ

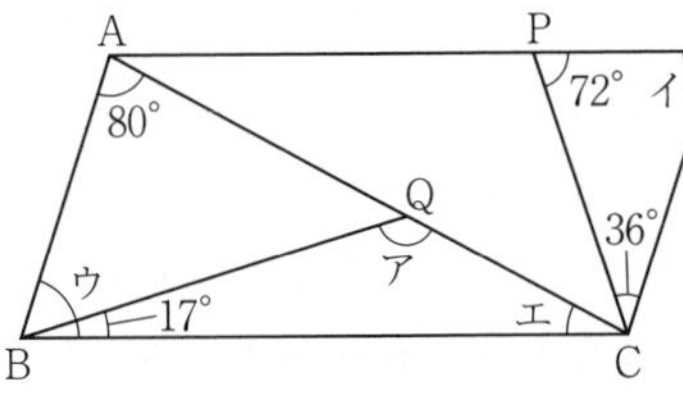

図Ⅲ

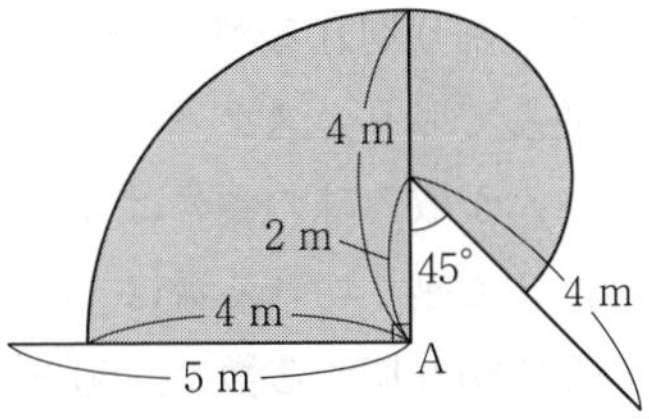

図Ⅳ

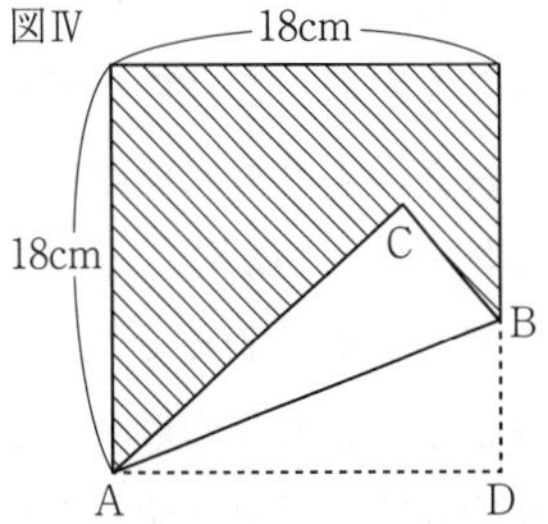

(16)　犬が動き回ることができる部分は，上の図Ⅲのかげをつけた部分となる。この部分は，半径が４mで，中心角が90度のおうぎ形と，半径が，４－２＝２(m)で，中心角が，180－45＝135(度)のおうぎ形を合わせた形だから，面積は，$4\times4\times3.14\times\frac{90}{360}+2\times2\times3.14\times\frac{135}{360}=4\times3.14+1.5\times3.14=5.5\times3.14=17.27$(m²)と求められる。

(17)　上の図Ⅳで，三角形ABCは三角形ABDを折り返したものだから，三角形ABCと三角形ABDは合同な三角形で面積は等しい。よって，斜線《しゃせん》部分と三角形ABCと三角形ABDの面積の比は10：３：３となり，これらの面積の合計は，18×18＝324(cm²)だから，三角形ABCの面積は，$324\times\frac{3}{10+3+3}=\frac{243}{4}$(cm²)とわかる。したがって，BCの長さを□cmとすると，18×□÷２＝$\frac{243}{4}$(cm²)と表せるので，□＝$\frac{243}{4}\times2\div18=\frac{27}{4}=6\frac{3}{4}$(cm)と求められる。

(18)　右の図Ⅴのように，点Ｂと点Ｃを結ぶ。三角形BCDと三角形ACDは，底辺をCDとみると，高さはどちらもBDだから，面積は等しい。また，三角形BCEは三角形BCDから三角形CDEを取り除いた形で，三角形ADEは三角形ACDから三角形CDEを取り除いた形だから，三角形BCEと三角形ADEの面積も等しくなる。よって，三角形BCEの面積は15cm²だから，BEの長さを□cmとすると，□×４÷２＝15(cm²)と表せる。したがって，□＝15×２÷４＝7.5(cm)となる。

図Ⅴ

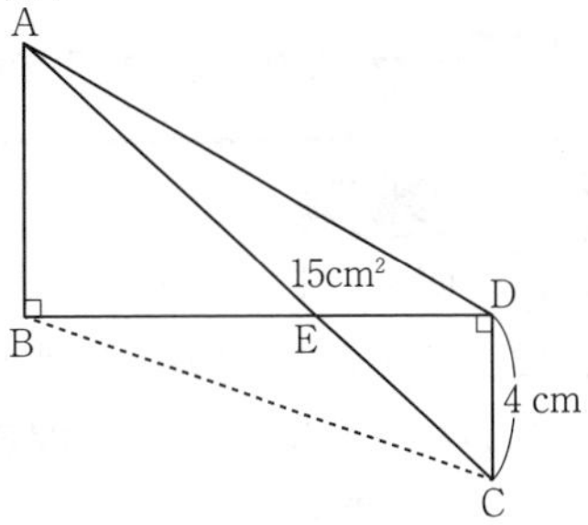

(19)　問題文中の図２より，くりぬく四角形は１辺が，12÷３＝４(cm)の正方形で，その面積は，４×４＝16(cm²)，くりぬく円は半径が，４÷２＝２(cm)の円で，その面積は，２×２×3.14＝12.56(cm²)，くりぬく三角形は底辺が４cm，高さが４cmの三角形で，その面積は，４×４÷２＝８(cm²)となる。また，くりぬかれる部分は，右の図Ⅵのようになる。これは，１辺４cmの立方体が３個と，底面積が12.56cm²で高さが４cmの円柱が２個と，底面積が８cm²で高さが４cmの三角柱が２個になるので，その体積の和は，４×４×４×３＋12.56×４×２＋８×４×２＝192＋100.48＋64＝356.48(cm³)となる。したがって，残った部分の体積は，12×12×12－356.48＝1728－356.48＝1371.52(cm³)と求められる。

図Ⅵ

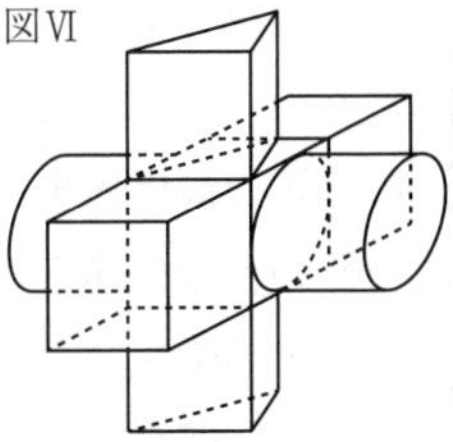

(20) ① Cさんは5で割り切れる番号の球のうち，Aさん，Bさんが取らなかったものを取るので，Cさんが取る球の番号は5で割り切れて，2や3で割り切れない数となる。このような数は，1から50までの数の中に，5，25，35の3個ある。よって，Cさんが取った球は全部で3個とわかる。

② AさんとBさんが取った球の番号(20，30)はどちらも5で割り切れ，これらの球をCさんが取らなかったことから，CさんはAさん，Bさんよりもスタートの穴から遠い場所に並んでいる。また，Bさんが取った球の番号の30は2で割り切れるが，この球をAさんが取らなかったことから，BさんはAさんよりも穴に近い場所に並んでおり，スタートの穴に近い方からBさん，Aさん，Cさんの順に並んだとわかる。そこで，Aさんが取る球の番号は2で割り切れて3で割り切れない数である。よって，1から50までの数のうち，2で割り切れる数は，50÷2＝25(個)，2でも3でも割り切れる数，つまり，2と3の最小公倍数の6で割り切れる数は，50÷6＝8余り2より，8個あるから，2で割り切れて3で割り切れない数は，25－8＝17(個)ある。したがって，Aさんが取った球は全部で17個である。

③ 箱に入るのは，2，3，5のいずれでも割り切れない数であり，このような数は小さい順に，1，7，11，13，17，19，23，…となるから，箱に入る7個目の球の番号は23である。23以下の数のうち，2で割り切れる数は，2，4，6，…，22の11個で，これらの番号の球のうち，11－9＝2(個)はAさん以外が取ったことになる。ここで，23以下の2で割り切れる数のうち，3でも割り切れるものは，6，12，18の3個あり，5でも割り切れるものは，10，20の2個ある。よって，スタートの穴に近い方からCさん，Aさん，Bさんの順に並んだことがわかる。したがって，箱に23の球が入るまでにBさんが取る球の番号は，1から23までの数のうち，3で割り切れ，2や5で割り切れない数だから，3，9，21である。

国語 ＜国・算１科午後試験＞（60分）＜満点：100点＞

解答

一 **問1** 下記を参照のこと。 **問2** **A** エ **B** イ **問3** (1) 狭い限定された (2) 身近で～る問題 **問4** イ **問5** (例) 文字による情報を通して，他の人の失敗や成功の経験から学ぶ。 **問6** 「世界の縮図」 **問7** エ **問8** これか～これだ(ということ。) **問9** (例) 言葉や記号を通して身の回りの世界を超えた広い世界について理解させ，自分の狭く偏った経験を補い，経験の質を深め，未知の事がらについて考える手段を与えてくれるもの。 二 **問1** 下記を参照のこと。 **問2** (例) 以前はバレエだけが大切で，その上達を最優先する生活に全く迷いがなかったが，友だちなど大切なものややりたいことができ，自分の行動に迷うようになるという変化。 **問3** エ **問4** イ **問5** (例) 「わたし」には，小学生のうちから一つの道を極めるために，他の大切なものを捨ててほしくないということ。 **問6** **1** 坂巻さん **2** 自分だけ取り残されてしまうような不安 **問7** **C** ウ **D** ア **E** イ **問8** イ **問9** ア，オ

●漢字の書き取り

一 **問1** **a** 配属 **b** 慣習 **c** 予見 二 **問1** **a** 未練 **b** 温(め)

c　祝(い)

解　説

一　出典は広田《ひろた》照幸《てるゆき》の『学校はなぜ退屈《たいくつ》でなぜ大切なのか』による。学校でどのようなことを学ぶのかといったことや，学校で学ぶことの意義について説明されている文章。

問１　**a**　会社や組織などで，人をそれぞれの部門に分配して所属させること。　**b**　ある社会で，古くから受けつがれている習わし。　**c**　ものごとの起こる前に，先を見通して知ること。

問２　**A**　「日々の経験を超《こ》えた知」が必要なことの例として，市の「再開発計画」については「商売の経験だけでは対応」できないことが述べられており，続いて「東南アジアに行って，工場を造る」ときには「田舎《いなか》町での営業のノウハウでは対応」できないという例が述べられている。よって，同類のことがらを並べ立て，いろいろな場合があることを表す「あるいは」が入る。　**B**　「個人の経験」が「狭《せま》く偏《かたよ》って」いることを説明するデューイの言葉を，「経験は大事だけれども，それはどうしても狭い限定されたもの」でしかないと，わかりやすく言いかえている。よって，前に述べた内容を“要するに”とまとめて言いかえるときに用いる「つまり」が入る。

問３　(1)　デューイの本の内容を紹介している部分で，個人の経験は「狭く偏って」いるとあり，これをすぐ後で「狭い限定された」ものと言いかえていて，これが条件に合う。　(2)　「身近なこれまでの自分の経験だけ」では「狭い限定された」ものとなるため，「身近で経験できる範囲《はんい》の外側にある問題や，全く新しい事態にある問題」について，考えたり取り組んだりすることはできないのである。

問４　何年も商売をやっていると，その経験で身につけた「商売のこつ」や，信頼《しんらい》によって得た「お客さんとの関係」だけで，商売に対応できるので，その他の知識は必要ないことになる。よって，イが合う。

問５　自分の経験から学ぶこともできるが，「経験の幅《はば》」を広げていくには時間がかかるし，限られた人生で「何度も失敗」をくり返すことはできない。だから，経験で身につけられない知をすぐに手に入れるには，「文字による情報を通して，ほかの人の成功や失敗がどうだったのか」ということや「ほかの人の経験がどうなのかということ」を学ぶのがよいと述べられている。

問６　「生まれ育った身の回りの世界を超えて，広い世界で生きていくために」，子どもたちは，学校で「社会科や理科，外国語や数学」といった「言語的・記号的に組織された知識」を学ぶ。学校で教えられるのは，世界を理解するための知なのである。第二段楽に，「学校知は，いわば記号化された『世界の縮図』だといえる」とある。

問７　望遠鏡で同じ星を見ても，「小さな少年」は「赤く光る星がきれいだなあ」と思うだけだが，天文学者は，星の色から「星の温度や現在の状況《じょうきょう》」を知ることで考察を深めていくことができる。つまり，知識を持たない者と持つ者とでは，同じ物事に対する見方が異なるということを表しているので，エが正しい。

問８　医者は，「目の前の患者を診《み》る」という経験から，「これはこういう病気」だと判断し，そして未来のことについて，この病気は「これからこうなるから，そうすると投与《とうよ》すべき薬はこれだ」と計画を立てることができる。

問９　(中略)の前までには，「生まれ育った身の回りの世界を超えて，広い世界で生きていくため」

に，「言葉や記号を通して，この世界がどういうものなのかを理解」するという点に「学校知」の意義があると述べられている。その後には，二つの点から「学校の知の意義」が説明されており，一つ目は，個人の「狭く偏って」いる経験を補うという点であり，二つ目は，「経験の質」を深めて，未来を予測するという点である。これらの内容を，制限字数内でまとめればよい。

二　**出典はいとうみくの『ちいさな宇宙の扉《とびら》のまえで　続・糸子の体重計』による。**習い事のバレエのオーディションと修学旅行の日程が重なってしまった「わたし」は，修学旅行に参加しないことにするが，自分の心の中に迷いがあることに気づく。

問１　**a**　あきらめきれないこと。　**b**　音読みは「オン」で，「気温」などの熟語がある。
c　音読みは「シュク」で，「祝日」などの熟語がある。

問２　文末が「そう思っていた」となっているので，今は「わたしはそういう人間じゃない」ということに自信が持てないでいるということに注目して考える。「わたし」は，自分のことを「どちらかに決めてさえしまえば，もう気持ちはゆれない」し，「捨てたこと」を「いつまでも考えるようなムダなこと」をする人間ではないと思っていた。つまり，以前はバレエだけが大切だということに迷いはなかったが，今は「友だちの存在」や「やってみたいこと」などが「目の前にちらついて」きて，自分の決定に迷いが生じているのである。

問３　自分の中に生じている迷いに気づいている「わたし」は，麻里子《まりこ》先生の「大切なものがある」という言葉に対し，「でも，大切なものをすべて手に入れるなんて都合のいいことは，できっこない」と思った。しかし，そう言うことは，「大切なもの」が複数あることを認めることにつながるため，「でも」の後に続く言葉をあえて言わず，頭を振《ふ》って自分の心の迷いを振り払《はら》い，自分の「一番大切なもの」に集中しなければならないと考え直したのである。

問４　「わたし」は，自分と「あれもこれも手に入れることができる」人とを対比している。よって，Ａには「本当の天才」と対照的な意味の「凡人《ぼんじん》」が入り，Ｂには「一番をもっていない」とは反対の意味の「一番がある」が入る。

問５　麻里子先生は，野球さえできれば「勉強ができなくても，自己中心的で」あってもかまわない人という意味で「野球ばか」という言葉を持ち出した。「いまから捨てるクセをつけちゃダメ」という言葉からもわかるように，麻里子先生は，一つのことだけを大切に思ってほかのことに目を向けないようにはなってほしくないという思いから，「野球ばか」という言葉を使ったと考えられる。

問６　「わたし」の母は，「この事件」の犯人の「自分だけ取り残されてしまうような不安を感じて，焦《あせ》ったりさみしく」なったりする心情について理解を示し，さらに育休中の自分の気持ちについても「取り残されちゃう気」がして泣いた経験があったと言った。そうした話を聞いて「ふっと坂巻《さかまき》さんの顔」を思い浮《う》かべた「わたし」は，坂巻さんも自分だけが取り残されるような不安を感じていたのではないかと思い当たり，坂巻さんが「行くのやめたって選ばれるかわからないのに」と言った理由に気づいたように思ったのである。

問７　**C**　坂巻さんは，それまで「視線をさげ」ていたが，「わかってる」と「わたし」が笑ったのに対して，「坂巻さんも」とあるので，「表情が少しやわらかくなった」が入ると考えられる。
D　二人は並んで歩いていたが，急に「ドイツ」という意外な言葉が出たので，坂巻さんが立ち止まったと考えられる。よって，「足を止めた」が入る。　**E**　「どんな役でも舞台《ぶたい》に立ちたい」と決意を語る「わたし」に対して，坂巻さんが正面から「絶対受かるよ」とはげましたと考えられるので，「まっすぐにわたしを見た」があてはまる。

問８　「ことばにしなきゃ」と母が言ったとおりに，坂巻さんに自分の気持ちを言葉で伝え，坂巻さんもそれに応じて率直な言葉で語ってくれたことで，坂巻さんも自分も，それまでの気持ちのわだかまりがなくなったように感じたと考えられる。よって，イが合う。

問９　背筋を「ピンと伸《の》びたまま」にして，「きれい」に座《すわ》る麻里子先生のようすが「わたし」の視点で語られているので，アは正しいと考えられる。また，仕事のある日にはきちんと朝食の用意をし，新聞二紙に目を通している姿とは対照的に，休みの日は十時過ぎまで寝《ね》ており，「ぼさぼさの髪《かみ》」のまま「わたし」に自分の弱い面を打ち明けている母の姿も描《えが》かれているので，オも正しい。

Memo

2022年度　山脇学園中学校

〔電　話〕　(03)3585－３９１１
〔所在地〕　〒107－8371　東京都港区赤坂４－10－36
〔交　通〕　東京メトロ千代田線 —「赤坂駅」より徒歩７分
東京メトロ丸ノ内線・銀座線 —「赤坂見附駅」より徒歩５分

【算　数】〈A日程試験〉(50分)〈満点：100点〉

1 次の□にあてはまる答を求めなさい。

(1) $\left(0.75-\frac{2}{3}\right)\div 2+2\div\frac{3}{2}-\frac{2}{3}=\square$

(2) $7-\left(7.5\times\frac{2}{9}-0.4\div\square\right)=6\frac{2}{3}$

(3) 3.42÷1.41 の商を小数第１位まで求めると，あまりは□になります。

(4) 10 %の食塩水 360 g を熱して，□ g の水を蒸発させると，12 %の食塩水になります。

(5) ある容器に水が $\frac{3}{4}$ だけ入っているときの全体の重さは 400 g です。また，この容器に水が $\frac{2}{3}$ だけ入っているときの全体の重さは 370 g です。この容器だけの重さは□ g です。

(6) 1 日に 3 分の割合でおくれる時計があります。午前 7 時に正しい時刻にあわせたとき，その日の午後 9 時に，この時計は午後［①］時［②］分［③］秒をさしています。

(7) 1 周 480 m の池があります。春子さんと夏子さんが同じ場所から，この池の周りを同じ方向に向かって同時に走りだすと，6 分後に春子さんが夏子さんに追いつきます。
春子さんの走る速さが毎分 250 m のとき，夏子さんの走る速さは毎分□ m です。

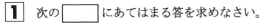

(8) 図は，平行四辺形と直角三角形からできています。

角 x の大きさは □ 度です。

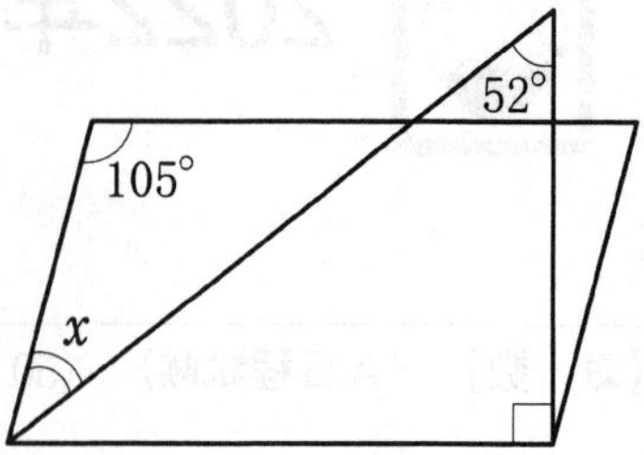

(9) 図は，円すいの展開図です。

この円すいの表面積は □ cm^2 です。

ただし，円周率は 3.14 とします。

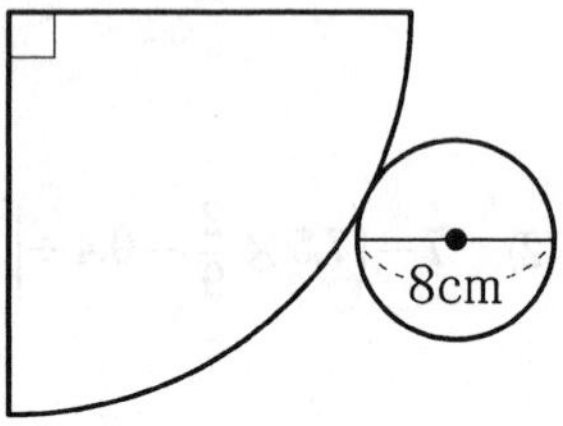

2 図のように，直方体の形をした水そうがあり，底面に排《はい》水せんが取り付けてあります。
また，底面に垂直に仕切り①，②がたてられています。
空の水そうに，排水せんを閉じた状態で仕切り①の左側に一定の割合で水を注いでいきます。
グラフは，水を入れ始めてからの時間と仕切り①の左側の水面の高さの関係を示したものです。
ただし，仕切りの厚さは考えないものとします。次の各問に答えなさい。

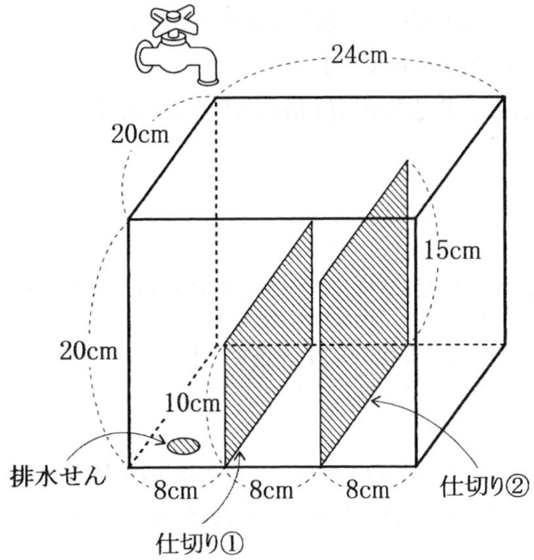

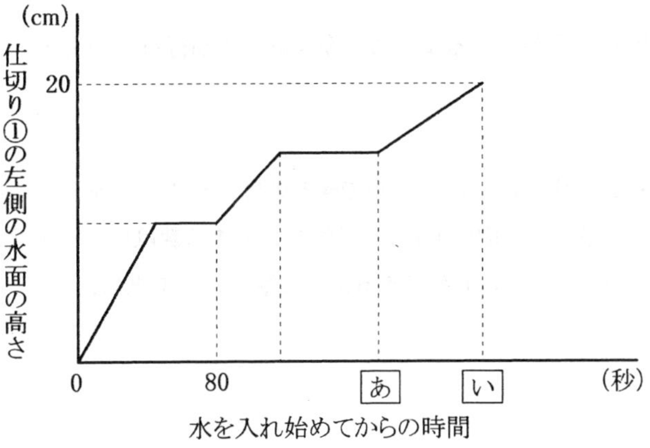

(1) 水を毎秒何 cm^3 の割合で注ぎましたか。

(2) グラフの あ と い にあてはまる数はいくつですか。

(3) 水そうがいっぱいに満たされている状態で水を注ぐことを止めて，排水せんを開きました。排水されなくなるまでに 1 分 10 秒かかりました。排水せんからは，毎秒何 cm^3 の割合で水が流れましたか。

3 流れの速さが毎時 0.8 km の川の上流にＰ地点，下流にＱ地点があります。
花子さんがボートをこいで，Ｐ地点とＱ地点の間を往復すると，下るのに 30 分，上るのに 50 分かかりました。次の各問に答えなさい。

(1) 流れのないところで，花子さんのボートの速さは毎時何 km ですか。

(2) Ｐ地点とＱ地点の間のきょりは何 kmですか。

(3) 花子さんはＰ地点から，お父さんはＱ地点から同時に出発して，Ｐ地点とＱ地点の間を往復します。流れのないところで，お父さんのボートの速さは花子さんの 1.25 倍です。
二人が行きですれちがうのは出発してから何分何秒後ですか。

(4) (3)のとき，二人が帰りですれちがう地点は，Ｐ地点から何 km はなれていますか。

4 ある整数から，次の＜操作＞をくり返し行い、＜操作＞でできた数を順にならべて列をつくります。

＜操作＞その整数が偶《ぐう》数なら 2 で割り，奇《き》数なら 3 倍して 1 を足す

例えば，11 から＜操作＞をくり返し行うと，

11 は奇数なので，11 を 3 倍して 1 を足して，1 回目の＜操作＞でできた数は 34 となります。

つぎに，34 は偶数なので，34 を 2 で割って，2 回目の＜操作＞でできた数は 17 となります。

このようにしてできた数を順にならべると，

34，17，52，26，……

という数の列になります。このとき，26 ができるまでに＜操作＞は 4 回行っています。

次の各問に答えなさい。

(1) 13 から＜操作＞をくり返し行います。はじめて 1 ができるのは＜操作＞を何回行ったときですか。

(2) 10 から＜操作＞をくり返し行います。2022 回目の＜操作＞でできる数はいくつですか。

(3) 7 回目の＜操作＞を行ったときにはじめて 1 ができるような数をすべて求め，
小さい順に答えなさい。

【社　会】〈A日程試験〉(30分)〈満点：60点〉

1　国土地理院発行の地形図(5万分の1「足尾」原寸大・一部加工)を見て各問いに答えなさい。

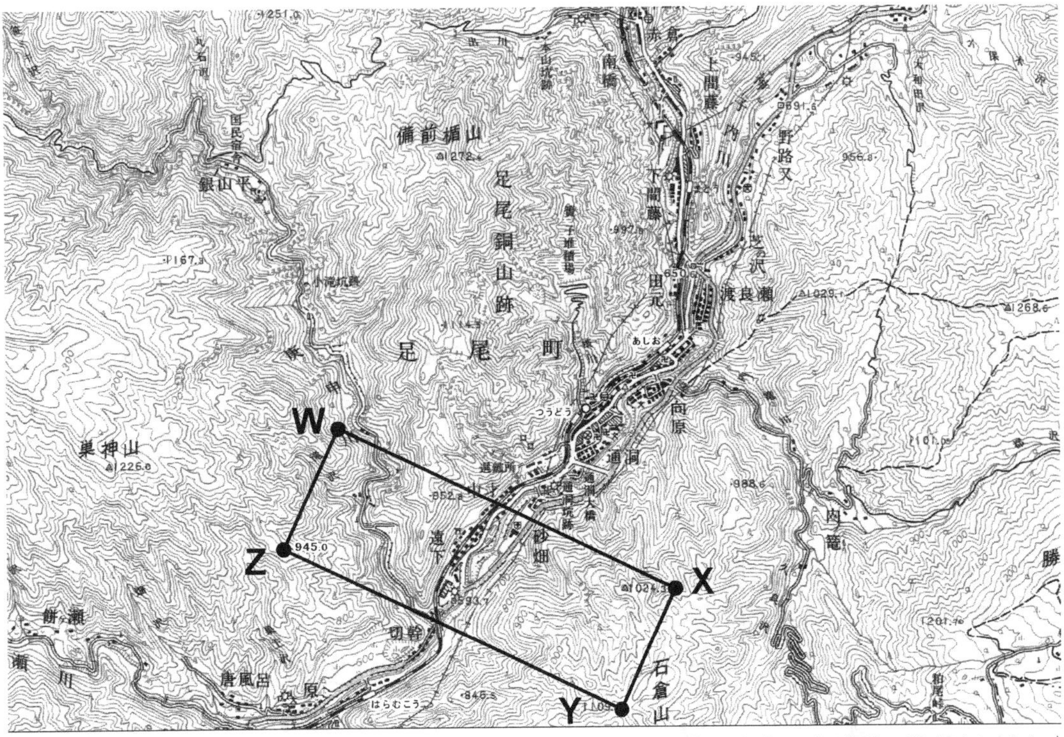

〈編集部注：編集上の都合により原図を90%に縮小しました。〉

問1　次の会話文中の〔　A　〕～〔　C　〕を計算し、〔　C　〕にあてはまるものを**ア**～**エ**の中から1つ選び、記号で答えなさい。

ア　0.75　　**イ**　3　　**ウ**　75　　**エ**　300

生徒：地図中の4点(**W**、**X**、**Y**、**Z**)を結んだ長方形の面積はどう計算すればいいのですか。
先生：まずは、**W－Z**を結んだ線と**W－X**を結んだ線の長さを求めてみましょう。
　　定規を使って地図中の長さを測ると、**W－Z**は2cm、**W－X**は6cmです。
生徒：この地形図の縮尺は5万分の1なので、実際の距離は**W－Z**が〔　A　〕km、**W－X**が〔　B　〕kmですね。
先生：そのとおりです。次に、長方形の面積を求める式はどうなりますか。
生徒：長方形の面積は「たて×よこ」なので、〔A〕×〔B〕＝〔　C　〕km^2になります。

問２　地図中の**Z**と**Y**を結んだ線に沿う地形断面図として正しいものを**ア**～**エ**の中から１つ選び、記号で答えなさい。

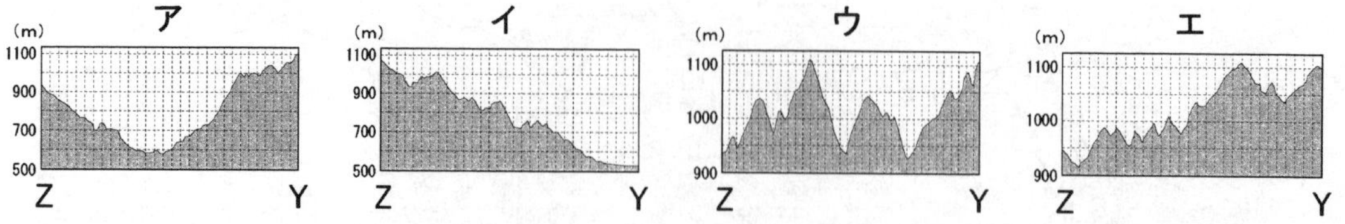

問３　地図中から読み取れることがらについて説明した文を読んで、正しいものを**ア**～**エ**の中から１つ選び、記号で答えなさい。

ア　地図中で最も標高が高いのは、**備前楯山**の１２７２．４ｍである。

イ　鉄道と平行して流れている河川は、**あしお駅**から見て、**はらむこう駅**の方が下流である。

ウ　**あしお駅**から見て**はらむこう駅**は北東方向にある。

エ　**つうどう駅**周辺には、交番や県庁があり、まちの中心地であることがわかる。

問４　足尾とその周辺を示した図１に関する（１）～（４）の問いに答えなさい。

（１）関東地方は図１中の**A**県・**C**県・**D**県・**E**県を含む７都県で構成されています。関東地方に属さない都県を、**ア**～**エ**の中から１つ選び、記号で答えなさい。
（注意：一部の島を除いているものがあります。）

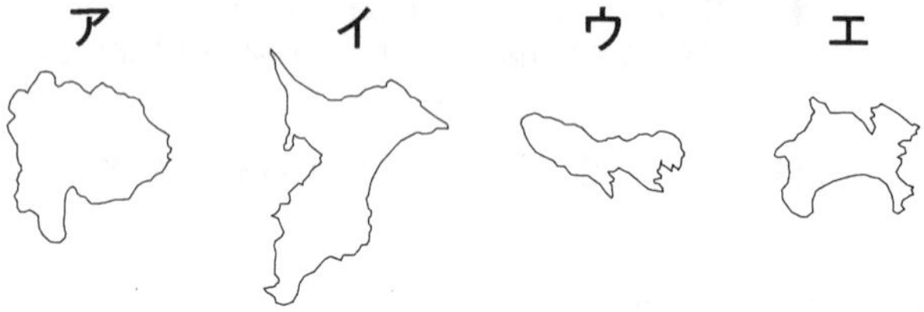

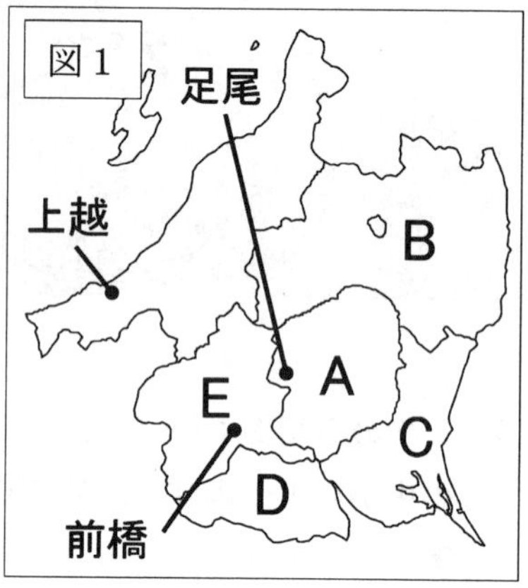

（２）次の文が説明する県を図１中の**B**～**E**の中から１つ選び、記号で答えなさい。

> 県北東部には日本最初の原子炉《ろ》があり、南東部には掘り込み港を中心に製鉄所・石油化学コンビナートのある工業地域が形成されている。足尾を流れる渡良瀬川は、この県の南部を流れる利根川の支流である。

（３）右の表はある農作物の生産量（２０１９年）が５位以内に入る都道府県を示しています。表中ⅠとⅡにあてはまる農作物の組み合わせとして正しいものを**ア**～**エ**の中から１つ選び、記号で答えなさい。なお、表中の**A**～**E**は図１の記号と一致しています。

ア　Ⅰ－もも　　　Ⅱ－ねぎ

イ　Ⅰ－もも　　　Ⅱ－すいか

ウ　Ⅰ－日本なし　Ⅱ－ねぎ

エ　Ⅰ－日本なし　Ⅱ－すいか

	Ⅰ	Ⅱ
1位	C	千葉県
2位	千葉県	D
3位	A	C
4位	B	E
5位	鳥取県	北海道

「日本国勢図会 2021/22」より作成

（4）**ア**と**イ**は**上越**と**前橋**のいずれかの雨温図です。**上越**の雨温図を記号で選び、なぜそのように判断したかを「北西季節風の影響」という書き出しに続くように説明しなさい。

ア

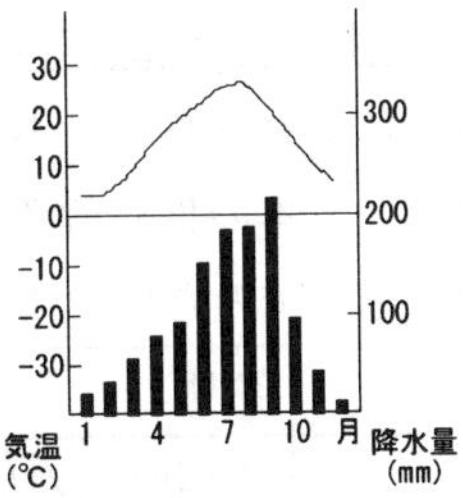

イ

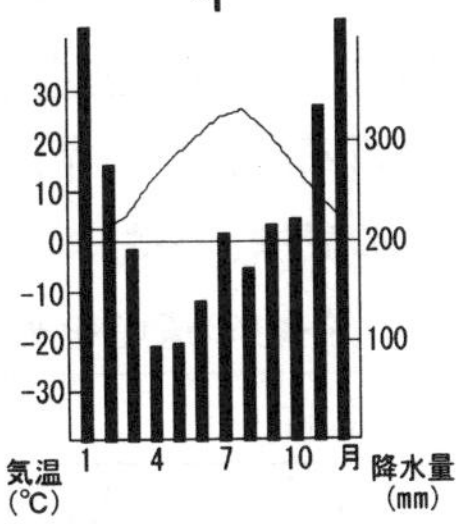

問５　足尾は公害事件が発生した土地として知られています。公害に関する（１）～（３）の問いに答えなさい。

（１）公害の発生によって足尾銅山周辺の山々は、はげ山になりました。次の文章は、なぜ、はげ山になることが問題なのかを説明しています。前後の文章とのつながりを考え、文中の□に１５字以内で説明文を入れなさい。

> 森は緑のダムと言われます。落ち葉がかれてできた土は、水をすいこみ、山に降った雨水をたくわえることができます。しかし、はげ山では、雨水を□などの災害を引きおこす原因となります。

（２）足尾銅山から出た鉱毒が渡良瀬川に流れ込み、川の近くで農業・漁業を営んでいた人々が大きな被害を受けました。この公害事件に対する責任を帝国議会で追及した衆議院議員の名前を漢字で答えなさい。

（３）足尾で発生した公害のように、人体に有害な物質が河川に流れ込んだ事例を表にまとめました。表中のAとDに当てはまる語句の組み合わせとして正しいものを**ア**～**エ**の中から１つ選び、記号で答えなさい。

公害病	発生地	原因物質
イタイイタイ病	A	B
新潟水俣病	C	D

ア　A－阿賀野川流域　D－カドミウム
イ　A－阿賀野川流域　D－有機水銀
ウ　A－神通川流域　D－カドミウム
エ　A－神通川流域　D－有機水銀

2 次の文を読んで、各問いに答えなさい。

2021 年 7 月①「北海道・北東北の縄文遺跡群」が世界文化遺産に、「奄美大島、徳之島、沖縄島北部及び西表島」が世界自然遺産に登録され、日本国内の世界遺産は 25 件となりました。

以下の表は、おおよそ時代順に日本の世界遺産をまとめたもの（一部）です。今はなかなか難しいですが、各地の遺産をめぐる旅もしてみたいですね。

記号	名称	説明
あ	②百舌鳥《もず》・古市《ふるいち》古墳群	古墳時代の最盛期であった時期に政治・文化の中心地でもあり、大陸に向かう航路の出発・到着点だった。
い	③法隆寺地域の仏教建築物	7 世紀に造営された法隆寺地域には、世界最古の木造建築が数多く残っている。山脇学園の SI 部が世界ロボットオリンピアードで入賞した作品は法隆寺の遺産に関するものだった。
う	古都奈良の文化財	710 年から 784 年まで日本の首都であり政治・文化の中心として栄えた。④海外の国々との交流を通して日本文化の原型がつくられた。
え	古都京都の文化財	⑤京都は長きにわたり天皇が居た日本の都であり、武家政権が政治の中心を他の地に移したときも文化の中心だった。
お	〔　A　〕－仏国土（浄土）を表す建築・庭園及び考古学的遺跡群－	奥州藤原氏が 4 代にわたって築いた財力を背景にしつつ、宗教を軸《じく》とする独特の支配の拠点とした。
か	琉球王国のグスク及び関連遺産群	⑥当時の日本とは異なった独自の国際色豊かな文化がみられた。琉球王国の首都には〔　B　〕が建てられたが、2019 年に焼失した。
き	〔　C　〕	兵庫県にある、鮮やかな白い城壁・土塀がみられ、大小の天守が連立している独特の構造をもつ城郭《じょうかく》である。
く	⑦石見《いわみ》銀山遺跡とその文化的景観	1527 年の鉱山発見から、1600 年初頭にかけて石見銀山でとれた銀が世界で流通した。1500 年代後半に世界で取引された銀の総量の少なくとも 10%を占めたといわれる。
け	日光の社寺	徳川初代将軍がまつられている〔　D　〕がつくられて以来、⑧徳川将軍家にとって重要な地であった。
こ	富岡製糸場と絹産業遺産群	19 世紀後半から 20 世紀にかけて、高品質な⑨生糸の大量生産の実現に貢献した。
さ	原爆ドーム	⑩大正時代に建設され、産業発達の象徴だった。⑪原爆投下により全焼したが、倒壊《とうかい》は免れた。

問1　空らん〔　A　〕～〔　D　〕に入る語句を、漢字で答えなさい。ただし〔　A　〕には地名が入ります。

問2　〔お〕〔く〕〔こ〕の遺跡がある都道府県の組み合わせとして正しいものを、**ア～カ**の中から1つ選び、記号で答えなさい。

ア　〔お〕―青森県　〔く〕―島根県　〔こ〕―群馬県

イ　〔お〕―青森県　〔く〕―鳥取県　〔こ〕―栃木県

ウ　〔お〕―岩手県　〔く〕―兵庫県　〔こ〕―埼玉県

エ　〔お〕―岩手県　〔く〕―島根県　〔こ〕―群馬県

オ　〔お〕―宮城県　〔く〕―鳥取県　〔こ〕―栃木県

カ　〔お〕―宮城県　〔く〕―兵庫県　〔こ〕―埼玉県

問3　下線部①に含まれる遺跡として正しいものを、**ア～エ**の中から1つ選び、記号で答えなさい。

ア　吉野ヶ里遺跡　**イ**　岩宿遺跡　**ウ**　三内丸山遺跡　**エ**　板付遺跡

問4　下線部②のなかで、世界最大級の規模をもち、仁徳天皇の墓であると考えられている古墳を何といいますか。漢字4字で答えなさい。

問5　下線部③について、法隆寺を建てたといわれる聖徳太子（厩戸皇子《うまやとのおうじ》）について述べた文章として誤っているものを、**ア～エ**の中から1つ選び、記号で答えなさい。

ア　蘇我馬子とともに推古天皇を助け、政治を行った。

イ　遣隋使として小野妹子を送り、隋から様々なことを学ぼうとした。

ウ　仏教を大事にする政治をし、各地に国分寺を建てた。

エ　憲法十七条を定め、役人としての心がまえを示した。

問6　下線部④について、交流のあった中国王朝の名称として正しいものを、**ア～エ**の中から1つ選び、記号で答えなさい。

ア　秦　**イ**　唐　**ウ**　宋　**エ**　元

問7　下線部⑤について、平安京に都をうつした天皇はだれですか。漢字で答えなさい。

問8　下線部⑥について、琉球王国が成立したとき、日本は室町時代でした。室町時代におきたできごとA～Dを年代の古い順に並べ、記号で答えなさい。

A　明に朝貢し、勘合貿易が始まった。

B　応仁の乱がおこった。

C　正長の土一揆がおこった。

D　足利尊氏が、征夷大将軍に任命された。

問9　下線部⑦について、石見銀山は新たな技術によって産出が増加しました。その技術は、他の鉱山にももたらされ、戦国大名は金貨や銀貨を造るようになりました。以下の（1）～（2）の問いに答えなさい。

（1）戦国大名が独自に定めた法を何といいますか。漢字で答えなさい。

（2）現在、遺産の候補リストに載《の》っている、江戸時代の金貨製造を支えた新潟県の鉱山を何といいますか。漢字で答えなさい。

問10　下線部⑧について、江戸幕府が重要な地と考え、直接治めた都市の1つに長崎があります。長崎を直接治めたねらいを、都市の特徴を示しつつ、説明しなさい。

問１１　下線部⑨について、近代の貿易において絹製品は、輸出品の中心でした。同じく輸出品として綿製品も多く製造されましたが、大規模な施設をもった大阪紡績会社を企画、出資した中心人物はだれですか。以下の情報を参考に漢字で答えなさい。

情報１：埼玉県出身、江戸幕府の役人となり、明治時代にも活躍した。
情報２：日本で最初の銀行設立に関わった。

問１２　下線部⑩について、大正時代の文化の様子について述べた文として、正しいものを**ア**～**エ**の中から１つ選び、記号で答えなさい。

ア　レンガ造りなどの欧米風《おうべいふう》の建物が増え、ランプやガス灯がつけられた。

イ　新聞や雑誌の発行部数が急速に伸び、ラジオ放送が開始された。

ウ　新聞や雑誌、小説などによって国民の戦意が高められ、情報は政府が統制した。

エ　テレビや冷蔵庫などの家庭電化製品や自動車が広まった。

問１３　下線部⑪について、例年山脇学園高校の修学旅行では長崎を訪れます。原爆は長崎にも投下されましたが、それはいつですか。解答らんに入るように数字で答えなさい。

3　次の古地図を見ながら問題を読み、各問いに答えなさい。

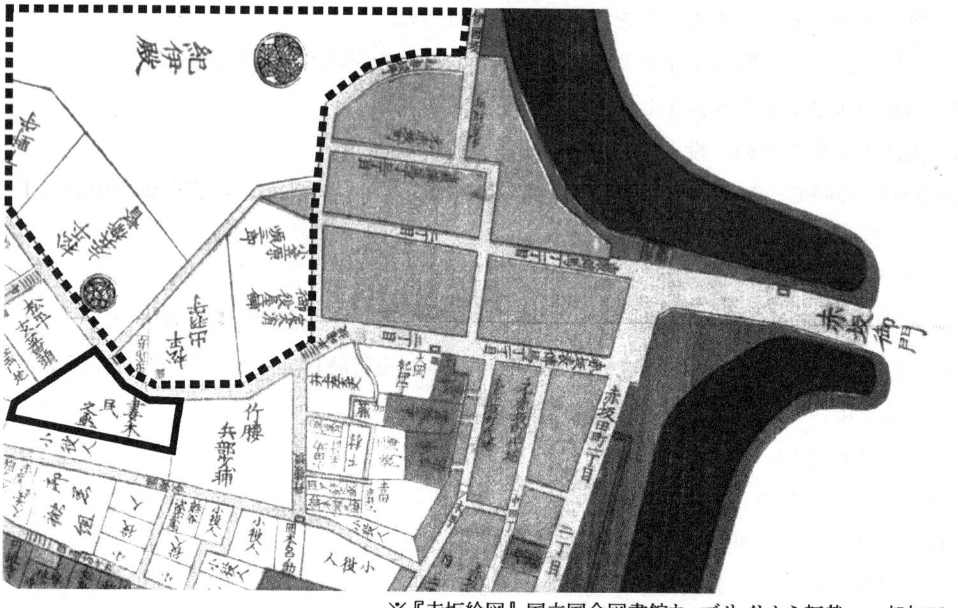

※『赤坂絵図』国立国会図書館ウェブサイトから転載・一部加工

山脇学園の近くには、赤坂見附という地名があります。見附とは見張りのための施設のことで、古地図中の赤坂御門がその場所にあたります（図中の右端）。

地図中に太線で囲んだ現在の山脇学園のあたりには「妻木」と書かれています。旗本だった妻木家の屋敷があった場所なのです。妻木家は、江戸城の出入り口である赤坂御門のすぐそばで城や町を守る役割を担っていました。このように江戸時代の赤坂は、城を守るための重要な場所の一つだったことがわかります。

さて、皆さんも歴史で学んでいるように、①江戸時代には厳格な身分制度がありました。それが明治時代になると四民平等とされ、それまでの身分制度が廃止されました。居住や結婚などについては身分にかかわらず自由となったものの、華族や士族、平民などという身分は残りました。例えば帝国議会は、皇族や華族の代表や、高額納税者などの特定の人たちを中心とする〔　A　〕と、衆議院からなる二院制をとっていました。

戦後に成立した②日本国憲法では、③第14条で「すべて国民は〔　B　〕に平等であつて、人種、信条、性別、社会的身分又は門地により、政治的、経済的又は社会的関係において、差別されない」と規定されています。身分制度は廃止され、④国会議員は全て国民の中から選挙で選ばれることになりました。

また、日本の中で特別な地位にある存在として、天皇がいます。憲法には、第1条で「天皇は、日本国の〔　C　〕であり日本国民統合の〔C〕であつて…」と定められています。天皇には政治的な権力はなく、内閣の助言と承認を受けた上で、〔　D　〕を行なうことになっています。

このように、現在の日本では身分制度は存在せず、差別というのは憲法上一切許されないことになっています。しかしながら、現実の世の中では、まだまだ差別があると言わざるを得ません。特定の誰かが辛い思いをするような世の中は、すぐに改善していかなければなりませんね。

問1　文中の〔A〕～〔D〕に入る語を答えなさい。

問2　下線部①について、地図中の点線で囲んだ地域に住んでいた人々は、主にどのような身分の人々だったと考えられますか。漢字で答えなさい。

問3　下線部②について、日本国憲法は、あらゆる法律や命令の上位に立つ法です。このような性質を何と言いますか。

問4　下線部③に関連して、平等権や自由権などを含む、人間が生まれながらにして持っている権利のことを基本的人権といいます。（1）～（2）の問いに答えなさい。

（1）基本的人権の自由権の中で、拷問や不法な逮捕など正当な理由なしに他者から拘束されない自由を何といいますか。

（2）権利に対して義務があります。国民の三大義務のうち、子女に普通教育を受けさせる義務と納税の義務以外を1つ答えなさい。

問5　下線部④について、（1）～（2）の問いに答えなさい。

（1）現在、衆議院議員の議員総数は何名ですか。

（2）衆議院の優越について述べた文として正しいものを、次の**ア**～**エ**の中から1つ選び、記号で答えなさい。

ア　衆議院の優越が認められているので、十分に話し合いをしたうえで、最終的には必ず衆議院の意見が採用される。

イ　衆議院には解散制度があり、任期が参議院議員よりも短いため、世論をよく反映しているから参議院よりも優越する。

ウ　衆議院は選挙ごとに半数ずつが改選されるため、選挙の前と後でも連続した議論ができるから、優越される。

エ　憲法改正の発議のための議決は、国の政治の重要事項であることから、衆議院の優越が認められている。

【理　科】〈Ａ日程試験〉（30分）〈満点：60点〉

1　植物のつくりについて、次の問いに答えなさい。

問１　根から吸収されるものは、主に２つあります。１つは土にとけている肥料分ですが、もう１つは何か答えなさい。

問２　双子葉類の根は、茎《くき》につづいている太い根と、そこから枝分かれして出ている細い根からなります。この２つの根の名称《めいしょう》をそれぞれ答えなさい。

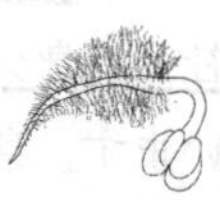

図１

問３　**図１**のような根に見られる小さな毛の名称を答えなさい。

問４　根の先のつくりで、成長点を守っている部分の名称を答えなさい。

問５　イネの茎の断面図として正しいものを、次の**ア〜エ**から１つ選び、記号で答えなさい。例は維管束の模式図です。

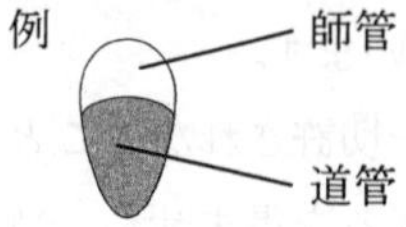

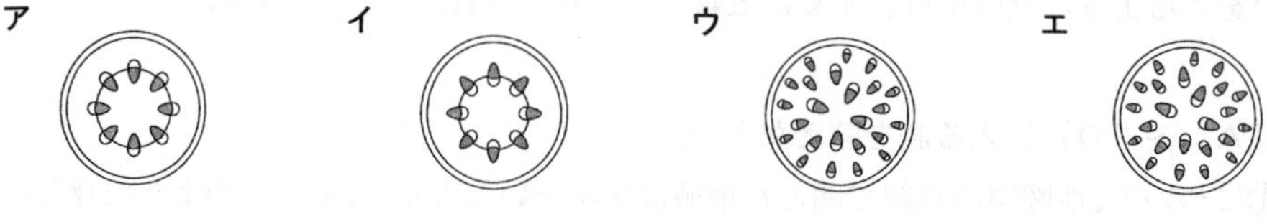

問６　**図２**の矢印の位置のように、カキの枝の形成層より外側をリング状にはぎ取り、何日間か置いておくと、切り取った部分の近くがふくらんでいるのが確認されました。

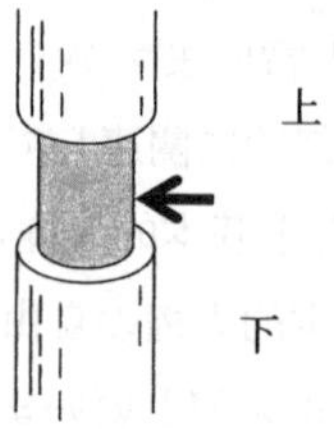

図２

（１）ふくらんだのは切り取った部分の葉などのある先端《せんたん》側（上）の茎と幹側（下）の茎のどちらか、解答らんの正しい方に○をつけなさい。

（２）（１）で選んだ場所がどうしてふくらんだのか、その理由を次の**ア〜ウ**から１つ選び、記号で答えなさい。

ア　道管を流れる水分がたまったため。
イ　師管を流れる養分がたまったため。
ウ　はぎ取ったことで、茎がはれたため。

問７　植物が空気中に体内の水分を排《はい》出するしくみについて、以下の問いに答えなさい。

（１）次の文章**ア〜エ**のうち、正しいものを**すべて**選び、記号で答えなさい。

ア　すべての葉からは、水滴《てき》の状態で水分が排出されている。
イ　水分の排出は、温度や湿《しつ》度の影響《えいきょう》を受ける。
ウ　葉の表から排出される水分の量は、葉の裏から排出される量よりも多い。
エ　葉の裏から排出される水分の量は、葉の表から排出される量よりも多い。

（２）葉にある、気体の出入り口となるすきまの名称を答えなさい。

（３）（２）から植物体内の水分を蒸発させるはたらきを何というか**平仮名**《ひらがな》で答えなさい。

2 磁石について、次の問いに答えなさい。

問1 次の**ア**～**オ**のうち、磁石につくものを1つ選び、記号で答えなさい。

ア アルミホイル **イ** スチール缶《かん》 **ウ** ホウ酸 **エ** 10円玉 **オ** ペットボトル

問2 ミシン針を磁石でこすると磁石になります。**図1**のように、磁石のS極でミシン針の先の方に向かってこすったとき、ミシン針の先は何極になりますか。

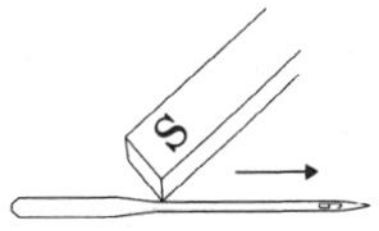

図1

問3 磁石がクリップなどを引き付ける力のことを磁力といいます。

図2のようにN極である左端《ひだりはし》に目印**ア**を付け、そこから2cmおきに目印**イ**～**キ**を付けた長さ12cmの棒磁石があります。この棒磁石の磁力が最も強い場所と最も弱い場所として、それぞれあてはまるものを、**図2**の**ア**～**キ**から**すべて**選び、記号で答えなさい。

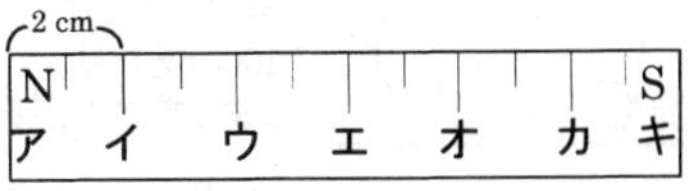

図2

問4 **図2**の棒磁石を左端から6cm(**図2のエ**の位置)で2つに切断し、向きを変えずに入れかえて接着し、**図3**のような棒磁石に作り変えました。次の①～③の文は作り変えた**図3**の棒磁石の磁力について述べています。①～③の文について正しいものには○、間違《まちが》っているものには×でそれぞれ答えなさい。

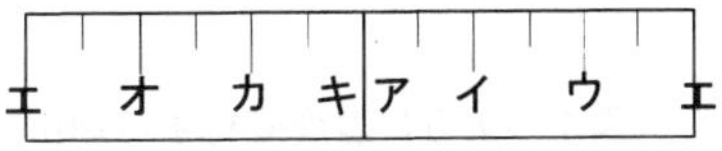

図3

① **図3**の棒磁石の**ア**と**キ**が接着した場所に鉄くぎを近づけるとくっついた。

② **図3**の棒磁石の右端の場所に鉄くぎを近づけるとくっついた。

③ **図3**の棒磁石の左端の場所に磁石のN極を近づけると引き合った。

問5 1つの棒磁石の上にとう明なガラス板を置き、その上に砂鉄をまいてガラス板を軽くたたくと、砂鉄が磁力を受けてある模様ができました。**図4**はそのときの模様をスケッチしたものです。

同じように、2つの棒磁石やU字型磁石を使ったときの模様を**図5**、**図6**のようにスケッチしました。**図5**、**図6**の模様を作ることができる磁石の置き方をそれぞれ**ア**～**エ**から**すべて**選び、記号で答えなさい。

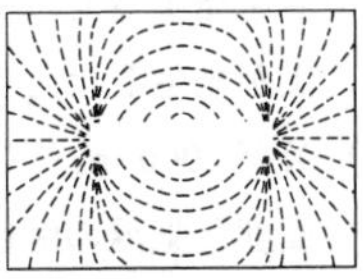

図4

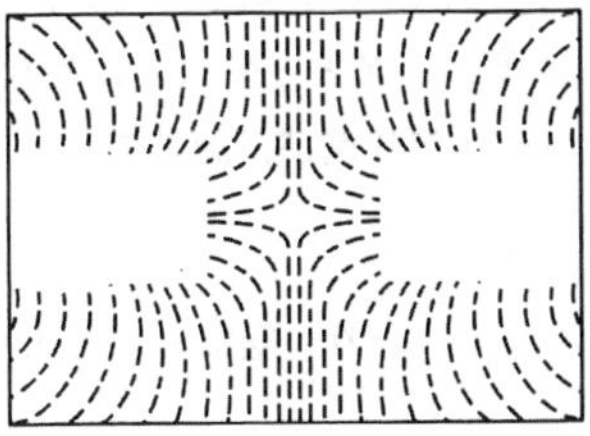

図5

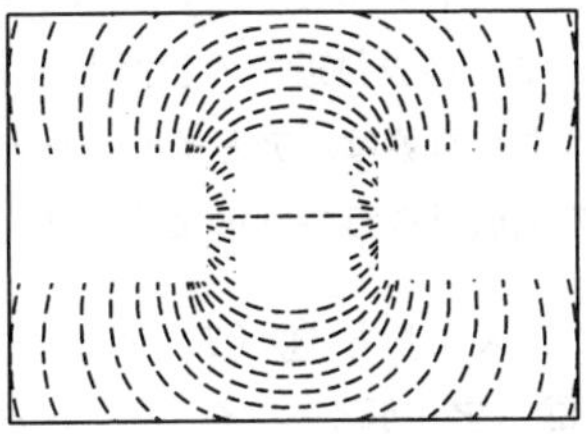

図6

ア

イ

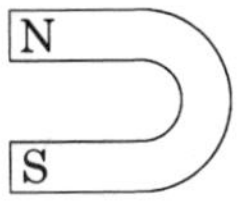

ウ

エ

3 次の文章を読んで、あとの問いに答えなさい。

よく晴れた夏の日の午後に雲が発生し、①短時間に強い雨が降ることがあります。これは、地表があたためられ、地上付近の空気のかたまりが上昇《じょうしょう》するためです。上昇する空気の温度変化は、**図１**のようになります。しかし、上空の空気は地表付近よりも気温が低くなっています。そのため、**図２**のように上昇する空気のかたまりの温度が上空の気温よりも高いうちは上昇を続けますが、冷やされることで上空の気温と同じになれば上昇は止まるものとします。

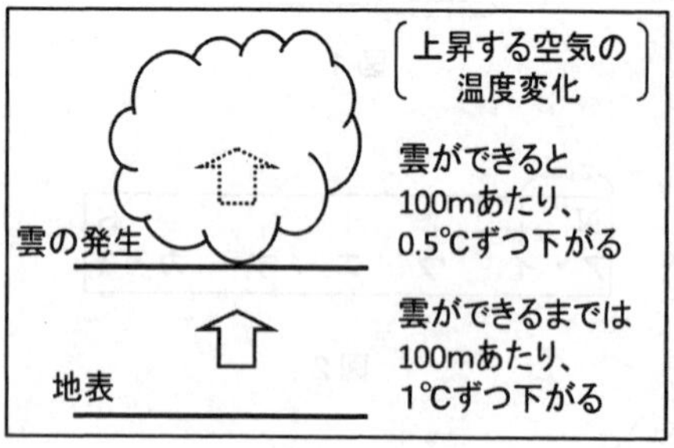

図１

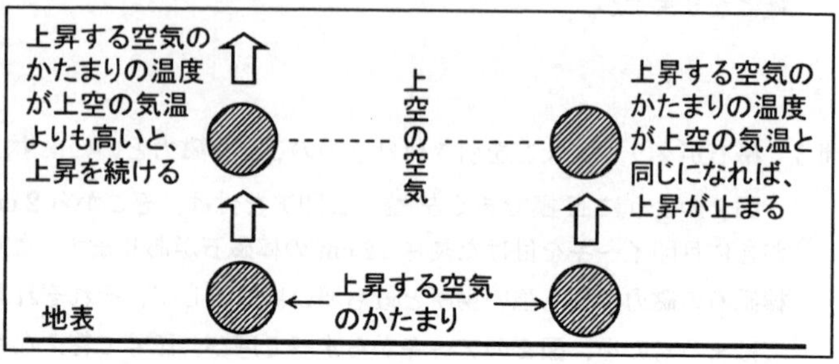

図２

問１　下線部①のような雨を降らせる雲を何といいますか。**漢字**で答えなさい。

問２　**図１**のように温度変化する理由を説明した次の文の（　　）に当てはまる言葉は、**ア**と**イ**のどちらになるかそれぞれ選び、記号で答えなさい。

水蒸気をふくんだ空気のかたまりが上昇すると、上空ほど気圧が ①（**ア**　高く　**イ**　低く）、空気が②（**ア**　膨張《ぼうちょう》する　**イ**　収縮する）ため温度が下がります。

問３　地表（高度０ m）で空気が30℃まであたためられました。この空気のかたまり（以下Ｘと呼ぶ）は地表から上昇を始めて、高度1000 mで雲を発生させ、そのまま上昇を続けました。

（１）雲が発生したとき、Ｘの温度は何℃になりますか。

（２）Ｘが2000 mまで上昇したとき、Ｘの温度は何℃になりますか。

（３）高度と気温の関係は、右の**グラフ１**のように変化したとします。Ｘの上昇は、高度何ｍで止まりますか。

グラフ１

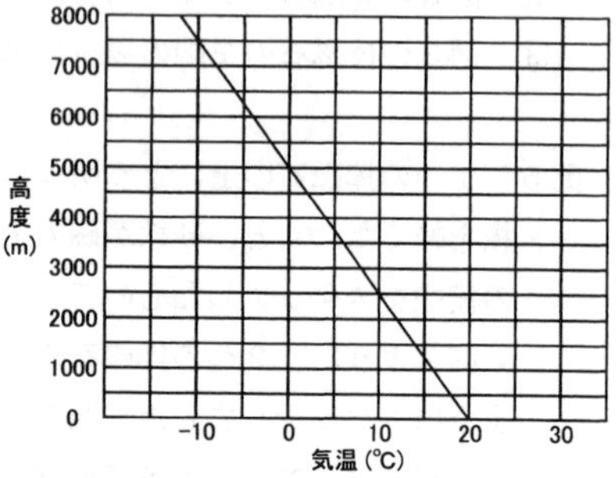

問４　地表で30℃まであたためられた別の空気のかたまり（Ｙ）が上昇すると、問３のＸよりも低い高度で雲が発生し、上昇を続けました。Ｙの地表付近での状態と、上昇が止まる高度は、Ｘとどのように異なりますか。次の文の（　　）に当てはまる言葉は、**ア**と**イ**のうちどちらになるかそれぞれ選び、記号で答えなさい。ただし、この場所でも上空の気温は**グラフ１**のように変化していました。

地表付近でのＹの状態は、Ｘよりも ①（**ア**　かわいて　**イ**　しめって）おり、空気のかたまりの上昇が止まる高度は、Ｘよりも ②（**ア**　低く　**イ**　高く）なる。

問５　次の①～③の文は天気に関する言い伝えです。各文の（　　）に当てはまる言葉は、**ア**と**イ**のどちらになるかそれぞれ選び、記号で答えなさい。

① ツバメが低く飛ぶと、（**ア**　晴れになる　**イ**　雨がふる）。

② ごはん粒《つぶ》が茶わんによくくっつくと、（**ア**　晴れになる　**イ**　雨がふる）。

③ 飛行機雲がなかなか消えないと、（**ア**　晴れになる　**イ**　雨がふる）。

4 次の会話文を読んで、あとの問いに答えなさい。

ふさこさん：お父さん、これから障子《しょうじ》のはりかえをするの？
お父さん　：そうだよ。障子が黄ばんでもろくなっているからね。
ふさこさん：どうやってはりかえるの？　手に持っているお椀《わん》に入っているものは何？
お父さん　：これは「続飯《そくい》」と言って、ごはん粒《つぶ》をつぶしてできた「のり」なんだ。
ふさこさん：のりはごはんから作られるの？　知らなかったわ。
お父さん　：のりと言っても、様々な種類があるんだよ。代表的なのは、お米や漆喰《しっくい》[*1]、ニカワ[*2]などがそうだね。お父さんは趣味《しゅみ》で電気工作をしているけれど、そこで使っているはんだ[*3]も一種ののりと言えるね。
ふさこさん：金属ものりになるの？
お父さん　：そうだね。そもそも「くっつける」ということは、物と物どうしを結びつけることだ。のりは、その間を取り持つ物質なんだよ。はんだ付けは金属と金属をつぎ合わせることだから、はんだものりの一種とみなすことができるんだ。
ふさこさん：へえ〜。のりって奥《おく》深いね。それにくっつく原理も知りたいわ。
お父さん　：調べてみたり、理科の先生に聞いてみたりしたらどうかな？
ふさこさん：うん！　そうするね。

*1 漆喰　：消石灰《しょうせっかい》と呼ばれる物質に、海そうや水を混ぜて作られたのり。消石灰の水溶液《すいようえき》はBTB溶液を青色に変化させる。
*2 ニカワ：動物の皮や骨などを原料とし、これを水とともに加熱したもの。
*3 はんだ：錫《すず》と鉛《なまり》を混ぜ合わせた合金（2つ以上の金属を混ぜ合わせたもの）。

問1　漆喰の原料である消石灰は、石灰石から生石灰《せいせっかい》を経て作られます。その工程は次のようになります。ただし、石灰石は炭酸カルシウムとみなします。

① 石灰石 → 生石灰 ＋ （ A ）　（この工程では、石灰石を加熱します）
② 生石灰 ＋ 水 → 消石灰

（1）（ A ）は石灰石にうすい塩酸を加えることで発生する気体です。（ A ）の名称を答えなさい。
（2）（ A ）は物をふくらませる膨張《ぼうちょう》ざいとして、よくお菓子《かし》作りに利用されます。下に示される**あ**～**え**のうち、（ A ）を**利用していない**お菓子を**すべて**選び、記号で答えなさい。

あ　メレンゲ　　**い**　ポップコーン　　**う**　ホットケーキ　　**え**　わたあめ

（3）消石灰の水溶液に（ A ）をふき込むと、炭酸カルシウムの白いちんでんと水が生じます。この反応を上の枠内で表した工程②のように書きなさい。
（4）漆喰は城《しろ》の壁《かべ》などに利用され、年月が経つほど固くなり強度が増していきます。なぜ強度が増すのかそのしくみを説明しなさい。

問2　金属は1種類だけ（純度100％）のものだけでなく、はんだのように他のものがまざっているものもあります。金のアクセサリーは、使用している金の純度を「K○○」として表示します。金の純度が100％だと「K24」と表示します。

① 銀や銅などを混ぜたK18のリングには、何％の金が含《ふく》まれていますか。整数で答えなさい。

② 重さ3gのK18リングがあります。このリングに含まれる金を得るには、最低何トンの金鉱石が必要ですか。1トン(1000 kg)の金鉱石に含まれる金の割合を0.0002%とし、答えは四捨五入して小数第2位まで求めなさい。

ふさこさんは後日、理科の先生に「物がくっつく」原理を質問しに行き、2つのメモをもらいました。

[メモ1]

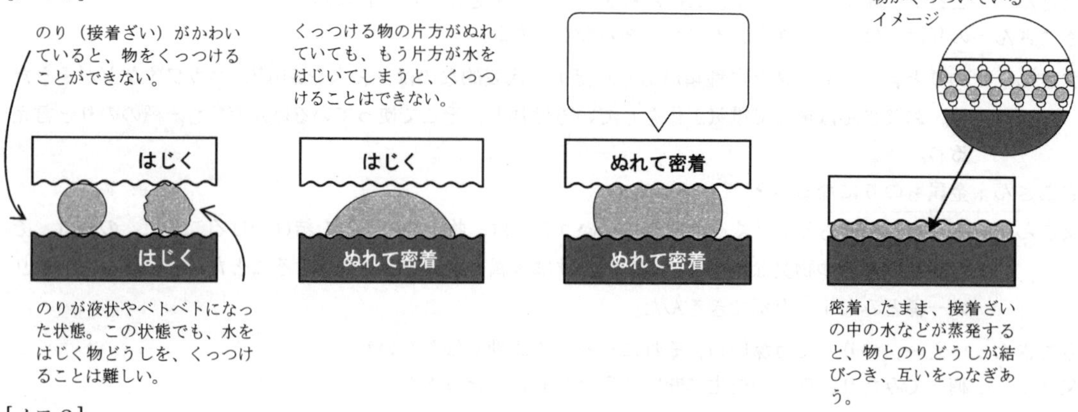
のり(接着ざい)がかわいていると、物をくっつけることができない。
くっつける物の片方がぬれていても、もう片方が水をはじいてしまうと、くっつけることはできない。
物がくっついているイメージ
はじく
はじく
はじく
ぬれて密着
ぬれて密着
ぬれて密着
のりが液状やベトベトになった状態。この状態でも、水をはじく物どうしを、くっつけることは難しい。
密着したまま、接着ざいの中の水などが蒸発すると、物とのりどうしが結びつき、互いをつなぎあう。

[メモ2]

<水や熱との関係からみた原料の性質のちがい>

・コメなどに含まれるデンプンは、水を加えて加熱すると、ねばりけが出る。かわいたあとも、水をつけるとはがすことができる。

・ニカワはタンパク質の一種であるが、水を加えて加熱すると、とける性質がある。デンプンと同様、かわいたあとに水をつけるとはがすことができる。デンプンのりより強力で、木工製品の接着に使用される。

問3 メモ1のふき出しに入る文章を下にまとめました。(B)と(C)に入る適切な言葉、または文章を答えなさい。

物と物をくっつけるには、最初、接着ざいが水など「物をとかす物質」に(B)状態であることが必要である。そして、接着したいものどうしが、どちらも(C)ことが必要である。

問4 次の**ア**~**エ**の日常生活で見られる現象のうち、タンパク質の性質と**関係のないもの**を1つ選び、記号で答えなさい。

ア 生の肉を焼くと、縮んで色が変わった。

イ ミルクティーにレモン汁を入れると、水面に白いかたまりが浮《う》かんだ。

ウ とかした寒天粉に、パイナップルを入れて冷やし固めた。

エ 血のよごれがついたハンカチをお湯で洗うと、よごれが固まった。

問5 **4**の全体の内容をふまえて、次の**ア**~**オ**のうち明らかに**間違っている内容の文章**を1つ選び、記号で答えなさい。

ア 漆喰は強アルカリ性なので、扱いには手袋《てぶくろ》をするなどの注意が必要である。

イ ヴァイオリンの修理には、ニカワが使われる。

ウ ニカワは水分と温度が適当だと、び生物によって分解されるため、不必要になった際には環境によい。

エ トウモロコシの主成分はお米と同じなので、トウモロコシからでも、のりを作ることができる。

オ 続飯は、長期にわたって保存がきく。

3　伝統工芸品を作る工場を訪《おとず》れたとき、そこで働く方々がひたすらア木を加工するイお仕事にウ打ちこんでいるのを見て、とてもエ感動しました。

4　「もうアやめなさい、ここでイ大声を出すのは。周りの迷惑《わく》にウなるでしょ」と、母は子どもたちに、エ注意した。

5　その信号を右に曲がって、次の交差点をア渡《わた》ったところにデパートがイあるので、そこをウ通り過ぎるとすぐに、事務所がエ見えてきます。

源を大量に消費する社会の仕組みを作り出しました。[B]、自らの民族や国家の利益を最優先することで生じる争いは後を絶ちません。わたしたちは、どうしたら人間の欲望をコントロールして、自然や人々との共存を実現することができるのでしょうか。

問一　〰線a「シタガ(って)」、b「コウチク」をそれぞれ漢字に直しなさい。

問二　[A]・[B]に当てはまる言葉を、次のア〜オからそれぞれ選びなさい。(同じ記号は二度使用しないこと)

ア　また　　イ　したがって　　ウ　すなわち
エ　しかし　　オ　たとえば

問三　——線①「人間の欲望は、自分の生存に直接関係のないものごとにまでおよびます」とありますが、その例として当てはまらないものを、次のア〜エから選びなさい。

ア　村人が死を迎《むか》えると、家族はお坊《ぼう》さんに念仏を唱《とな》えてもらう。
イ　狩猟《しゅりょう》民は獲《え》物が捕《と》れなくなると、狩《か》りを行う場所を移動する。
ウ　商人が今まで以上に大きな利益を得るために、新しい店を開く。
エ　農民が耕作に励《はげ》みつつ、秋には収穫《かく》を神に感謝する祭りを行う。

問四　——線②「抽象」と反対の意味の言葉を、漢字二字で答えなさい。

問五　本文の内容の説明として最も適当なものを、次のア〜エから選びなさい。

ア　動物の欲望と人間の欲望とでは、共通するところもあるがその違《ちが》いもきわめて大きい。
イ　人間は生存に執《しゅう》着するあまり、自然を破壊してでも必要なものを貯《た》めこむようになった。
ウ　動物が生まれついた欲望だけで行動するのに対して、人間は理性に基《もと》づいて行動する。
エ　現代の社会問題は、欲望を満たそうとする人々と規制する側との対立から起きている。

問六　‖線「わたしたちは、〜できるのでしょうか」とありますが、「人間の欲望」を「コントロール」するためには何が必要ですか。また、それによってどのようなことが実現できますか。例を挙げて自分の考えをまとめなさい。

四

次の各問いに答えなさい。

問一　次の1〜5の□に当てはまる漢字一字と、後の語群のひらがな二字を漢字一字に直したものを組み合わせて、二字の熟語をそれぞれ作りなさい。(語群の中で同じものは二度使用しないこと)

1　□けは人のためならず
2　急がば□れ
3　かわいい子には□させよ
4　早起きは三□の得
5　骨折り□のくたびれもうけ

語群〈こう　がい　めい　ゆう　がん　はい　らん　ぞう〉

問二　次の1〜5の‖線部について、——線ア〜エのどこにかかるかを、それぞれ選びなさい。

1　わたしは、ピアノのァ発表会に出場したときのィ練習が大変だったゥ経験を、スピーチとしてェ発表しました。
2　ついァ先日、父は仕事のためにィ大阪《さか》で、ゥその方にェお会いしてきたばかりです。

るのが恥ずかしいと感じている。
イ　強い口調で修一に当たってしまったことについて、謝《あやま》るタイミングを見失ってしまっている。
ウ　修一のねばり強さに押《お》し負けたが、動画を視聴することには気持ちが向かないままでいる。
エ　修一がしつこく動画を見せようとしてきたことについて、怒《いか》りがますます大きくなっている。

問四　――線③「由香は自分には聞こえない～錯覚を覚えた」とありますが、同じ感覚について述べられている一文をこれより後の本文中よりぬき出し、最初と最後の三字を答えなさい。（句読点なども一字にふくみます）

問五　――線④「孤独」とありますが、その説明として最も適当なものを、次のア～エから選びなさい。
ア　聞こえる世界と聞こえない世界の一方にすらいられない孤独。
イ　親友や恋人が自分のもとから離《はな》れていくだろうという孤独。
ウ　音が聞こえないつらさを誰《だれ》もわかろうとしてくれない孤独。
エ　耳が聞こえない現実を受け入れて生きなければいけない孤独。

問六　――線⑤「もう一度踊れるようになれたら……」とありますが、「なれたら」の後に省略されているのはどのような言葉であると考えられますか。本文中の言葉を用いて、次の文の□に十字以内で説明を補い、完成させなさい。

＊　□を見つけられるかもしれない。

問七　――線⑥「由香は初めて～実際に体感したかった」とありますが、それはなぜですか。六十字以内で説明しなさい。

問八　本文の内容の説明として最も適当なものを、次のア～エから選びなさい。
ア　手話ダンスの動画を見た由香は、手話のメッセージに心を打たれ、涙が止まらなかった。
イ　聴覚を失ったことを認める決心がつかなかった由香は、手話を学ぶことを避《さ》け続けていた。
ウ　Blue Hands のライブを見るために初めて渋谷を歩いた由香は、かすかな不安を感じていた。
エ　由香は手話ダンスを生で見たいと思っていたが、その気持ちを修一には伝えていなかった。

三

次の文章を読んで、後の問いに答えなさい。

動物は本能に a シタガって行動します。空腹になれば食べ物を求め、ねむくなれば睡眠《すいみん》をとります。もちろん人間もこのような本能をもっています。［A］人間の欲望はそれだけではとらえきれません。

①人間の欲望は、自分の生存に直接関係のないものごとにまでおよびます。たとえば、コレクションを趣味《しゅ》とする人々がいますが、これらの人々が収集するもののほとんどは、それがなくても生きていけます。

さらに、②抽象《ちゅう》的なものごとへの欲望も人間の大きな特徴《ちょう》です。数や単位を考案したり、個々の人間の生き方を超《こ》えた「生きるとは何か」という問いを追求したりしてきたのも、このような欲望があるために可能になりました。

こうした欲望のあり方が、一方では人間社会を大きく発展させてきました。自然の根本的な原理やメカニズムを知りたいという欲望が科学技術の進歩をもたらし、人間同士が争うことなく平和に共存できる社会を作りたいという欲望が、民主的な政治や社会、国際的に対話する仕組みの b コウチクにつながってきました。

しかし他方では、現代人の大きくなった欲望が様々な問題を引き起こしました。豊かで快適な暮らしを追求することが、自然を破壊《かい》し資

ジに飛ぶと、彼らの活動履《り》歴が詳《くわ》しく書いてあった。だが、由香は事前情報のチェックは最低限にとどめ、生で見ることを楽しみにすることにした。

　由香は事故に遭《あ》ってから初めて来る渋谷だったので、どこか気持ちが落ち着かなかった。かつては自分たちの庭のように歩けた街が、すっかりよそよそしく感じられた。ハチ公前のスクランブル交差点を急ぎ足で渡《わた》りながら、由香は修一の手をぎゅっと握った。

　由香には確かめてみたいことがあった。

　東北から戻ってきてからなのだが、夜、自分の部屋でベッドにもたれかかって両手を広げて掌をじっと見ていると、指先がほんのりと熱を帯びてチリチリとした感触を感じることがある。そしてそっと手を合わせると、淡い、とても淡い光のようなものが浮かび上がっては消えるのだ。もちろん、ただの錯覚かもしれない。

　でもそれは…もしかしたら指先から発せられる私の言葉なんじゃないだろうか。口だけではなく、指先がこれからもう一つの私の声となり、大切な人たちと言葉を交《か》わすようになるのだろうか。これはその小さな前兆なのではないだろうか。聴覚を失《な》くしたこと。何度考えても悲しくてやり切れない。けど、失くしてばかりの私ではいたくない。東北の海にぶつけてきた悲しみ。その悲しみを黙《だま》って受け止めてくれた海。私は生まれ変わりたい。新しく生まれ変わりたい。掌に感じた淡い光を掴《つか》んでみたい。私の背中を押《お》してくれるきっかけが欲しい。そのためにも……。

　⑥由香は初めてBlue Handsの映像を見た時に感じた波動をライブで実際に体感したかった。しかし、あえてそのことを修一には言わずにいた。

【村本大志『透明な耳。』】

注1　フィアット…イタリアの自動車メーカー。ここではそのメーカー製の車を指す。

注2　昨日遅かったから…由香は海が見たいと思い立って、東北に海を見に行き、前日の深夜に帰宅した。

注3　悟…由香の父。

注4　バストアップ…胸から上を写したもののこと。

注5　グルーヴ…音楽を聴《き》いて身体を動かしたくなる感覚。

注6　真由や亜紀…二人ともダンス部に所属する由香の同級生。

注7　安忠成…修一に「Blue Hands」を紹介《しょうかい》した人物。

問一　Ａ・Ｂに当てはまる言葉を、次のア～オからそれぞれ選びなさい。（同じ記号は二度使用しないこと）

ア　通した　イ　向けた　ウ　かけた

エ　丸くした　オ　伏《ふ》せた

問二　――線①「わからないくせに」とありますが、ここでの由香の心情として最も適当なものを、次のア～エから選びなさい。

ア　疲れているときに、修一がダンスの動画をすすめてくることをうっとうしく感じている。

イ　耳が聞こえる修一には、耳が聞こえなくなった不自由さなどわかるはずがないとあきれている。

ウ　ダンスを知らない修一が、踊れないつらさをわかったかのように話すことにがっかりしている。

エ　踊れなくなった悲しみを抱えているときに、ダンスの話題を持ちかけた修一にいら立っている。

問三　――線②「ため息混じりにiPadを乱暴に受け取った」とありますが、ここでの由香についての説明として最も適当なものを、次のア～エから選びなさい。

ア　動画に関心があったものの、ダンスへの未練を修一に知られ

「…また踊れるのかな？　私」
『うん、絶対に』
由香の目に涙《なみだ》が溢《あふ》れた。ひと粒《つぶ》、もうひと粒、ipad の画面に落ちた。
「本当に、また踊れるのかな？」
顔を上げると、涙は頬《ほお》を伝った。

由香が手話を始めることに抵抗《ていこう》があったのは、自らの身を〝あちら側〟に置く準備ができていないためだった。朝起きたら元通りに聞こえるようになっているんじゃないかという儚《はかな》い未練もあった。頭では遠い先に必要になるかもしれないと理解できていても、見えない未来を見据《す》えて実際に行動に移すことに踏《ふ》ん切りがつかなかった。
行動に移すことは、認めたことになる。
自分は、障がい者だと。
自分の中に潜《ひそ》む偏《へん》見が当事者になっているのにもかかわらず存在することに、由香は嫌悪《けんお》感を覚え、自分を恥ずかしいとさえ思った。余計に手話に対してのハードルが上がった。注6 真由《まゆ》や亜紀《あき》のように聞こえる人が習うのとは意味が違うのだ。彼女《かの》たちの自分を思ってくれる気持ちは痛いほど伝わっていた。しかし、彼女たちは手話が上達してもしなくても聴覚を失うことはない。自分だけが大切な機能を欠いた不完全な存在なのだと、由香はいじけたような気持ちにすら、時々なってしまっていた。
今までの自分をすべて捨てるなんてできない。
たった十七年だけど、それでも十七年分の想《おも》いがあった。何より、自分の世界がいつか変わってしまうことが怖《こわ》かった。
修一も真由も亜紀も、今はそばにいてくれている。でもそれが永遠じゃないことを私は知っている。この先、ひとりで〝あちら側〟に取り残されるのが怖い。そうなったら、私はどちら側にも属せない④孤独を抱《かか》えることになる。でも、〝あちら側〟だけの景《け》色は想像できない。自分の大切なものが何一つない世界で生きることに意味が見出《いだ》せない。
でも……。
でも、もしダンスがあれば。
⑤もう一度踊れるようになれたら……。
由香は修一と手を繋《つな》いで渋《しぶ》谷の街を歩いていた。夜の八時を回った頃《ころ》だ。宮益《ます》坂を少し上がった先にあるクラブに、今夜出演するBlue Hands を見に行くためだった。事前に修一が 注7 安忠成《あんただなり》に相談した際、普《ふ》通に会うよりステージを見に来たほうが自然に会えるんじゃないかとの提案を受けた。由香も映像だけでなく、生で彼らを見てみたいと修一に言った。
事前にネット検索《さく》すると、彼らの略歴を記したサイトを見つけた。
○Blue Hands（ブルー・ハンズ）　神奈《かな》川県出身の男性五人によって二〇〇八年に結成されたヒップホップダンスグループ。メンバーはキー（リーダー）・ショースケ・テツ・ツクネ・ヤマジ。二〇一二年、DJハルが参加した。洋楽・邦《ほう》楽を問わず選曲し、その歌詞や楽曲のイメージを手話に意訳し、振り付けに取り入れて、ダイナミックかつ繊《せん》細に踊るステージが持ち味。全員が揃った時の手話ダンスは力強くメッセージ性がある。全員、健聴者である。
二〇〇八年結成か。割と最近のことなんだ…。メンバーみんな聞こえる人なのに、どうして手話やろうとか思ったんだろう？
そのサイトに張り付けられたリンクから Blue Hands のホームペー

修一の口が『ゆ・か』と大きく動く。

修一のあまりに真剣《けん》な眼《まな》差しに由香は根負けした。そして、②ため息混じりにipadを乱暴に受け取った。ソファに座り直し、画面にちらっと目を［ B ］。修一が改めて映像を再生させる。画面の中でBlue Handsが踊り出す。

なんだこのグループ、全然知らない人たちなんですけど…。

『このあとくらいからのとこ』と、修一がメモを差し出した。

由香は仕方なく画面を見た。映像はBlue Handsが歌詞の一部を手話にアレンジして踊っているシーンだった。

男性五人グループか…。みんなやたらでかいし。

そのまま見ていると、メンバーが揃《そろ》って踊るシーンから、カットがメンバーの一人の注4バストアップに切り替《か》わった。指先の見かけない動きと振《ふ》り付け全体から発する注5グルーヴが一体となっていた。

…ん?…なんだこれ?

画面の中のダンサーはその手と指先と腕《うで》の動きをビートに乗せて、感情を表現しているようだった。

…なんか、伝えようとする動き…?

カットがリズミカルに次々と変わる。編集のセンスが抜群《ばつ》にいい。長いショットでは五人のバストアップになり、カメラは彼《かれ》らの周囲をゆっくりと円形移動していった。カメラに向けてメンバーそれぞれが微妙《びみょう》に違《ちが》う表情を見せた。振り付けは見事に揃っていた。

パントマイム的な部分もあるけど、それだけじゃないし、振り付けとも少し違った感じがする。なんでだろ…? 音はよく聞こえないに、音じゃないものが聞こえるような気がする…。

初めて見るタイプの振り付けに、由香は次《し》第に惹《ひ》き込まれていった。

『昨日、知り合った人が、教えてくれたんだ』

由香は頷《うなず》いてそのまま映像を見ていた。

「これ…手話?」

『そう。だけど、だけでもない。なんか新しい、表現』

修一がメモに書いて見せた。由香は、じっと画面を見つめたままだった。Blue Handsは画面の中で踊り続けている。音ははっきりと聞こえない。その代わりに別のものを感じた。

「…面《おも》白いね」

由香は思わずポツリと反応した。そして、そのままipadの画面を見つめていた。

彼らの手と指の動きに集中して見ていると、時折、彼らの掌《てのひら》から柔《やわ》らかい波動が感じられた。まるで蛍《ほたる》の淡《あわ》い光をスローシャッターで捉《とら》えたようなイメージが、浮《う》かび上がっては次々と消えていった。③由香は自分には聞こえないはずの声が、直接胸に聞こえてくるような錯《さっ》覚を覚えた。

なんだろう…この感覚。これも…手話…?

修一がそっと由香に合図をしてから、ゆっくりとした手話で話しかけてきた。

『やってみない?』

「え?」

『由香が、また、踊るのを、見たいんだよ、オレ』

由香は修一をじっと見つめた。

それから、Blue Handsの映像に再び目を落とした。画面を通して彼らの言葉が、こころの深いところに伝わってきたような感触《しょく》があった。

手話はわからないのに。なのに修一の自分への気持ちが沁《し》みてくる。気がつくと、ipadの両端《たん》を強く握《にぎ》っていた。唇《くちびる》が震《ふる》えた。

「…また…踊れるかな? 私」

『うん、きっと』

高校の制服を着た男の子の人影《かげ》が見えた。裕子は車を駐《ちゅう》車場に入れ、足早に玄関へ向かった。

「あれ、修一くん？」

ぐっすり寝《ね》ていたところを起こされた修一が、びくっと起きた。

「あっ…すみません。突《とつ》然」

「どうしたの？　学校は？」

「あ、いえ…えっと、早引きです」

修一が苦笑いで言った。

「そっか。由香まだ寝てるのかな。注2昨日遅《おそ》かったから」

「あの、由香さんに見てもらいたいものがあって」

修一のかしこまった口調に、裕子は微笑《ほほえ》んだ。

「そう。ありがと。とにかく入って」

由香はリビングのソファに座って紅茶を飲んでいた。突然、裕子が修一と一緒《しょ》に帰宅したことに驚《おどろ》いた。

「え、どうしたの？　二人一緒で。あれ、学校は？」

起き抜《ぬ》けの無防備な格好を修一に見られたことが恥《は》ずかしかった。

『なんか話があるんだって』

裕子はメモに書いて由香に見せた。

三人はソファにいったん腰掛《こしか》けた。すぐに裕子は「お店の準備あるから」と席を立ち、何事かと起きてきた注3悟《さとる》は、修一を見ると小さくお辞儀《ぎ》をして「疲《つか》れたからもう少し寝るよ」と言い残し、自室へ戻《もど》った。気を利《き》かせたのだろう。由香は父と母の二人に笑顔を向けた。

そして修一に向き直った。

「なんか急な話？」

「急、ていうか…えっと……」

修一がリュックからiPad《アイパッド》とノートを取り出した。

『見てもらいたい映像があるんだ』

「何？」

ipadから激しいビートが流れ始めた。由香にはそれがぼんやりと聞こえるだけだった。

「これ、Blue Hands《ブルーハンズ》っていうダンスグループ」

修一はノートに書きながら言った。

由香はそれがダンスの映像だとわかり、息を吐《は》き、目を［ A ］。

「今、そういうのいいや」

『わかるけど』

「①わからないくせに」

由香は吐き捨てるように言った。

「今、見たくない」

由香は修一の無神経さに腹が立った。

踊《おど》れなくなった私にわざわざダンスの映像を見せに来るなんて、どうかしてる。

由香は修一から顔を背《そむ》けた。

『ちょっとでいいから』

「ごめん、無理！」

「由香、頼《たの》むよ」

由香が立ち上がると、修一は回り込んでipadをかざした。

「しつこいって」

由香はipadをはね除《の》けた。

「一回だけでいいから！」

由香は修一を睨《にら》んだ。修一がなるべく目を外さないようにしてメモを書いている。

『頼むから！』

殴《なぐ》り書きのメモを突《つ》き出してきた。

問二　――線①「カテゴリー化する力」の説明として適当でないものを、次のア～エから選びなさい。

ア　すべての人が生まれつき持っている能力。

イ　他の動物は持っていない人間固有の能力。

ウ　個々のものを共通の特徴でまとめる能力。

エ　人間の社会のなかで作り出された能力。

問三　――線②「エスキモーの言葉には『雪』を表すことばが二〇種以上あると言われています」とありますが、ここで筆者は「言葉」と「ことば」をどのように使い分けていますか。それぞれの表す内容を、両者の違《ちが》いが分かるように説明しなさい。

問四　――線③「エスキモーの言葉独自の『差異』のシステム」について、エスキモーの人々が周りのものを言葉によって区切るやり方にはどのような特徴がありますか。「～という特徴。」に続くように、本文中の言葉を用いて、六十字以内で説明しなさい。

問五　――線④「日本語では～あります）」とありますが、ここからどのようなことが分かりますか。次の文の［1］～［3］に当てはまる言葉を、それぞれ指定の字数で本文中からぬき出しなさい。

＊　もともと一つの［1（三字）］である「氷・水・湯」に対して、日本語は「氷」と「水」、「水」と「湯」の間に、英語は「［2（一字）］」と「［3（一字）］」の間に切れ目を入れているということ。

問六　［X］に当てはまる色を表す言葉を、漢字一字で答えなさい。

問七　――線⑤「エスキモーの人には、雪の降り方がわたしたちとはまったく違った仕方で見えているはずです」とありますが、筆者がこのように考える理由として最も適当なものを、次のア～エから選びなさい。

ア　「わたしたち」とエスキモーの人々では、生活環《かん》境を取り巻く気候が大きく異なるから。

イ　極地に住むエスキモーの人々にとって、雪は「わたしたち」以上に重要な意味を持つから。

ウ　「わたしたち」とエスキモーの人々では、世界を知覚するためのシステムが異なるから。

エ　エスキモーの人々の言葉では、雪は「わたしたち」とは全く異なる響《ひび》きの音で表現されるから。

問八　本文についての説明として適当でないものを、次のア～エから選びなさい。

ア　言語の成り立ちについて、まだよく分かっていないことについては結論を出さずにいる。

イ　日本語をふくむ複数の言語のシステムの違いについて、様々な例を挙げて説明している。

ウ　読者に対して問題提起の問いかけを行うことによって、論点を分かりやすく示している。

エ　他の言語の特徴と比較《かく》をすることで、他の言語に対する日本語の特殊《しゅ》性を明らかにしている。

二

次の文章を読んで、後の問いに答えなさい。

ダンサーを目指していた十七歳《さい》の由香《ゆか》は、事故で聴《ちょう》力を失ってからふさぎこむ日々を送っていた。次の場面は、由香の家を訪ねた恋《こい》人の修一《しゅういち》が、由香の母の裕子《ゆうこ》に家に招き入れられるところから始まる。

注1
フィアットの荷台と助手席に仕入れた花と食材をいっぱいに積み、裕子は昼過ぎに帰宅した。家に着くと、玄《げん》関先に座《すわ》り込《こ》んでいる

こうしたことからも、言葉が「差異」から成りたったシステムであるというときの「差異」が、つまり、わたしたちの周りにあるものがどのように言葉によって区切られ、区別されているのかが、言語ごとに大きく違っていることがわかります。エスキモーの言葉を話す人は、③エスキモーの言葉独自の「差異」のシステムをもっているわけですし、日本語を話す人は日本語独自の「差異」のシステムをもっているわけです。

このようにそれぞれの言語は、それぞれの仕方で「差異」のシステムを作りあげているわけですが、そこから、どういうことが言えるでしょうか。

日本語で水とか、川、池、湖、海といったことばを使うとき、わたしたちはごく単純に、そういうことばを使う前に、あるいはそれらにそういった名前が付けられる以前に、もの、あるいは世界が客観的に区分ないし注2分節されており、それにたまたま日本語では水や川、池などの名前が付けられたのだと考えているように思います。それに対して英語であれば、"water"や"river"、"pond"といった名前が付けられているというわけです。ここでは言葉は言わばラベルや注3符牒《ふちょう》のようなものとして考えられていると言ってよいでしょう。

しかし、はたして実際そのようになっているでしょうか。ここは大切な点なので、みなさんもよく考えてみてください。

たとえば"water"ということばは、日本語の「水」とほぼ重なることばであることはまちがいありません。しかし決して同じではありません。④日本語では水と湯とは基本的に区別されますが、"water"はそのどちらも指します(英語では"water"と"ice"を区別しますし、日本語でも「水」と「氷」を区別しますが、両者を一つのことばで表現する言語もあります。たとえばマレー語がそうだと聞いたことがあります)。別の例を挙げれば、「青い」ということばと"blue"ということばとは、その意味が必ずしも同じではありません。青葉や青菜、青物などのことばが示すように、「青」は[X]色も指します。ある種類の馬の毛色を「あお(青)」と呼びますが、それは黒っぽい色です。「青い」ということばと"blue"ということばが意味する範囲《はんい》は、必ずしも同じではないのです。

こうした例からもわかりますように、わたしたちは前もって区分されているものに、一つひとつ名前を貼《は》りつけていっているわけではありません。そうではなく、[B]わたしたちは、日本語なら日本語、英語なら英語、タイ語ならタイ語、それぞれの言語のなかで独自の仕方で、世界に切れ目を入れていっているのです。もともと一つの連続体であったものに、それぞれ違う場所で切れ目を入れていると言ってもよいでしょう。それぞれがそれぞれの仕方で知覚の対象になるものを分節し、そしてこのそれぞれの仕方で分節したものに、それぞれに固有の名前を付与《よ》しているのです。

こうしたことからも、個々の言語がそれぞれ違ったシステムであることがわかります。大げさに言えば、言語により、違った世界に住んでいるとも言えるのです。⑤エスキモーの人には、雪の降り方がわたしたちとはまったく違った仕方で見えているはずです。

【藤田正勝『はじめての哲学』】

(一部内容を省略し、表記を改めました)

注1　エスキモー(イヌイット)…北極圏《けん》に住む先住民族のこと。

注2　分節…全体をいくつかの区切りに分けること。

注3　符牒…商品につける、値段や等級を示すしるし。

問一　[A]・[B]に当てはまる言葉を、次のア～オからそれぞれ選びなさい。(同じ記号は二度使用しないこと)

ア　さらに　　イ　つまり　　ウ　しかし

エ　むしろ　　オ　たとえば

二〇二二年度　山脇学園中学校

【国　語】〈A日程試験〉（五〇分）〈満点：一〇〇点〉

一　次の文章を読んで、後の問いに答えなさい。

言葉は一つのシステムであると言うことができますが、そもそも人間はこのシステムをどのようにして作りあげていったのでしょうか。

この問題について考えるためには、人間がもっている能力と、他の動物がもっている能力とを比べることが一つの手がかりになるかもしれません。両者のあいだにどのような根本的な違《ちが》いがあるでしょうか。両者のあいだには、さまざまな違いがあると考えられますが、そのうちの一つは、すでに先ほど言ったことですが、われわれ人間が個々のものを、それがもつ共通の特徴《ちょう》によって一つのまとまりにする力、つまりカテゴリー化する力をもっているという点です。

このカテゴリー化する能力は、すべての人が生まれつきもっているものです。だから誰《だれ》でもこの能力を発揮して言葉を自分のものにすることができます。しかし、生まれつきの能力であると言っても、それは食べたり飲んだりする、あるいは歩いたり走ったりするという人間がもっているほかの生得の能力とはちょっと違っています。人間は隔《かく》離《り》された状況《きょう》で、一人で大きくなったとしても、食べたり飲んだりすることは問題なくできます。しかし言葉の場合は、自分一人だけで話すようになることはできません。言葉のなかにある音と意味との結びつきは、わたしが作りだしたものではなく、社会のなかで作りだされたものだからです。言葉は、わたし自身がもっている能力に基《もと》づくものでありますが、社会の産物でもあるのです。

ここにも大きな不思議があります。わたしたちが話をすることができるのは、いま言ったように、わたしたちのうちに①カテゴリー化する力があるからですし、また、社会のなかに一定の音と意味との関係のシステムがあるからです。そこで次の問いが浮《う》かびあがってきます。わたしたちの話をする能力の方が先にあって、言葉が成立したのでしょうか。それとも社会のなかで作りだされた音と意味との結びつきが先にあって、話すということが可能になったのでしょうか。これもむずかしい問題です。

さて言葉を一つのシステムと考えたとき、すべての言語に共通するシステムというものがあるのでしょうか。日本語を話す人であれ、ドイツ語を話す人であれ、韓《かん》国語を話す人であれ、すべての人がこのシステムを共有しているのでしょうか。

注1エスキモー（イヌイット）の人々の言語を例にとって考えてみましょう。エスキモーの人々の生活には雪や氷が大きな意味をもっています。そのためだと考えられますが、②エスキモーの言葉には「雪」を表すことばが二〇種以上あると言われています（方言による違いも含《ふく》めてのことかもしれませんが、もっと多いという報告もあります）。それによって雪の降り方を見分けているようです。

興味深いのは、日本語の「雪」にあたることば、［A］雪一般《ぱん》を表現することばがないという点です。日本語の場合では、まず「雪」という言葉があって、そのヴァリエーションとして「あわ雪」や「わた雪」、「ぼたん雪」といった表現が使われますが、エスキモーの言葉では、語幹の異なった言葉が二〇種以上あるそうです。わたしたちが「雪」と表現する現象を、エスキモーの人々はそれだけ多くのものに見分けているわけです。

それに対して、虫やみみず、うじなど、極《ごっ》寒の地では生活上あまり関心を払《はら》う必要のないものについては、すべてまとめて一語で表現するというようなことがなされているようです（中略）。

2022年度

山脇学園中学校 ▶解説と解答

算　数 ＜Ａ日程試験＞（50分）＜満点：100点＞

解　答

1 (1) $\frac{17}{24}$　(2) $\frac{3}{10}$　(3) 0.036　(4) 60　(5) 130　(6) ① 8　② 58　③ 15　(7) 170　(8) 37　(9) 251.2　**2** (1) 毎秒40cm^3　(2) あ 180　い 240　(3) 毎秒80cm^3　**3** (1) 毎時3.2km　(2) 2 km　(3) 16分40秒後　(4) $1\frac{2}{15}$km　**4** (1) 9回　(2) 1　(3) 3，20，21，128

解　説

1 **四則計算，逆算，濃度《のうど》，相当算，正比例，旅人算，角度，表面積**

(1) $\left(0.75-\frac{2}{3}\right)\div 2+2\div\frac{3}{2}-\frac{2}{3}=\left(\frac{3}{4}-\frac{2}{3}\right)\times\frac{1}{2}+2\times\frac{2}{3}-\frac{2}{3}=\left(\frac{9}{12}-\frac{8}{12}\right)\times\frac{1}{2}+\frac{4}{3}-\frac{2}{3}=\frac{1}{12}\times\frac{1}{2}+\frac{2}{3}=\frac{1}{24}+\frac{2}{3}=\frac{1}{24}+\frac{16}{24}=\frac{17}{24}$

(2) $7.5\times\frac{2}{9}=7\frac{1}{2}\times\frac{2}{9}=\frac{15}{2}\times\frac{2}{9}=\frac{5}{3}$より，$7-\left(\frac{5}{3}-0.4\div\square\right)=6\frac{2}{3}$，$\frac{5}{3}-0.4\div\square=7-6\frac{2}{3}=6\frac{3}{3}-6\frac{2}{3}=\frac{1}{3}$，$0.4\div\square=\frac{5}{3}-\frac{1}{3}=\frac{4}{3}$　よって，$\square=0.4\div\frac{4}{3}=\frac{2}{5}\times\frac{3}{4}=\frac{3}{10}$

(3) 3.42÷1.41の商を小数第1位まで求めると，右の図1のようになる。よって，商は2.4で，あまりは0.036となる。

図1

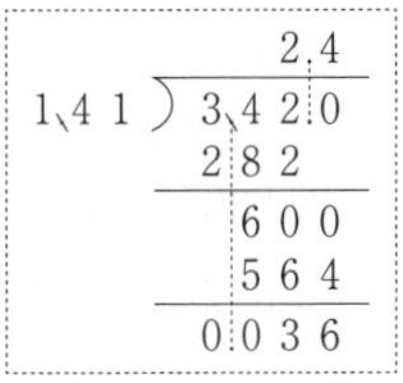

(4) 10％の食塩水360ｇには食塩が，360×0.1＝36（ｇ）ふくまれている。水を蒸発させてもふくまれる食塩の重さは36ｇで変わらないから，濃度が12％になったときの食塩水の重さを□ｇとすると，□×0.12＝36（ｇ）と表せる。よって，□＝36÷0.12＝300（ｇ）だから，蒸発させる水の重さは，360－300＝60（ｇ）とわかる。

(5) この容器いっぱいに入る水の重さを$\boxed{1}$とすると，右の図2のア，イの式のように表せる。ア，イの差を考えると，$\boxed{\frac{3}{4}}-\boxed{\frac{2}{3}}=\boxed{\frac{1}{12}}$にあたる重さが，400－370＝30（ｇ）となるので，$\boxed{1}$にあたる重さは，$30\div\frac{1}{12}=360$（ｇ）とわかる。よって，$\boxed{\frac{3}{4}}=360\times\frac{3}{4}=270$（ｇ）だから，容器の重さは，400－270＝130（ｇ）と求められる。

図2

（容器の重さ）＋$\boxed{\frac{3}{4}}$＝400（ｇ）…ア

（容器の重さ）＋$\boxed{\frac{2}{3}}$＝370（ｇ）…イ

(6) この時計は，1日＝24時間で3分おくれるから，1時間では，$3\div 24=\frac{1}{8}$（分）おくれる。また，午前7時からその日の午後9時までは，21－7＝14（時間）あるので，この間に時計は，$\frac{1}{8}\times 14=1\frac{3}{4}$（分），$60\times\frac{3}{4}=45$（秒）より，1分45秒おくれる。よって，この時計が午後9時にさしている時刻は，午後9時－1分45秒＝午後8時58分15秒である。

(7) 6分後に春子さんが夏子さんに追いついたとき，春子さんは夏子さんよりも1周分の道のりだけ多く走っている。つまり，6分間で春子さんは夏子さんよりも480m多く走るので，1分間に春子さんは夏子さんよりも，480÷６＝80(m)多く走る。よって，春子さんの走る速さが毎分250mのとき，夏子さんの走る速さは毎分，250−80＝170(m)となる。

図３

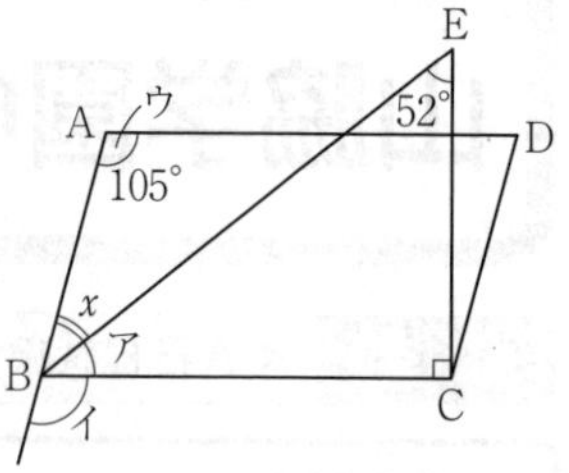

⑻　右の図３で，三角形EBCの内角の和は180度だから，角アの大きさは，180−(90＋52)＝38(度)である。また，ADとBCは平行なので，角イの大きさは角ウの大きさと同じ105度になる。よって，角xの大きさは，180−(38＋105)＝37(度)と求められる。

図４

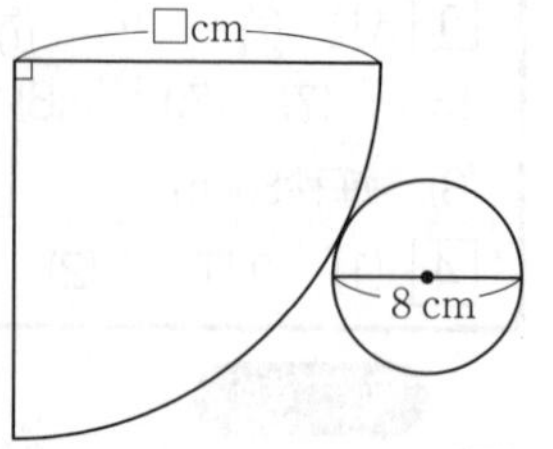

⑼　右の図４で，おうぎ形の弧《こ》の部分と円の周の部分は，組み立てると重なるので，これらの長さは等しい。これより，おうぎ形の半径を□cmとすると，□×２×3.14×$\frac{1}{4}$＝８×3.14(cm)となるから，□×２×$\frac{1}{4}$＝８より，□＝８÷$\frac{1}{4}$÷２＝16(cm)とわかる。よって，おうぎ形の面積は，16×16×3.14×$\frac{1}{4}$＝64×3.14(cm^2)となる。また，円の半径は，８÷２＝４(cm)だから，円の面積は，４×４×3.14＝16×3.14(cm^2)である。したがって，表面積は，64×3.14＋16×3.14＝(64＋16)×3.14＝80×3.14＝251.2(cm^2)と求められる。

2　グラフ―水の深さと体積

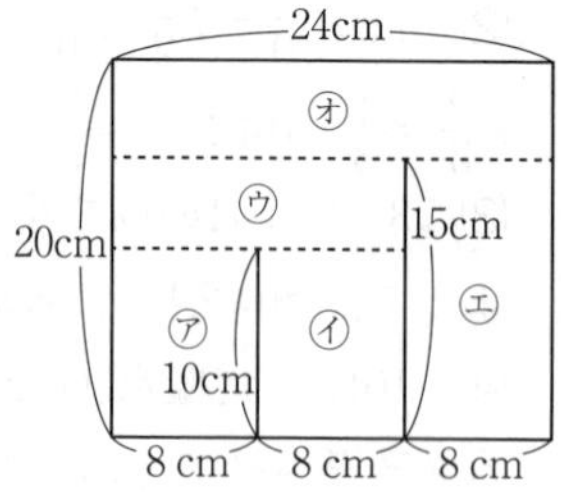

⑴　水そうを正面から見た図は，右の図のようになり，水は㋐→㋑→㋒→㋓→㋔の順に入る。㋑の部分に水が入っている間，仕切り①の左側の水面の高さは変わらないので，問題文中のグラフより，㋑の部分に水が入り終わったのは，水を入れ始めてから80秒後とわかる。また，㋐，㋑の部分の体積の和は，20×(８＋８)×10＝3200(cm^3)だから，水は80秒で3200cm^{3}注がれている。よって，毎秒，3200÷80＝40(cm^3)の割合で注いだとわかる。

⑵　グラフのあは㋓の部分に水が入り終わった時間を表している。㋐〜㋓の部分の体積の和は，20×24×15＝7200(cm^3)なので，あは，7200÷40＝180(秒)とわかる。また，グラフのいは㋔の部分に水が入り終わった時間を表している。㋐〜㋔の部分の体積の和は，20×24×20＝9600(cm^3)だから，いは，9600÷40＝240(秒)と求められる。

⑶　排水《はいすい》されるのは㋔，㋒，㋐の部分の水で，㋓，㋑の部分の水は水そうに残る。㋔の部分の体積は，20×24×(20−15)＝2400(cm^3)，㋒の部分の体積は，20×(８＋８)×(15−10)＝1600(cm^3)，㋐の部分の体積は，20×８×10＝1600(cm^3)だから，排水される水の体積の合計は，2400＋1600＋1600＝5600(cm^3)である。また，排水するのにかかった時間は，１分10秒＝70秒なので，排水せんからは毎秒，5600÷70＝80(cm^3)の割合で水が流れたとわかる。

3　流水算

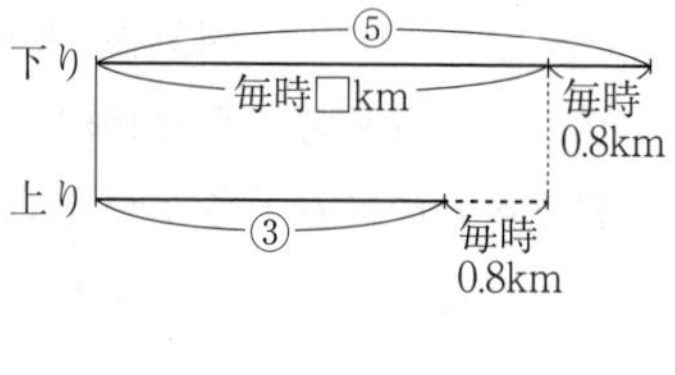

⑴　花子さんが下りと上りでかかる時間の比は，30：50＝３：５だから，下りと上りの速さの比は，$\frac{1}{3}$：$\frac{1}{5}$＝５：３である。そこで，下りの速さを⑤，上りの速さを③とし，流れのないところでの速さを毎時□kmとすると，右の図のように表せるの

で，(⑤−③)÷２＝①にあたる速さが毎時0.8kmとわかる。よって，下りの速さは毎時，$0.8\times5=4$(km)，上りの速さは毎時，$0.8\times3=2.4$(km)で，流れのないところでの速さは毎時，$4-0.8=3.2$(km)となる。

(2)　Ｐ地点からＱ地点まで，毎時４kmで下るのに，30分$=\frac{30}{60}$時間$=\frac{1}{2}$時間かかるから，Ｐ地点とＱ地点の間のきょりは，$4\times\frac{1}{2}=2$(km)とわかる。

(3)　流れのないところでのお父さんの速さは毎時，$3.2\times1.25=4$(km)だから，お父さんの下りの速さは毎時，$4+0.8=4.8$(km)，上りの速さは毎時，$4-0.8=3.2$(km)である。また，はじめ，花子さんはＰ地点から下り，お父さんはＱ地点から上るので，花子さんの速さは毎時４km，お父さんの速さは毎時3.2kmとなる。よって，二人の速さの和は毎時，$4+3.2=7.2$(km)となり，行きですれちがうまでに，二人合わせて２km進むから，行きですれちがうのは，出発してから，$2\div7.2=\frac{5}{18}$(時間)，$60\times\frac{5}{18}=16\frac{2}{3}$(分)，$60\times\frac{2}{3}=40$(秒)より，16分40秒後である。

(4)　花子さんがＱ地点に着くのは，$2\div4=\frac{1}{2}$(時間後)，お父さんがＰ地点に着くのは，$2\div3.2=\frac{5}{8}$(時間後)である。よって，お父さんがＰ地点を折り返したとき，花子さんはＱ地点に着いてから，$\frac{5}{8}-\frac{1}{2}=\frac{1}{8}$(時間)進んでおり，花子さんの上りの速さは毎時2.4kmなので，花子さんはＱ地点から，$2.4\times\frac{1}{8}=0.3$(km)上った地点にいる。このとき，二人は，$2-0.3=1.7$(km)はなれており，お父さんの下りの速さは毎時4.8kmだから，お父さんがＰ地点を折り返した後，二人の速さの和は毎時，$4.8+2.4=7.2$(km)となる。よって，二人が帰りですれちがうのは，お父さんがＰ地点を折り返してから，$1.7\div7.2=\frac{17}{72}$(時間後)なので，その地点はＰ地点から，$4.8\times\frac{17}{72}=1\frac{2}{15}$(km)はなれている。

4　周期算，調べ

(1)　13は奇数《きすう》なので，１回目の操作では，$13\times3+1=40$となる。40は偶数《ぐうすう》なので，２回目の操作では，$40\div2=20$となる。同様に考えていくと，３回目では，$20\div2=10$，４回目では，$10\div2=5$，５回目では，$5\times3+1=16$，６回目では，$16\div2=8$，７回目では，$8\div2=4$，８回目では，$4\div2=2$，９回目では，$2\div2=1$となる。よって，はじめて１ができるのは，操作を９回行ったときである。

(2)　10から操作を行うとき，(1)より，10→５→16→８→４→２→１…となるので，６回操作を行うと，はじめて１ができる。また，１に操作を行うと，$1\times3+1=4$になるから，７回目以降は，{４，２，１}の３つの数がくり返されることになる。よって，$(2022-6)\div3=672$より，2022回目の操作でできる数は，{４，２，１}のうちの３つ目の数だから，１である。

(3)　２で割って１になる偶数は，$1\times2=2$で，３倍して１を足すと１になる奇数はないから，７回目の操作ではじめて１ができるとき，６回目でできる数は２のみとなる。また，２で割って２になる偶数は，$2\times2=4$で，３倍して１を足すと２になる奇数はないから，７回目ではじめて１ができるとき，５回目でできる数は４のみとなる。さらに，２で割って４になる偶数は，$4\times2=8$で，３倍して１を足すと４になる奇数は，$(4-1)\div3=1$である。しかし，これは７回目ではじめて１が

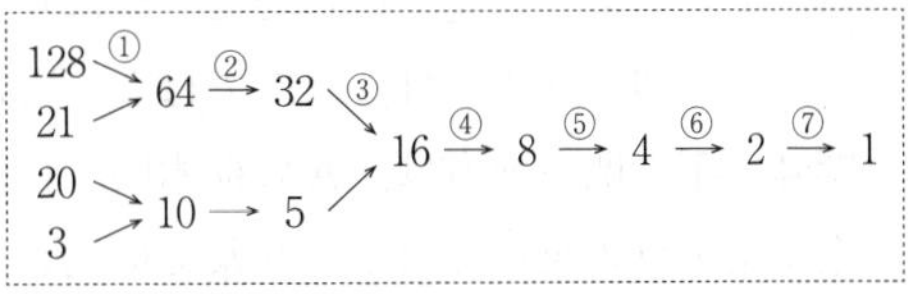

できるという条件に合わない。よって，７回目ではじめて１ができるとき，４回目でできる数は８のみとなる。このように，１回ずつさかのぼって調べていくと，上の図のようになるので，７回目の操作ではじめて１ができるような数は，小さい順に３，20，21，128となる。

社　会　＜Ａ日程試験＞（30分）＜満点：60点＞

解　答

1　**問１**　イ　**問２**　ア　**問３**　イ　**問４**　(1)　ア　(2)　Ｃ　(3)　ウ　(4)　イ／（例）（北西季節風の影響）で，冬の降水量が多いから。　**問５**　(1)　（例）　たくわえることができず，洪水　(2)　田中正造　(3)　エ　**2**　**問１**　**Ａ**　平泉　**Ｂ**　首里城　**Ｃ**　姫路城　**Ｄ**　日光東照宮　**問２**　エ　**問３**　ウ　**問４**　大山古墳(大仙古墳)　**問５**　ウ　**問６**　イ　**問７**　桓武天皇　**問８**　Ｄ→Ａ→Ｃ→Ｂ　**問９**　(1)　分国法　(2)　佐渡金山　**問10**　（例）　長崎は外交の窓口であり，幕府は貿易や外交を独占しようとした。　**問11**　渋沢栄一　**問12**　イ　**問13**　1945(年)８(月)９(日)　**3**　**問１**　**Ａ**　貴族院　**Ｂ**　法の下　**Ｃ**　象徴　**Ｄ**　国事行為　**問２**　武士　**問３**　最高法規(性)　**問４**　(1)　身体の自由　(2)　勤労の義務　**問５**　(1)　465(名)　(2)　イ

解　説

1　**地形図の読み取り**

問１　実際の距離は，(地形図上での長さ)×(縮尺の分母)で求められる。地形図の縮尺は５万分の１なので，Ａには，２(cm)×50000＝100000(cm)＝1000(m)＝１(km)が，Ｂには，６(cm)×50000＝300000(cm)＝3000(m)＝３(km)があてはまる。したがって，求める面積は，１×３＝３(km^2)となる。

問２　地形図上の標高を表す数値から，Ｚは標高945m，Ｙは標高1100m付近の点だとわかる。また，２地点のほぼ中央にある「切幹」付近には標高593.7mを示す点があり，この周辺が標高の低い谷になっていることがわかる。したがって，アが正しい。

問３　ア　この地形図の縮尺は５万分の１なので，等高線の主曲線(細い線)は20mおきに，計曲線(太い線)は100mおきに引かれている。地形図の右下に1200mを表す計曲線があり，1200mの計曲線より右に５本の等高線が引かれていることから，この地形図には標高1300m以上の地点があることがわかる。　イ　あしお駅の上に見える「田元」付近に標高650mを示す点があり，川を地形図の下になぞっていくと，「遠下」付近に標高593.7mを示す点がある。ここから，鉄道と並行して流れている河川は，あしお駅側が上流，はらむこう駅側が下流にあたるとわかる。　ウ　この地形図には方位記号が書かれていないことから，地形図上の上が北，下が南，右が東，左が西にあたる。あしお駅から見てはらむこう駅は左下にあるので，８方位では南西方向になる。　エ　つうどう駅周辺にあるのは，県庁ではなく町役場(◎)である。

問４　(1)　関東地方は，Ａの栃木県・Ｃの茨城県・Ｄの埼玉県・Ｅの群馬県・イの千葉県・エの神奈川県・ウの東京都の１都６県で構成されている。アは山梨県の形で，山梨県は中部地方にふくまれる。　(2)　日本最初の原子炉《ろ》は，茨城県県央部の東海村につくられた。また，県南東の沿岸部

には，掘《ほ》り込《こ》み港を中心として鹿島臨海工業地域が形成されている。渡良瀬《わたらせ》川は栃木県を南下したあと，群馬県と埼玉県の境付近で利根川と合流する。利根川は茨城県南部で千葉県との境を形成しながら東に流れ，太平洋に注ぐ。　(3)　日本なしの生産量は，茨城県・千葉県・栃木県・福島県・鳥取県の順に，ねぎの生産量は，千葉県・埼玉県・茨城県・群馬県・北海道の順に多い。なお，ももの生産量は山梨県，すいかの生産量は熊本県が全国第１位。統計資料は『日本国勢図会』2021／22年版による(以下同じ)。　(4)　冬に吹《ふ》く北西の季節風は，日本海を流れる暖流の対馬《つしま》海流の上で多くの水蒸気《すいじょうき》をふくんで雲を発生させる。この雲が，日本海に面した山々にぶつかって雨や雪を降らせるため，上越(新潟県)をふくむ日本海側の地域では冬の降水(雪)量が多くなる。よって，イが選べる。

問５　(1)　森林の土にはスポンジのように水をすいこみ，地中に水をたくわえる性質があるため，大量の雨が降っても少しずつ時間をかけて水を川へと流してくれる。しかし，草木が生えていないはげ山の土はこのような保水性が低く，降った雨が地表を流れて一気に川へ流れこむため，洪水や土砂崩《どしゃくず》れなどの災害を引き起こす原因になる。　(2)　田中正造は栃木県出身の衆議院議員で，足尾銅山鉱毒事件の被害を帝国議会で訴《うった》えたが，政府の対応は誠意を欠くもので被害がやまなかった。そこで1901年，正造は議員を辞職して明治天皇に直訴《じきそ》を試みるなど，人生をかけて問題の解決に力をつくした。　(3)　高度経済成長期の1960年代には，急速な工業化にともなって各地で公害問題が深刻化した。なかでも，有機水銀が水俣《みなまた》湾を汚染したことで発生した水俣病(熊本県)，同様に有機水銀が阿賀野《あがの》川流域を汚染したことで発生した新潟(第二)水俣病(新潟県)，鉱山から流されたカドミウムが神通《じんずう》川流域を汚染したことで発生したイタイイタイ病(富山県)，石油化学コンビナートから排出された亜硫酸《ありゅうさん》ガス(二酸化硫黄《いおう》)によって引き起こされた四日市ぜんそく(三重県)は，合わせて四大公害とよばれる。

2　**各時代の歴史的なことがらについての問題**

問１　**Ａ**　平安時代後半，奥州藤原氏は平泉を根拠《こんきょ》地として東北地方で勢力を広げた。平泉には，奥州藤原氏の初代清衡《きよひら》が築いた中尊寺金色堂をはじめ，浄土信仰《じょうどしんこう》にもとづいた寺院や庭園がつくられ，これらとその遺構が2011年に「平泉－仏国土(浄土)を表す建築・庭園及《およ》び考古学的遺跡群」としてユネスコ(国連教育科学文化機関)の世界文化遺産に登録された。　**Ｂ**　首里城は1429年に沖縄島を統一して成立した琉球《りゅうきゅう》王国の王城で，現在の沖縄県那覇市にある。戦乱などでたびたび焼失したもののそのたびに復元され，現在に至っているが，2019年には火災で本殿などが焼失し，再び復元に向けた取り組みが行われている。　**Ｃ**　姫路《ひめじ》城は安土桃山時代末期～江戸時代初期に池田輝政《てるまさ》が改築・改修して現在のような姿になった。日本の城郭《じょうかく》建築を代表する天守(閣)はその白壁《しらかべ》の美しさから「白鷺《しらさぎ》城」ともよばれ，1993年に世界文化遺産に登録された。　**Ｄ**　日光東照宮には江戸幕府の初代将軍徳川家康がまつられている。第３代将軍徳川家光が現在のような豪華な社殿をつくり，1999年に二荒山《ふたらさん》神社・輪王《りんのう》寺とともに「日光の社寺」として世界文化遺産に登録された。

問２　お　平泉は，岩手県南部に位置している。　く　石見《いわみ》銀山は島根県大田市大森にあった銀山で，戦国時代に開発されて大量の銀を産出した。石見銀山でとられた銀は，長崎での貿易などを通じて世界各地に流通した。　こ　明治時代初めの1872年，養蚕業がさかんだった群馬県の富岡に，日本で最初の本格的な官営工場として富岡製糸場が設立された。

問３　青森県青森市にある三内丸山遺跡は縄文時代の大規模集落の跡で，大型掘立柱《ほったてばしら》建物跡や竪《たて》穴《あな》住居跡，植物の栽培跡などが発見されている。2021年には，北海道・青森県・秋田県・岩手県に点在する「北海道・北東北の縄文遺跡群」の１つとして，世界文化遺産に登録された。なお，吉野ヶ里遺跡は佐賀県にある弥生時代の遺跡，岩宿遺跡は群馬県にある旧石器時代の遺跡，板付遺跡は福岡県にある縄文時代晩期から弥生時代の遺跡。

問４　大山(大仙)古墳は，大阪府堺市にある百《も》舌鳥《ず》古墳群を代表する日本最大の前方後円墳(墳丘の全長486m)で，仁徳《にんとく》天皇の墓とされている。

問５　奈良時代の741年，仏教の力で国を安らかに治めようと願った聖武天皇は，地方の国ごとに国分寺と国分尼《に》寺を建てるよう命じた。したがって，ウが誤っている。なお，聖徳太子も仏教を重んじる政治を行い，法隆寺(奈良県)や四天王寺(大阪府)を建てた。

問６　唐は618年に隋を滅《ほろ》ぼすと，10世紀に滅びるまで中国の王朝として栄えた。日本からは，630年に犬上《いぬかみの》御田鍬《みたすき》が唐に派遣されて以降，894年に菅原道真の提案で停止されるまで，約20回にわたって遣唐使が派遣された。遣唐使がもたらした唐の政治制度や文化は，日本に大きな影響を与えた。なお，秦《しん》は紀元前３世紀，宋は10世紀～13世紀，元は13～14世紀に中国にあった王朝。

問７　桓武天皇は奈良時代末に即位《そくい》すると，仏教勢力の影響が強い平城京(奈良県)を離れ，律令制度をたて直すため，784年に長岡京(京都府)に都をうつした。しかし，長岡京の造営中に不吉なことがあいついだため，794年にはその北東の平安京(京都府)に都をうつした。

問８　Ａは1404年，Ｂは1467年，Ｃは1428年，Ｄは1338年のできごとなので，年代の古い順にＤ→Ａ→Ｃ→Ｂとなる。

問９　(1)　戦国時代に各地で勢力争いをくり広げた戦国大名は，支配した領地で家臣や領民を統制するため，分国法(家法)とよばれる独自の法を定めた。　(2)　佐渡《さど》金山は新潟県の佐渡島にあった金山で，江戸時代には天領(幕府の直轄《ちょっかつ》地)として多くの金を産出し，江戸幕府の金貨鋳造《ちゅうぞう》を支えた。

問10　江戸幕府はキリスト教の禁止を徹底《てってい》し，貿易の利益を独占するため，キリスト教の布教を行わなかったオランダと清(中国)に限り，長崎で貿易を行った。長崎は幕府にとって外交の唯一《ゆいいつ》の窓口となり，海外の情報を得られる貴重なルートでもあったことから，幕府は長崎を天領として直接治めた。なお，鎖国中でも，薩摩藩(鹿児島県)は琉球王国との，対馬藩(長崎県)は朝鮮との，松前藩(北海道)はアイヌとの交易の窓口となっていた。

問11　渋沢《しぶさわ》栄一は埼玉県深谷市の農家に生まれ，一橋家に仕えたのち，明治政府で働いた。その後，1873年に日本で最初の銀行である第一国立銀行を設立したほか，大阪紡績《ぼうせき》会社をはじめとする数多くの企業の設立や経営にかかわった。この功績から，渋沢栄一は「日本資本主義の父」とよばれる。

問12　大正時代には文化の大衆化が進み，新聞や雑誌の発行部数が伸びた。また，大正時代末期の1925年にはラジオ放送が開始され，人々に情報や娯楽《ごらく》を提供した。なお，アは明治時代初期，ウは昭和時代(太平洋戦争中)，エは昭和時代(戦後)の文化のようす。

問13　太平洋戦争末期の1945年８月９日，６日の広島に続き，長崎にも原子爆弾が投下された。長崎市街は三方を山に囲まれているため，被害は浦上川の流域に集中し，多くの命が失われた。

３　赤坂見附《みつけ》の古地図を題材とした問題

問１　**Ａ**　大日本帝国憲法のもとに置かれた帝国議会は，衆議院と貴族院の二院制がとられていた。

衆議院は選挙によって選ばれた議員で構成されていたが，貴族院は皇族や華族，高額納税者などが議員として選ばれ，選挙はなかった。　**B**　日本国憲法第14条は「法の下《もと》の平等」について定めた条文で，「すべて国民は法の下に平等であって，人種，信条，性別，社会的身分又《また》は門地により，政治的，経済的又は社会的関係において，差別されない」と規定している。なお，門地とは家柄《いえがら》のことである。　**C**　日本国憲法第１条は天皇の地位について定めた条文で，天皇を「日本国の象徴《しょうちょう》であり日本国民統合の象徴」と位置づけている。　**D**　日本国憲法において，象徴である天皇はいっさいの政治的権力を持たず，内閣の助言と承認にもとづいて儀礼的な国事行為のみを行うと定められている。

問２　本文から，江戸時代の赤坂が「城を守るための重要な場所の一つ」だったことが読み取れる。また，地図中の点線で囲んだ地域にある「紀伊殿《どの》」は，徳川御三家の一つであった紀伊藩(和歌山県)，「松平」は徳川家の血を引く有力大名のことである。これらのことから，地図中の点線で囲んだ地域にはおもに武士が住んでいたと考えられる。

問３　日本国憲法第98条は，日本国憲法を「国の最高法規」と位置づけ，これに反する法律や命令などは効力を持たないとしている。

問４　(1)　自由権には，身体の自由・精神の自由・経済活動の自由があり，拷問《ごうもん》や不法な逮捕《たいほ》など，正当な理由なしに他者から拘束《こうそく》されない権利は身体の自由にふくまれる。　(2)　日本国憲法は，保護する子女に普通教育を受けさせる義務(第26条)・勤労の義務(第27条)・納税の義務(第30条)を国民の三大義務としている。なお，働くこと(勤労)は国民の義務であるとともに国民の権利でもある。

問５　(1)　2022年２月現在，衆議院議員の定数は465名で，そのうち289名が小選挙区制で，176名が比例代表制で選出される。　(2)　ア　法律案の議決において，衆議院が可決したものを参議院が否決した場合，衆議院で出席議員の３分の２以上の賛成が得られると再可決される。つまり，衆議院の優越は認められているものの，「十分に話し合いをしたうえで，最終的には必ず衆議院の意見が採用される」わけではない。　イ　衆議院の優越について正しく説明している。　ウ　衆議院の選挙は，定数のすべてが改選されるので「総選挙」とよばれる。参議院は，３年ごとの選挙で定数の半数ずつが改選される。　エ　憲法改正の発議には，衆議院と参議院のそれぞれの総議員の３分の２以上の賛成が必要で，衆議院の優越は認められていない。

理　科　＜Ａ日程試験＞（30分）＜満点：60点＞

解　答

[1]　**問１**　水　**問２**　**太い根**…主根　**細い根**…側根　**問３**　根毛　**問４**　根かん　**問５**　ウ　**問６**　(1)　上　(2)　イ　**問７**　(1)　イ，エ　(2)　気こう　(3)　じょうさん
[2]　**問１**　イ　**問２**　Ｎ極　**問３**　**強い場所**…ア，キ　**弱い場所**…エ　**問４**　①　×　②　○　③　×　**問５**　**図５**…ア，ウ　**図６**…エ　[3]　**問１**　積乱雲　**問２**　①　イ　②　ア　**問３**　(1)　20℃　(2)　15℃　(3)　5000ｍ　**問４**　①　イ　②　イ　**問５**　①　イ　②　ア　③　イ　[4]　**問１**　(1)　二酸化炭素　(2)　あ，い，え　(3)

消石灰＋二酸化炭素→炭酸カルシウム＋水　(4)（例）漆喰は空気中の二酸化炭素を吸収し，炭酸カルシウムへと変化するから。　**問２**　①　75％　②　1.13トン　**問３**　**B**　とけている　**C**　ぬれている　**問４**　ウ　**問５**　オ

解　説

1　植物のつくりとはたらきについての問題

問１　根からは，成長するのに必要な水と肥料分を吸収している。

問２　双《そう》子葉類(子葉を２枚出す植物の仲間)の根は，茎《くき》に続いている太い主根と，主根から枝分かれして出ている細い側根からなっている。なお，単子葉類(子葉を１枚出す植物の仲間)の根は，同じような太さの根を広げるようにのばす。これをひげ根という。

問３　根の先端《せんたん》に近いところは小さな毛がたくさん生えたつくりをしていて，水などは主にここから吸収される。この小さな毛は根毛と呼ばれる。

問４　根は，先端付近の成長点(生長点)で細胞《さいぼう》がさかんにつくられることでのびていく。そして，この部分を守るため，根の最先端には根かんというつくりがある。

問５　イネをはじめとする単子葉類の茎の断面を見ると，維《い》管束《かんそく》(道管と師管が集まったつくり)が散らばっている。また，維管束は中心に近い内側に道管，外側に師管がある。よって，ウが選べる。

問６　カキ(カキノキ)は双子葉類なので，維管束が問５のアのように形成層にそって輪状にならんでいる。よって，枝の形成層より外側をリング状にはぎ取ると，道管はつながったままだが師管は途《と》切れるため，葉から師管を通って運ばれてきた養分が切り取った部分の上側にたまり，やがてふくらんでくる。

問７　体内の余分な水分を，主に葉にある気こうというすきまから水蒸気として排出《はいしゅつ》するはたらきを蒸散という。蒸散で排出される水分の量は気温や湿度《しつど》など周囲のようすによって変化する。また多くの植物では，気こうは葉の裏に多いため，葉の裏から排出される水分の量は，葉の表から排出される水分の量より多い。

2　磁石の性質についての問題

問１　磁石につくのは，鉄やニッケルなどの限られた金属である。ここでは鉄でできたスチール缶《かん》だけが磁石につく。

問２　鉄でできたミシン針を磁石で一方向にこすると，ミシン針は磁石の性質を帯びるようになる。図１のようにこすった場合は，こすり始めの左端《はし》がＳ極，こすり終わりの右端(針の先)がＮ極となる。

問３　棒磁石では，両端の磁力が最も強く，真ん中はほとんど磁力がなく弱い。

問４　図２の棒磁石をエで２つに切断したとき，左半分はアがＮ極，エがＳ極となった磁石となり，右半分はエがＮ極，キがＳ極となった磁石になる。これらを図３のようにすると，右半分のキのＳ極と左半分のアのＮ極がついて，左端がＮ極，右端がＳ極となった１本の棒磁石となる。よって，真ん中はほとんど磁力がないので，鉄くぎを近づけてもつかない。また，左端にＮ極を近づけると，同じ磁極どうしなので反発し合う。

問５　Ｎ極から出てＳ極に向かう磁力のようすは，図４～図６のように鉄粉の模様として見ることができる。図５は２つの磁石の同じ極どうしを近づけて，たがいに反発し合っているときにえがか

れる模様，図６は２つの磁石のちがう極どうしを近づけて，たがいに引き合っているときにえがかれる模様である。

3 雲のでき方についての問題

問１　よく晴れた夏の日は，地表が太陽に強く熱せられ，地表付近の空気の温度が大きく上がる。すると，強い上昇《じょうしょう》気流が発生し，空高くまでもくもくとした雲が発達することがある。この雲を積乱雲といい，せまい範囲《はんい》に強い雨を短時間降らせたり，かみなりを落としたりする。

問２　空気のかたまりが上昇するとき，上空ほど気圧が低く，空気が膨張《ぼうちょう》して体積が大きくなるため，温度が下がっていく。

問３　(1)　雲ができるまでは100mあたり１℃ずつ下がることから，雲が発生した高度1000mまで上昇したさいに下がる温度は，$1\times\frac{1000}{100}=10$(℃)である。したがって，Ｘの温度は，$30-10=20$(℃)になる。　(2)　雲ができると100mあたり0.5℃ずつ下がることから，高度1000mから高度2000mまで，$2000-1000=1000$(m)上昇したさいに下がる温度は，$0.5\times\frac{1000}{100}=5$(℃)とわかる。よって，Ｘの温度は，$20-5=15$(℃)となる。　(3)　Ｘの温度は，高度1000m以上では1000m上昇するごとに５℃下がるから，高度2000mでは15℃，3000mでは10℃，4000mでは５℃，5000mでは０℃になる。一方，Ｘのまわりの空気の温度は，グラフ１を読み取ればわかり，高度2500mで10℃，5000mで０℃になる。よって，Ｘが高度5000mまで上昇すると，まわりの空気と同じ０℃になって，Ｘの上昇が止まる。なお，右の図のように，グラフ１にＸの温度変化のグラフをかき加え，２つのグラフの交点を調べる方法でも求められる。

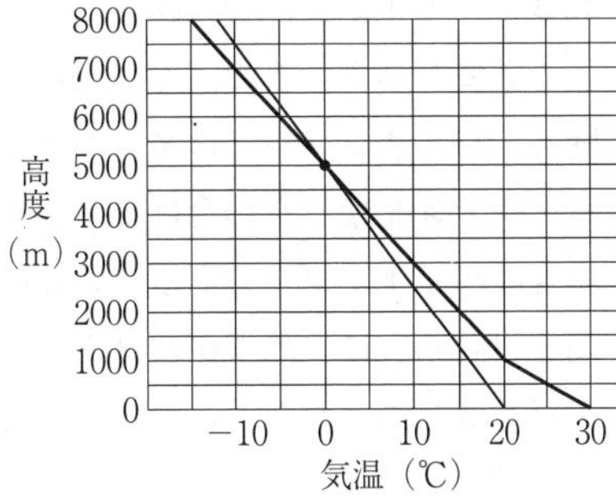

問４　①　空気１m^3あたりに含《ふく》むことのできる水蒸気量は気温によって決まっていて，その量は気温が低くなるほど少なくなる。そのため，地表での温度が同じ空気のかたまりでも，空気がしめっているほど，温度があまり下がらなくても空気中に水蒸気を含み切れなくなり，雲が発生する高度が低くなる。よって，ＸとＹでは，Ｙの方が空気がしめっているといえる。　②　雲が発生する高度が低いと，そこからさらに上昇するとき，温度の低下がゆるやかになる(100m上昇したときの温度低下が１℃ではなく0.5℃になる)。すると，Ｙがまわりの空気と同じ温度になるにはＸよりももっと多く上昇しなければならなくなる。つまり，上昇が止まる高度は高くなる。

問５　①　雨雲が接近すると空気がしめってきて，ツバメのえさとなる虫のはねが重くなり，低く飛ぶようになる。すると，その虫を飛びながらとらえるツバメも低く飛ぶようになるので，ツバメが低く飛ぶのは雨の前兆と考えられる。　②　空気が乾燥《かんそう》していると，ごはん粒《つぶ》が茶わんにくっつきやすくなることから，このようすは空気がしめってなく，晴れるときに起こりやすい現象だと考えられる。　③　はるか上空にできる飛行機雲がなかなか消えないのは，上空の空気がしめっている証拠《しょうこ》となる。雨雲が接近するときには，まず上空の空気からしめってくることが多いので，この現象はしだいに天気が悪くなっていき，雨がふるきざしといえる。

4 身近な物質の性質や現象についての問題

問１　(1)　石灰石にうすい塩酸を加えると発生するのは，二酸化炭素である。石灰石を強く熱すると，石灰石の主成分である炭酸カルシウムが分解して，生石灰(酸化カルシウム)と二酸化炭素ができる。　⑵　ホットケーキの生地には重そう（炭酸水素ナトリウム）を混ぜる。生地を焼くと，重そうが熱で分解して二酸化炭素を発生し，生地の中にその気泡《きほう》がたくさん生じるため，生地がふくらむ。あとの３つは二酸化炭素の発生を利用していない。　⑶　消石灰の水溶液《すいようえき》である石灰水に二酸化炭素をふき込《こ》むと，炭酸カルシウムの白いちんでんと水が生じるため，石灰水が白くにごる。よって，この反応は「消石灰＋二酸化炭素→炭酸カルシウム＋水」と表すことができる。なお，“消石灰の水溶液”とあることから，矢印の手前（左側）を「消石灰＋水＋二酸化炭素」としても正解となる。　⑷　漆喰《しっくい》の主原料である消石灰（水酸化カルシウム）はアルカリの性質をもっているため，空気に長時間ふれていると，酸の性質をもっている空気中の二酸化炭素と反応して炭酸カルシウムへと変化し，固くなっていく。

問２　①　Ｋ24が純度100％なので，Ｋ18には金が，18÷24×100＝75（％）含まれている。　②　１トン（1000kg）の金鉱石に含まれる金の重さは，1000×1000×0.0002÷100＝２（ｇ）とわかる。したがって，３ｇのＫ18リングに含まれる金の重さ，３×0.75＝2.25（ｇ）を得るのに必要な金鉱石は，2.25÷２＝1.125より，1.13トンである。

問３　メモ１から，物と物をくっつけるには，接着ざいが水などにとけてベトベトの状態になっている必要がある。また，くっつける物の両方がぬれている必要もある。

問４　パイナップルにはタンパク質を分解する物質が含まれているため，タンパク質を主成分とするゼラチンを使った場合はゼリー状に固まらないが，タンパク質をほとんど含まない寒天を使った場合はパイナップルのあるないに関係なく，ゼリー状に固めることができる。

問５　会話文に「障子が黄ばんでもろくなっている」とあるが，黄ばんでいるのは続飯《そくい》を使って障子紙をはりつけたところである。このことから，続飯は長持ちしないと考えられる。

国語　＜Ａ日程試験＞（50分）＜満点：100点＞

解答

一　**問１**　Ａ　イ　Ｂ　エ　**問２**　エ　**問３**　**言葉**…（例）　エスキモーの言語全体。**ことば**…（例）　一つ一つの単語。　**問４**　（例）　生活に大きな意味をもつものは多くの言葉に分け，生活上あまり関心を払う必要のないものについては，まとめて一語で表現する（という特徴。）　**問５**　１　連続体　２　氷　３　水　**問６**　緑　**問７**　ウ　**問８**　エ

二　**問１**　Ａ　オ　Ｂ　イ　**問２**　エ　**問３**　ウ　**問４**　画面を～った。　**問５**　ア　**問６**　生きることの意味　**問７**　（例）　指先から発せられる淡い光が，声の代わりになるものなのかを確かめ，大切な人と言葉を交わせるきっかけをつかみたかったから。　**問８**　イ

三　**問１**　下記を参照のこと。　**問２**　Ａ　エ　Ｂ　ア　**問３**　イ　**問４**　具体　**問５**　ア　**問６**　（例）　広島や長崎の被爆体験を発信して核兵器の恐ろしさを人々に知らせて，核兵器を使ってまで戦争に勝とうという欲望をなくして，平和な世界を実現する。

四　**問１**　１　友情　２　回覧　３　旅行　４　文明　５　損害　**問２**　１　エ　２　ア　３　ウ　４　ア　５　ア

●漢字の書き取り

三 **問1** a 従(って) b 構築

解説

一 **出典は藤《ふじ》田《た》正勝《まさかつ》の『はじめての哲学』による。**人間が言葉というシステムをつくり上げていくうえで，カテゴリー化する力が大きな役割を果たしたことを取り上げ，個々の言語は，それぞれ違《ちが》ったシステムであることを説明した文章である。

問1 A 前の「日本語の『雪』にあたることば」を，後で「雪一般《いっぱん》を表現することば」と言いかえているので，前に述べた内容を“要するに”とまとめて言いかえるときに用いる「つまり」がよい。 B 「わたしたちは前もって区分されているものに，一つひとつ名前を貼《は》りつけているわけ」ではなく，どちらかといえば，それぞれの言語のなかで「世界に切れ目を入れていっている」という文脈である。よって，二つのことを並べて，前のことがらより後のことがらを選ぶ気持ちを表す「むしろ」があてはまる。

問2 「カテゴリー化する能力」については，第三段落で詳《くわ》しく説明されている。この段落の後半で，「社会のなかで作りだされたもの」の例としてあげられているのは「言葉のなかにある音と意味との結びつき」なので，エは合わない。

問3 エスキモーの「言葉」とは，エスキモーが用いる言語全てを表すものである。それに対して，「ことば」は，エスキモーの言語の中の一つ一つの単語を表すものとして用いられている。

問4 前であげられている「雪」を表すことばと虫やみみずなどを表すことばの例に注目する。「エスキモーの人々の生活には雪や氷が大きな意味をもって」いるので，エスキモーの言葉には「雪」を表すことばがたくさんある。その一方で，「虫やみみず，うじなど，極寒の地では生活上あまり関心を払《はら》う必要のないもの」は「まとめて一語で表現する」のである。このように，エスキモーの人々が周りのものを区切るやり方には，生活していくうえで意味のあるものは細かく分類し，あまり意味がないものは一語でまとめる，という特徴《とくちょう》がある。

問5 1～3 ぼう線④であげられているのは，「こうした例からもわかりますように」の後で述べられている「もともと一つの連続体であったものに～切れ目を入れている」例である。「氷・水・湯」は，本来は同じ物質であり，一つに連なった「連続体」であるが，日本語は，「氷」と「水」と「湯」をそれぞれ別なものととらえる。しかし，英語では，区別されるのは“ice”と“water”であり，「水」と「湯」は同じ“water”なので，「氷」と「水」の間に切れ目を入れている。

問6 「青葉や青菜，青物など」の見た目を想像すると，緑色であることがわかる。つまり，「青」は，緑色も指すのである。

問7 ぼう線⑤の前に注目すると，「わたしたち」は，「それぞれの言語のなかで～世界に切れ目を入れていって」おり，「それぞれに固有の名前を付与している」ので，「言語により，違った世界に住んでいるとも言える」と述べられている。「わたしたち」とエスキモーの人々とでは，言語が違い，世界の知覚の仕方が異なるために，「雪の降り方」が「まったく違った仕方で見えている」のである。

問8 「個々の言語がそれぞれ違ったシステム」なのであって，日本語だけが他の言語と比べて特《とく》殊《しゅ》なわけではない。よって，エは誤り。なお，「わたしたちの話をする能力の方が先にあって，言葉が成立した」のか，「音と意味との結びつきが先にあって，話すということが可能になった」のか，という問いは，「むずかしい問題」であるとして答えは出されていないので，アは合う。日本語とエスキモーの人々の言語と英語のシステムの違いについて，具体的な例をあげて説明しているので，イもふさわしい。人間は，言葉という「システムをどのようにして作りあげていった」のだろうか，「言葉を一つのシステムと考えたとき，すべての言語に共通するシステムというものがある」のだろうか，などのように，問題を提起する質問を読者に投げかけて，問題点をわかりやすく指摘《してき》しているので，ウもよい。

二　出典は村本大志《むらもとたいし》の『透明《とうめい》な耳。』による。 修一《しゅういち》に見せられたダンスグループの映像にひき込《こ》まれた由香《ゆか》が，また踊《おど》れるかもしれないと思うようになっていく過程を描《えが》いた文章である。

問１　**Ａ**　修一が自分に見せようとしているものが「ダンスの映像」だとわかったので，由香は目を下に向けて映像を見ないようにしたのだから，「目を伏《ふ》せた」が合う。　**Ｂ**　「修一のあまりに真剣《しんけん》な眼差しに由香は根負け」したので，由香はちらっと画面のほうを見たのである。よって，「目を向けた」がよい。

問２　由香は，ダンサーを目指していたが，事故で聴力《ちょうりょく》を失ってから，踊れなくなってしまっていた。そんな自分に「わざわざダンスの映像を見せに来る」修一の「無神経さに腹が立った」ので，由香は，修一は自分の気持ちがわかっていない，と「吐《は》き捨てるように言った」のである。

問３　由香が何度断っても，修一は，ダンスの映像を見てほしい，と主張してゆずらなかった。由香は，修一の熱意に根負けして映像を見ることにしたが，熱心に見ようという気持ちにはなれなかったので「乱暴に」受け取ったのだと考えられる。

問４　続けて由香がBlue Handsのダンスを見ていると，「画面を通して彼らの言葉が，こころの深いところに伝わってきたような感触《かんしょく》があった」とある。ぼう線③と同じように，心に直接何かが伝わってきたという感覚なので，ここがぬき出せる。

問５　由香の考える“あちら側”とは耳が聞こえない人々の世界を，“こちら側”とは今まで自分が生きてきた耳が聞こえる人々の世界を指している。ここでの「孤独《こどく》」とは，耳が聞こえる人々の世界にも，聞こえない人々の世界にも属せない「孤独」のことをいっている。

問６　由香は，「あちら側」は「自分の大切なものが何一つない世界」だと思っており，そんな世界で，「生きることに意味が見出せない」と考えている。しかし，「あちら側」でもダンスができるのであれば，その世界でも生きる意味を見つけられるかもしれない，と由香は考えたのである。

問７　東北から戻《もど》った後，由香は，指先から淡《あわ》い光のようなものが浮《う》かび上がるのを感じるようになっていた。由香は，それが自分の言葉なのではないかと感じ，もしそれが自分の声になることを確かめられたら，「大切な人たちと言葉を交わすようになる」きっかけになるかもしれない，と思っていた。そのきっかけがほしかったので，由香は，「初めてBlue Handsの映像を見た時に感じた波動をライブで実際に体感したかった」のである。

問８　由香は，自分が聴覚を失ったという事実を受け入れられずにいたために，「手話を始めることに抵抗《ていこう》があった」のである。よって，イは内容に合う。なお，Blue Handsのダンスをはじめて見たときの由香は「手話はわからない」状態なので，アは合わない。由香は，渋谷《しぶや》のクラブにBlue Handsのライブを見に行くことにしたが，その際，「映像だけでなく，生で彼《かれ》らを見てみたい」と修一に言っているので，エも誤り。由香は，渋谷を「かつては自分たちの庭のように歩けた」のだから，ウは合わない。

三 **出典は「人間の欲望」に関する文章による。**人間の欲望は，動物の本能とは異なることを説明し，その欲望をコントロールする必要があることを指摘した文章である。

問１　**ａ**　音読みは「ジュウ」で，「服従」などの熟語がある。　**ｂ**　組み立て，築くこと。

問２　**Ａ**　前では，人間も動物としての本能をもっていると述べられており，後では「人間の欲望はそれだけではとらえきれ」ないと述べられている。前のことがらを受けて，それに反する内容を述べるときに用いる「しかし」があてはまる。　**Ｂ**　「現代人の大きくなった欲望が様々な問題を引き起こし」たことの例として，「豊かで快適な暮らしを追求することが，自然を破壊《はかい》し資源を大量に消費する社会の仕組みを作り出し」たことがあげられ，さらに，「自らの民族や国家の利益を最優先することで生じる争い」が後を絶たないことがあげられている。よって，ことがらを列挙する(並べ立てる)ときに用いる「また」がよい。

問３　狩猟《しゅりょう》民にとって，「獲物《えもの》が捕《と》れなくなる」ことは，「自分の生存に直接関係」することなので，獲物を捕るために，「狩《か》りを行う場所を移動する」のは当然のことである。よって，イはあてはまらない。なお，「坊《ぼう》さんに念仏を唱えてもらう」ことや「今まで以上に利益を得る」ことや「収穫《しゅうかく》を神に感謝する」ことは，「自分の生存に直接関係」することではない。

問４　「抽象《ちゅうしょう》」は，物事や概念《がいねん》から共通する性質をぬき出して，それを一般的な概念としてとらえること。対義語は，実際に姿や形を備えていることを意味する「具体」となる。

問５　「動物は本能に従って行動」するものであり，「人間もこのような本能をもって」いるが，「人間の欲望はそれだけではとらえきれ」ないと述べられている。よって，アは適する。なお，「人間の欲望は，自分の生存に直接関係のないものごとにまで」およぶために，「自然を破壊し～消費する社会の仕組み」をつくり出したので，イは適さない。また，動物が本能に従って行動するのに対して，人間は，「自分の生存に直接関係のないものごとにまで」およぶ欲望にかり立てられて行動するのだから，ウは合わない。現代社会の問題は，「現代人の大きくなった欲望」がもたらしたものであると述べられているので，エも適さない。

問６　解答の例のほかには，インターネットなどのITを利用することで，リモートワークやオンライン会議を行い，実際に人間が移動しなくても働けるような環境《かんきょう》を整えることで，自然を破壊し資源を大量に消費しなくても，豊かで快適な暮らしが可能になる，という解答も考えられる。

四 **ことわざの完成，言葉のかかり受け**

問１　**１**　「情けは人のためならず」は，“人に情けをかけておけば，めぐりめぐって自分にもいいことがあるものだ”という意味。「ゆう」と結びついて，「友情」という熟語ができる。　**２**　「急がば回れ」は，“急ぐときには，危険な近道よりも，安全で確実な道を行ったほうが，結局は早く着くものだ”という意味。「らん」と結びついて，「回覧」という熟語ができる。　**３**　「かわいい子には旅をさせよ」は，“子どもがかわいいなら，その子につらい旅を経験させたほうが将来のためになる”という教え。「こう」と結びついて，「旅行」という熟語ができる。　**４**　「早起きは三文の得(徳)」は，“早起きをすれば，何か利益がある”という意味。「めい」と結びついて「文明」という熟語ができる。ほかにも，「名文」や，「はい」とむすびついて「俳文」などの熟語ができる。　**５**　「骨折り損のくたびれもうけ」は，“努力したが何の得もなく，つかれただけである”という意味。「がい」と結びついて，「損害」という熟語ができる。

問2　ことばのかかり受けでは，直接つなげてみて意味のまとまる部分が答えになる。　**1**　ピアノの練習が大変だった経験を，「わたしは」→「発表しました」となる。　**2**　「つい」→「先日」となる。　**3**　伝統工芸品を作る工場で働く方々が，仕事に「ひたすら」→「打ちこんでいる」となる。　**4**　ここで大声を「出すのは」→「やめなさい」と，母は子どもたちに注意した，となる。　**5**　「曲がって」→「渡《わた》ったところに」デパートがある，となる。

2022年度　山脇学園中学校

〔電　話〕　(03)3585－３９１１
〔所在地〕　〒107－8371　東京都港区赤坂４－10－36
〔交　通〕　東京メトロ千代田線 ―「赤坂駅」より徒歩７分
東京メトロ丸ノ内線・銀座線 ―「赤坂見附駅」より徒歩５分

〈編集部注：この試験は，算数・国語のいずれかを選択します。〉

【算　数】〈国・算１科午後試験〉（60分）〈満点：100点〉

次の各問に答えなさい。解答らんに答のみ書くこと。

(1)　$99\times98\times97\times\left(\dfrac{99}{98}-\dfrac{100}{99}\right)$ を計算しなさい。

(2)　次の $\square$ にあてはまる数を求めなさい。

$$10-\left\{10-\left(10-\square\right)\times\frac{1}{3}\right\}\times\frac{1}{2}=6$$

(3)　1から200までの200個の整数を一列にならべて書くとき，0という数字は何回現れますか。

(4)　花子さんは，商品Ａと商品Ｂをそれぞれ12個ずつ買って10200円使いました。
残ったお金で商品Ａをもう１個買うには60円足りませんが，商品Ｂをもう１個買うと10円あまります。花子さんは，はじめにいくら持っていましたか。

(5)　150枚のカードをＡさん，Ｂさん，Ｃさんの３人に配りました。配られたカードの枚数は，Ｂさんは Ａさんの３分の２より12枚多く，Ｃさんは Ｂさんの４分の３より１枚少なくなりました。Ｃさんに配られたカードは何枚ですか。

(6)　ＡとＢの２種類の食塩水があります。ＡとＢを２：１の割合で混ぜると４％の食塩水になり，３：１の割合で混ぜると4.2％の食塩水になります。ＡとＢを１：３の割合で混ぜると何％の食塩水になりますか。

(7)　50円玉と100円玉と500円玉が合わせて52枚あり，合計金額は12400円です。
50円玉と100円玉の枚数が同じであるとき，50円玉は何枚ありますか。

(8)　ある品物を 10400 円で何個か仕入れ，２割５分の利益を見込んで１個 65 円で売りました。しかし，いくつか売れ残ったので１個 55 円に値下げしたところ，すべての商品が売れて，利益は１割５分になりました。１個 55 円で売った個数は何個ですか。

(9)　下のトーナメント表は，Ａ，Ｂ，Ｃ，Ｄ，Ｅ，Ｆの６チームの競技かるたの大会結果です。表の太線は勝ったチームを表しています。大会結果については，次のことがわかっています。

（ア）　ＡはＢに勝ちました。

（イ）　ＡはＦに勝ちました。

（ウ）　ＥはＣに勝ちました。

（エ）　ＥはＢに負けました。

（オ）　Ａは２回戦でＤに勝ちました。

このとき，準優勝したチームはどのチームですか。

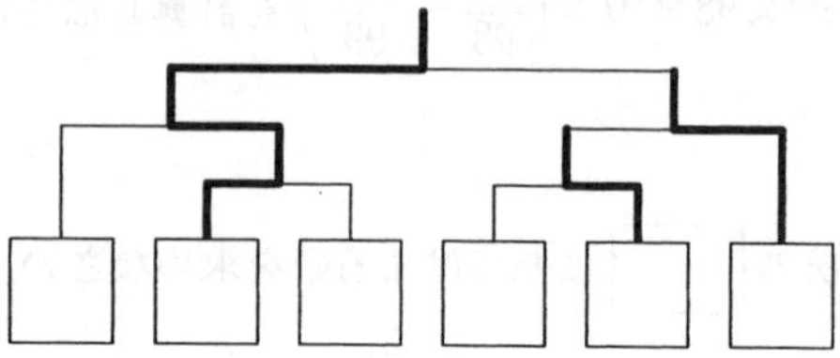

(10)　ある仕事を仕上げるのに，Ａさん１人では 35 日，ＡさんとＢさんの２人では 14 日，ＢさんとＣさんの２人では 10 日かかります。
ＡさんとＢさんとＣさんの３人でいっしょにこの仕事を始めます。
Ｂさんは３日，Ｃさんは１日休みましたが，Ａさんは１日も休まずに仕事をしました。
この仕事が仕上がったのは，最初の日から数えて何日目ですか。

(11)　春子さん，夏子さん，秋子さんの３人が 100 m 競走をしました。
夏子さんと秋子さんをくらべると，４ m の差をつけて夏子さんが先にゴールしました。
秋子さんと春子さんをくらべると，５ m の差をつけて秋子さんが先にゴールしました。
春子さんと夏子さんをくらべると，夏子さんは春子さんに何 m の差をつけて先にゴールしますか。

(12)　２つのバス停ＰとＱの間にある図書館に行くのに，Ｐでバスを降りて歩いていくより，Ｑまでバスに乗って歩いてもどったほうが 40 秒早く着きます。
ＰとＱの間の道のりは 1800 m，バスの速さは毎分 600 m，歩く速さは毎分 60 m であるとき，図書館はバス停Ｐから何 m のところにありますか。

(13)　1本の長さが 4 cm の棒を図のようにならべたところ，はしからはしまでの長さが 252 cm になりました。
棒は全部で何本ありますか。

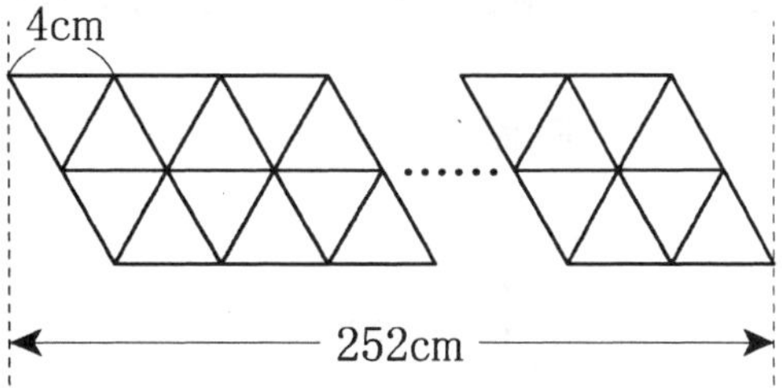

(14)　右の図で，AB と EF，BD と CE はそれぞれ平行です。
このとき，角 x の大きさを求めなさい。

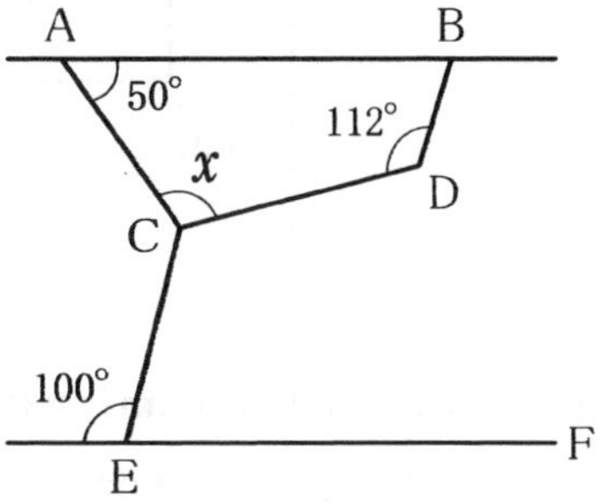

(15)　底面積 140 cm^2 の直方体の容器に，底面積が 20 cm^2 である直方体の同じ形のおもり 3 本を立て，図のように，20 cm の高さまで水を入れます。
容器からおもりを 1 本取り出したところ，おもりの高さと水面の高さが同じになりました。
このとき，水面の高さは何 cm ですか。

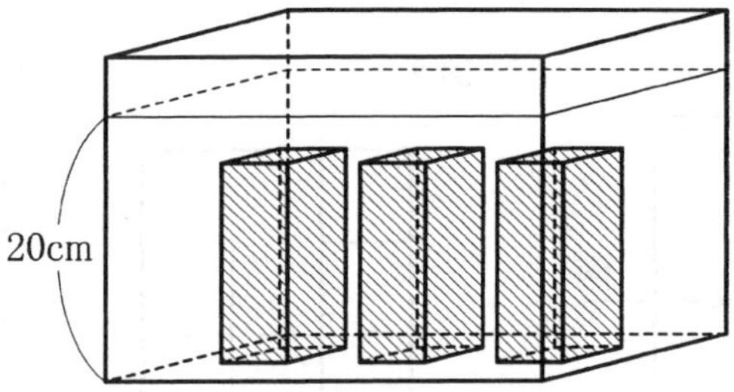

(16)　図のように，大きな正方形の中に，2 つの正方形と円が入っています。斜《しゃ》線部分の面積を求めなさい。
ただし，円周率は 3.14 とします。

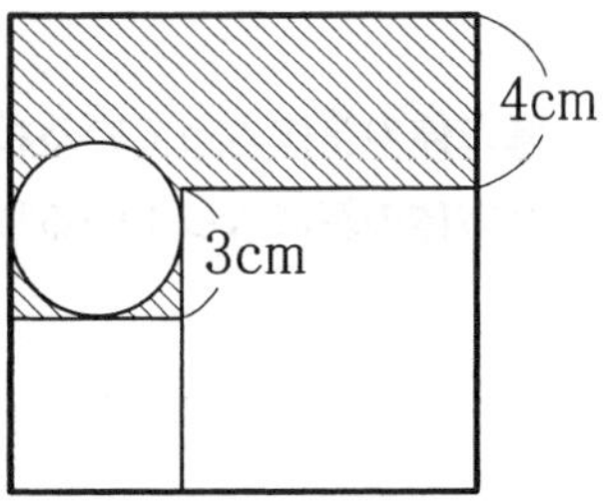

(17) **図の台形Aを直線アのまわりに1回転してできる立体を立体Pとします。**
ただし，円周率は3.14とし，また円すいの体積は「(底面積)×(高さ)÷3」で求められます。

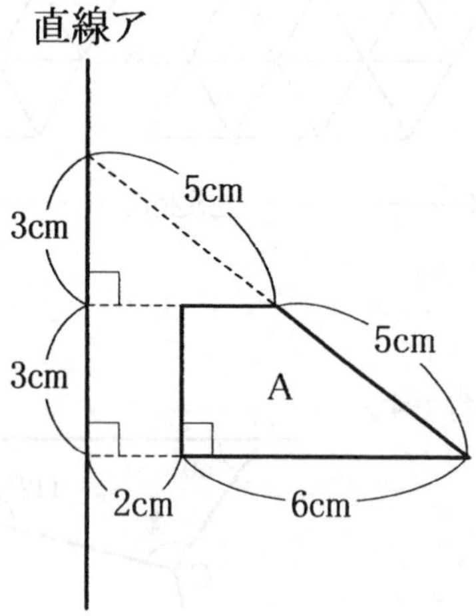

① **立体Pの体積は何 cm^3 ですか。**

② **立体Pの表面積は何 cm^2 ですか。**

(18) 図1のような中が透《す》けて見える直方体の箱があります。箱に1辺の長さが1cmの立方体の積木を何個か入れました。
正面の方向から見ると図2のように，横の方向から見ると図3のように積木が積まれているのが見えました。

図1

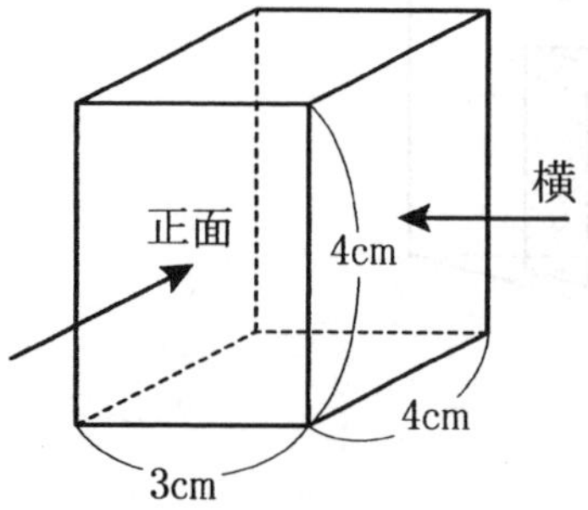

図2

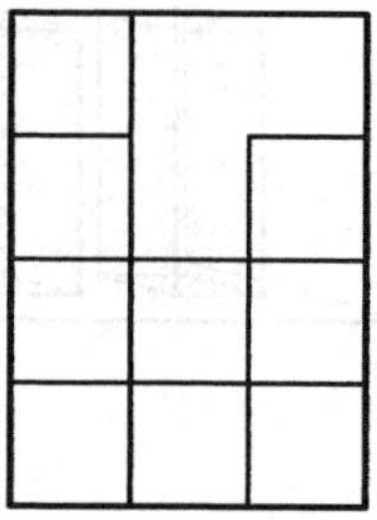

図3

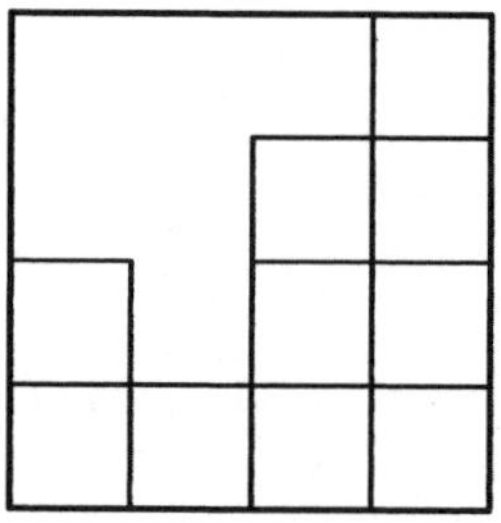

① **直方体の箱に入っている積木は，最も少ない場合で何個ですか。**

② **直方体の箱に入っている積木は，最も多い場合で何個ですか。**

次のア～エから選びなさい。
ア　東京に行って一人暮らしするよりも、実家から通える大学に進学した方が、優花本人と家族のためになる。
イ　優花は収入を得たこともないのに、受験で家族に大きな負担をかけようとすることには、納《なっ》得できない。
ウ　大学で社会とは直接関係のない勉強をするよりも、実社会に出て働く方が、優花の性格に合っている。
エ　勉強ばかりしている優花よりも、体を動かして何かに励む人たちの方が大事なことを学ぶことができる。

問六　――線③「母が『静かに、静かにね』となだめている」とありますが、母はなぜそうしているのですか。理由を六十字以内で説明しなさい。

問七　――線④「父を傷つけてしまった」とありますが、優花は、どの言葉で「傷つけてしまった」と思ったのですか。《本文》中から一文でぬき出し、最初の五字を答えなさい。（句読点や記号なども字数にふくみます）

問八　次の一文は、《本文》中のどの部分に入れるのが最も適当ですか。直前の五字をぬき出して答えなさい。（句読点や記号なども字数にふくみます）

＊　それが人ではなく、犬のことを指しているのに気付き、あわてて答えた。

問九　《本文》の説明として適当なものを、次のア～オから二つ選びなさい。
ア　会話の場面が一人ひとりの視点から詳《くわ》しく描《えが》かれているので、お互《たが》いに相手のことを理解しようとする様子が多面的に表現されている。
イ　ちょっとした行動や態度から人物の心情やその変化が読みとれるので、会話の様子を通じてそれぞれの人物像が明確に浮かびあがる。
ウ　主人公が犬との交流によって勇気づけられることで、消極的だった受験や恋《れん》愛についても今後は前向きになることが暗示されている。
エ　テレビについての描《びょう》写がところどころさしはさまれており、家族の考え方の違いや気まずい空気をきわ立たせる役割を果たしている。
オ　登場人物どうしが相手と向き合いながら話し合うことで、衝《しょう》突《とつ》はしたがわかりあい、家族のきずながよみがえる様子が描かれている。

援《えん》してる」

　母がコーシローの前にかがみ、頭を撫《な》でた。

「コーシロー君とよーくお参りしておいで」

「えっ、うん」

　母が早瀬のことを知っている気がして、答える声が小さくなった。

「……おいで、コーシロー」

　外に出ると、吐《は》く息が白い。かじかんだ手を息で暖めながら、優花は星空を見上げる。

　東京の大学を志望校に入れたのは、力試《だめ》しのつもりだった。祖父に言った言葉は嘘《うそ》じゃない。

　それなのに東京行きの切符《ぷ》をもらったとき、涙が止まらなかった。

　この街に不満があるわけじゃない。

　家族がきらいなわけでもない。

　それなのに心ははやる。知らない街に行ってみたい――。

　本気を出していいのだと、母は言った。

　軽く首を横に振り、優花は駆《か》け出す。

　失敗するのが怖《こわ》い。受かっても、絶対、自分の注10凡庸《ぼんよう》さに絶望する、わかってる。

　ああ、と声が漏《も》れた。

　高らかに一声吠えると、隣のコーシローが前に走り出た。

　それでもいいから、行ってみたい、東京へ――。

だけど……。

　そんなつもりはなかったのに、④父を傷つけてしまった。

「ああ！」

　暗がりのなかを、真っ白な犬が駆けていく。その背に導かれるようにして夜の道を走った。

【伊吹有喜『犬がいた季節』】

注1　テングになった…「天狗《ぐ》になる」とは、「得意になる。うぬぼれる。」という意味。

注2　交通公社…ここでは旅行会社のこと。

注3　ロゴ…会社名などをデザイン化したもの。

注4　回数券…乗車券などで、何回分かがセットになっているもの。料金が割安になる。

注5　紅白歌合戦・ゆく年くる年…前者は大晦日の夜、後者は年越しの時間に放送されるテレビ番組。

注6　待ち合わせ…優花は、幼なじみの雅美《まさみ》と一緒に毎年恒《こう》例の除夜の鐘をつきにいく約束をしていると、母に話していた。

注7　リード…犬などを散歩の時につなぐひも。

注8　満州…中国東北地方の昔の呼び名。一九三二年から一九四五年まで、事実上日本の支配下にあった。

注9　引き揚げ…ここでは日本人が、第二次世界大戦後に日本が勢力を失った地域から帰国してくること。

注10　凡庸…優れたところがないこと。

問一　～～線a「ヒタイ」、b「納品」、c「コマ(る)」について、カタカナは漢字を、漢字は読みをひらがなでそれぞれ答えなさい。

問二　二ヵ所ある［A］に共通して当てはまる二字の言葉を答えなさい。

問三　［B］・［C］に当てはまる漢字一字を、それぞれ答えなさい。

問四　――線①「東京の私立に行って」とありますが、優花は「東京の私立」大学を受験、進学することについてどのように考えていますか。本文全体の内容をふまえて、「～と考えている。」に続くように八十字以内で説明しなさい。

問五　――線②「祖父、父、兄の男三人が～眺めていた祖母」とありますが、「祖父」、「兄」、「祖母」の考えに当てはまらないものを、

だのに、みんなが茶々入れるから」
　えっ、と声をもらして、優花は父の顔を見る。
　父が封筒から「受験生の宿」と書かれているパンフレットを出した。
「お母さんに詳《くわ》しく話を聞いてな。優花のその、希望学部、そいつの試験日も調べて、昨日、受験生用のホテルも取ってきた」
　注2交通公社の注3ロゴが入った封筒を開けると、新宿のホテルの予約票が入っていた。
「お父さんからのお年玉や。新幹線の注4回数券も入れといたぞ」
「なんで回数券……」
「受かったら部屋探しとか、しなくちゃならんやろ。だめならお母さんと東京ディズニーランドに行けばいい。無駄《だ》にはならんよ」
　兄が[C]を鳴らすと立ち上がった。
「なんだよ、昔っからお父さんは優花に甘《あま》い！」
「勇には車を買ってやった。優花は車の代わりに大学へ行くんや。この話はこれでおしまい。みんな、優花がくじけるようなこと言うな」
　父からもらった封筒を両手で持つと、涙《なみだ》がこぼれ落ちた。
「お父さん、ありがとう……ありがとう」
「泣かんでいい、ほら、テレビまた見るか」
　リモコンを取り、父がテレビの電源をつけた。祖父はごろりと横になり、祖母は不機嫌《げん》そうにみかんを食べている。
　注5紅白歌合戦は終わり、「ゆく年くる年」が始まっていた。
　場の空気を変えるかのように、母が明るく言った。
「優花、ほら、そろそろ注6待ち合わせじゃなかったっけ？」
　涙を拭《ぬぐ》いながら、優花は立ち上がる。
　二階の洗面所で顔を洗い、部屋に上がってコートを着た。
　鏡を見ると泣いたせいで目が腫《は》れ、髪《かみ》がぼさぼさだ。ブラシで髪を梳《と》かし、リップクリームが入った小さなポーチと小銭《ぜに》入れをポケットに収める。
　犬の注7リードを手にすると、外に行くことがわかったのか、コーシローが跳《は》ね回った。なんとかつかまえてコーシローを抱《だ》き、優花は一階に下りる。
「コーシロー君も一緒なの？」
「えっ……」
　階段を下りてきた母に聞かれ、思わず手にしたリードを床《ゆか》に落とした。
　母がリードを拾い、コーシローの首輪に付けている。
「も、もちろん。一緒に連れていくよ」
　顔を見られないように母に背を向け、優花は黒いスエードのチロリアンシューズを下駄《た》箱から出す。背後から小さな声がした。
「記念受験だなんて言ってないで、優花、受かっておいで」
　振り返ると、母がコーシローのリードを渡《わた》してくれた。
　あかぎれで荒れたその指に、答える声が小さくなる。
「たぶん無理。日本中から受験生が来るんだもん。それに万が一、万が一だよ、受かったら……私が東京に行ったら、お母さんは一人で大変だ」
　母は首を横に振った。
「ちっとも大変じゃない。お母さんがこの家を出たらcコマるのはみんな。お母さんが本気で怒ったら誰もかなわないんだ。でも怒らない。お母さんには帰る家がないから」
　注8満州で生まれた母は注9引き揚《あ》げのときに両親と姉を亡《な》くし、子どもがいない伯母《おば》夫《ふう》婦のもとで育った。その伯母夫婦も今は亡く、他に頼《たよ》れる身内はいない。
「でも優花は違う。優花には帰る家がある。お母さんが守ってるこの家だ。だから優花は本気を出していいんだ。お父さんもお母さんも応

「みんなで食べるとおいしいって思ってるの、お祖父ちゃんとお祖母《ばあ》ちゃんだけだったりして。そりゃ楽しいよね。いつもご飯食べながら、私やお母さんに言いたい放題言って」

祖母がため息をついて、首を横に振《ふ》った。

「おお、こわ。誰《だれ》に似たのか、角が［A］ことを言う」

「どうしてお祖父ちゃんもお祖母ちゃんも、お兄ちゃんばっかりほめて、私には嫌みを言うの？」

「こらこら、優花、お祖母ちゃんも」

祖母が何か言おうとしたのを父が制した。

「カッカしない、大晦日なんだから。楽しくやろうや。優花が角が［A］こと言うだって？　誰に似たかって、それは明らかにお祖母ちゃん似だ。みんな黙ってや。お父さんは優花と進路の話をするんやから」

「お父さん、俺、その話の前に優花に言いたいことがある。お兄ちゃんばっかりほめてって、優花、お前はほめられるようなこと何かしたか？　自分で稼《かせ》いだこともないくせに記念受験だなんて、金遣うことばっかり言って」

「そんな言い方ないでしょう。お兄ちゃんだって高校生のときは稼いでなかったやん！」

おっ、オリンピックの選手が出とる、と祖父がテレビのボリュームを上げた。

今年を振り返る映像のなかに、ソウルオリンピックで活躍《やく》した日本選手が映っている。

「高校球児もそうだが、スポーツ選手ってのは実に清々《すがすが》しい。見ろ、優花。aヒタイに汗《あせ》して励《はげ》んだ奴《やつ》らは、みーんないい顔しとる」

「お祖父ちゃんは、どうしてスポーツ選手はほめるのに、勉強に励んでる孫には嫌みを言うの？　勉強を頑張《がん》る子もスポーツを頑張る子も一緒じゃない」

兄が日本酒をあおると、杯をソファテーブルに打ちつけた。

「可愛《わい》くねえな。いいか、優花、教えといてやるよ。社会に出れば勉強ができるのと頭がいいってのはまったく別モンだからな。b納品先にもおるわ。いい大学出てても、まったく使えねー奴」

「その人、単にお兄ちゃんとそりが合わないだけなんじゃない？　それに言うほど私、賢《かしこ》くないですから。うちのレベルが低いだけ」

祖父の猪口《ちょこ》に酒をついでいた父が手を止めた。

そうやな、と父が寂《さび》しそうに笑った。

「お父さんは中卒やし。お祖父ちゃんも小学校しか出とらん。鳶《とんび》が鷹《たか》を生んだようなもので、優花の気持ちはなかなか理解してやれんかもしれん……」

「違《ちが》う、そんなつもりで言ったわけじゃ……」

テレビの音がやけに大きな音で響《ひび》く。父がリモコンを手に取り、テレビを消した。

階段を下りてくる足音がして、母がリビングに入ってきた。

「どうしたの、静かになって。テレビは？」

祖母が二つ目のみかんを手荒《あら》くむきだした。爪《つめ》が引っかかったのか、わずかにしぶきが上がっている。

いやね、と祖母が［B］をとがらせた。

「優花がどうしても東京に行くって言うから」

「そんなこと言ってない！」

あなた、と母が非難するような目で父を見た。

「きちんと話してくれるって言ったのに」

「そうなんだよ、優花」

父がこたつのわきから封筒《ふうとう》を出した。

「お父さんは東京の大学を受けるのは賛成や。その話をしたくて呼ん

進めて成績を伸《の》ばしてきた。最近の模試では地元の国立大学だけでなく、東京の難関私立大学も一校だけ志望校に加えたが、どちらも合格可能性が高いという結果だった。

　年末になり、優花はコーシローを預かることになったが、祖父母は家の中に犬がいることを嫌《いや》がった。大晦《みそ》日《か》、優花は光司郎を誘《さそ》って、一緒《しょ》に除夜の鐘《かね》をつきに行くことを約束した。その夜、コーシローと三階の自室にいた優花は、母に呼ばれて二階のリビングに下りていった。そこで模試の結果について、父からはほめられたが、祖父には次のように言われた。

《本文》

「男ならともかく、女の子が①東京の私立に行ってどうするんだ」

「別に私、行くなんて言ってないやん。でも……受けるだけ受けてみてもいい？　記念に」

「行きもしない大学を受けてどうするんだ」

「どこまでやれるのか見たいっていうか。わかってるよ、お祖父《じい》ちゃん。家から通えるところしか行けないって」

　模試の結果に優花は目を落とす。

「でもさ、普《ふ》通、孫の成績が上がったら、ほめてくれたって……」

「お前は人にほめられたくて勉強してるのか」

「そうじゃないけど」

「お祖父ちゃん、優花にそんなにつらく当たらんでも。お父さんは立派やと思ってるぞ、優花のこと。鼻が高い。お祖父ちゃん、ほら飲んで」

　徳利《とっくり》を持ち上げ、父が祖父の杯《さかずき》に酒を注いだ。勢いあまってこぼれた酒を祖父が口から迎《むか》えにいき、チュッとすすった。

「ああ、しみる……。いいか、優花。ちょっとばかし勉強ができるからって、注1テングになったらいかんぞ」

　父さん、と言ったあと、父が「お祖父ちゃん」と言い直した。

「優花はテングになんてなってへん」

「なったらいかんって注意しとるだけだ」

　祖父がうまそうに酒を飲むと、口元をぬぐった。

「いいか、世の中には学校の勉強なんかより、もっと大事なモンがある。お兄ちゃんを見てみろ。中学、高校と荒《あ》れてたけど、今じゃこの家の長男としてしっかりうちの商売を支えてる。勇《いさむ》、ほら、お前も一杯《ぱい》飲め」

「俺《おれ》、ポン酒《しゅ》よりビールのほうがいいんだけど。まあいいか」

　兄が祖父の隣《となり》に座《すわ》り、酒を飲み始めた。

　②祖父、父、兄の男三人が並んで飲む姿を嬉《うれ》しそうに眺《なが》めていた祖母が、みかんをむき始めた。

「ほら、優花はおみかん食べな。肌《はだ》がきれいになるから」

　食べたくはないが、祖母がむいてくれたみかんを黙《だま》って口にする。奥《おく》歯で嚙《か》みしめるようにして食べると、冷たい汁《しる》が口のなかに広がっていった。

　おいしいやろ、と祖母が言い、優しく目を細めた。

「東京でしょぼしょぼ一人でご飯を食べるより、一家そろってみんなで食べたほうがうまいに決まってる」

　そりゃそうだ、と祖父がうなずいた。

「何はなくとも家が一番。みんなで食べればなんだってうまい」

三階からコーシローの吠《ほ》え声が聞こえた。③母が「静かに、静かにね」となだめている。

　階下を必死で気遣《づか》うその声に、怒《いか》りがこみあげてきた。

「そうかな？」

みかんの薄《うす》皮を口から出し、優花はティッシュにくるむ。

ア　どれだけ　イ　なんとかして　ウ　いかに
エ　どうして　オ　いつか

問三　══線①「ほど」、⑤「の」について、同じはたらきで用いられているものを、下のア～エからそれぞれ選びなさい。

①　ア　雪が凍《こお》ってスコップが入らないほどだ。
イ　相手が強いほど闘《とう》志がわいてくる。
ウ　それほど球技は得意ではない。
エ　身のほどをわきまえていない。

⑤　ア　光陰《いん》矢のごとし。
イ　雨が降り出したので出かけなかった。
ウ　こんなに寒いのに素《す》足だ。
エ　妹はラジオを聞くのが好きだ。

問四　――線②「それだけではないでしょう」とありますが、今日まで死亡事故が起きていないということに対して、その理由を筆者はどのように考えていますか。五十字以内で説明しなさい。

問五　――線③「明日はもっと良いものをつくろう」とありますが、この言葉の意味として最も適当なものを、本文中の～～線ア～エから選びなさい。

問六　――線④「神の創造に寄与する」とありますが、それはどのようにすることであると筆者は述べていますか。八十字以内で説明しなさい。

問七　――線⑥「この技法」とありますが、その利点として適当でないものを、次のア～エから選びなさい。
ア　地中海特有の強い光を拡散できる。
イ　ゴミを出さず、廃材利用ができる。
ウ　費用も手間も抑《おさ》えることができる。
エ　曲面部分を貼るために利用できる。

問八　二ヵ所ある［Ｃ］に共通して当てはまる言葉を本文中からぬき出しなさい。

問九　本文の内容として適当なものを、次のア～エから選びなさい。
ア　サグラダ・ファミリアの建設現場では、自らの経験をもとに自然の秩序を読み取り、行動原理として作り上げた理論や公式を建物の構造に最大限に有効活用していた。
イ　グエル公園には、環境破壊やゴミ処理の問題といった状況《きょう》が社会的に深刻化するなどとは誰も予想していなかった時代に、エコロジカルな建築技法が使用されていた。
ウ　カサ・バトリョという集合住宅の中庭に、光を吸収しやすい色のタイルを貼り、光の反射量に色を対応させることで、換気と採光を目的とする空間が設けられている。
エ　ガウディも、あらゆるものが自然の秩序を離《はな》れて存在するわけにはいかないことを理解したうえで、自然を「偉大な書物」と見なし、文明を進化させてきた一人である。

二

次の文章は、『犬がいた季節』という小説の冒《ぼう》頭の部分のあらすじと、それに続く場面です。これらの文章を読んで、後の問いに答えなさい。

《本文までのあらすじ》

一九八八年、塩見優花《しおみゆうか》は三重《え》県四日市《よっかいち》市にある進学校の高校三年生だった。ある日校内に犬が迷い込み、優花たちは飼い主を探したが見つからず、校長先生と交渉《しょう》して校内で飼うことにした。その犬は優花の同級生の早瀬光司郎《はやせこうしろう》にちなんで、コーシローと呼ばれた。

優花は自分の学力に自信を持てずにいたが、秋以降、美術大学を目指してひたむきに努力する光司郎に刺《し》激を受け、意欲的に勉強を

なことを考えていました。

続いて〈中略〉カサ・バトリョという集合住宅の中庭です。換気と採光のために設けられている空間ですが、その壁《へき》面に、日本で言う注7市松模様にタイルが貼られています。その色が、上層階から地上階に近づくにつれて、濃紺《のうこん》から白へと変化している。ガウディ・ブルーと呼ばれている大変美しい色調です。これはじつは、各階に届く光の量に色を対応させてあります。強い光が当たりやすい上層階には光を吸収しやすい色のタイルを貼り、光が届きにくい下層階には反射率の高い色のタイルを貼る。そのバランスを少しずつ変えていくことで、ガウディは、各階の住人が均等に光を注8享受《きょうじゅ》できるように配慮《りょ》していました。

自然の秩序に形や色を対応させつつ、ウ機能を充《じゅう》実させようとすることが、結果的にデザインを生み出す方法にもなっているわけです。

〈中略〉

目に見えている自然の向こうに、目に見えない秩序を読み取り、それを建物の構造に活かそうとしていた。それがガウディです。

自然の中にある秩序を読み取っていくガウディの手法は、[C]的というより、職人的なものだったと私は思います。自然を言語で捉《とら》え、理論や公式を打ち立てていこうとするのが[C]の精神であるとするなら、自然を直観的に捉え、自分の手を信じて、とりあえずものをつくってみようとするのが職人の精神です。その中で、エ多くの失敗から学んでいく。

たとえば、石工というのは、石の世界の秩序を直観的に把握《はあく》し、材料を何らかの形に変えていこうとします。経験の浅い石工はそれを強《ごう》引にやろうとしますが、決して上手くはいきません。〈中略〉

職人でなくても、手でものをつくる人間は、みんな同じような感覚を持っているのではないでしょうか。たとえば、長年農業をやっている人は、どうすれば畑全体によく水を行き渡《わた》らせることができるか、どうすれば強風や害虫から作物を守ることができるか、理屈《くつ》では上手く説明できなくても、経験から来る直観として分かっているはずです。それをもっとも重視して、手を動かしていく。それが手でものをつくる人間にとっての働くということだと思います。

ガウディは、そういう直観をあらゆる自然に対して発揮し、壮《そう》大な造形に活かしていた、神がかり的な職人だったのではないかというのが私の考えです。

【外尾悦郎『ガウディの伝言』光文社新書】

（一部内容を省略しました）

注1　杜撰…いいかげんなこと。
注2　ガウディ…アントニオ・ガウディ。スペイン出身の建築家。一九世紀から二〇世紀にかけて活動し、サグラダ・ファミリア（聖家族教会）、グエル公園をはじめとする作品群は、ユネスコの世界遺産に登録されている。
注3　秩序…物事の正しい順序。
注4　掘削…土砂《しゃ》や岩石を掘《ほ》り取ること。
注5　被覆…物の表面を他の物でかぶせて包むこと。
注6　トランカディス…スペイン語で「こわれたタイル」のこと。
注7　市松模様…二色の正方形を互《たが》い違《ちが》いに並べた碁盤《ごばん》目模様。
注8　享受…受け取って自分のものにすること。

問一　〜〜線a「アヤマ(り)」、b「リッキョウ」をそれぞれ漢字に直しなさい。

問二　[A]・[B]に当てはまる言葉を、次のア〜オからそれぞれ選びなさい。（同じ記号を二度使用しないこと）

たとえば、〈中略〉ガウディが一九一四年に完成させたグエル公園の中にあるｂリッキョウを支えている柱です。その材料には、公園内の道路整備のために注４掘削《くっさく》された石が使われています。しかも柱の上には、当地に生えていたヤシなどが植えられている（植物の根が腐《くさ》らないように、柱は水を通す仕組みになっています）。地面からもらったものを、人間の知恵《え》を使って建物に変え、自然に戻《もど》しているわけです。グエル公園はほぼ全体がそういう考え方でつくられています。

それだけではありません。〈中略〉グエル公園の中央広場を縁《ふち》取っているベンチです。その表面は、工場から出たり、寄付されたりした不良品のタイルで覆《おお》われています。

タイルというのは、割れたものはもちろん、欠けたりヒビが入ったりしたものも商品にならなくなってしまいますが、ガウディはあえてそういうタイルを引き取り、割って使うことで、四角いままでは上手《うま》く貼《は》れない曲面の注５被覆《ひふく》に活《い》かしていました（また、タイルを破砕《さい》して使うことで、地中海地方の強すぎる光を拡《かく》散させることも考えていました）。

しかも、色とりどりのタイルがモザイク状に貼られたベンチは、芸術作品としてもすばらしいものです。注６トランカディスと呼ばれる⑥この技法は、後に多くの芸術家たちに影響《えいきょう》を与えました。〈中略〉

イ自然からもらったものを無駄にしない、ゴミを出さないどころか廃《はい》材を利用するという発想は、現代で言えばエコロジーです。しかし、もちろんガウディの時代にそんな概《がい》念はありません。エコロジーという言葉がしきりに叫《さけ》ばれるようになったのは、環《かん》境破壊やゴミ処理の問題といった対極の状況《きょう》が深刻化してきたからだと思いますが、ガウディはそれが社会問題になるなどと誰《だれ》も予想していなかった時代に、現代よりもはるかに進んだ考え方で、エコロジカルな建築を実践《せん》していました。

その行動原理になっていたのは、自然の秩序を乱すような建物をつくるのは合理的ではないという思想です。そこまではっきりとした言葉で認《にん》識していたかどうかは定かでありませんが、ガウディの作品には、明らかにそういう方向性が読み取れます。ガウディは神が創造した自然に付け加えるように、建物をつくろうとしていました。

同時にガウディは、自然を「偉《い》大な書物」と見なし、そこに書かれている秩序を神からのメッセージとして読もうとしていました。

宇宙を含《ふく》めた広い意味での自然には、なぜそうなっているのか、根本的には誰にも説明できないものの、一定の秩序があり、それで大きな調和が保たれています。水や空気の流動性、光や音の反射、天体の運行までをも支配しているさまざまな物理の法則……。あらゆるものがそれを離《はな》れて存在するわけにはいかない秩序の中で、人間も生き、また文明を進化させてきたわけです。古来、科学者たちは、その張り巡らされているものを物理や数学といった言語で読み取ろうとしてきましたが、それに対し、ガウディは直観と手仕事を最大の武器として、形や色で読み取ろうとしていたのではないかと思います。その読み取ったメッセージを活かして、自然からもらった材料を建物に変えようとしていた。それがガウディの残した、「神の創造に寄与する」という言葉の大意だったのではないかと思います。

たとえば、〈中略〉カサ・ミラの屋上にある煙突《えんとつ》です。ソフトクリームのような面《おも》白い形をしていますが、じつはガウディは、空気の流れを読んでこういうデザインを生み出しています。屋上を風が吹《ふ》き抜けるときに、この煙突が空気をぐっと巻き込んで、気圧の差をつくり、中の煙《けむり》を吸い出させる。飛行機が空を飛ぶときにも応用されている原理です。換《かん》気扇《せん》があまり普及《ふきゅう》していなかった時代に、ガウディはそん

二〇二二年度 山脇学園中学校

【国　語】〈国・算一科午後試験〉（六〇分）〈満点：一〇〇点〉

一　次の文章を読んで、後の問いに答えなさい。

ものをつくる人間をダメにする確実な方法は、全体を考えさせず、細かい作業をひたすら義務としてやらせることです。そうするともう、現場での新しい発想が生まれてこなくなるだけでなく、［　A　］手を抜《ぬ》くかということばかり考える人が現れ、図面通り一〇〇パーセントのものすらできなくなる（また、そもそもの図面に ａアヤマりがあった場合にも、職人たちの直観によって、それが「おかしい」と指摘《てき》されることも起こりにくくなります）。そうして作業を急がせれば急がせる①ほど、注１杜撰《ずさん》なものができ上がっていく。これは人間がつくっている限り、どうしても起こることです。特にサグラダ・ファミリアのように、何百年間もつくり続ける建物の場合、小さな手抜きの積み重ねがやがて致《ち》命傷となり、建物を崩壊《ほうかい》させることも十分に考えられます。注２ガウディはそういう人間の性質をよく見抜いていました。

また、サグラダ・ファミリアの建設現場で（昔は今よりもはるかに危険な、一〇〇メートルの高さまで木で足場を組み、滑《かっ》車で石を吊《つ》り上げるような作業を行っていたにもかかわらず）、今日まで死亡事故が一件も起きていないのも、職人たちが自ら考え、意欲的に仕事をしてきたことと無関係ではないと思います。昔は不十分な道具を使っていたからこそ、安全に細心の注意を払《はら》っていたということもあったと思いますが、②それだけではないでしょう。事故というのは往々にして、人間を機械のように働かせているときに起こるものです。

ガウディは一九二六年の六月七日、サグラダ・ファミリアで過ごした最後の日の夕方、ミサに出かける前に、仕事を終えた職人たちに向かって言いました。私はその一言に込《こ》められていた精神が、その後の建設をも支え続けてきたような気がします。

「諸《しょ》君、③明日はもっと良いものをつくろう」〈中略〉

ガウディが弟《で》子たちに残した重要な言葉の一つに、次のようなものがあります。

「人間は何も創造しない。ただ、発見するだけである。新しい作品のために自然の注３秩《ち》序を求める建築家は、④神の創造に寄与《よ》する。故《ゆえ》に独創とは、創造の起源に還《かえ》ることである」

この言葉は一つには、資源の問題として考えてみることができるかも知れません。人間が［　B　］科学を発展させ、高度なものをつくれるようになっても、その材料は常に自然から発見し、もらっているものです。植物や鉱《こう》物はもちろん、水や空気や光やさまざまなエネルギーもすべて、人間が無からつくり出せるものではありません。それができるのは、キリスト教的な言葉で言えば、創造主である神だけです（多くの日本人にとっては、神という言葉を挟《はさ》まず、純粋《すい》に自然と人間との関係で考えた方が理解しやすいかも知れません）。

その自然には、無駄《だ》のない関係性が存在しています。食物連鎖《さ》にしても、植物の光合成と動物の呼吸の関係にしてもそうですが、あるものの性質（機能）が、他のあるものを存在させる⑤のに役立っている。その関係が巡《めぐ》り回って、結局は自らをも存在させているわけです。

ガウディはその関係性の世界を少しだけ膨《ふく》らませ、自然から与《あた》えられたものを最大限有効に利用しながら、ア人間の役に立つものをつくろうとしていました。

2022年度

山脇学園中学校　▶解説と解答

算　数　<国・算1科午後試験>（60分）<満点：100点>

解　答

(1) 97　(2) 4　(3) 31回　(4) 10600円　(5) 38枚　(6) 3％　(7) 16枚　(8) 104個　(9) B　(10) 10日目　(11) 8.8m　(12) 1010m　(13) 436本　(14) 118度　(15) 17.5cm　(16) 43.44cm^2　(17) ① 314cm^3　② 452.16cm^2　(18) ① 10個　② 26個

解　説

計算のくふう，逆算，数列，和差算，分配算，濃度《のうど》，つるかめ算，売買損益，条件の整理，仕事算，速さと比，速さ，図形と規則，角度，水の深さと体積，面積，体積，表面積，立体図形の構成

(1)　$99\times98\times97\times\left(\frac{99}{98}-\frac{100}{99}\right)=99\times98\times97\times\frac{99}{98}-99\times98\times97\times\frac{100}{99}=99\times99\times97-100\times98\times97=(99\times99-100\times98)\times97=(9801-9800)\times97=1\times97=97$

(2)　$10-\left\{10-(10-\square)\times\frac{1}{3}\right\}\times\frac{1}{2}=6$ より，$\left\{10-(10-\square)\times\frac{1}{3}\right\}\times\frac{1}{2}=10-6=4$，$10-(10-\square)\times\frac{1}{3}=4\div\frac{1}{2}=4\times\frac{2}{1}=8$，$(10-\square)\times\frac{1}{3}=10-8=2$，$10-\square=2\div\frac{1}{3}=2\times\frac{3}{1}=6$　よって，$\square=10-6=4$

(3)　1から200までの整数のうち，一の位が0の整数は，10，20，30，…，200の，200÷10＝20(個)あるから，一の位に現れる0は20個ある。また，十の位が0の整数は，100～109の10個と，200の1個で，合わせて，10＋1＝11(個)あるから，十の位に現れる0は11個ある。百の位が0の整数はないので，1から200までの整数を一列にならべて書くと，0という数字は，20＋11＝31(回)現れる。

(4)　AとBが12個ずつで10200円だから，AとB1個ずつの値段の和は，10200÷12＝850(円)である。また，A1個の値段は，残ったお金よりも60円高く，B1個の値段は，残ったお金よりも10円安いから，A1個の値段はB1個の値段よりも，60＋10＝70(円)高く，上の図①のように表せる。よって，B1個の値段は，(850－70)÷2＝390(円)だから，残ったお金は，390＋10＝400(円)とわかる。したがって，花子さんがはじめに持っていたお金は，10200＋400＝10600(円)と求められる。

図①

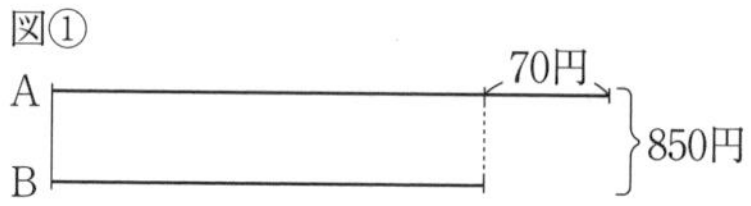

(5)　Aさんのカードの枚数を$\boxed{1}$とすると，Bさんのカードの枚数は，$\boxed{\frac{2}{3}}+12$(枚)，Cさんのカードの枚数は，$\left(\boxed{\frac{2}{3}}+12\right)\times\frac{3}{4}-1=\boxed{\frac{2}{3}}\times\frac{3}{4}+12\times\frac{3}{4}-1=\boxed{\frac{1}{2}}+8$(枚)と表せる。よって，3人の枚数の合計は，$\boxed{1}+\boxed{\frac{2}{3}}+12+\boxed{\frac{1}{2}}+8=\boxed{\frac{13}{6}}+20$(枚)となり，これが150枚なので，$\boxed{\frac{13}{6}}=150-20=130$(枚)より，$\boxed{1}=130\div\frac{13}{6}=60$(枚)とわかる。したがって，Cさんのカードの枚数は，$\boxed{\frac{1}{2}}+8=60\times\frac{1}{2}+8=38$(枚)と求められる。

(6)　AとBを２：１の割合で混ぜると４％，３：１の割合で混ぜると4.2％の食塩水になるようすを図に表すと，下の図②のようになる。図②で，ア：イ＝１：２，ウ：エ＝１：３で，さらに，ア＋イ＝ウ＋エであるから，比の和を，１＋２＝３と，１＋３＝４の最小公倍数である12にそろえると，下の図③のようになる。比の，４－３＝１が，4.2－４＝0.2(％)にあたるから，A，Bの食塩水の濃《こ》さはそれぞれ，$4+0.2\times\frac{4}{1}=4.8$(％)，$4-0.2\times\frac{8}{1}=2.4$(％)とわかる。よって，AとBを１：３の割合で混ぜると，下の図④のように表せて，オ：カ＝３：１となるから，できる食塩水の濃さは，$4.8-(4.8-2.4)\times\frac{3}{3+1}=3$(％)と求められる。

図②

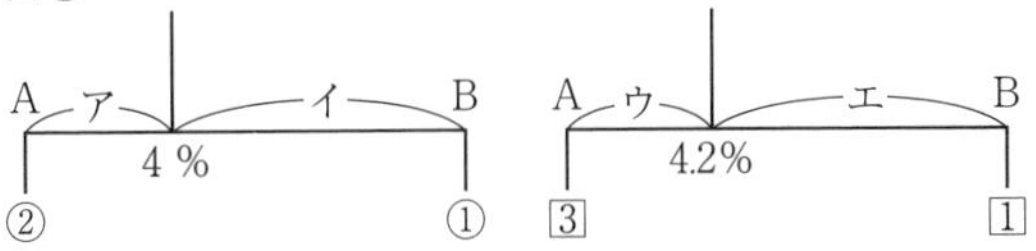

図③

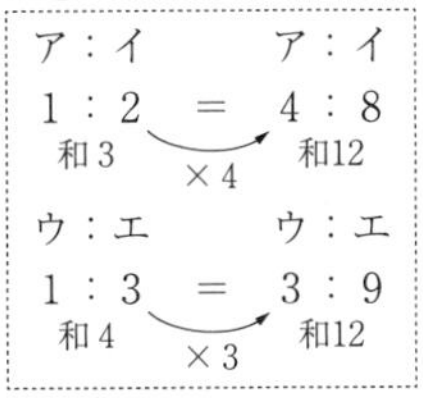

図④

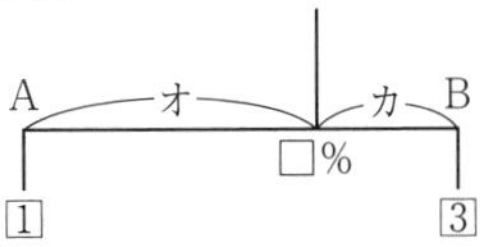

(7)　52枚とも500円玉だとすると，合計金額は，500×52＝26000(円)となり，実際よりも，26000－12400＝13600(円)多くなる。50円玉と100円玉の枚数が同じなので，500円玉を２枚ずつ減らし，50円玉と100円玉を１枚ずつ増やしていくと，合計金額は，500×２－(50＋100)＝850(円)ずつ減っていくから，13600円減らすには，13600÷850＝16より，500円玉を，２×16＝32(枚)減らし，50円玉と100円玉をそれぞれ16枚増やせばよい。よって，50円玉は16枚ある。

(8)　２割５分の利益を見込《こ》んでつけた値段が１個65円なので，品物１個の仕入れ値は，65÷(１＋0.25)＝52(円)であり，仕入れた個数は，10400÷52＝200(個)とわかる。また，１個あたりの利益は，１個65円で売ったときが，65－52＝13(円)，１個55円で売ったときが，55－52＝３(円)で，全体の利益は，仕入れ値の合計の１割５分だから，10400×0.15＝1560(円)である。200個とも１個65円で売ると，全体の利益は，13×200＝2600(円)となり，実際よりも，2600－1560＝1040(円)多くなる。１個55円で売る個数が１個増えるごとに，全体の利益は，13－３＝10(円)ずつ少なくなるから，１個55円で売った個数は，1040÷10＝104(個)と求められる。

(9)　準優勝したチームは決勝戦で負けたチームなので，右の図⑤の☆にあてはまるチームとなる。まず，(ア)，(イ)，(オ)の条件より，Aは，B，F，Dの３つのチームに勝って優勝したから，Aは図⑤の㋐にあてはまる。また，Aに負けたB，F，Dのうち，Dは２回戦でAに負けたから，Dは図⑤の㋑にあてはまるので，B，Fは㋒か☆のどちらかとなる。ここで，図⑤の㋒のチームは１回も勝っていないので，㋒にBを入れると，(エ)の「EはBに負けた」という条件に合わないため，Fが㋒，Bが☆に決まる。よって，準優勝したチームはBである。

図⑤

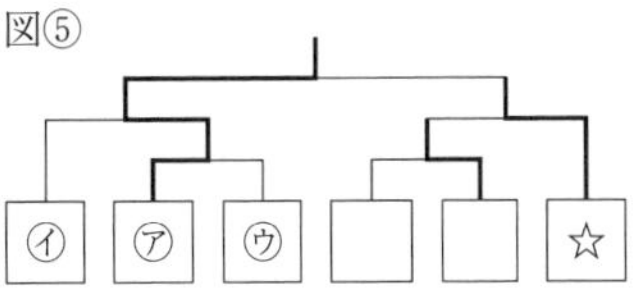

(10)　この仕事全体の量を，35，14，10の最小公倍数である70とすると，１日に，Aさん１人では，70÷35＝２，AさんとBさんでは，70÷14＝５，BさんとCさんでは，70÷10＝７の仕事ができる。よって，Bさん１人では１日に，５－２＝３，Cさん１人では１日に，７－３＝４の仕事ができるので，３人ですると，１日に，２＋３＋４＝９の仕事ができる。また，Bさんは３日で，３×３＝９，Cさんは１日で４の仕事ができるから，BさんとCさんが休まず仕事をしたとすると，最初の日から仕上がった日まで３人でした仕事の量は，70＋９＋４＝83になる。したがって，仕事が仕上がったのは，

83÷９＝９あまり２より，最初の日から数えて，９＋１＝10(日目)である。

⑾　夏子さんが100m走る間に秋子さんは，100－４＝96(m)走るので，夏子さんと秋子さんの速さの比は，100：96＝25：24となる。また，秋子さんが100m走る間に春子さんは，100－５＝95(m)走るので，秋子さんと春子さんの速さの比は，100：95＝20：19となる。そこで，秋子さんの比を，24と20の最小公倍数である120にそろえると，右上の図⑥のようになるから，春子さん，夏子さん，秋子さんの速さの比は，114：125：120とわかる。よって，夏子さんが100m走る間に春子さんは，$100\times\frac{114}{125}=91.2$(m)走るから，夏子さんは春子さんに，100－91.2＝8.8(m)の差をつけてゴールする。

図⑥

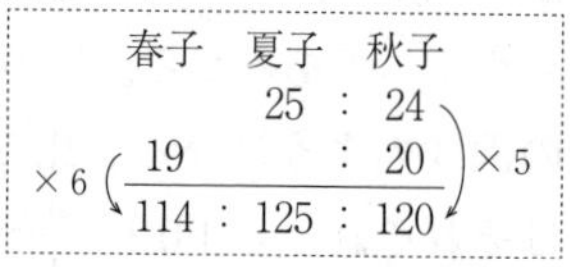

⑿　ＰからＱまでバスで行くと，1800÷600＝３(分)かかる。また，Ｐから図書館まで歩く時間は，Ｑまでバスに乗って歩いて図書館までもどる時間よりも，40秒，つまり，$40\div60=\frac{2}{3}$(分)長いので，Ｐから図書館まで歩く時間は，Ｑから図書館まで歩く時間よりも，$\frac{2}{3}+3=3\frac{2}{3}$(分)長くなる。さらに，$3\frac{2}{3}$分歩いて進む道のりは，$60\times3\frac{2}{3}=220$(m)だから，Ｐから図書館までの道のりは，Ｑから図書館までの道のりよりも220m長い。よって，右上の図⑦のようになるので，Ｐから図書館までの道のりは，(1800＋220)÷２＝1010(m)と求められる。

図⑦

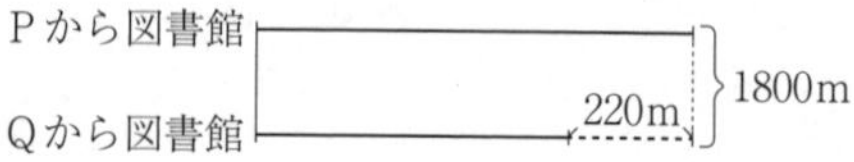

⒀　問題文中の図形は，右の図⑧のアのような，棒を９本使った図形に，イのような，棒を７本使った図形を次々と加えてつくった図形と考えることができる。図⑧で，三角形ABCは正三角形で，ＤはACの真ん中の点だから，点Ｂは点Ｄのちょうど真下にあり，アの右はしからＢまでの長さはADの長さと同じ４cmとなる。よって，アの左はしから右はしまでの長さは，４＋４＝８(cm)とわかる。また，イを１個加えるごとに，ならべた図形のはしからはしまでの長さは４cmずつ増えていくから，はしからはしまでの長さが252cmのとき，アにイを，(252－８)÷４＝61(個)加えたことになる。したがって，棒は全部で，９＋７×61＝436(本)ある。

図⑧

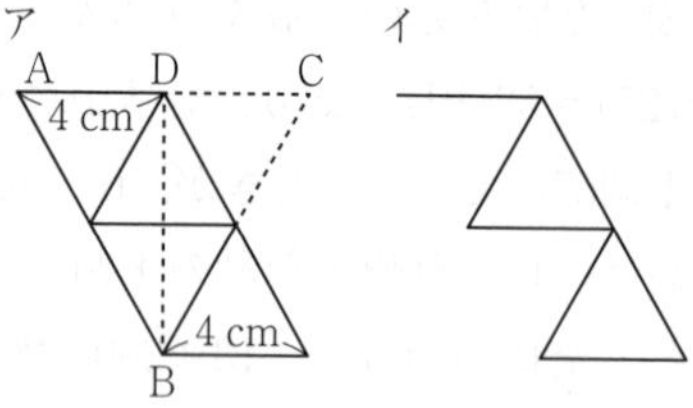

⒁　右の図⑨のように，BDをのばした直線を引き，EFと交わる点をＧとすると，BGとCEは平行なので，角イの大きさは角アの大きさと等しく100度である。また，ABとEGも平行なので，角ウの大きさも角イの大きさと等しく100度である。よって，角エの大きさは，180－100＝80(度)だから，角xの大きさは，360－(50＋80＋112)＝118(度)と求められる。

図⑨

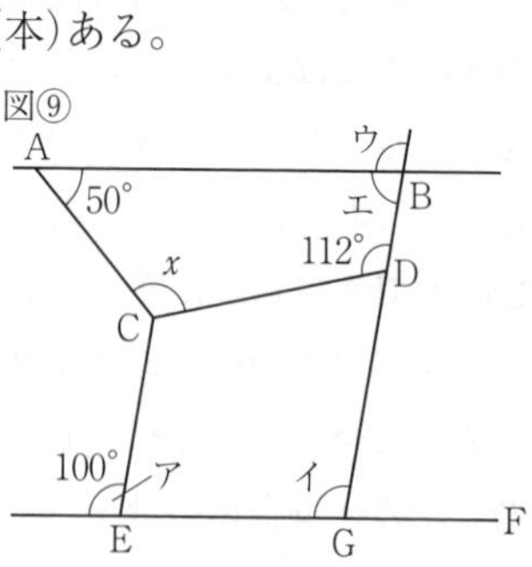

⒂　水の体積とおもり３本の体積の和は，140×20＝2800(cm^3)である。また，おもりを１本取り出したとき，おもりの高さと水面の高さが同じで，おもり１本の底面積は20cm^2，水が入っている部分の底面積は，140－20×２＝100(cm^2)だから，おもり１本分の体積と水の体積の比は，20：100＝１：５とわかる。すると，水の体積はおもり５本分の体積と等しいので，おもり，５＋３＝８(本)分の体積が2800cm^3となる。よって，おもり１本分の体積は，2800÷８

＝350(cm^3)，おもりの高さは，350÷20＝17.5(cm)だから，おもりを１本取り出したときの水面の高さは17.5cmである。

(16)　右の図⑩で，BCとDC，FCとICの長さがそれぞれ等しいから，BFの長さはDIの長さと等しく４cmである。つまり，正方形EBFGの１辺の長さは４cmだから，FHの長さ(正方形HFCIの１辺の長さ)は，４＋３＝７(cm)，BCの長さ(正方形ABCDの１辺の長さ)は，４＋７＝11(cm)とわかる。また，円の直径は正方形EBFGの１辺の長さと同じ４cmだから，円の半径は，４÷２＝２(cm)となり，その面積は，２×２×3.14＝12.56(cm^2)である。よって，斜線《しゃせん》部分の面積は，11×11－４×４－７×７－12.56＝121－16－49－12.56＝56－12.56＝43.44(cm^2)と求められる。

図⑩

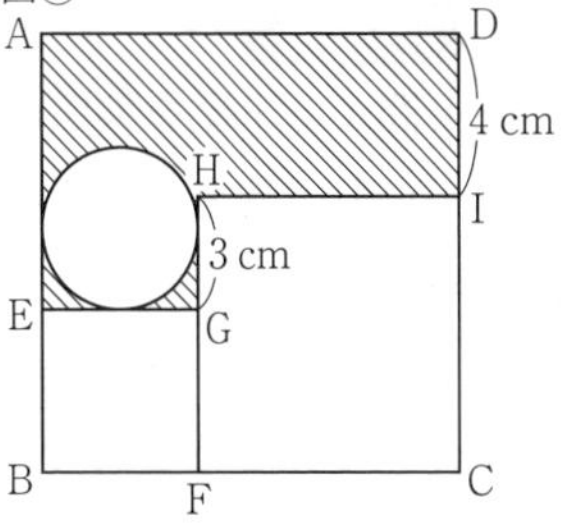

(17)　①　立体Ｐは右の図⑪のようになり，これは，円すいⓐから円すいⓘと円柱ⓤを除いた立体と考えることができる。図⑪で，Ｅ，Ｆはそれぞれ BC，BDの真ん中の点だから，三角形BEFと三角形BCDは相似比が１：２の相似な三角形であり，CDの長さは，２＋６＝８(cm)だから，EFの長さは，$8\times\frac{1}{2}$＝４(cm)となる。よって，円すいⓐの体積は，８×８×3.14×(３＋３)÷３＝128×3.14(cm^3)，円すいⓘの体積は，４×４×3.14×３÷３＝16×3.14(cm^3)，円柱ⓤの体積は，２×２×3.14×３＝12×3.14(cm^3)なので，立体Ｐの体積は，128×3.14－16×3.14－12×3.14＝(128－16－12)×3.14＝100×3.14＝314(cm^3)と求められる。　②　立体Ｐの表面のうち，上の面の面積は，４×４×3.14－２×２×3.14＝16×3.14－４×3.14＝12×3.14(cm^2)，下の面の面積は，８×８×3.14－２×２×3.14＝64×3.14－４×3.14＝60×3.14(cm^2)である。また，立体Ｐの内側の側面の面積，つまり，円柱ⓤの側面積は，２×２×3.14×３＝12×3.14(cm^2)となる。さらに，立体Ｐの外側の側面は，円すいⓐの側面から円すいⓘの側面を除いたもので，円すいの側面積は，(母線の長さ)×(底面の半径)×(円周率)で求められるから，円すいⓐの側面積は，(５＋５)×８×3.14＝80×3.14(cm^2)，円すいⓘの側面積は，５×４×3.14＝20×3.14(cm^2)より，立体Ｐの外側の側面の面積は，80×3.14－20×3.14＝60×3.14(cm^2)とわかる。以上より，立体Ｐの表面積は，12×3.14＋60×3.14＋12×3.14＋60×3.14＝144×3.14＝452.16(cm^2)と求められる。

図⑪

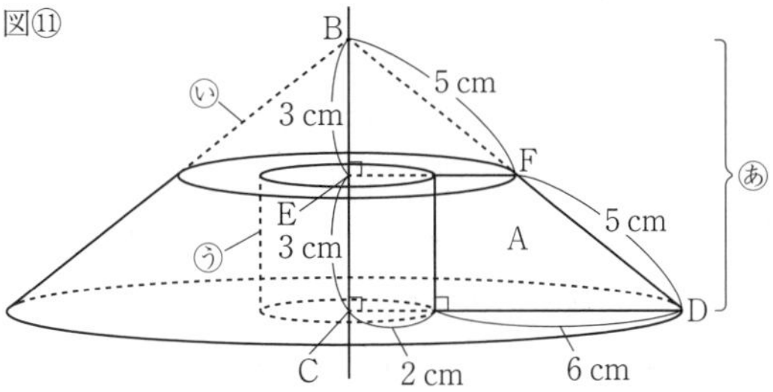

(18)　①　底面には，真上から見ると，最も多くて，たてに４個，横に３個の積木を並べることができる。すると，たとえば，積木が最も少ない場合は右の図⑫のように考えることができるから，４＋３＋１＋２＝10(個)である。　②　積木が最も多い場合は，横から見える個数と正面から見える個数に注意して，積木の個数を考えると，右の図⑬のようになる。よって，４×１＋３×３＋２×５＋１×３＝26(個)と求められる。

図⑫

真上から見た図

			(横から見える個数)
４個	０個	０個	４個
０個	０個	３個	３個
０個	０個	１個	１個
０個	２個	０個	２個
４個	２個	３個	

(正面から見える個数)

図⑬

真上から見た図

			(横から見える個数)
４個	２個	３個	４個
３個	２個	３個	３個
１個	１個	１個	１個
２個	２個	２個	２個
４個	２個	３個	

(正面から見える個数)

国語　＜国・算１科午後試験＞（60分）＜満点：100点＞

解答

一　**問１**　下記を参照のこと。　**問２**　**Ａ**　ウ　**Ｂ**　ア　**問３**　①　イ　⑤　エ　**問４**　（例）　安全に細心の注意を払ってきただけでなく，職人が全体について考え，意欲的に仕事に取り組んできたから。　**問５**　エ　**問６**　（例）　自然から与えられたものを最大限有効に利用しながら，自然の秩序を乱すことなく，直観と手仕事によって形や色を対応させつつ，建物に作り変えようとしていたということ。　**問７**　ウ　**問８**　科学者　**問９**　イ　二　**問１**　**ａ**，**ｃ**　下記を参照のこと。　**ｂ**　のうひん　**問２**　立つ　**問３**　**Ｂ**　口　**Ｃ**　鼻　**問４**　（例）　日本中から優秀な受験生が集まる中で力を試してみたいし，進学しても自分の凡庸さを思い知らされて絶望するのはわかっているが，それでも知らない街に行ってみたい（と考えている。）　**問５**　ウ　**問６**　（例）　コーシローが吠えて祖父母が機嫌を損ねない中で，優花の東京の大学受験を両親は応援していることを，父が話せるようにするため。　**問７**　うちのレベ　**問８**　けている。　**問９**　イ，エ

●漢字の書き取り

一　**問１**　**ａ**　誤(り)　**ｂ**　陸橋　二　**問１**　**ａ**　額　**ｃ**　困(る)

解説

一　**出典は外尾悦郎《そとおえつろう》の『ガウディの伝言』による。**ガウディが，人間の性質をよく見抜《ぬ》いていたことを紹介《しょうかい》し，彼《かれ》の建築はどのような考え方に基づいて設計され，どのような手法でつくられていったのかを説明した文章である。

問１　**ａ**　音読みは「ゴ」で，「誤解」などの熟語がある。　**ｂ**　道路や線路の上にかけられた橋。

問２　**Ａ**　ものをつくる人間に「細かい作業をひたすら義務としてやらせる」と，どのようにして「手を抜くかということばかり考える人」が現れるという文脈なので，「いかに」があてはまる。

Ｂ　人間が，どんなに「科学を発展させ，高度なものをつくれるようになっても，その材料は常に自然から発見し，もらっている」という文脈なので，「どれだけ」がよい。

問３　①　「急がせるほど」「強いほど」の「ほど」は，“～につれて，ますます”という意味を表す副助詞。　なお，「入らないほど」の「ほど」は，状態の程度を表す副助詞。「それほど」の「ほど」は，あとに「ない」などをともなって，状態が思ったほどではないことを表す「それほど」の一部。「身のほど」の「ほど」は，自分の身分や能力などの程度を表す「身のほど」の一部。

⑤　「存在させるのに」「聞くのが」の「の」は，体言の代わりの役割を果たす。なお，「矢のごとし」の「の」は，格助詞。「ので」の「の」は，理由を表す接続助詞「ので」の一部。「のに」の「の」は，逆接を表す接続助詞「のに」の一部。

問４　「今日まで死亡事故が一件も起きていない」のは，サグラダ・ファミリアの建設現場で働く人々が「安全に細心の注意を払《はら》っていた」からではあるが，「それだけではない」とあるように，「職人たちが自ら考え，意欲的に仕事をしてきたことも無関係ではない」と思われるのである。

問５　「明日はもっと良いものをつくろう」というガウディの言葉は，今日よりも良いものをつく

ろうという意味だから，過去の失敗から学んでいこうという姿勢を表しているといえる。

問６　「自然には，無駄《むだ》のない関係性が存在して」いるが，ガウディは，「その関係性の世界を少しだけ膨《ふく》らませ，自然から与《あた》えられたものを最大限有効に利用しながら，人間の役に立つものをつくろう」とした。「その行動原理になっていたのは，自然の秩序《ちつじょ》を乱すような建物をつくるのは合理的ではないという思想」である。ガウディは，自然には，「神からのメッセージ」がこめられていると考え，自然や秩序の法則を「直観と手仕事を最大の武器として，形や色で読み取ろうとしていた」のである。彼は，「読み取ったメッセージを活かして，自然からもらった材料を建物に変えよう」と試みた。このように，「ガウディは神が創造した自然に付け加えるように，建物をつくろうとして」いたのであり，それこそが，「神の創造に寄与《きよ》する」ということになる。

問７　「この技法」が指しているのは，直前で述べられているタイルを用いた技法のことである。商品にならないタイルを破砕《はさい》して用いることで，費用は抑《おさ》えることができただろうが，手間を省けたとは考えられないので，ウは誤り。なお，「タイルを破砕して使うことで，地中海地方の強すぎる光を拡散させることも考えて」いたのだから，アは適する。また，商品にならないタイルを使うことによって，「ゴミを出さないどころか廃材《はいざい》を利用する」ことができるので，イもよい。ガウディは，割れたり，欠けたり，ヒビが入ったりして，商品にならなくなったタイルを割って使うことで，「四角いままでは上手く貼《は》れない曲面の被覆《ひふく》に活かして」いたので，エも合う。

問８　宇宙を含《ふく》めた自然には，「一定の秩序があり，それで大きな調和が保たれて」いる。科学者たちは，その秩序や調和を，「物理や数学といった言語で読み取ろうとして」きたが，「ガウディは直観と手仕事を最大の武器として，形や色で読み取ろうとしていた」と前で述べられている。そういう意味で，ガウディの手法は，「科学者」的というより，職人的なものだと考えられる。あとの空らんＣにも，「職人」と対応する「科学者」があてはまる。

問９　環境《かんきょう》破壊《はかい》やゴミ処理が「社会問題になるなどと誰《だれ》も予想していなかった時代」に，ガウディは，グエル公園の設計で，「エコロジカルな建築を実践《じっせん》して」いたと述べられているので，イは正しい。なお，サグラダ・ファミリアの建設現場を支えているのは，職人的なものの考え方であり，職人たちは，科学者とは違《ちが》って，「理論や公式」を建築に用いたりしないのだから，アは誤り。また，「カサ・バトリョという集合住宅の中庭」は，「換気《かんき》と採光のために設けられている空間」であるが，ガウディの工夫は，採光に関するものであり，換気とは関係ないので，ウも合わない。さらに，自然には，「一定の秩序があり，それで大きな調和が保たれて」いるが，その秩序の中で，「人間も生き，また文明を進化させてきた」のであって，「あらゆるものが自然の秩序を離《はな》れて存在するわけには行かないことを理解した」者だけが，「文明を進化させてきた」わけではないので，エも適さない。

二　**出典は伊吹有喜《いぶきゆき》の『犬がいた季節』による。**優花《ゆうか》が東京の大学を受験することをめぐって起きた家庭内のいさかいのようすと，両親が受験を認めてくれたことで，優花が東京に行きたいと思うようになった心情の移り変わりを描《えが》いた文章である。

問１　**a**　音読みは「ガク」で，「金額」などの熟語がある。　**b**　品物を納入すること。

c　音読みは「コン」で，「困難」などの熟語がある。

問２　「角が立つ」は，“態度や言葉づかいがおだやかではないため，人間関係が悪くなる”という意味。

問３　**Ｂ**「口をとがらす」は，“くちびるをつき出して，いかりや不満を表す”という意味。

Ｃ「鼻を鳴らす」は，“鼻にかかった声を出して，不満を表したり人をばかにした態度を取ったりする”という意味。

問４「母」との会話と，そのあとの優花の心の描写に注目する。「日本中から受験生が来る」ので，合格は「たぶん無理」だと思っていたが，それでも，優花は，「力試し」をしてみたかった。もし「受かっても，絶対，自分の凡庸《ぼんよう》さに絶望する」だけだとわかっていたが，それでも「知らない街に行ってみたい」という気持ちはおさえられなかったのである。

問５「祖父」が商売を支える「兄」をほめるようすや，それに同調する「祖母」や「兄」のことばに注目する。「祖父」も「祖母」も「兄」も，優花が大学に進学すること自体には反対していないので，ウは合わない。なお，「祖父」と「祖母」は，優花が，東京の大学に行くより，地元の大学に進学した方が，経済的な負担も減り，優花にとっても楽だと考えているので，アは合う。「兄」は，優花に「自分で稼《かせ》いだこともないくせに記念受験だなんて金遣《つか》うことばっかり言って」と不満を抱《いだ》いているので，イも適する。また，「祖父」は，「世の中には学校の勉強なんかより，もっと大事なモンがある」と考えていて，「額に汗して励《はげ》んだ奴《やつ》らは，みーんないい顔しとる」と言った。「社会に出れば勉強ができるのと頭がいいってのはまったく別モン」だと言った「兄」も，「祖父」と同じ意見だと考えられる。よって，エもよい。

問６「祖父母は家の中に犬がいることを嫌《いや》がった」ので，コーシローが吠《ほ》えると，「祖父母」は不機嫌《きげん》になるおそれがあった。優花の両親は，優花が東京の大学を受験することを認めており，このとき，「父」は，そのことを家族に話そうと考えていた。「母」が「きちんと話してくれるって言ったのに」と言っているように，「母」は，吠えるコーシローをなだめて，「父」がその話を切り出しやすい雰囲気《ふんいき》をつくろうとしていたのである。

問７　優花は，自分はそれほど賢《かしこ》いわけではなく，「うちのレベルが低いだけ」だと言ってしまった。それを聞いた「父」は，自分は中卒で，「祖父」は小学校しか出ていないと認め，「寂《さび》しそうに笑った」のである。優花は，家族が思っているほど自分が賢いわけではないと言いたかったのだが，「うちのレベルが低い」と加えたことによって，「父」を傷つけてしまったのである。

問８「母」に「コーシロー君も一緒《いっしょ》なの？」とたずねられて，優花は同級生の「光司郎《こうしろう》」のことを言っていると思い，「思わず手にしたリードを床《ゆか》に落とし」てしまった。「母」がコーシローの首輪にリードを付けているのを見て，「コーシロー」が「人ではなく，犬のことを指しているのに」気づいて，優花は，あわてて「も，もちろん。一緒に連れていくよ」と言ったのである。

問９「祖母」は，優《やさ》しくみかんをむいて，優花にすすめてくれたが，優花が，「祖父母」に反論すると，「ため息をついて，首を横に」振《ふ》り，口論が続くと，「二つ目のみかんを手荒《あら》くむき」始めた。「祖母」は，優花が従順であれば優しいが，反抗《はんこう》的になると厳しい態度を取るのである。また，「兄」は，「杯《さかずき》をソファテーブルに打ちつけ」て，優花への反感を表している。このように，登場人物の動作や態度に，その心理が，細かく表れており，登場人物の性格が読み取れるように工夫されている。よって，イは適する。また，「祖父」は，テレビにオリンピックの選手が登場すると，ボリュームを上げてスポーツ選手をほめた。優花が，「祖父」はスポーツ選手はほめるのに，勉強をがんばる孫には嫌味を言うと指摘《してき》したことをきっかけにして，「兄」と優花の言い合いになり，優花の発言によって，「父」は傷ついた。気まずい空気の中で，テレビの大きな音だけが鳴り響《ひび》いていたので，「父」はテレビを消した。このように，テレビという道具によって登場人物の価値観の違いが明らかになり，リビングにただよう気まずい空気が強調されているので，エも内容に合う。なお，本文全体が優花の視点から描かれているので，アは誤り。優花とコーシローの交流は，ほとんど描かれていないので，ウも合わない。また，優花は，「祖父」と「祖母」と「兄」と衝突《しょうとつ》したが，そのあとわかりあってはいない。また，衝突はしたが，そもそも家族のきずなが失われていたわけではないので，オも適さない。

Memo

2021年度　山脇学園中学校

〔電　話〕　(03)3585－３９１１
〔所在地〕　〒107－8371　東京都港区赤坂４－10－36
〔交　通〕　東京メトロ千代田線 —「赤坂駅」より徒歩７分
東京メトロ丸ノ内線・銀座線 —「赤坂見附駅」より徒歩５分

【算　数】〈A日程試験〉(50分)〈満点：100点〉

1　次の□にあてはまる答を求めなさい。

(1) $\left(\frac{4}{5}-0.15\right)\div 1.3+\frac{1}{8}\div 1.25\times 2=\square$

(2) $2\frac{1}{3}\div\frac{20}{21}+2\frac{4}{15}\div\left(1-\square\right)=5$

(3) 3％の食塩水400gに□％の食塩水150gを加え，よく混ぜてから水50gを蒸発させたら，4.8％の食塩水になりました。

(4) 300個の品物を1個800円で仕入れ，仕入れ値の3割増しの定価で□個売り，残りの品物は定価の1割引きにしてすべて売ったところ，利益は全部で59520円になりました。

(5) □個のチョコレートを子どもたちに配ります。
はじめの10人に6個ずつ，残りの子どもに8個ずつ配ろうとしたところ，あと80個足りませんでした。そこで，全員に7個ずつ配ると20個余りました。

(6) 花子さんはA町からB町までは毎時6kmで走り，B町からC町までは自転車に乗って毎時14kmで進んだところ，全部で3時間30分かかりました。
このとき，A町からC町までの道のりは27km，A町からB町までの道のりは□kmです。

(7) Aさん，Bさん，Cさん，Dさんの4人が算数のテストを受けました。4人の平均点は78点で，Aさんの点数はBさんより9点高く，Dさんの点数はBさんより18点高く，Cさんの点数は他の3人の平均点より4点低い点数でした。
Bさんの点数は□点でした。

(8)　右の図の四角形は，平行四辺形です。

角 x の大きさは □ 度です。

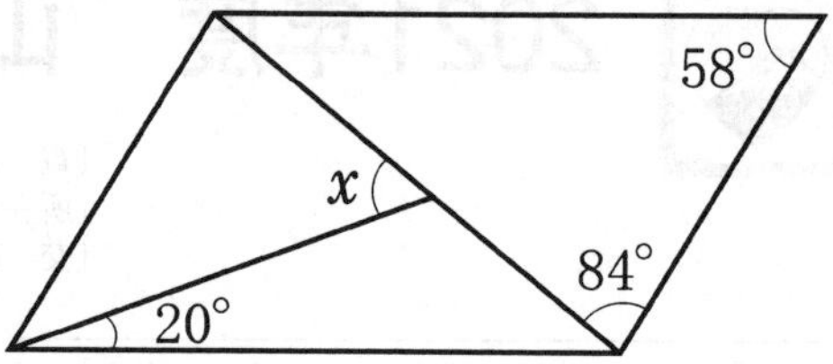

(9)　右の図は点 O を中心とする半径 5 cm の円です。

点 A , B , C は円周上の点であり，

AB と BC の長さは等しいです。

斜《しゃ》線部分の周りの長さは □ cmです。

ただし，円周率は3.14 とします。

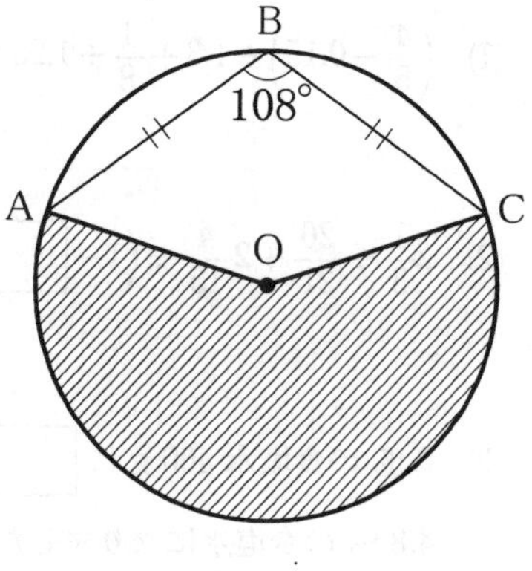

2　図のように，直方体を組み合わせた形の水そうに，排《はい》水せんが取り付けてあります。
最初，排水せんは閉じられていました。この水そうに一定の割合で
水を入れ始めてから 10 分後に誤って排水せんを開けてしまいましたが，
気づかずに満水になるまで水を入れ続けました。
下のグラフは水面の高さと水を入れ始めてからの時間の関係を表したものです。
次の各問いに答えなさい。

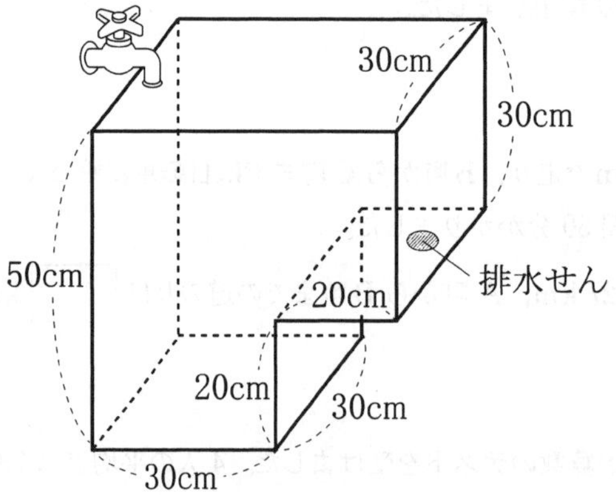

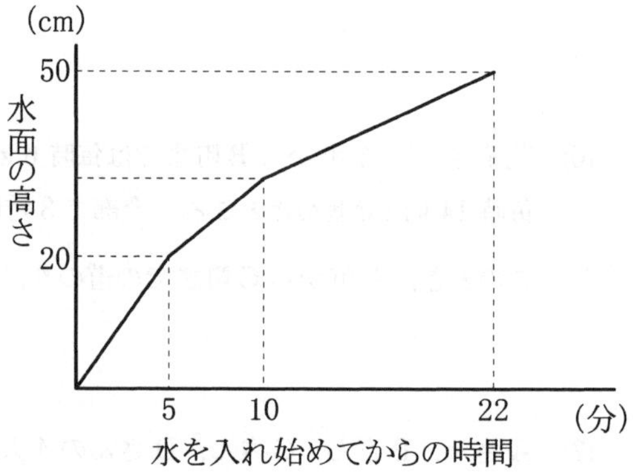

(1)　水そうに毎分何 cm^3 の割合で水を入れましたか。

(2)　水を入れ始めてから 10 分後の水面の高さは何 cm ですか。

(3)　排水せんからは毎分何 cm^3 の割合で水が流れ出しましたか。

3 列車AはP駅からQ駅へ向かって，列車BはQ駅からP駅へ向かって走っています。
列車Aの長さは250mです。
次の各問いに答えなさい。

(1) 列車Aは2000mのトンネルに入り始めてから出終わるまでに2分かかります。
列車Aの速さは毎分何mですか。

(2) 列車Bは2200mのトンネルに入り始めてから出終わるまでに3分，
入り終わってから出始めるまでに2分30秒かかります。
列車Bの速さは毎分何mですか。

4 図のような三角形ABCを3本の平行な線DE，AI，FGで4つの部分に分けました。
BGの長さは20cm，GEの長さは26cm，ECの長さは8cmです。
また，三角形BFGの面積は220cm^2，三角形DECの面積は44cm^2で，
DHとECは垂直です。
次の各問いに答えなさい。ただし，答えのみ解答らんに書きなさい。

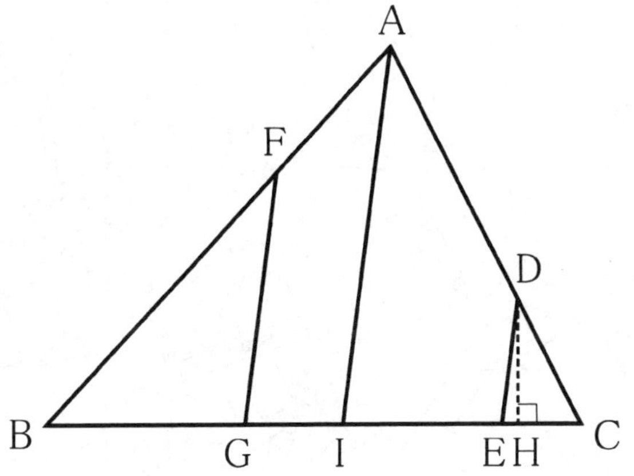

(1) DHの長さは何cmですか。

(2) FGとDEの長さの比を求めなさい。ただし，できるだけ簡単な整数の比で答えること。

(3) BIとICの長さの比を求めなさい。ただし，できるだけ簡単な整数の比で答えること。

(4) 三角形ABCの面積は何cm^2ですか。

【社　会】〈A日程試験〉（30分）〈満点：60点〉

1　国土地理院発行の地形図（2万5千分の1「白井」原寸大・一部加工）を見て、各問いに答えなさい。

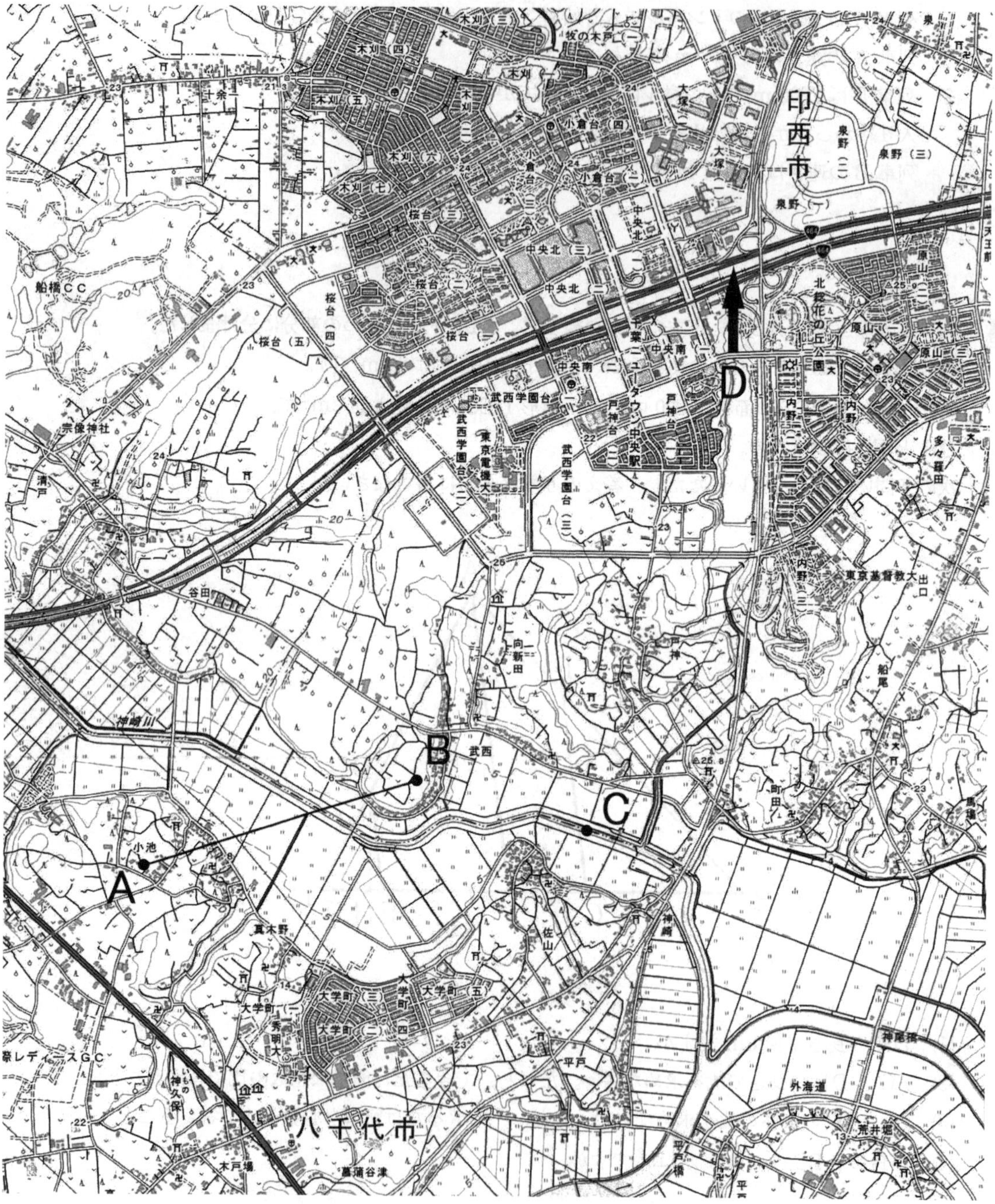

〈編集部注：編集上の都合により原図を90%に縮小しました。〉

問１　地図中にみられる地形は、千葉県北部の広域で見られる台地の一部です。この台地は何とよばれていますか。漢字で答えなさい。

問２　地図中にみられる地域では、昔からさかんに水田開発が進められてきました。特に、江戸時代に幕府の財政を立て直そうと、この地域にある印旛沼や手賀沼の干拓を進めて新田開発を行い、他にも株仲間を積極的に公認するなどの政治改革を行った人物はだれですか。漢字で答えなさい。

問３　地図中から読み取れることがらについて説明した文を読んで、正しいものを**ア**～**エ**の中から１つ選び、記号で答えなさい。

ア　**神崎川**の両岸に広がる水田地帯は、ほとんどが標高約 10mとなっている。

イ　**北総花の丘公園**の近くには、**市役所**を表す地図記号がある。

ウ　**印西市**には、**千葉ニュータウン中央駅**の南側に、3 つの大学のキャンパスがある。

エ　**印西市**と**八千代市**の市境にもなっている**神崎川**は、西から東へ向かって流れている。

問４　地図中の地名を見て、**千葉ニュータウン中央駅**ができる前から成立していたと考えられる集落の名前のうち、正しい組み合わせを**ア**～**エ**の中から１つ選び、記号で答えなさい。

ア　**桜台・中央南・内野**

イ　**向新田・武西・戸神**

ウ　**原山・船尾・戸神台**

エ　**木刈・武西学園台・多々羅田**

問５　地図中の**Ａ－Ｂ**間の断面図にあてはまるものを、**ア**～**エ**の中から１つ選び、記号で答えなさい。

ア

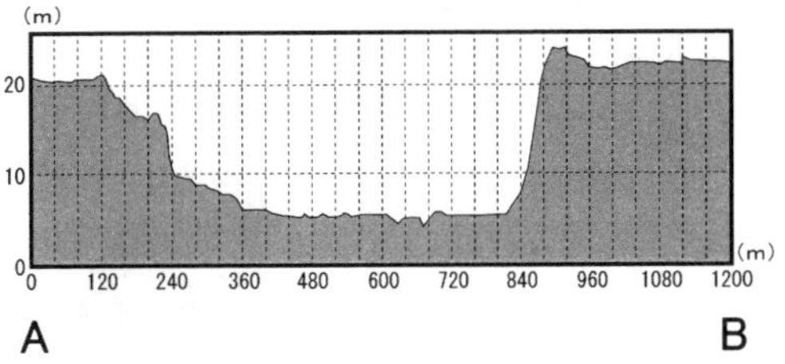

イ

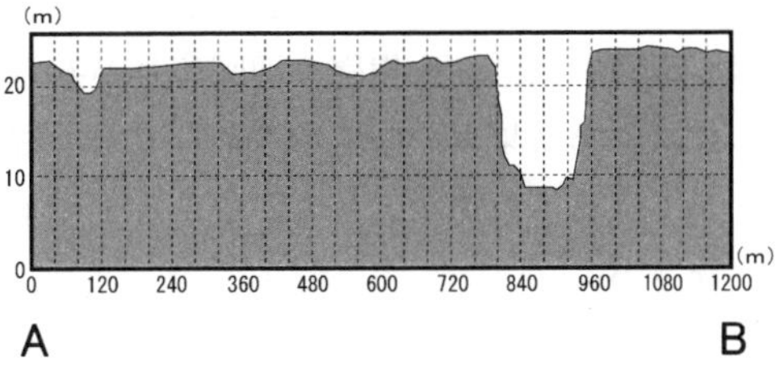

ウ

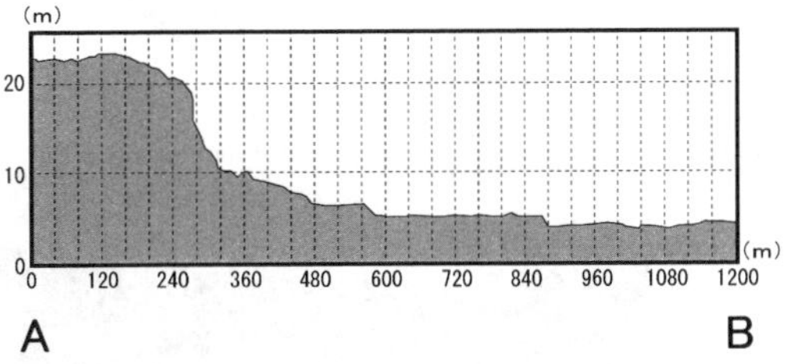

エ

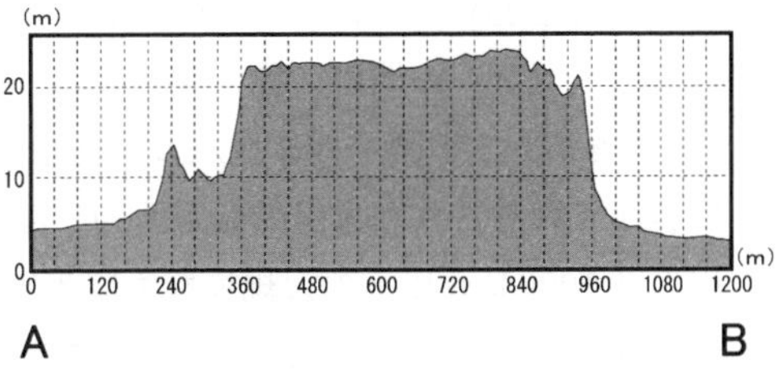

問６　**千葉ニュータウン中央駅**から**Ｃ**地点の**神崎川**までの直線距離は、地図上で 8.8 ㎝あります。実際の距離を求めて、単位記号（ｍまたはｋｍ）をつけて答えなさい。

問７　農業産出額（2018 年）が多い都道府県（1 位～5 位まで）の、農業に関するデータをまとめた表を見て、（１）～（３）の問いに答えなさい。（ただし、表中のデータのうち、第 1 次産業就業者は 2015 年、その他のデータは 2019 年のものです。）

順位	都道府県	農業産出額	第1次産業就業者	販売農家数	耕地面積	米の収穫量	豚の飼育頭数
1	X	12593億円	7.4%	35100戸	1144000 ha	588100 t	69.2万頭
2	Y	4863億円	9.5%	30200戸	116000 ha	88500 t	126.9万頭
3	茨城県	4508億円	5.9%	49400戸	164600 ha	344200 t	46.6万頭
4	千葉県	4259億円	2.9%	39600戸	124600 ha	289000 t	60.4万頭
5	宮崎県	3429億円	11.0%	22500戸	66000 ha	74900 t	83.6万頭

「日本国勢図会 2020/21」より作成

(1)表中のXとYにあてはまる都道府県の組み合わせとして、正しいものを**ア〜オ**の中から1つ選び、記号で答えなさい。

	X	Y
ア	鹿児島県	長野県
イ	岩手県	愛知県
ウ	北海道	鹿児島県
エ	新潟県	群馬県
オ	静岡県	熊本県

(2)表を見ると、千葉県や茨城県は全国的にも農業がさかんな都道府県となっています。これらの県では、東京などの大都市向けにねぎ、ほうれん草などの野菜を生産して出荷する農業が行われています。このような農業を何というか、漢字で書きなさい。

(3)地図中には、果樹園の地図記号がみられますが、千葉県では、ある果実の栽培がさかんです。右のグラフを見て、あてはまる果物を**ア〜エ**の中から1つ選び、記号で答えなさい。

ア もも　**イ** ぶどう　**ウ** おうとう　**エ** 日本なし

ある果実の主産地(2018年)

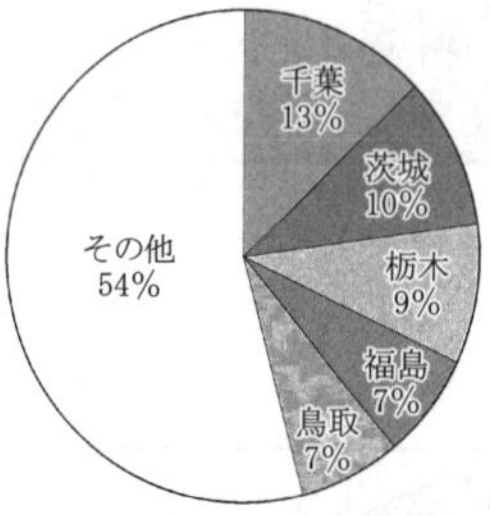

「日本国勢図会 2020/21」より作成

問8　近年、日本では再生可能エネルギーの電力構成比率を上げる政策を進めています。再生可能エネルギーについて、(1)〜(2)の問いに答えなさい。

(1)右の写真は、地図中の**D**地点の鉄道沿線に約10kmに渡って設置された太陽光発電所の一部です。電力の出力が1000kw以上の大規模な太陽光発電所は、何といわれていますか。あてはまる名称を**ア〜エ**の中から1つ選び、記号で答えなさい。

ア　ソーラーエネルギー

イ　スマートグリッド

ウ　メガソーラー

エ　ソーラーパネル

(2)太陽光発電には、安定したエネルギー源にならないという短所があります。それはなぜですか。理由を簡単に説明しなさい。

2　次の文章を読んで、各問いに答えなさい。

紙のない時代、人々は文字をどのように残し、記録していたのでしょうか。こたえは石、粘土、木の葉、樹皮、動物の骨、皮など、身近で手に入りやすい材料に書き記していました。日本では木簡《もっかん》という木の札が使われ、〔　A　〕県の平城京跡などから多くの木簡が発見されています。

そもそも紙とは、水中でばらばらにした植物などの繊維《せんい》を、薄く平らにのばして乾燥《かんそう》させたものです。中国で発掘された紀元前 2 世紀の紙が最古のものといわれています。『後漢書』によると、①西暦 105 年頃に蔡倫《さいりん》という役人が書写に適した紙を皇帝に献上《けんじょう》したと記されています。

日本へは②推古天皇の時代、610 年に高句麗《こうくり》の僧・曇徴《どんちょう》が製紙法を伝えたといわれています。日本で製造された最古の紙は正倉院にある③702 年の戸籍で、植物の「コウゾ」を原料にしたものです。その後、紙をつくる方法にも独自の改良が加えられ、日本オリジナルの“和紙”として発展していくこととなります。

④紫式部や清少納言が活躍した〔　B　〕時代には、「古紙の抄《す》き返し」という使用済みの和紙の再利用が行われており、和紙がとても高価であったことがうかがえます。⑤鎌倉・室町時代に和紙は発達していくのですが、まだ一般の人には手の届かないものでした。

⑥江戸時代になると、和紙の値は下がって一般の生活にも入り込んできました。各藩が製紙を奨励し、生産量が増大したためです。これまでの用途に加え、提灯《ちょうちん》や傘《かさ》、読み上げて売る瓦版《かわらばん》、風景や人物をえがいた〔　C　〕という多色刷の版画にも用いられ、和紙の需要は高まりました。

明治時代になると、西洋の機械を導入した製紙工場がつくられ、洋紙の生産が始まりました。和紙は手漉《てす》きで少量しか生産できないことに加え、インクがのりにくく印刷に向いていなかったのです。⑦地租改正において発行された地券は、日本で最初の洋紙を用いた印刷物でした。以後、多くの新聞や⑧雑誌が創刊され、洋紙の需要が拡大すると、製紙産業が発展していきました。

⑨戦後から高度成長期を経て、紙の需要はさらに拡大しました。その結果⑩1970 年以降、日本は世界有数の紙・板紙生産国となりました。今のように、紙がたくさん使われるようになり、また紙の種類も多種多様になったのも、1970 年頃からなのです。

問１　空らん〔　A　〕～〔　C　〕に入る語句を漢字で答えなさい。

問２　下線部①の日本の様子を述べた文として適切でないものを**ア**～**エ**の中から１つ選び、記号で答えなさい。

ア　野山の動物や木の実、海や川の魚・貝などを食料とし、移住する生活を営んでいた。

イ　たくわえられた食料や種もみ、土地や用水などをめぐって、むらとむらの間で争いが起きた。

ウ　むらでは指導者を中心に、人々が協力し合って米づくりに取り組んだ。

エ　食べ物を安定して手に入れられるようになったため、人口が増えた。

問３　下線部②を摂政として補佐し、天皇を中心とした国づくりを目指したのはだれですか。漢字で答えなさい。

問４　下線部③の前年には国を治めるための法律ができあがりました。この法律を何といいますか。漢字で答えなさい。

問５　下線部④は２名とも女性で、それぞれ『源氏物語』や『枕草子』という作品をのこしています。この２つの作品の共通点を書きなさい。

問6　下線部⑤について、(1)〜(2)の問いに答えなさい。

(1)鎌倉・室町時代のできごと**A〜E**を年代順に並べ、記号で答えなさい。

A　御成敗式目がつくられた。

B　明との貿易がはじまった。

C　元の大軍が2度にわたりせめてきた。

D　応仁の乱がおこった。

E　承久の乱がおこった。

(2)鎌倉・室町時代の文化の内容として誤っているものを**ア〜エ**の中から1つ選び、記号で答えなさい。

ア　面をかぶって歌と舞を演じる能楽が観阿弥・世阿弥親子によって大成された。

イ　武士の気風にあった力強い金剛力士像がつくられた。

ウ　大陸との交流によって、中国をはじめ、ギリシャ・ペルシアの影響がみられた。

エ　禅宗の影響をうけた、簡素で落ちついた部屋がつくられた。

問7　下線部⑥について、(1)〜(2)の問いに答えなさい。

(1)江戸時代の特色として正しいものを**ア〜エ**の中から1つ選び、記号で答えなさい。

ア　天皇を中心とする政治制度が確立した。

イ　摂政・関白が政治の実権をにぎり、全国に貴族などの荘園がひろがった。

ウ　戦国大名が各地で戦い、足軽とよばれる兵士が多く動員された。

エ　鎖国体制のもと、オランダからの情報や周辺諸地域との交流全体を幕府が管理した。

(2)江戸時代に活躍した人物として誤っているものを**ア〜エ**の中から1人選び、記号で答えなさい。

ア 天草四郎(益田時貞)　**イ** 千利休　**ウ** 松尾芭蕉　**エ** 杉田玄白

問8　下線部⑦について述べた次の文の空らんにあてはまる語句を答えなさい。

これまでは(　ア　)で納めることになっていた税を(　イ　)で納めさせることにしたため、国の収入は(　　　ウ　　　)。

問9　下線部⑧について、「青鞜《せいとう》」という雑誌を発行し、女性の地位向上を目指す運動を進めたのはだれですか。

問10　下線部⑨について述べた次の文の空らん**X・Y**にあてはまる語の組み合わせを、次の**ア〜エ**の中から1つ選び、記号で答えなさい。

敗戦によって日本は(　X　)などの連合国軍に占領されました。日本政府は連合国軍の指導により、日本が(　Y　)主義国家として再出発するために多くの改革を行いました。

ア　X:アメリカ　Y:軍国　　**イ**　X:ロシア　Y:軍国

ウ　X:アメリカ　Y:民主　　**エ**　X:ロシア　Y:民主

問11　下線部⑩について、1970年代の出来事として誤っているものを**ア〜エ**の中から1つ選び、記号で答えなさい。

ア　沖縄が日本に復帰する。　　**イ**　日中平和友好条約が結ばれる。

ウ　冬季オリンピック札幌大会が開かれる。　　**エ**　国際連合に加盟する。

3　次の文章を読んで、各問に答えなさい。

日本国憲法13条によれば、「すべて国民は、〔　A　〕として尊重され」ます。そして、全員が①生まれた瞬間から権利を持っているとされています。

では、この権利を使って、どこまででもやりたいことをやろうとすると、どうなるでしょうか。そのようなことをすれば、他人の権利とぶつかることがあるでしょう。では、権利どうしがぶつかったらどうすればよいでしょうか。日本国憲法12条では、権利は〔　B　〕してはならず、常に〔　C　〕の〔　D　〕のために利用する責任を負うとされています。その要点は、権利どうしがぶつかったら譲り合いなさい、ということなのです。【タイプ1】

一方で、権利どうしがぶつかっているわけではないのですが、「みんな」のために「特定の者」にがまんしてもらわないといけない、という場面があります。【タイプ2】例えば、②重大な感染症予防のためにお店に休業を強制する場面は、これに当たるでしょう。

【タイプ1】も【タイプ2】も、調整が必要な場面という点は共通しています。日本国憲法は、一つの価値観だけをおしつけてはいけないという考えに基づいているのです。

問1　下線部①について、次の権利のうち、日本国憲法に書かれていないものを**ア**～**エ**から1つ選び、記号で答えなさい。

ア　表現の自由　　**イ**　学問の自由　　**ウ**　請願権　　**エ**　被害者の権利

問2　下線部②について、(1)～(2)に答えなさい。

(1) この例において「特定の者」ががまんさせられているのは、どのような権利ですか。最もふさわしくないものを**ア**～**エ**から1つ選び、記号で答えなさい。

ア　職業選択の自由　　**イ**　信教の自由　　**ウ**　営業の自由　　**エ**　財産権

(2) この例では、お店を開くという「特定の者」が持っている権利を「みんな」のために制限した、と言えます。このとき、権利の行使をがまんさせられた者に対してするべきことで、日本国憲法が採用している方法に最も合うものを**ア**～**エ**から1つ選び、記号で答えなさい。

ア　大臣または首長が、直接お見舞いに行く。

イ　休業していなかったら得られたはずの利益を、国や地方自治体が補う。

ウ　資金と時間に余裕のある人が、日本のみならず海外からも募金を集める。

エ　精神的に落ち込んでいないか、近所の人たちで様子を何度も見に行く。

問3　文中の空らん〔　A　〕～〔　D　〕に入る適切な語を漢字で答えなさい。

問4　以下は、ある日の教室での会話です。これに関する(1)～(2)に答えなさい。

令子	私は合唱祭で最優秀賞をとることにすべてをかけて頑張っているのに、和子ちゃんは私と同じくらいまで一生懸命やってくれないのはおかしい！
和子	私は合唱祭も頑張っているし、部活動や習い事、勉強まで全部頑張っているつもりだよ。

(1) この調整が必要な場面は、問題文中の【タイプ1】と【タイプ2】のどちらに近いですか。

(2) あなたは日本国憲法の「調整をする」という考え方に沿ってこのできごとを解決しなければなりません。このとき、令子さんに対してどのように説得をしますか。1行で答えなさい。ただし、会話口調で答える必要はなく、要点だけを解答しなさい。

【理　科】〈Ａ日程試験〉（30分）〈満点：60点〉

1　次の文章を読んで、あとの問いに答えなさい。

日本は世界の中でも地震《じしん》の多い国です。気象庁によると、世界で起こる地震の 10 分の 1 が、日本やその周辺で発生しています。

日本で発生する地震が多い理由として、複数のプレートの境界に日本列島が位置していることが挙げられます。プレートとは、地球の表面をおおう岩盤《がんばん》のことで、100 km 程度の厚さがあるといわれています。また、①プレートは、1 年間に数十 mm ずつ動くことが知られています。

問 1　下線部①について、あるプレートは、1000 万年の間に 600 km 移動したことがわかっています。このプレートは、1 年間で平均何 mm 移動したことになるか答えなさい。

ここからは、地震のゆれについて考えます。地震が発生する場所は（　②　）と呼ばれます。地震の規模は（　③　）で表します。(②) で発生した 2 種類の波がゆれを起こします。2 種類の波のうち、はやく伝わるものをＰ波と呼び、遅《おそ》く伝わるものをＳ波と呼びます。Ｐ波が起こすゆれを（　④　）、Ｓ波が起こすゆれを（　⑤　）といい、Ｓ波はＰ波より（　⑥　）ゆれを起こします。

問 2　文章中の空らん②～⑥に入る語句を、次の**ア**～**ク**からそれぞれ選び記号で答えなさい。

ア　マグニチュード　　**イ**　主要動　　**ウ**　震度　　**エ**　震源

オ　震央　　**カ**　初期微動《びどう》　　**キ**　大きい　　**ク**　小さい

問 3　次の表は、ある地震が起きたときの 3 地点（**ア**、**イ**、**ウ**）での、ゆれが観測され始めた時刻と (②) からの距離《きょり》などをまとめたものです。あとの問いに答えなさい。

観測地点	ア	イ	ウ
Ｐ波が起こすゆれ	11 時 33 分 10 秒	⑦	
Ｓ波が起こすゆれ	11 時 33 分 30 秒	11 時 34 分 10 秒	⑧
Ｐ波が起こすゆれが始まってから Ｓ波が起こすゆれが始まるまでの時間	20 秒	40 秒	⑨
(②) からの距離《きょり》	120 km	240 km	300 km

（1）　空らん⑦～⑨に入る時刻や時間をそれぞれ答えなさい。

（2）　この地震が発生した時刻を答えなさい。

2 次の**あ**～**く**の８種類の水よう液の性質について、あとの問いに答えなさい。

あ 砂糖水	**い** 食塩水	**う** 酢《す》	**え** アンモニア水	**お** 塩酸
か 水酸化ナトリウム水よう液		**き** 石灰水《せっかいすい》	**く** 炭酸水	

水よう液を性質①と性質②で分類したところ、**図１**のように示すことができました。

性質①：水よう液を少量蒸発皿に取って加熱をしても、あとに何も残らない。

性質②：水よう液に BTB よう液を加えると青色を示す。

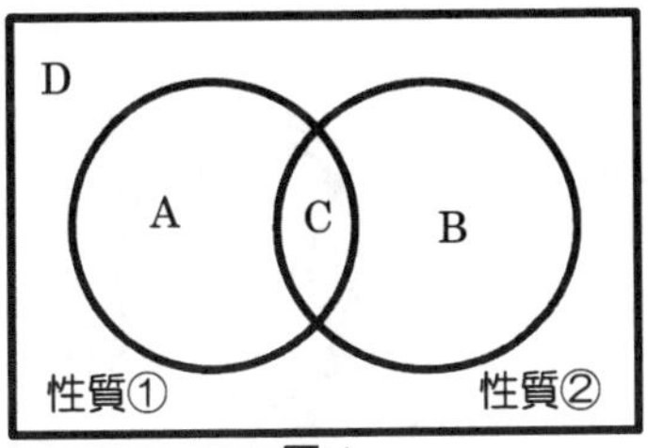

図１

※図の円の中に入る水よう液はその性質にあてはまることを示します。また、円が重なっている区域は、どちらの性質にもあてはまるということを示します。

例：「A」は性質①だけにあてはまる水よう液が分類されます。

「C」は性質①と②の両方にあてはまる水よう液が分類されます。

※A～D の各区域には必ず１種類以上の水よう液があてはまります。

問１　性質①にあてはまる水よう液は何種類ですか。

問２　性質②にあてはまる水よう液は何性ですか。

問３　「C」に分類される水よう液は何ですか。**あ**～**く**から選び、記号で答えなさい。複数ある場合はすべて答えなさい。

問４　「D」に分類される水よう液は２種類あります。**あ**～**く**から選び、記号で答えなさい。

次に、８種類の水よう液を性質③と性質④で分類したところ、**図１**とは異なる、**図２**のように示すことになりました。

性質③：水よう液には気体以外がとけている。

性質④：

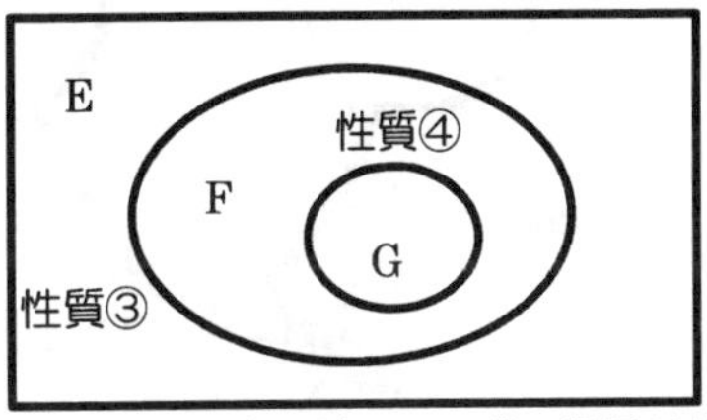

※E・F・G の各区域には必ず１種類以上の水よう液があてはまります。

図２

問５　「E」に分類されるものは、性質③をもたない水よう液です(**図２**参照)。「E」に分類される水よう液は何ですか。**あ**～**く**から選び、記号で答えなさい。複数ある場合はすべて答えなさい。

問６　次の**ア**～**エ**のうち性質④として適切なものはどれですか。１つ選び、記号で答えなさい。また、そのとき「G」に分類される水よう液は何ですか。**あ**～**く**から選び、記号で答えなさい。複数ある場合はすべて答えなさい。ただし、性質④に分類される水よう液はすべて性質③をもちます。

ア　水よう液にはにおいがない。

イ　水よう液を赤色リトマス紙につけても変化が起きない。

ウ　水よう液に BTB よう液を加えると緑色を示す。

エ　水よう液は無色透明《とうめい》である。

3 ほ乳類の眼《め》について、次の問いに答えなさい。

問1　次の文章は、ほ乳類の眼のつき方について書かれたものです。文章中の①、②にあてはまる言葉はどちらですか。解答らんの正しい方を○で囲みなさい。

私たちヒトは2個の眼で対象物を見ます。眼が2個あることで、1個のときと比べて、より立体的に見ることができ、対象物との距離《きょり》をより正確にはかることができます。草食動物も2個の眼を持ちますが、それらは(①　顔の正面　・　顔の横　)にあることが多いです。この位置にあると、ヒトと比べて(②　より遠くのもの　・　より広いはんい　)を見やすくなります。

図1はヒトの眼のつくりを示しています。眼(眼球)は光をもう膜《まく》で受け取り、その情報を脳に送ります。そして送られた情報は脳がまとめます。眼と脳は神経でつながっています。

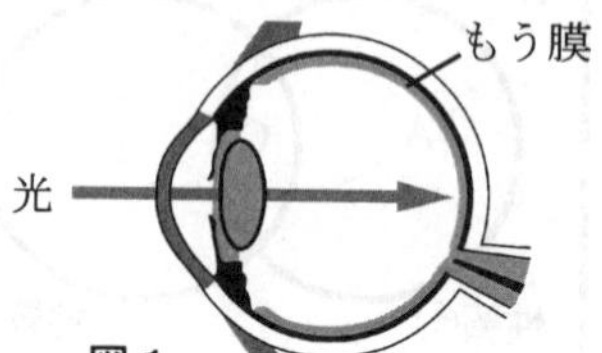

図1

問2　**図2**は眼と神経を表しています。両眼の内側のもう膜から出た神経は眼球の後方で交差しているので、左右それぞれの眼の左側のもう膜(AとC)で受け取った情報は、左の脳に伝えられます。同様に、左右それぞれの眼の右側のもう膜(BとD)で受け取った情報は右の脳に伝えられます。もし、この神経のどこかを切断してしまうと、眼からの情報は送られなくなり、視野《しや》※の中の一部だけが見えなくなります。

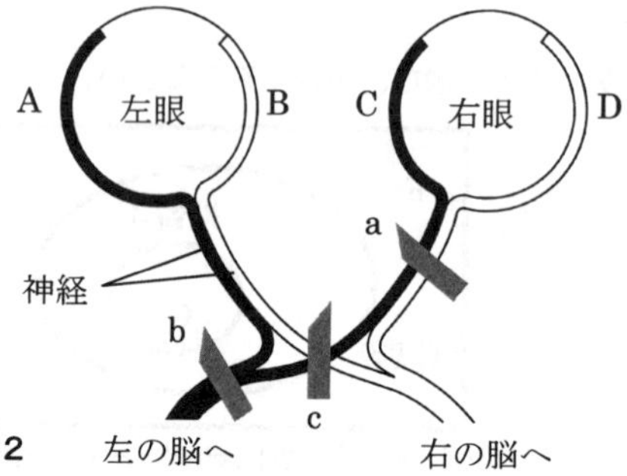

図2

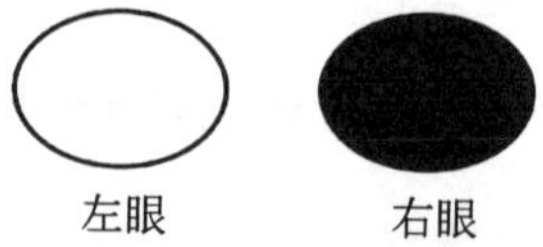

図3　図2のaで切断したとき

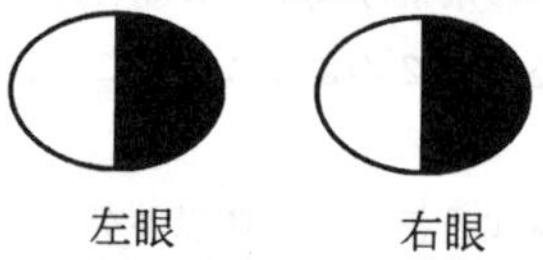

図4　図2のbで切断したとき

図3と**図4**は左右の眼の視野を表しています。左右それぞれの楕《だ》円は見えているはずの視野を表し、黒くぬられた部分は神経を切断したことで情報が伝わらなくなったはんいを表します。

※視野・・・まっすぐ前をじっと見ている状態で見えているはんい

（1）**図５**は**図３**、**４**と同様に左右の眼の視野を表します。**図５**を用いて、眼のもう膜と視野の関係を考えると次のようになりました。

> **・図２のａの位置で神経を切断すると図３の視野になった。**
> **→もう膜ＣとＤから出た神経は、図５の（　①　）の視野に関係していることがわかる。**
> **・図２のｂの位置で神経を切断すると図４の視野になった。**
> **→もう膜ＡとＣから出た神経は、図５の（　②　）の視野に関係していることがわかる。**
> **・上の２つのことから、もう膜Ｃからの情報は図５の（　③　）の視野に関係していることがわかる。**

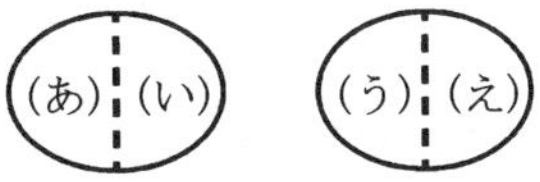

図５　　左眼　　右眼

文章中の空らん①〜③にあてはまる視野を、次の**ア**〜**エ**から１つ選び、それぞれ記号で答えなさい。

①**ア**　（あ）と（い）　**イ**　（い）と（う）　**ウ**　（う）と（え）　**エ**　（あ）と（え）

②**ア**　（あ）と（う）　**イ**　（い）と（え）　**ウ**　（あ）と（え）　**エ**　（い）と（う）

③**ア**　（あ）　**イ**　（い）　**ウ**　（う）　**エ**　（え）

（2）**図２**のｃの位置で神経が切断されたときの視野を、解答らんの楕円に**図３**や**図４**にならってかきなさい。

問３　ほ乳類は２個の眼を持っています。なぜ、３個以上ではなく２個（１対）なのか、あなたの考えを書きなさい。

4 次のAさんとBくんとCさんの会話文を読んで、あとの問いに答えなさい。

A：この絵には現実とちがうおかしなところがひとつあるよ。どこかわかる？

B：顔くらいの大きさのつり革《かわ》なんか無いよ！

C：そういう問題じゃないでしょう？電車が発車するときって…たしか、[あ]のではなかったかしら。

A：さすが、Cさん。正解だよ。

B：でも、いつも電車に乗って前のめりになったり、後ろにそったりしていたけれど、これってどうして起こるのかな？

C：かたむくってことは、[い]を受けているはずよね？

B：電車が発車するときや停車するときに、亡霊《ぼうれい》みたいなやつが出てくるのか…こわっ。

A：こんな風に考えたらどうかな。

止まっていた電車が動き出すとき、つり革の丸い部分は、特に[い]を受けるわけではないからその場にとどまろうとする。だから、こんな風にかたむくのではないかしら。

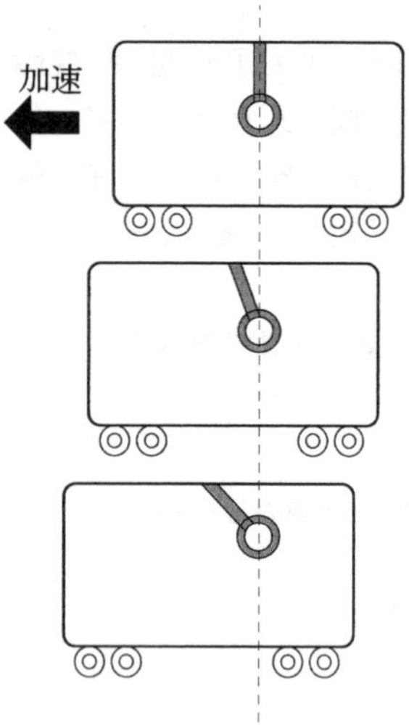

C：なるほど。もともとつり革が下にたれ下がっているのは、地球に引かれる[う]が下向きに働くからよね。

B：加速する電車の中では、[う]がななめに働くって考えればいいわけだな！亡霊のしわざじゃなくて良かったー。

A：じゃあ、加速する電車の中でボールを静かに落としたら、車内のどこに着地すると思う？

B・C：[え]でしょう。

A ：二人とも大正解！

A：ねえ、この問題はどうかしら。

電車の中に水の入った水そうと、空中に浮《う》いた風船があるとき、電車が加速を始めたら、これらはどうなるかな？

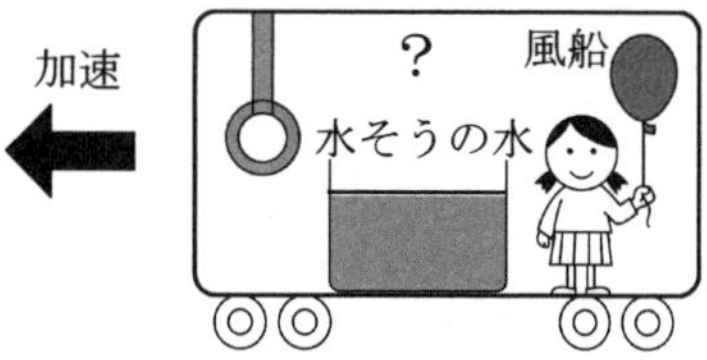

C：つり革のかたむき方と比べてみて、水そうの水は[?]こんな感じになるのじゃない？

※問題の都合上、かくしています

B：そうかなぁ。加速する電車の中での[う]の向きを考えると・・・。

A：ヒントをあげるわ。[う]が下向きに働いている普通の場所なら、水面が真横になる。

つまり、[う]と水面は垂直の関係になっているの。

B・C：ということは、水そうの水の形は[お]が正解ね。

A：風船の方はどう？

C：これもつり革とは同じではないのかしら・・・。

B：風船の場合は、[う]だけでなく、[　か　]もかかっているな。

A：いい気づき！水そうの水のときのように、普通の場所での[う]と[か]の関係と比べて考えてみて。

B・C：ということは、正解の形は[　き　]ね。

A：加速している電車の中の物体の運動っておもしろいでしょう。

問1　[あ]にあてはまる適切な文を、次の**ア**～**ウ**より1つ選び、記号で答えなさい。

ア　つり革は前のめりだけれど、人は後ろにそってしまう

イ　人は前のめりだけれど、つり革は後ろにそってしまう

ウ　つり革も人も前のめりではなく、後ろにそってしまう

問2　[い]にあてはまるもっとも適切な語を漢字1文字で答えなさい。

問3　下線部のような性質は、すべての物体が共通でもっている性質です。この性質を表している例として、**適切でないもの**を次の**ア**～**エ**より1つ選び、記号で答えなさい。

ア　だるま落としを勢いよく打つと、打たれなかった部分が真下に落ちる。

イ　宇宙空間では、物が空中に浮《う》いている。

ウ　ゆれているふりこが、やがて真ん中で止まった。

エ　エレベーターで高層階から下がる瞬間《しゅんかん》、浮《う》き上がるような感覚があった。

問4　[う]にあてはまる適切な語句を、次の**ア**～**オ**より1つ選び、記号で答えなさい。

ア　まさつ力　　**イ**　電気の力　　**ウ**　重力　　**エ**　磁石の力　　**オ**　浮《ふ》力

問5　[え]にあてはまる適切な文を、次の**ア**～**ウ**より1つ選び、記号で答えなさい。

ア　落とした位置の真下より、電車の進行方向に進んだ位置

イ　落とした位置の真下

ウ　落とした位置の真下より、電車の進行方向と反対に進んだ位置

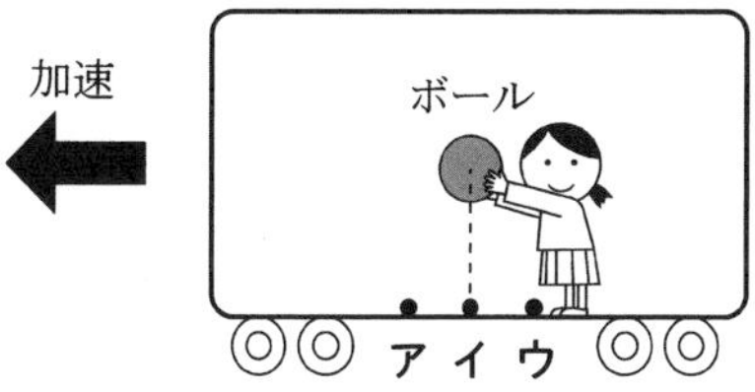

問6　[お]にあてはまる電車内の水そうの水の様子を、解答らんの図に簡単にかきなさい。

問7　[か]にあてはまる語句を問4の選択肢《し》**ア**～**オ**から1つ選び、記号で答えなさい。

問8　[き]にあてはまる電車内の風船とひもの様子を解答らんの図に簡単にかきなさい。

問9　右図のように、加速している電車の中で、ボールをななめ前方に投げたとき、ボールはどのような道すじをたどって落下するように見えるでしょうか。もっとも適切なものを次の**ア**～**ウ**より1つ選び、記号で答えなさい。ただし、電車の中でボールを見ているものとします。

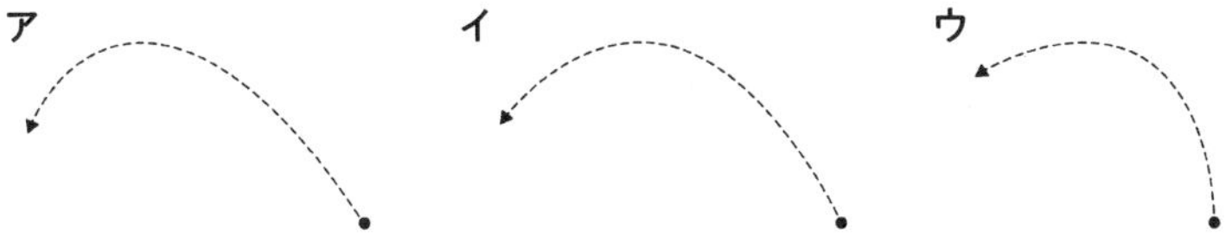

イ　昔ながらの手法を守っている。

ウ　メモを取りながら話を聞く。

2　授業を受けるとよく分かるようになった。

ア　堂々とした先輩《ぱい》となれるよう努力する。

イ　図書館に行くとすぐに資料を探した。

ウ　カバンの中には教科書とノートが入っている。

3　遊ぶことばかり考えている。

ア　今起きたばかりだ。

イ　到《とう》着まであと三十分ばかりかかる。

ウ　火が消えて灰ばかりになった。

4　明日も寒くなるらしい。

ア　子どもらしい素《す》直な笑《え》顔。

イ　新しい作品が出版されるらしい。

ウ　わざとらしい仕草。

5　母の得意料理を食べる。

ア　今年の夏休みは短かった。

イ　走るのは得意だ。

ウ　日差しの強い一日。

問一　〰〰線a・bのカタカナを漢字に直しなさい。

問二　□に入る言葉として最も適当なものを次から選び、漢字に直して答えなさい。

リベン	コウキョウ	セイサン	タヨウ

問三　「プラスチック」について、二つ目の形式段落で述べられている内容を表す言葉として最も適当なものを、次のア〜エから選びなさい。

ア　両刃《もろは》の剣《つるぎ》　イ　竜《りゅう》頭蛇《だ》尾《び》

ウ　濡《ぬ》れ手で粟《あわ》　エ　一石二鳥

問四　本文には次の一文がぬけています。この文が入る直前の五字を答えなさい。（句読点も一字にふくみます）

＊　この他にもプラスチックをめぐる問題には、廃棄《はいき》・資源制約・温暖化などが挙げられます。

問五　本文の内容についての説明として、最も適当なものを次のア〜エから選びなさい。

ア　日本が政策的にプラスチックの削《さく》減を進めることが、ひとりひとりがプラスチックの海洋汚染問題を意識するきっかけになる。

イ　「脱プラスチック」には、現在世界各国で導入されているプラスチック製品の使用禁止を日本でも導入するのが有効である。

ウ　プラスチックの普及により、それにともなう害が世界規模で問題となっているが、その対策には個人の意識改革も必要である。

エ　ヨーロッパや中国と比べて日本は「脱プラスチック」政策が進んでいないので、個人レベルで手を打つ必要がある。

問六　本文の内容をふまえて、身のまわりのプラスチック製品の例を一つ挙げ、利用をひかえることが可能かどうかについて、あなたの考えを述べなさい。その際に、次の(1)・(2)の条件をすべて満たして答えなさい。

(1)　プラスチック製買物袋（レジ袋）以外の例を挙げて答えなさい。

(2)　理由もふくめて答えなさい。

四

次の各問いに答えなさい。

問一　次の1〜5の□に体の部分を表す漢字一字を入れ、慣用句を完成させなさい。また、その慣用句の意味を、後のア〜クから選びなさい。（同じ記号は二度使用しないこと）

1　□を明かす

2　□をすえる

3　□が切れる

4　□を巻く

5　□をぬすむ

ア　縁《えん》がなくなる

イ　出し抜いて驚《おどろ》かせる

ウ　気づかれないように何かをする

エ　乗り気になる

オ　かくごをきめる

カ　途《と》中でじゃまをする

キ　優《すぐ》れていて感心する

ク　安心させる

問二　次の1〜5の——線部と同じ用法のものを、それぞれア〜ウから選びなさい。

1　遅《おく》ればせながらやり遂《と》げた。

ア　見ていながら覚えていない。

とはどのようなことかを説明した次の文の[　]に当てはまる言葉を、本文中から十六字でぬき出しなさい。

＊ 父が大地と[　　　　]こと。

問六 ――線⑤「俺は気がついた」とありますが、大地はどのようなことに気がついたのですか。最も適当なものを次のア～エから選びなさい。

ア 父の愛情を受けている弟へのねたみ。
イ 遠慮《りょ》して本心を出せていなかった自分。
ウ 自己表現が下手だった情けなさ。
エ 家族を思い通りにしようとしていた父。

問七 ――線⑥「……話してくれて、ありがとう」とありますが、大地はどのようなことに対して感謝しているのですか。四十五字以内で説明しなさい。

問八 本文の内容として、最も適当なものを次のア～エから選びなさい。

ア 去年の夏、弟の傑が怪我をしたことと父の高校時代の経験が重なり、父は自分を苦しめていたものに気づいた。
イ 父と大地の気持ちに寄り添《そ》おうとする母がいたから、二人は和解することができた。
ウ 息子とキャッチボールすることを楽しみにしていた父は、大地が運動ができないことに幻滅《げんめつ》した。
エ 大地という自分の名前にこめられた思いを、以前父に聞いたときには答えてもらえなかった。

三 次の文章を読んで、後の問いに答えなさい。

二〇二〇年七月から、日本ではプラスチック製買物袋《ぶくろ》の有料化が義務づけられました。この目的について、経済産業省は「普《ふ》段何気なくもらっているレジ袋を有料化することで、それが本当に必要かを考え」、「ライフスタイルを見直すきっかけとすること」と述べています。

プラスチックは、とても[　　]性の高い素材です。加工がしやすく軽量で、透《とう》明性を持たせられる一方、不透水性を持つなどの特徴《ちょう》から様ざまな製品に利用されています。そのため私たちの日常生活には、食品aホウソウ、洋服、雑貨など至る所にプラスチックを含《ふく》む製品があふれています。しかし、普及《きゅう》しているからこそ、プラスチックにより引き起こされる問題は世界規模のものとなっています。

そのうちの一つが、海洋汚染《おせん》です。適切に処理されなかったプラスチックは、劣《れっ》化して五ミリ以下のマイクロプラスチックとなります。これは半永久的に自然に還《かん》元されず、海に流出すると回収はほぼ不可能です。近年、海にbセイソクする様々な生き物が、これを摂《せっ》取していることが報告されています。もちろん、私たちが口にする魚介《かい》類も例外ではありません。

こういった問題を受け、「脱《だつ》プラスチック」の動きが、すでに世界の国々で広まっています。例えばEUは、二〇一九年に「脱プラスチック」の指令を公布しており、加盟各国では二〇二一年からストローなどの使い捨てプラスチック製品の多くが使用禁止となる予定です。中国では、他国のプラスチックごみを引き受けることを禁じ、飲食店でのストロー、宿泊施《し》設にある使い捨ての歯ブラシなどについても段階的にプラスチック製品の使用を禁止していく方針を打ち出しています。

レジ袋有料化政策を導入した日本でも、今後同様の動きが進められることでしょう。各国が政策として取り組むべきなのは言うまでもありませんが、たとえ法律による規制がなくとも、各個人が問題を意識し日常を見直す時機が来ているのです。

「いや、違う。それは、違う」

「違うって……？」

「今日、見事に大地が注6払拭《ふっしょく》してくれたんだ。たしかに、大雨が降った。でも、大地が――グラウンドキーパーのみなさんが、グラウンドに残った雨水をきれいに一掃《そう》してくれた。信じられない気持ちだった。まるで、魔《ま》法のようだった。実際、あの最悪のコンディションでも、イレギュラーなんて一つも出なかった」

母さんが、泣きながら、笑《え》顔でうなずく。

「ぐずぐずと、高校時代のことを引きずる俺の弱い心も、すっかり一掃してくれたような気分だった。だからこそ、俺は誇らしい気持ちになったんだ。あそこで働いているのが、俺の息子の大地なんだって、胸を張って、誰彼《だれかれ》かまわずつたえたいような気持ちになったんだ」

俺は目をつむった。土砂《しゃ》降りがやみ、強い風が吹《ふ》き、晴れ間がのぞく。

「⑥……話してくれて、ありがとう」

自然と感謝の言葉が、口をついて出てきた。まだまだ、消化しきれないどろどろした感情はもちろん奥《おく》底に残っている。けれど、今の率直な気持ちを一言で表すなら、これ以外にはない気がした。

これからだ。心の天地をひっくり返し、感情を解放できたのだから、焦る必要はない。俺と父さんの仲も、俺のおさまりきれない感情も、これからじっくりと締《し》め固めていけばいい。

「また夏が終わったら帰るから。そしたら、またゆっくり話を聞かせてくれないかな。父さんの、むかしの話。子どものころの話」

【朝倉宏景『あめつちのうた』】

注1　夏のとき…前年の夏の甲子園大会で、不規則な方向にはずんだ打球の処理にからんで、弟の傑が試合中に大怪我を負った。

注2　嗚咽…声を詰《つ》まらせて泣くこと。

注3　長谷さん…阪神園芸の先輩社員。甲子園で優勝するも、連投でひじを壊して野球をあきらめている。

注4　一志…徳志館高校野球部の大地のチームメイト。

注5　躊躇…ためらうこと。

注6　払拭…すっかり取り除くこと。

問一　[A]・[B]に当てはまる言葉を、次のア～オからそれぞれ選びなさい。（同じ記号は二度使用しないこと）

ア　手を引く　イ　息をのむ　ウ　口を切る

エ　耳を疑う　オ　水を差す

問二　――線①「手のひらを返すなんて」とありますが、ここで大地はどのようなことについて「手のひらを返す」と感じたのですか。三十五字以内で説明しなさい。

問三　――線②「その境地に達することができた」とありますが、ここでの大地の心情として最も適当なものを、次のア～エから選びなさい。

ア　今日の整備のように、誰よりも上手にグラウンド整備ができるようになりたいと思っている。

イ　父や傑が持たないグラウンド整備の技術を磨《みが》いて二人を見返したいと思っている。

ウ　誰かに認めてもらうためではなく、専門家として恥《は》ずかしくない整備をしたいと思っている。

エ　小さいころからあこがれていた仕事についた喜びをかみしめたいと思っている。

問四　――線③「キャッチボール」とありますが、二人の「キャッチボール」に大地はどのような意味を見出《いだ》していますか。それを表す言葉を、本文中から漢字二字でぬき出しなさい。

問五　――線④「たった、これだけのこと」とありますが、「これ」

「俺がどれだけ、みじめだったか……」

感情をはじめて解放できた気がした。上にのっていた重しを取り去って、心のいちばん下の層で干《ひ》からび、凝《こ》り固まっていた率《そっ》直な気持ちを口から吐き出した。吐き出しきった。

「最悪だよ……」

「すまなかった」うなだれた父さんが、つぶやいた。

一度思いきり吐き出してしまうと――心の天地をひっくり返してしまうと、荒立っていた大きな波はしだいにしずまっていった。

一つ大きく息を吐き出して、目の前に立つ父を見すえた。ずっとたずねたかった質問を、ようやくぶつけることができる。

「聞いてもいいかな？　そもそも、なんで大地って名づけたの？　なんで名前をつけるときに、雨降って地固まるっていう言葉が浮かんできたの？」

正月に、その理由をたしかめようと思っていたのだ。けれど、はぐらかされたという思いが強かった。今度こそ本当のことを聞いてみたい。俺は父さんの言葉を待った。

「俺が高校三年生の夏――」

少し注５躊躇《ちゅうちょ》した様子を見せたものの、父さんがゆっくりと話しはじめた。

「甲子園の予選の決勝だった。神宮球場だ。途中から雨が降りはじめた。ちょうど、今日みたいに」

父さんが天をあおぐ。俺もつられて頭上を見上げた。鈍《にぶ》い夕焼けが広がっていた。

「俺はショートを守ってた。人工芝に雨水が浮いていた。リードした試合終盤《ばん》で、俺の真正面にゴロが転がってきたんだ」

父さんは、今度は地面のアスファルトを見つめた。ボールが迫《せま》ってくるように、少し腰《こし》を落とす。

「すぐ手前でバウンドがかわった。それでも、体でしっかりとめていれば間にあったかもしれない。俺は焦《あせ》ったんだ。大きくはじいて、出塁《るい》を許してしまった。そのエラーがもとで、流れは一気に相手チームに傾《かたむ》いた。逆転を許してしまった」

父さんの高校時代の話を聞くのは、はじめてだった。俺は黙《だま》って耳を傾けた。

「雨さえ降っていなかったら、もしかしたら……。そういうふうにぐずぐず考える自分が嫌《いや》だった。もう過ぎたことだから、悔《く》やんでもしかたないって思っても、何度も何度も、あの瞬間がリピートしてしまう」

だからこそ、去年の傑の怪我《けが》であそこまで感情的になったのかもしれない。

「お前が生まれたときには、もう野球は引退していた。それでも、たまにあのときのことを、夢に見てしまう。一瞬の判断の甘《あま》さを悔やんでしまう。きちんと落ちついてゴロをとめていれば、間にあってた。優勝していたら、甲子園に出ていた。もしかしたら、プロになれていたかもしれない。自分の実力からして、そんなはずはないってわかっているのに、それをどうしても認めることができないでいた」

父さんだって、一人の人間だ。そのことに、目をそむけてきた。しくじりや、失敗から、いちばん遠いところにいるのが、父さんだと思っていた。

「息子にはそんな思いを味わってほしくなかった。失敗を糧《かて》にして、何度でも強くなれる――そんな子に育ってほしかった」

「でも、息子は、キャッチボールすらできない運動神経ゼロ人間だった」自嘲《ちょう》気味に答えた。

「そうでしょ？」

父さんは、大きく首を横に振《ふ》った。

を結んでいいのかわからないんだ」

嘘《うそ》だろと、［　B　］。実の親と子だ。友情といっしょにされたら、子どもはたまったものじゃないと思う。

「自分にはじめてできた子どもを見て、よろこびで体が震《ふる》えた。同時にものすごく不安になった。でも、きっとキャッチボールをしたり、相撲《すもう》をとったり、サッカーボールを蹴《け》りあったりすれば、自然と親子関係もうまくいくと思ってた。まったく、安易《い》だよな」

自然と心に浮《う》かんできたのは、注3長谷《はせ》さんと注4一志《かずし》の③キャッチボールをする姿だった。ただただ無心でボールをやりとりする、アスファルトに伸《の》びた二人の影《かげ》だった。

「スポーツを抜《ぬ》きにして、男の子とどう接していいのかわからなかったんだ」

当たり前のことだが、俺にとって、父さんは最初から父さんだった。

でも、これも当たり前のことだが、俺が生まれた瞬《しゅん》間に、父さんは、父さんになったのだ。小さいころから、野球をつづけて、社会人チームにまで所属した一人の男が、赤ん坊《ぼう》をその手にはじめて抱いたとき、父親になった。

「スポーツなら、これだけ遠くにボールを飛ばすことができた、強いシュートを蹴《け》れるようになった、ヒットを打った、相手チームに勝った——そうして一つ一つ成長が目に見える。褒《ほ》められる。でも、それ抜きで、どうやってコミュニケーションをとっていいのか、どう励《はげ》ましていいのか……」

母さんが、今度は父さんの背中に手をかける。

「そして、傑が産まれた。俺は楽なほうに逃げたんだ。傑はスポーツに関することなら、めきめきとうまくなった。すぐに上達した。それを俺は褒めそやした。なんというか……、言葉で会話をしなくても、会話が成立したんだ」

この人も長谷さんと同じなのだとはっきり気がついた。

ただただ、不器用だっただけだ。ボールを投げあうことで、傑と会話を交わしていた。

「決して、お前に落胆《たん》したんじゃないんだ。これだけは、わかってくれ。スポーツを抜きにして、どんな話題で話しかけていいかわからなかった。お前が成長していくにつれて、どんどん会話をするのが難しくなっていった。だから、徳志館のマネージャーになったときも、本当はうれしかったんだ。俺はうれしかったんだ。でも……」

④たった、これだけのことだったのか……？　俺は下唇《くちびる》を噛みしめた。

「でも、去年の夏の大会で、傑にはじめて反抗《こう》的な態度をとられた。最低だって言われた。それで、目が覚めたよ。本当に俺は最低だった」

「最低だよ！」

叫んだ瞬間、⑤俺は気がついた。

怒《おこ》っていいのだ。怒りをぶつけていいのだ。実の親子なんだから当たり前だ。けれど、俺は今まで懸命に父さんへの感情をおさえつけていた。我慢に我慢を重ねていた。

「ひどすぎるよ！」

ふたなんかして、おさえつける必要はない。怒りたかったら、怒っていい。相手は、肉親だ。父親だ。父さんにはじめて、ありったけの怒《ど》気を、まるで子どものようにぶつけた。これまで耐《た》え忍《しの》んできた十九年間を一気に取り戻《もど》すようにぶつけた。

「本当に、最低だよ！」

長谷さんの言葉を思い出す。俺はグラウンドキーパーなのだ。土だろうが、心だろうが、思いきり天と地をひっくり返して、掘《ほ》り起こしてしまえばいい。

待値が高くなった。

二 次の文章を読んで、後の問いに答えなさい。

> 野球の強豪《ごう》校徳志館高校でマネージャーとして甲《こう》子園に出場したことのある俺《おれ》(雨宮大地《あめみやだいち》)は、阪《はん》神園芸に入社し、甲子園球場のグラウンドキーパーとして働いている。今年の夏の甲子園大会決勝戦、突《とつ》然の雨で試合が中断したが、阪神園芸のグラウンド整備によって無事に試合が終了《りょう》し、弟の傑《すぐる》が所属する徳志館高校が優勝した。

もう、日没《ぼつ》間近だった。蔦《つた》のからまった甲子園球場の外壁《へき》に、一日の最後の、オレンジ色の陽《ひ》があたる。

「でも、今日の大地は頼《たの》もしかった。お前の仕事ぶりを——雨上がりの泥《どろ》だらけのグラウンドで活躍《やく》するお前を、本当に誇《ほこ》りに思った」

ネクタイの結び目をいじりながら、父さんがつづけた。

「拍《はく》手を受けるグラウンドキーパーを見て、あのなかに俺の息子《むすこ》がいるんだと自慢《まん》したくてしかたがなかった。立派な大人になった。それだけをつたえたかったんだ」

「だから……?」思わずつぶやいてしまった。

怒《いか》りがますます大きくなっていく。懸《けん》命にふたをして、上からおさえつけても、あふれ出てしまう。

「だから、何? 立派な社会人になったからって、父さんに何も関係ないでしょ」

今まで放っておいたくせに。

傑しか見ていなかったくせに。

注1夏のときは、俺たちの整備に文句をつけたくせに。

ちょっとばかり賛《さん》辞を浴《あ》びるような仕事をしたからって、①手のひらを返すなんて。

母さんが、俺の態度に［ A ］。「大地!」と、叫《さけ》ぶ。俺は息を吸《す》いこんだ。ずっと準備していた言葉を吐《は》き出した。

「じゃあ、俺も言わせてもらってもいいかな?」

「あぁ」戸惑《まど》った様子で、父さんがうなずいた。

「はっきり言って、父さんの傘《かさ》はもういらないよ。父さんと傑とは、違《ちが》うところへ進んでいきたい。自立したいんだ。小さくてもいいから、自分の傘をさしたい」

嫉妬《しっと》とはべつの感情に突き動かされて、仕事がしたいと思った。今日、ようやく②その境地に達することができた気がしたのだ。

「俺は父さんと傑にずっと嫉妬してたんだ。こっちを見てほしかったんだ。でも、無理だった。野球部のマネージャーになっても、阪神園芸に入っても、父さんはこっちを見てくれなかった」

母さんが涙《なみだ》を流す。内心、ごめんねと、思う。それでも、俺は言葉をとめられない。

「いい加減、もう自由になりたいんだ。父さんと、傑から」

母さんの注2嗚咽《おえつ》が響《ひび》くなか、父さんはじっとうつむいていた。

「ただただ、純粋《すい》な、真っ直ぐな気持ちで、グラウンドキーパーのプロになりたいんだ。だから、俺は父さんの傘から、解放される」

母さんが俺を抱《だ》きしめた。されるがまま、俺は体を硬《こう》直させていた。

「ごめんな」

父さんが、ぽつりと言った。

「接し方がわからなかったんだ」

「えっ……? 接し方?」

母さんから強引に離れた。

「俺自身、ずっと体育会系で育ってきた。ずっと野球をやってきた。そこで友情をはぐくんできた。だから、それ以外でどう男同士で関係

【大澤正彦『ドラえもんを本気でつくる』】

注1　私たちのロボット…筆者の研究室では、「AI(人工知能)技術によるドラえもん作り」に取り組んでいる。
注2　エージェント…ここでは、知能を持っているようにふるまうロボットのこと。
注3　表出…表現。
注4　二×二＝四のマトリックス…四つの領域を持つ表のこと。
注5　明示的…はっきりと示しているさま。
注6　バイアス…判断するための思い込み要因。
注7　イノベーティブ…これまでにはなかった新しさを持つ様子。

問一　[A]・[B]に当てはまる言葉を、次のア～エからそれぞれ選びなさい。

A　ア　さらに　イ　むしろ　ウ　いかにも　エ　まず
B　ア　しかし　イ　確かに　ウ　たとえば　エ　一方

問二　――線①「のっぺらぼうの顔」とありますが、どういうことですか。本文から七字でぬき出しなさい。

問三　――線②「適応ギャップ」とありますが、それはどのようなことですか。最も適当なものを、次のア～エから選びなさい。

ア　人間がロボットに期待する機能と実際にロボットが持つ機能との間に生じる差。
イ　役に立つだけのロボットとかわいいだけのロボットが人間に与える期待値の差。
ウ　ロボットの機能とかわいさの両立をめざすために生じてしまう表出する能力の差。
エ　外見やデザインから人間が判断するロボットの機能とコミュニケーション力の差。

問四　――線③「インタラクション」とは、英語の「inter(相互に)」と「action(作用)」を合成した言葉です。この「インタラクション」を続けていくには、ロボットがどうすることが必要であると考えられますか。次の文の[　]に当てはまる説明を三十字以内で答えなさい。

＊　人間がロボットに対して操作や行動をした時、その作用が一方通行にならないように、[　　　]こと。

問五　――線④「当然ながら、アイボに仕事を任せられるなどと期待している人はいないはずです」とありますが、筆者が「当然」と考えるのはなぜですか。その理由が具体的に書かれている一文を本文中からぬき出し、最初の八字を答えなさい。(句読点なども一字にふくみます)

問六　――線⑤「自然言語を話すことはできません」とありますが、なぜその機能を持たせなかったのですか。四十字以内で説明しなさい。

問七　＝＝線「私たちのロボット」とありますが、筆者はどのようなロボットを作ることを目標としていますか。「～ロボット。」に続くように、※よりも前の本文から十字でぬき出しなさい。(句読点なども一字にふくみます)

問八　本文の内容として、最も適当なものを次のア～エから選びなさい。

ア　かわいさだけを追求するためには、役に立つ機能を徹底的に消す必要がある。
イ　顔をのっぺらぼうにしたのは、ロボットには心を想定できないからである。
ウ　ロボットに人並みの理解能力を設定することは不可能なので、注意が必要である。
エ　「ペッパー」は、人間のような格好をしているので、人の期

してしまうのです。

　私たちは、役に立って、かわいいロボットをめざしています。機能とかわいさを両立させるために、適応ギャップについてあらためて理論を整理し、拡張しました。

　これまでは、適応ギャップを生むか生まないかは、「能力が高く想定されているかどうか」という一つの軸《じく》で考えられていました。私たちは、これを二つの軸に分けて考えることにしたのです。

　軸①＝理解する能力
　軸②＝注3表出する能力

　両者は一体として考えられていましたが、二つの軸に分けて考えると、注4二×二＝四のマトリックスができます。

　「アイボ」は、理解する能力も、表出する能力も、両方とも低い状態でつくられています。「アイボ」に理解力があると思っている人はあまりいないでしょうし、言葉を話せるわけではないので、表出する能力も低い状態です。④当然ながら、アイボに仕事を任せられるなどと期待している人はいないはずですから、仕事ができなくても怒《おこ》る人はいません。

　「ペッパー」は、おそらく理解する能力も、表出する能力も高いものをつくろうとしたのだと思います。理解する能力も表出する能力も、高い期待感を抱《いだ》かせるロボットです。

　「ペッパー」は自然言語を話す能力をもっていますから表出能力は高いのですが、こちらがしゃべったことを受けとめる理解能力については、期待していたより低いと思った人が多いのではないかと思います。

　「ペッパー」は、表出能力は高いけれども、理解能力は期待値より低い領域にいるロボットといえそうです。※

　もし、理解能力も表出能力も高く、人の期待を裏切らないロボットができたとしたら、それはドラえもんの知性の部分が完成に大きく近づいていることを意味すると思います。世界じゅうの研究者がここをめざしていますが、実《じっ》際にたどり着いている人はいません。

　四つの領域のなかで、唯《ゆい》一、注5明示的に試みられていないのが、理解能力が高くて、表出能力が低いロボットです。そこをやったら何が起こるかという研究を、私たちはこのロボットを通じて行っています。

　このロボットは、「ドラ」「ドラドラ」としか言えず、⑤自然言語を話すことはできません。表出能力が低いので、こちらが助けてあげたくなり、「こういうことを言いたいの？」と聞いてあげたくなります。ユーザーのほうがのめりこんで、ユーザーの期待どおりのコミュニケーションをとってくれているかのような注6バイアスを引き起こします。

　結果、このロボットは人の期待を裏切りにくく、インタラクションがどんどん増えていきます。この領域を追求していったときに、役に立つという面でも、かわいいという面でも期待を裏切らないロボットが、はじめてできあがるはずです。これはかなり注7イノベーティブなことではないかと思います。

　注意したいのは、当然、現在の技術では人並《な》みの理解能力を実現することはできないということです。となれば、私たちのロボットも期待を裏切ってしまうのでは？　と思われるでしょう。

　ですが、じつは期待を裏切りにくいのです。「表出能力を低くする」ということを言い換《か》えれば、表出が曖昧《あいまい》である、ということになります。

　すると、人間がその曖昧な表出に対し、勝手に好意的に解釈《しゃく》してくれるのです。

二〇二一年度　山脇学園中学校

【国　語】〈A日程試験〉（五〇分）〈満点：一〇〇点〉

一　次の文章を読んで、後の問いに答えなさい。

注1私たちのロボットは、顔がのっぺらぼうです。「なんで、こんなデザインなの？」とみんなに言われるのですが、いったんこのロボットに心を想定しはじめると、表情をイメージすることができます。ロボットというより、人が思い描《えが》いた注2エージェントの心を映し出すためのスクリーンのような感じです。

ロボットには、プロの声優さんの声が入っています。声優さんが、いろいろな表現の仕方で「ドラドラ」「ドラ」「ドラァ」「ドラ〜」「ドラドラドラァ」などと言います。喜びの表現、悲しみの表現、びっくりした表現などさまざまです。

ロボットがうれしそうな声を出したときには、ロボットののっぺらぼうな表情を見て、「笑っている」と、みんな言います。ロボットの声の感じによって、ロボットの顔が笑っているように見えたり、悲しい顔に見えたりします。ほんとうにそう見えてくるから不思議です。見た人がロボットの気持ちを推察して投影《えい》できるようになっているのです。

①のっぺらぼうの顔も含《ふく》めて、ロボットのデザインは、心理学的な実験を行い、分析《せき》してつくられています。デザインする前に、世の中に出ているいくつかのロボットのデザインを研究し、どんなデザインにすると受け入れてもらえるのか、一から理論をつくっていきました。

ロボットのなかには、「ペッパー」のように、役に立つけれどもかわいいとまでは思ってもらえないもの、「アイボ」や「ラボット」のように、かわいいだけを推《お》し進め、役に立つことを徹《てっ》底的に消したものがあります。

どうして二極化しているかについては、「②適応ギャップ」という理論で説明することができます。この理論は、明治大学の小松孝徳先生を中心に理論として体系化されたものです。

人間は、ロボットに期待していた機能が期待値より下まわっていると、③インタラクションをしなくなる傾《けい》向があります。

たとえば、「うまく話せるロボットだろう」と思ってコミュニケーションをとったのに、ロボットがうまくしゃべれないと、期待値とのギャップが生まれます。ギャップが大きいと、「何だ、このロボットはコミュニケーションできないんだ」と落胆《たん》して、ロボットをコミュニケーションの対象から外してしまいます。

インタラクションを続けてもらうためには、期待を裏切らないことが大事ですから、もともとの期待値を下げていくしかありません。

人間は、ロボットに対して、人間の役に立つことを期待しがちです。「アイボ」は、子犬のようなデザインにして、「ぼくは何もできませんよ」というような雰《ふん》囲気を出し、期待値を徹底的に下げています。そこまで期待値を下げておけば、「アイボ」に役に立つ機能を期待することはなくなります。

［　B　］、「ペッパー」は、成人よりサイズが小さいとはいえ、人間のような格《かっ》好をしています。人と同じようにコミュニケーションがとれそうな期待感をもってしまいますが、期待したほどのコミュニケーションはとれません。やがてコミュニケーションの対象とは見なされなくなり、インタラクションが減っていきます。

期待値をうまく設定して、適応ギャップをコントロールしないと、役に立つ道具としてのロボットか、かわいいだけのロボットに二極化

2021年度

山脇学園中学校　▶解説と解答

算　数　＜Ａ日程試験＞（50分）＜満点：100点＞

解　答

1 (1) $\frac{7}{10}$　(2) $\frac{1}{9}$　(3) 8　(4) 180　(5) 860　(6) 16.5　(7) 70　(8) 58　(9) 28.84　**2** (1) 毎分3600cm^3　(2) 32cm　(3) 毎分1350cm^3　**3** (1) 毎分1125m　(2) 毎分800m　**4** (1) 11cm　(2) 2：1　(3) 5：4　(4) 891cm^2

解　説

1 **四則計算，逆算，濃度《のうど》，売買損益，過不足算，速さ，つるかめ算，平均，和差算，角度，長さ**

(1) $\left(\frac{4}{5}-0.15\right)\div 1.3+\frac{1}{8}\div 1.25\times 2=\left(\frac{4}{5}-\frac{3}{20}\right)\div\frac{13}{10}+\frac{1}{8}\div 1\frac{1}{4}\times 2=\left(\frac{16}{20}-\frac{3}{20}\right)\div\frac{13}{10}+\frac{1}{8}\div\frac{5}{4}\times 2=\frac{13}{20}\times\frac{10}{13}+\frac{1}{8}\times\frac{4}{5}\times 2=\frac{1}{2}+\frac{1}{5}=\frac{5}{10}+\frac{2}{10}=\frac{7}{10}$

(2) $2\frac{1}{3}\div\frac{20}{21}=\frac{7}{3}\times\frac{21}{20}=\frac{49}{20}$より，$\frac{49}{20}+2\frac{4}{15}\div(1-□)=5$，$2\frac{4}{15}\div(1-□)=5-\frac{49}{20}=\frac{100}{20}-\frac{49}{20}=\frac{51}{20}$，$1-□=2\frac{4}{15}\div\frac{51}{20}=\frac{34}{15}\times\frac{20}{51}=\frac{8}{9}$　よって，$□=1-\frac{8}{9}=\frac{1}{9}$

(3) 最後にできた4.8％の食塩水の重さは，400＋150－50＝500(ｇ)だから，その中に食塩は，500×0.048＝24(ｇ)含《ふく》まれる。また，３％の食塩水400ｇには食塩が，400×0.03＝12(ｇ)含まれるので，加えた150ｇの食塩水には食塩が，24－12＝12(ｇ)含まれていたとわかる。よって，加えた食塩水の濃度は，12÷150×100＝８(％)である。

(4) 定価は，800×(１＋0.3)＝1040(円)で，定価の１割引きは，1040×(１－0.1)＝936(円)だから，１個あたりの利益は，定価で売ったときが，1040－800＝240(円)，１割引きで売ったときが，936－800＝136(円)となる。よって，300個全部を１割引きで売ったとすると，利益は，136×300＝40800(円)となり，実際よりも，59520－40800＝18720(円)少なくなる。１割引きで売るかわりに定価で１個売るごとに利益は，240－136＝104(円)ずつ増えるから，定価で売った個数は，18720÷104＝180(個)と求められる。

(5) ２つの配り方は右の図１の㋐，㋑のように表せる。㋐の配り方では80個足らず，㋑の配り方では20個余るので，必要な個数は，㋐の方が，80＋20＝100(個)多い。また，はじめの10人に配る個数は，㋐の方が，(７－６)×10＝１×10＝10(個)少ないから，はじめの10人以外に配る個数は，㋐の方が，100＋10＝110(個)多いとわかる。さらに，はじめの10人以外に１人あたりに配る個数は，㋐の方が，８－７＝１(個)多いから，はじめの10人以外の人数は，110÷１＝110(人)とわかる。よって，全員の人数は，10＋110＝120(人)なので，チョコレートの個数は，７×120＋20＝860(個)となる。

図１

	はじめの10人				
㋐	６個，…，６個，	８個，	…，	８個	80個足りない
㋑	７個，…，７個，	７個，	…，	７個	20個余る

(6) 毎時14kmで，３時間30分＝$3\frac{30}{60}$時間＝$3\frac{1}{2}$時間進むと，進む道のりは，$14\times 3\frac{1}{2}=49$(km)とな

り，Ａ町からＣ町までの道のりよりも，49－27＝22(km)多くなる。また，毎時６kmで１時間に進む道のりは，毎時14kmで１時間に進む道のりよりも，14－６＝８(km)少ないので，毎時14kmで進むかわりに，22÷８＝$\frac{11}{4}$(時間)だけ，毎時６kmで進むと，進む道のりは22km少なくなる。よって，実際には，Ａ町からＢ町までを毎時６kmで$\frac{11}{4}$時間進み，残りの時間でＢ町からＣ町までを毎時14kmで進んでいるので，毎時６kmで進んだ道のり，つまり，Ａ町からＢ町までの道のりは，６×$\frac{11}{4}$＝16.5(km)とわかる。

(7)　(合計点)＝(平均点)×(人数)より，４人の合計点は，78×４＝312(点)である。また，右の図２より，ＡさんとＤさんの点数のうちＢさんより高い分の点数の合計は，９＋18＝27(点)だから，Ａさん，Ｂさん，Ｄさんの３人の平均点は，Ｂさんの点数よりも，27÷３＝９(点)高い。さらに，Ｃさんの点数は，Ａさん，Ｂさん，Ｄさんの平均点よりも４点低いから，図２のように，Ｂさんの点数よりも，９－４＝５(点)高いとわかる。よって，Ｂさんの点数の４倍が，312－(27＋５)＝280(点)となるので，Ｂさんの点数は，280÷４＝70(点)と求められる。

図２
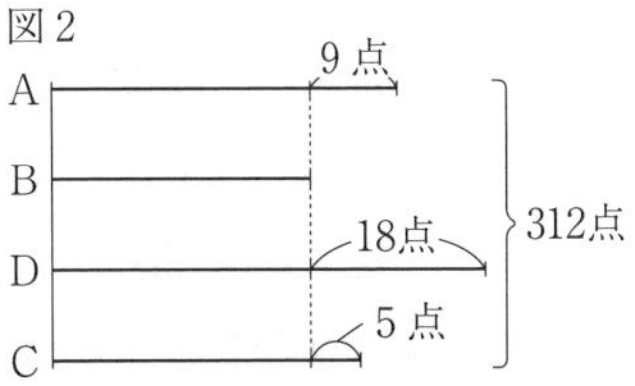

(8)　右の図３で，平行四辺形の向かい合う角の大きさは等しいので，角ABCの大きさは角Ｄの大きさと等しく，58度となる。そこで，角ABEの大きさは，58－20＝38(度)である。また，ABとDCは平行で，平行線のさっ角は等しいから，角BAEの大きさは角ACDの大きさと等しく，84度とわかる。よって，三角形ABEに注目すると，角xの大きさは，180－(38＋84)＝58(度)となる。

図３
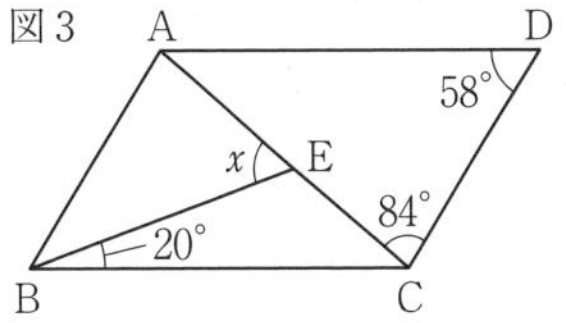

(9)　右の図４で，三角形OABと三角形OCBは合同だから，角OBAの大きさは，108÷２＝54(度)である。また，三角形OABは二等辺三角形なので，角AOBの大きさは，180－54×２＝72(度)になり，角COBの大きさも72度となる。よって，斜線《しゃせん》部分のおうぎ形の中心角は，360－72×２＝216(度)だから，弧《こ》の長さは，５×２×3.14×$\frac{216}{360}$＝18.84(cm)とわかる。したがって，斜線部分の周りの長さは，18.84＋５×２＝28.84(cm)と求められる。

図４
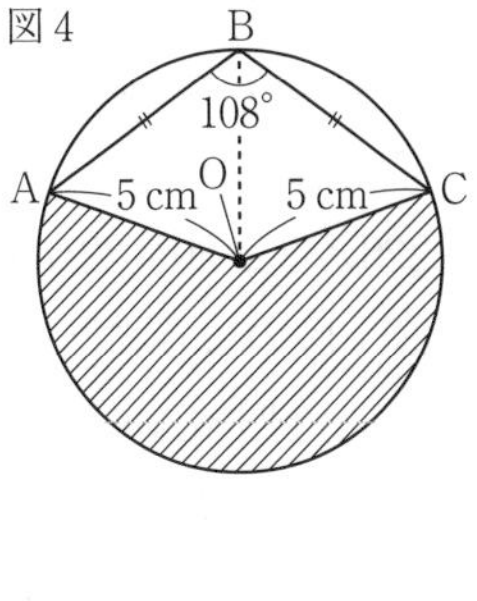

2　グラフ―水の深さと体積

(1)　問題文中のグラフより，右の図のアの部分に水が入るのに５分かかる。この図で，奥行《おくゆ》きの長さは30cmだから，アの部分の容積は，30×30×20＝18000(cm^3)である。よって，毎分，18000÷５＝3600(cm^3)の割合で水を入れたとわかる。

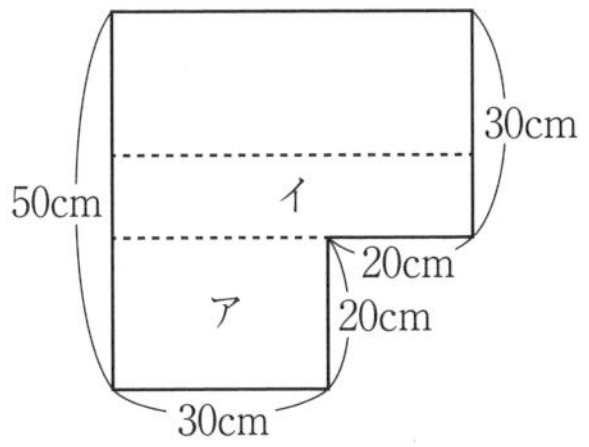

(2)　５分後から10分後までの，10－５＝５(分間)で入る水の体積(図のイの部分)は，3600×５＝18000(cm^3)である。また，イの部分の底面積は，30×(30＋20)＝1500(cm^2)なので，イの部分の高さは，18000÷1500＝12(cm)となる。よって，10分後の水面の高さは，20＋12＝32(cm)である。

(3)　排水《はいすい》せんから水が流れ出たのは10分後から22分後までの，22－10＝12(分間)である。また，22

分後までに入った水の体積は，3600×22＝79200(cm^3)で，水そうの容積は，18000＋1500×30＝18000＋45000＝63000(cm^3)だから，排水せんから12分間に流れ出た水の量は，79200－63000＝16200(cm^3)である。よって，毎分，16200÷12＝1350(cm^3)の割合で水が流れ出たとわかる。

3 通過算

⑴　右の図１より，列車Ａはトンネルに入り始めてから出終わるまでの２分間で，2000＋250＝2250(m)進む。よって，列車Ａの速さは毎分，2250÷２＝1125(m)である。

図１

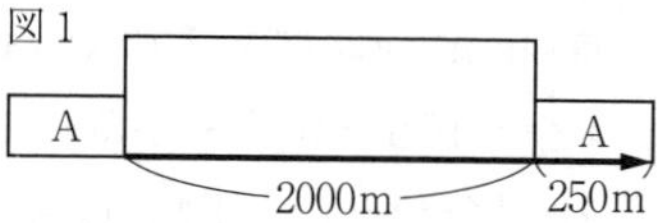

⑵　⑴と同様に，列車Ｂはトンネルに入り始めてから出終わるまでに，(トンネルの長さ)＋(列車の長さ)だけ進むから，列車Ｂの長さを□mとすると，列車Ｂは(2200＋□)mを３分で進む。また，右の図２より，トンネルに入り終わってから出始めるまでの２分30秒で，列車Ｂは(2200－□)m進むから，列車Ｂは，３分＋２分30秒＝５分30秒で，(2200＋□)＋(2200－□)＝2200＋2200＝4400(m)進むとわかる。よって，30秒は，30÷60＝0.5(分)より，５分30秒＝5.5分だから，列車Ｂの速さは毎分，4400÷5.5＝800(m)と求められる。

図２

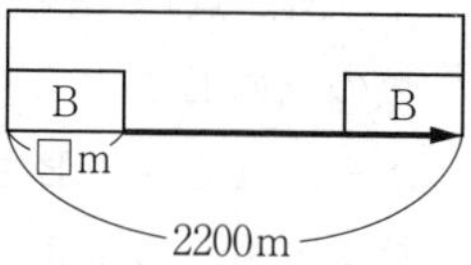

4 平面図形―辺の比と面積の比，相似，長さ，面積

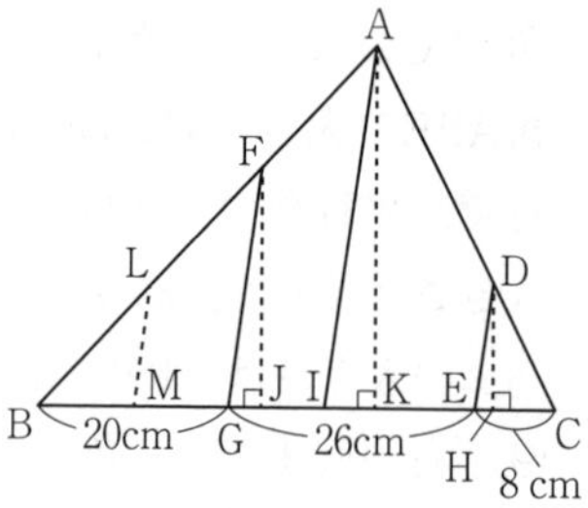

⑴　右の図で，DHは，三角形DECのECを底辺としたときの高さにあたるから，DHの長さを□cmとすると，８×□÷２＝44(cm^2)と表せる。よって，□＝44×２÷８＝11(cm)とわかる。

⑵　点ＦからBCに垂直な直線FJを引くと，FGとDEが平行だから，三角形FGJと三角形DEHで，角Ｇと角Ｅの大きさは等しい。また，角Ｊと角Ｈは直角で等しいので，角Ｆと角Ｄの大きさも等しくなり，三角形FGJと三角形DEHは相似とわかる。よって，FJの長さを△cmとすると，三角形BFGの面積から，20×△÷２＝220(cm^2)と表せるので，△＝220×２÷20＝22(cm)となる。したがって，FG：DE＝FJ：DH＝22：11＝２：１である。

⑶　図のように，BGの真ん中に点Mをとり，FG，AI，DEと平行な直線LMを引くと，三角形BFGと三角形BLMは相似で，その相似比は，BG：BM＝２：１である。すると，FG：LM＝２：１で，⑵より，FG：DE＝２：１だから，LMとDEの長さは等しくなる。また，三角形BAIと三角形BLMは相似で，BI：BM＝AI：LM，三角形AICと三角形DECは相似で，IC：EC＝AI：DEとなるので，BI：BM＝AI：LM＝AI：DE＝IC：ECとわかる。つまり，BI：IC＝BM：ECと表せるから，BMの長さは，20×$\frac{1}{2}$＝10(cm)，ECの長さは８cmより，BI：IC＝10：８＝５：４と求められる。

⑷　BCの長さは，20＋26＋８＝54(cm)で，BI：IC＝５：４だから，ICの長さは，54×$\frac{4}{5+4}$＝24(cm)である。よって，三角形AICと三角形DECの相似比は，IC：EC＝24：８＝３：１なので，図のように，点ＡからBCに垂直な直線AKを引くと，AK：DH＝３：１となる。したがって，AKの長さは，11×３＝33(cm)だから，三角形ABCの面積は，54×33÷２＝891(cm^2)とわかる。

社　会　＜Ａ日程試験＞（30分）＜満点：60点＞

解　答

1 **問1**　下総台地　**問2**　田沼意次　**問3**　エ　**問4**　イ　**問5**　ア　**問6**　2200m(2.2km)　**問7**　(1)　ウ　(2)　近郊農業　(3)　エ　**問8**　(1)　ウ　(2)　(例)　天候に左右されやすく，夜間の発電ができないから。　**2** **問1**　**A**　奈良　**B**　平安　**C**　錦絵(浮世絵)　**問2**　ア　**問3**　聖徳太子(厩戸王)　**問4**　大宝律令(律令)　**問5**　(例)　かな文字の使用　**問6**　(1)　E→A→C→B→D　(2)　ウ　**問7**　(1)　エ　(2)　イ　**問8**　**ア**　米(現物)　**イ**　現金(お金)　**ウ**　(例)　安定した　**問9**　平塚らいてう(雷鳥)　**問10**　ウ　**問11**　エ　**3** **問1**　エ　**問2**　(1)　イ　(2)　イ　**問3**　**A**　個人　**B**　濫用(乱用)　**C**　公共　**D**　福祉　**問4**　(1)　(【タイプ】1【】)　(2)　(例)　和子さんは和子さんの方法で，合唱祭には全力で取り組んでいる。(頑張り方は人それぞれでよく，和子さんなりに全力で取り組んでいる。)

解　説

1 **地形図の読み取りと日本の農業，太陽光発電についての問題**

問1　千葉県北部はかつて下総《しもうさ》国とよばれ，この地域に広がる台地はこれをとって下総台地とよばれる。

問2　田沼意次《おきつぐ》は1772年に江戸幕府の老中になると，商人の経済力による幕府財政の立て直しを目指し，商工業者の同業組合である株仲間を積極的に公認して税をとるなどした。また，千葉県北部にある印旛沼《いんばぬま》・手賀沼の干拓や長崎貿易の推進，蝦夷《えぞ》地(北海道)の開発などを行ったが，役人へのわいろが横行したことや天明の飢饉《ききん》の影響などから，1786年に老中をやめさせられた。

問3　ア　神崎川の両岸に広がる水田地帯は，近くに引かれた等高線から，ほとんどが標高約5mとわかる。　イ　「北総花の丘公園」の近くに，市役所(◎)を表す地図記号はない。　ウ　印西市の「千葉ニュータウン中央駅」の南側には，「東京電機大」と「東京基督《キリスト》教大」の2つのキャンパスしかみられない。　エ　地形図の一番下には，川の中に流れの方向を示す矢印(→)が書かれており，これが西(左)から東(右)へと向いているので，正しい。

問4　「千葉ニュータウン中央駅」周辺は，道路が直線的に通り，街が計画的に整備されたことがうかがえる。一方，駅から離れ，神崎川に近い「向新田」「武西」「戸神」には田や畑が広がり，細い道が入り組んでいる。ここから，この3つの集落は，駅ができる前から農村として成立していたと判断できる。また，駅の周辺には「台」のついた地名が多く，これらが新しく造成された地域であることも推測できる。

問5　Bのほうに注目すると，A地点に向かって少し平たい場所が続いたのち，神崎川の手前で急激に標高が5m程度まで下がる。その後，川をまたいでしばらく標高5m程度の土地が続き，再び標高が上がってA点に着く。このようすにあてはまる断面図はアである。

問6　実際の距離は，(地形図上の長さ)×(縮尺の分母)で求められる。この地形図の縮尺は2万5千分の1なので，8.8×25000＝220000cm＝2200m＝2.2kmとなる。

問7　(1)　北海道は農業産出額が全国第1位で，耕地面積がほかの都府県に比べてかなり大きい。

また，米の収穫量は新潟県についで全国第２位である。北海道についで農業産出額が多いのは鹿児島県で，豚の飼育頭数は全国第１位，肉用若鶏《わかどり》の飼養羽数は全国第２位など，畜産業がさかんに行われている。統計資料は『日本国勢図会』2020／21年版による(以下同じ)。　(2)　大都市近郊で野菜や果物，草花などを生産し，新鮮なうちに消費地に届ける農業を近郊農業という。　(3)　千葉県では，北部の市川市や松戸市などで日本なしの生産がさかんで，生産量が全国で最も多い。なお，ももとぶどうは山梨県，おうとう(さくらんぼ)は山形県が生産量全国第１位となっている。

問８　(1)　電力の出力が１M《メガ》w(1000kw)以上の大規模な太陽光発電所は，「メガソーラー」とよばれる。　(2)　太陽光発電は発電時に二酸化炭素を排出せず，環境負荷の小さい再生可能エネルギーの１つだが，天候に左右されやすく，夜は発電ができないという短所がある。

2　各時代の歴史的なことがらについての問題

問１　**Ａ**　飛鳥時代末，奈良県に広がる奈良盆地の北部に平城京がつくられ，710年には元明天皇によって藤原京から都が移された。　**Ｂ**　紫式部と清少納言は平安時代の1000年前後に活躍《かつやく》した宮廷女官で，２人とも当時全盛期にあった藤原氏の娘に仕えた。　**Ｃ**　江戸時代前半，菱川師宣《ひしかわもろのぶ》の手によって，庶民《しょみん》的風俗画である浮世絵が大成された。この時代の後半には，「錦絵《にしきえ》」とよばれる多色刷り版画の技法が確立し，庶民の娯楽《ごらく》として普及《ふきゅう》した。

問２　「西暦105年頃《ごろ》」の日本は弥生時代にあたる。このころには稲作が広まり，人々は水を得やすい川のそばなどに集落をつくって定住生活を営むようになった。よって，アが適切でない。アは，縄文時代のようすを述べた文である。

問３　推古天皇は592年に初めての女性天皇として即位《そくい》すると，翌593年にはおいにあたる聖徳太子(厩戸《うまやと》王)を摂政《せっしょう》とし，政務に参加させた。推古天皇，聖徳太子，蘇我馬子を中心とする朝廷は天皇中心の国づくりを目指し，冠位十二階(603年)や十七条の憲法(604年)を定めた。

問４　701年に完成した大宝律令は，文武《もんむ》天皇の命により刑部《おさかべ》親王や藤原不比等《ふひと》らが編さんした法令で，「律」は現在の刑法，「令」は民法・行政法などにあたる。この法令の制定によって，律令制度が確立した。

問５　平安時代には，特に女性の間でかな文字の使用が広がった。日本人の感情をより表現しやすいかな文字の成立によって，紫式部の長編小説『源氏物語』や，清少納言の随筆『枕草子』など，すぐれた女流文学が数多く生まれた。

問６　(1)　Ａは1232年，Ｂは1404年，Ｃは1274年(文永の役)と1281年(弘安の役)，Ｄは1467年(終結は1477年)，Ｅは1221年のできごとなので，年代順に並べるとＥ→Ａ→Ｃ→Ｂ→Ｄとなる。

(2)　奈良時代には，遣唐使などによって外国文化が流入し，国際色豊かな天平文化が栄えた。当時の建築物や工芸品の中には，中国や朝鮮をはじめ，ギリシャ・ペルシャの影響がみられるものもあった。よって，ウが鎌倉・室町時代の文化として誤っている。

問７　(1)　江戸時代には，幕府によって外国との交流を制限する鎖国体制がとられ，キリスト教の布教を行わないオランダと清(中国)に限り，長崎を唯一《ゆいいつ》の貿易港として幕府との交易が行われた。よって，エが正しい。なお，アは飛鳥時代，イは平安時代，ウは戦国時代にあてはまることがら。

(2)　千利休は安土桃山時代に茶道を大成した人物で，織田信長・豊臣秀吉にも仕えた。なお，アの天草四郎(益田時貞《ますだときさだ》)は島原・天草一揆《いっき》(島原の乱)で一揆軍のリーダーになった人物，ウの松尾芭《ば》蕉《しょう》は俳人で江戸時代前半に，エの杉田玄白《げんぱく》は医者・蘭学《らんがく》者で江戸時代後半に活躍した。

問８　1873年から明治政府は地租改正を行い，それまでのように米で年貢を納めるのではなく，あらかじめ定めた地価の３％を土地所有者が現金で納めることとした。これによって税収が豊作・凶作《きょうさく》に影響されなくなり，国の収入が安定した。

問９　平塚らいてう(雷鳥)は大正時代に活躍した女性解放運動家で，1911年に女性のみの文芸団体である青鞜《せいとう》社を設立し，雑誌「青鞜」を発行した。また，1920年には女性参政権を求め，市川房枝《ふさえ》らとともに新婦人協会を結成するなど，女性の地位向上に力をつくした。

問10　1945年８月14日に連合国が出したポツダム宣言を受け入れて無条件降伏《こうふく》をした日本は，アメリカ軍を中心とする連合国軍の占領下に置かれた。そして，GHQ(連合国軍最高司令官総司令部)のマッカーサーの指導のもとで多くの民主化政策が行われ，日本は軍国主義を捨てて民主主義国家として再出発した。

問11　アとウは1972年，イは1978年で1970年代のできごとだが，エは1956年のできごとである。

３　日本国憲法と国民の権利についての問題

問１　アは日本国憲法第21条，イは第23条，ウは第16条で規定されているが，エにあてはまる規定はない。

問２　(1)　感染症《しょう》予防のためにお店を休業させられる人は，自由権のうち，職業選択の自由や営業の権利，財産権などの「経済活動の自由」がおもに制限される。イの信教の自由は，どんな宗教を信じてもよく，また，宗教を信じなくてもよいという権利で，「精神の自由」に分類されるが，お店の休業によってこれをがまんすることになるとは考えられない。　(2)　(1)でみたように，お店の営業を制限することは，日本国憲法第29条が保障する財産権を制限することになる。第29条３項では「私有財産は，正当な保障の下に，これを公共のために用いることができる」と規定されているので，国や地方自治体は「正当な保障」として，お店が休業によって失った利益を保障する義務があると考えられる。

問３　**Ａ**　日本国憲法第13条は，「すべて国民は，個人として尊重される」と定めている。　**Ｂ，Ｃ，Ｄ**　第12条では基本的人権について，「国民は，これを濫用《らんよう》してはならないのであって，常に公共の福祉のためにこれを利用する責任を負う」としている。公共の福祉とは，国民全体の幸福や利益といった意味で，国民の基本的人権は公共の福祉のために利用されたり制限されたりする場合を除き，「侵《おか》すことのできない永久の権利」(第11条)として保障されている。

問４　(1)，(2)　令子と和子，それぞれの主張がぶつかっているのだから，権利どうしがぶつかった場合を説明した【タイプ１】にあてはまる。この場合，「譲《ゆず》り合い」によって解決をみいだすことが必要になる。和子も「頑張《がんば》っている」と言っているのだから，令子が「私と同じくらいまで一生懸命《けんめい》」やってほしいという気持ちを譲り，和子なりの頑張りを認めることで調整をはかれば，解決につながっていくと考えられる。

理　科　＜Ａ日程試験＞（30分）＜満点：60点＞

解　答

１　**問１**　60mm　**問２**　②　エ　③　ア　④　カ　⑤　イ　⑥　キ　**問３**　(1)

⑦　11時33分30秒　⑧　11時34分30秒　⑨　50秒　(2)　11時32分50秒　**2**　**問1**　4種類　**問2**　アルカリ性　**問3**　え　**問4**　あ，い　**問5**　え，お，く　**問6**　**性質④**…ウ　**水よう液**…あ，い　**3**　**問1**　①　顔の横　②　より広いはんい　**問2**　(1)　①　ウ　②　イ　③　エ　(2)　解説の図を参照のこと。　**問3**　(例)　個数が多くなると，脳で情報を処理できなくなるから。　**4**　**問1**　ウ　**問2**　カ　**問3**　ウ　**問4**　ウ　**問5**　ウ　**問6**　解説の図1を参照のこと。　**問7**　オ　**問8**　解説の図2を参照のこと。　**問9**　ア

解　説

1　地震《じしん》についての問題

問1　1000万年の間に600km移動したとき，1年間では平均して，600×1000×1000÷10000000＝60(mm)移動したことになる。

問2　②　地震が発生したところを震源という。震源はふつう地下にある。　③　地震の規模を表す尺度をマグニチュードという。　④～⑥　はやく伝わるＰ波は小さなゆれである初期微動《びどう》を起こし，遅《おそ》く伝わるＳ波は大きなゆれである主要動を起こす。

問3　(1)　以下では，Ｐ波(またはＳ波)が起こすゆれが観測され始めた時刻のことを「Ｐ波(またはＳ波)の到達《とうたつ》時刻」，Ｐ波が起こすゆれが始まってからＳ波が起こすゆれが始まるまでの時間のことを「初期微動継続《びどうけいぞく》時間」という。　⑦　イ地点では，Ｓ波の到達した11時34分10秒の40秒前にＰ波が到達しているので，Ｐ波の到達時刻は，11時34分10秒－40秒＝11時33分30秒となる。　⑧　ア地点とイ地点の震源からの距離《きょり》の差は，240－120＝120(km)，Ｓ波の到達時刻の差は，11時34分10秒－11時33分30秒＝40秒だから，Ｓ波の伝わる速さは秒速，120÷40＝3(km)である。したがって，ウ地点では，イ地点よりも震源からの距離が，300－240＝60(km)遠いから，Ｓ波の到達時刻は，60÷3＝20(秒)遅くなる。よって，⑧は，11時34分10秒＋20秒＝11時34分30秒になる。　⑨　ア地点とイ地点を比べると，初期微動継続時間と震源からの距離は比例していることがわかる。よって，ウ地点の初期微動継続時間は，$20\times\frac{300}{120}=50$(秒)とわかる。　(2)　震源から120kmのア地点にＳ波が到達するのに，120÷3＝40(秒)かかるので，地震の発生時刻は，11時33分30秒－40秒＝11時32分50秒である。

2　水よう液の性質についての問題

問1　加熱してもあとに何も残らないのは，気体または液体がとけている水よう液である。ここでは，酢《す》，アンモニア水，塩酸，炭酸水があてはまる。

問2　水よう液にBTBよう液を加えると，酸性のときは黄色，中性のときは緑色，アルカリ性のときは青色を示す。

問3　性質②(アルカリ性)にあてはまるのはアンモニア水，水酸化ナトリウム水よう液，石灰水だから，性質①と性質②の両方にあてはまり，Ｃに分類されるのはアンモニア水だけである。

問4　Ｄには，性質①にも性質②にもあてはまらないものが分類され，砂糖水と食塩水が選べる。

問5　Ｅに分類されるのは，気体がとけている水よう液で，アンモニア水，塩酸，炭酸水があてはまる。なお，酢は酢酸《さくさん》という液体がとけている水よう液である。

問6　性質④に分類される水よう液はすべて性質③をもつ。アについては炭酸水が，イについては

塩酸と炭酸水が，エについてはアンモニア水，塩酸，炭酸水が性質③をもたないがあてはまってしまうため，性質④の条件として適さない。したがって，ウのBTBよう液を加えると緑色を示す性質が性質④であり，Ｇに分類されるのは，気体以外のものがとけている中性の水よう液である砂糖水と食塩水とわかる。

3 眼《め》のつくりとはたらきについての問題

問１　草食動物は，より広いはんいを見わたすことができるように眼が顔の横についていて，おそってくる動物などを発見しやすくしている。

問２　(1)　ａの位置で神経を切断すると，ＣとＤで受け取った情報が伝わらなくなり，(う)と(え)の部分が見えなくなる。また，ｂの位置で神経を切断すると，ＡとＣで受け取った情報が伝わらなくなり，(い)と(え)の部分が見えなくなる。したがって，両方に共通しているＣについて，Ｃで受け取った情報は(え)の部分の視野に関係していると考えられる。さらにこのことから，Ａで受け取った情報は(い)の部分，Ｂで受け取った情報は(あ)の部分，Ｄで受け取った情報は(う)の部分の視野に関係しているといえる。　(2)　ｃの位置で神経を切断すると，ＢとＣで受け取った情報が伝わらなくなるため，(あ)と(え)の部分が見えなくなるので，右の図のように示せる。

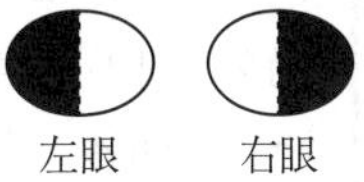

問３　眼の数が多くなると，それだけ眼からの情報が多くなる。そうすると，脳で情報を処理するのに時間がかかり，しゅん時に行動できなくなってしまうことが考えられる。また，情報が多すぎて脳で情報を処理しきれなくなると，行動そのものができなくなってしまう可能性もある。

4 物体の運動についての問題

問１，問２　静止している物体は，外から力を受けない限りその場にとどまろうとする。物体のこのような性質を慣性という。電車が発車して加速すると，電車は前進するが，つり革と人はその場にとどまろうとするため，どちらも後ろにそる。

問３　ゆれているふりこがやがて止まるのは，おもりや糸がまさつの力を受けたためで，慣性とは異なる理由で見られる現象である。

問４　地球上の物体には，つねに地球の中心に向かって引かれる下向きの力，重力が働いている。

問５　「加速する電車の中では，重力がななめに働く」という考え方から，ボールには重力が右ななめ下に働いていると見なせる。よって，ボールは落とした位置の真下より，電車の進行方向と反対に進んだ位置に着地する。

問６　「重力と水面は垂直の関係になっている」ので，重力が右ななめ下に働いていると見なせる場合，水面は右の図１のように右上がりとなる。

図１

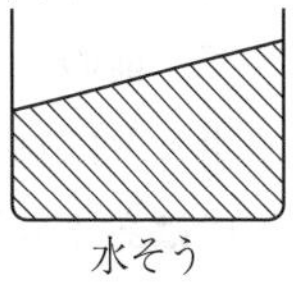

問７　水に浮《う》いた物体には，水から上向きの力である浮力《ふりょく》が働いているのと同様に，空中に浮いた風船には，周りの空気から浮力が働いている。

問８　普通《ふつう》の場所で物体が水に浮いているようすを考えると，重力が下向きに働き，それと反対方向である上向きに浮力が働いている。そこで，加速する電車の中で浮いている風船について考えると，風船には重力が右ななめ下に働いていると見なせるので，浮力はそれと反対の左ななめ上に働くと考えられる。したがって，風船を結んだひもは左ななめ上にのび，風船は真上より左に寄った位置にくるので，右の図２のようにかける。

図２

問9　ボールには重力が右ななめ下に働いていると見なせるので，止まっている電車の中でボールを投げたときと比べて，ボールは電車の進行方向と反対に進んだ位置に着地すると考えられる。止まっている電車の中ではボールがイのような道すじをたどるから，加速している電車の中ではアのような道すじをたどる。

国語　＜A日程試験＞（50分）＜満点：100点＞

解答

一　**問1**　A　イ　B　エ　**問2**　表情がないこと　**問3**　ア　**問4**　（例）　ロボットが人間の期待を裏切らないような反応や行動を取る(こと。)　**問5**　「アイボ」は，子　**問6**　（例）　ロボットの表出能力を低くすることで，人間が好意的に解釈してくれるようになるから。　**問7**　役に立って，かわいい(ロボット。)　**問8**　エ　二　**問1**　A　イ　B　エ　**問2**　（例）　自分のことを今まで認めてくれなかった父が，急に自分をほめたこと。　**問3**　ウ　**問4**　会話　**問5**　どう接していいのかわからなかった(こと。)　**問6**　イ　**問7**　（例）　父が隠していた自分の弱い部分を告白し，大地を思っていたことを素直に伝えてくれたこと。　**問8**　エ　三　**問1**　下記を参照のこと。　**問2**　利便　**問3**　ア　**問4**　りません。　**問5**　ウ　**問6**　（例）　ものを包む際の緩衝用ビニールは，古紙などで代用できるので，利用をひかえることが可能だと考える。　四　**問1**　（漢字，記号の順で）　1　鼻，イ　2　腹，オ　3　手，ア　4　舌，キ　5　目，ウ　**問2**　1　ア　2　イ　3　ウ　4　イ　5　ア

●漢字の書き取り

三　**問1**　a　包装　b　生息

解説

一　**出典は大澤正彦《おおさわまさひこ》の『ドラえもんを本気でつくる』による。**筆者たちのロボットの顔がのっぺらぼうであることを紹介《しょうかい》し，ロボットの理解能力と表出能力に対する人間の反応を解説した文章である。

問1　A「いったんこのロボットに心を想定しはじめると，表情がないこと」で，どちらかといえば，「自由に表情をイメージすること」ができるという文脈である。よって，二つのことを並べて，前のことがらより後のことがらを選ぶ気持ちを表す「むしろ」が合う。　B「人間は，ロボットに対して，人間の役に立つことを期待しがち」だが，「子犬のようなデザイン」の「アイボ」にはあまり期待しないと述べた後，「ペッパー」は，「人間のような格好」をしているので，「人と同じようにコミュニケーションがとれそうな期待感をもって」しまうとある。よって，前のことがらとは別の方ではという意味の「一方」がふさわしい。

問2　「のっぺらぼう」とは，顔に目も鼻も口もないばけもののこと。ここでは，ロボットに「表情がないこと」を表している。

問3　続く二段落で，人間が「ロボットに期待していた機能が期待値より下まわっている」と，「期待値とのギャップが生まれ」るという内容が述べられている。よって，アがよい。

問４　後の説明に注目して読んでいくと，「インタラクションを続けてもらうためには，期待を裏切らないことが大事」だと述べられている。よって，インタラクションを続けるためには，人間がロボットに対して操作や行動をしたときに，ロボットが人間の期待に応えるような反応や行動をする必要がある。

問５　前の部分で，「『アイボ』に理解力があると思っている人はあまりいない」と述べられている。人間がそのように思う理由は，「『アイボ』は，子犬のようなデザインにして，『ぼくは何もできませんよ』というような雰囲気《ふんいき》を出し，期待値を徹底《てってい》的に下げて」いるからで，その結果アイボに期待している人がいないのは「当然」なのである。

問６　「自然言語を話すこと」ができないということは，「表出能力が低い」ということである。このことは，最後の二段落で「表出が曖昧《あいまい》である」と言いかえられており，人間が「勝手に好意的に解釈《かいしゃく》してくれる」ので期待を裏切りにくいと述べられている。このような効果を期待して，「私たち」はあえて自然言語を話すことができない仕様にしたのだと考えられる。

問７　筆者は，これまでのロボットを見て「期待値をうまく設定して，適応ギャップをコントロールしないと，役に立つ道具としてのロボットか，かわいいだけのロボットに二極化して」しまうと感じている。そこで，「私たち」は従来にない「役に立って，かわいいロボットをめざして」いるのである。

問８　「ペッパー」は，「人間のような格好」をしているロボットなので，「人と同じようにコミュニケーションがとれそうな期待感をもって」しまうが，「期待したほどのコミュニケーション」はとれないと述べられている。よって，エがふさわしい。なお，アは，ロボットの中には，「『アイボ』や『ラボット』のように，かわいいだけを推《お》し進め，役に立つことを徹底的に消したもの」もあるが，必ずしもそうしなければならないわけではないので正しくない。イは，第一段落でのっぺらぼうに「心を想定」しはじめると「自由に表情をイメージ」できると述べられているので誤り。ウは，「現在の技術では人並みの理解能力を実現することはできない」が，将来も「不可能」かどうかはわからないので合わない。

二　**出典は朝倉宏景《あさくらひろかげ》の『あめつちのうた』による。**初めて父に褒《ほ》められたことで，「俺《おれ》」（大地《だいち》）はこれまでおさえてきた怒《いか》りを父にぶつけた。それに対して，父が率直《そっちょく》に自分の気持ちを話したことで，父と子の間のわだかまりが解けていくようすを描《えが》いた文章である。

問１　**Ａ**　「息をのむ」は，驚《おどろ》いて呼吸をとめること。「俺」が父に対する怒りをむき出しにしたので，母は驚いたのである。　**Ｂ**　「耳を疑う」は，意外な言葉などを聞いて，聞きまちがいではないかと思うこと。父が，あまりにも思いがけないことを言ったので，「俺」は聞きまちがいではないかと思ったのである。

問２　「俺」の会話文に注目すると，「野球部のマネージャーになっても～父さんはこっちを見てくれなかった」とある。これまで，父は傑《すぐる》のことしか見ておらず，「俺」のことは放っておいた。しかし，「俺」がグラウンド整備で活躍《かつやく》して，「ちょっとばかり賛辞を浴びるような仕事をした」とたんに父が「俺」のことを褒めた。「手のひらを返す」は，急に態度を変えること。

問３　「俺」は，「父さんと傑にずっと嫉妬《しっと》して」いたが，何をしても，「父さんはこっちを見てくれなかった」のである。そのような「嫉妬」とは「べつの感情に突《つ》き動かされて」やりたいと思った仕事の境地に達することができたということは，嫉妬のために父から認められようとするのではなく，真っ直《す》ぐな気持ちで専門家として仕事を遂行《すいこう》できたということだと考えられる。よって，ウがよい。

問４　「俺」は，父も「長谷《はせ》さんと同じ」で，「ボールを投げあうことで，傑と会話を交わしていた」ということに気づいている。「俺」は，「長谷さんと一志《かずし》のキャッチボール」は，一種の会話だと思っていたことがわかる。

問５　これまで，父は，スポーツが得意な傑ばかりを褒めて，「俺」とは距離《きょり》を置いていた。このことについて，父は，「俺」に落胆《らくたん》したわけではなく「スポーツを抜《ぬ》きにして，男の子とどう接していいのかわからなかった」と言っている。

問６　後にあるように，「俺」は「今まで懸命《けんめい》に父さんへの感情をおさえつけて」おり，「我慢《がまん》に我慢を重ねていた」のである。「俺」は，叫《さけ》んだ瞬間《しゅんかん》，実の親子なのだから怒っていいのだということに気づき，同時に，これまで自分の気持ちを父への遠慮《えんりょ》からおさえこんでいたことに気がついたのだと考えられる。

問７　父は，高校時代に，予選の決勝でエラーをしてしまい，それがきっかけで試合に負けるという経験をしていた。これまで隠《かく》してきた自分の弱みを話したうえで，父は，今日の「俺」が「ぐずぐずと，高校時代のことを引きずる」弱い心をすっかり一掃《いっそう》してくれたと感じ，だからこそ「俺」のことを誇《ほこ》らしく思ったのだと話してくれた。父が自分の弱さを打ち明け，「俺」に対する気持ちを率直に話してくれたことに「俺」は感謝したのである。

問８　以前，「俺」は自分に大地という名をつけた理由を尋《たず》ねたが，そのときは父に「はぐらかされた」と感じている。よって，エが内容に合う。なお，アは，父を苦しめてきたのは高校時代のエラーをいまだに引きずる自分の「弱い心」であり，傑のケガがきっかけになったわけではないので誤り。イは，母は，父と「俺」の間に入って仲立ちをしようとしたが，「俺」は母から「強引《ごういん》に離《はな》れた」ので合わない。ウは，運動が不得意だった「俺」への接し方がわからず父は困ったが，「落胆した」わけではなかったので誤り。

三　**出典は「脱《だつ》プラスチック」に関する文章による**。プラスチック製買物袋《ぶくろ》の有料化が義務づけられたことを紹介し，「脱プラスチック」の動きをさらに進める必要があることを指摘《してき》した文章である。

問１　**a**　物を包むこと。包むために使うもの。　**b**　生きて，生存していること。

問２　プラスチックには，「加工がしやすく軽量で，透明《とうめい》性を持たせられる一方，不透水性を持つなどの特徴《とくちょう》」があるので，便利な素材であるといえる。よって，“便利である”という意味の「利便」があてはまる。

問３　プラスチックはとても便利な素材なので，私たちの日常生活には「プラスチックを含《ふく》む製品があふれて」いる。しかし，私たちの生活中にあまりにもあふれているために，「プラスチックにより引き起こされる問題は世界規模のものとなって」いるのである。「両刃《もろは》(諸刃)の剣《つるぎ》」は，役に立つ反面，害をもたらす危険があるもののたとえ。なお，「竜頭蛇尾《りゅうとうだび》」は，勢いよく始まったが，終わりはふるわないこと。「濡《ぬ》れ手で粟《あわ》」は，苦労せずに大きな利益をあげるさま。「一石二鳥」は，一つの行為《こうい》で二つの利益を得ること。

問４　第三段落で，「プラスチックにより引き起こされる問題」の一つとして，「海洋汚染《おせん》」があげられている。その次の段落の最初に「こういった問題を受け，『脱プラスチック』の動きが，すでに世界の国々で広まっています」とあるので，もどす文の「廃棄《はいき》・資源制約・温暖化など」のほかの例は「こういった問題」の直前に入る。

問5　プラスチックは，世界中で使われているために，「プラスチックにより引き起こされる問題は世界規模のものとなって」いる。最後の段落で，この問題について「各国が政策として取り組むべきなのは言うまでも」ないが，国の政策とは関係なく，「各個人が問題を意識し日常を見直す時機が来ている」と述べられているので，ウがふさわしい。

問6　ほかには，プラスチック製のスプーンなどをあげ，木で代替《だいたい》できるからという理由を述べるなどの解答も考えられる。あるいは，多くの家電製品などにはプラスチックが多く用いられているが，代替できる材料が見当たらないので，利用をひかえることは難しいという方向で書いてもよいだろう。

四　慣用句の完成，品詞の用法

問1　**1**「鼻を明かす」は，人をあっと言わせること。相手を出しぬいて驚かすこと。　**2**「腹をすえる」は，決心すること。　**3**「手が切れる」は，それまでの関係がなくなること。**4**「舌を巻く」は，ひどく驚くこと。見事さに感心すること。　**5**「目をぬすむ」は，人に気づかれないように，何かをすること。

問2　**1**「遅ればせながら」の「ながら」は，“～にもかかわらず”“～ているのに”という意味を表す接続助詞。同じ用法はア。なお，イは，“ある状態のままである”という意味を表す接続助詞。ウは，上に来る語の動作と下に来る語の動作が同時に行われていることを表す接続助詞。**2**「受けると」の「と」は，次に起こる動作や状態のきっかけを表す接続助詞。これと同じ用法はイ。なお，アは，結果を表す格助詞。ウは，二つ，またはそれ以上のものを並べあげるのに用いる並立の助詞。　**3**「遊ぶことばかり」の「ばかり」は，限定を表す副助詞。これと同じものはウ。なお，アは，その動作や状態との間に，時間の差がほとんどないことを表す副助詞。イは，だいたい，そのくらいの量や程度であることを表す副助詞。　**4**「寒くなるらしい」の「らしい」は，推量を表す助動詞。これと同じものはイ。なお，アは，“その特質をよくそなえている”という意味を表す接尾語。ウは，“～と感じられる”という意味を表す接尾語。　**5**「母の得意料理」の「の」は，連体修飾《しゅうしょく》格の格助詞。これと同じものはア。なお，イは，体言をつくる格助詞。ウは，主語であることを表す格助詞。

Dr.福井の
入試に勝つ！脳とからだのウルトラ科学

意外！　こんなに役立つ“替え歌勉強法”

病気やケガで脳の左側（左脳）にダメージを受けると，字を読むことも書くことも，話すこともできなくなる。言葉を使うときには左脳が必要だからだ。ところが，ふしぎなことに，左脳にダメージを受けた人でも，歌を歌う（つまり言葉を使う）ことができる。それは，歌のメロディーが右脳に記憶されると同時に，歌詞も右脳に記憶されるからだ。ただし，歌詞は言葉としてではなく，音として右脳に記憶される。

そこで，右脳が左脳の10倍以上も記憶できるという特長を利用して，暗記することがらを歌にして右脳で覚える“替え歌勉強法”にトライしてみよう！

歌のメロディーには，自分がよく知っている曲を選ぶとよい。キミが好きな歌手の曲でもいいし，学校で習うようなものでもいい。あとは，覚えたいことがらをメロディーに乗せて替え歌をつくり，覚えるだけだ。メロディーにあった歌詞をつくるのは少し面倒かもしれないが，つくる楽しみもあって，スムーズに暗記できるはずだ。

替え歌をICレコーダーなどに録音し，それを何度もくり返し聞くようにすると，さらに効果的に覚えることができる。

音楽が苦手だったりして替え歌がうまくつくれない人は，かわりに俳句（川柳）をつくってみよう。五七五のリズムに乗って覚えてしまうわけだ。たとえば，「サソリ君，一番まっ赤は，あんたです」（さそり座の１等星アンタレスは赤色――イメージとしては，運動会の競走でまっ赤な顔をして走ったサソリ君が一番でゴールした場面）というように。

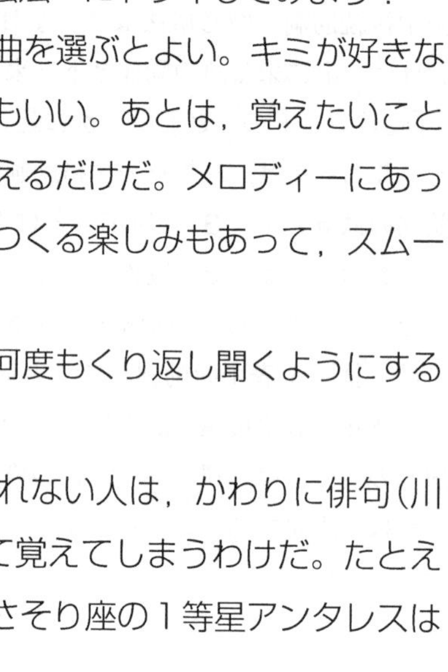

Dr.福井（福《ふく》井《い》一成《かずしげ》）…医学博士。開成中・高から東大・文Ⅱに入学後，再受験して翌年東大・理Ⅲに合格。同大医学部卒。さまざまな勉強法や脳科学に関する著書多数。

2021年度　山脇学園中学校

〔電　話〕　(03)3585－３９１１
〔所在地〕　〒107－8371　東京都港区赤坂４－10－36
〔交　通〕　東京メトロ千代田線 ―「赤坂駅」より徒歩７分
東京メトロ丸ノ内線・銀座線 ―「赤坂見附駅」より徒歩５分

〈編集部注：この試験は，算数・国語のいずれかを選択します。〉

【算　数】〈国・算１科午後試験〉(60分)〈満点：100点〉

次の各問いに答えなさい。解答らんに答のみ書くこと。

(1)　$8-3\div1\frac{2}{5}\times\left(3\frac{1}{2}-1.4\right)-\frac{1}{2}$ を計算しなさい。

(2)　次の $\square$ にあてはまる数を求めなさい。

$$1\div\left(\square\times1\frac{3}{5}-0.7\right)\div3\frac{1}{3}-\frac{1}{5}=0.4$$

(3)　[Ａ]＝Ａ×Ａ×Ａ，<B>＝Ｂ×２＋３と計算すると決めます。
このとき，[３]－<4>を計算しなさい。

(4)　ある数Ａと360との最大公約数は24，最小公倍数は2520です。ある数Ａはいくつですか。

(5)　８%の食塩水が450ｇあります。これを12%の食塩水にするには，何ｇの水を蒸発させればよいですか。

(6)　はじめに春子さん，夏子さん，秋子さんが持っていたカードの枚数の比は２：４：７でしたが，春子さんが夏子さんに５枚，秋子さんが夏子さんに何枚かのカードをわたしたため，春子さん，夏子さん，秋子さんの持っているカードの枚数の比は１：４：４になりました。
秋子さんが夏子さんにわたしたカードは何枚でしたか。

(7)　ある池のまわりに10ｍおきに木を植える場合と12ｍおきに木を植える場合とでは，必要な木の本数がちょうど７本ちがいます。池のまわりは何ｍですか。

(8)　２つのさいころの同じ目の面どうしをつけて，図のように並べました。
Ａ と Ｂ と Ｃ の面の目の和が７であるとき，２つのさいころがつけられている面に書かれている目はいくつですか。
ただし，さいころの向かい合う面の目の和は７になっています。

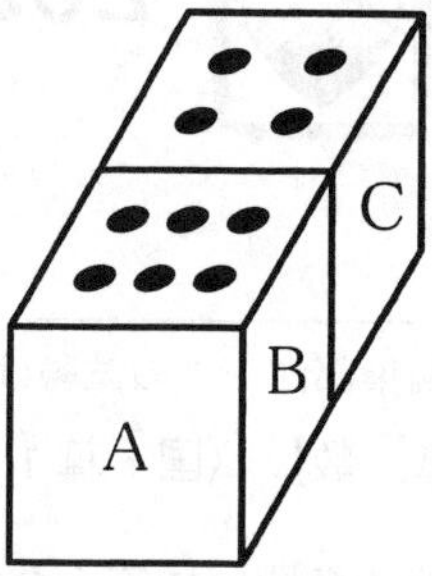

(9)　13500円で何本かペンを仕入れました。全部を１本90円で売ると，全体の２割の利益がでます。しかし，何本か売った後，売れ行きが悪くなったので残りを１本81円で売ったところ，全部売れて全体の１割２分の利益がでました。90円で売ったペンは何本ですか。

(10)　40人のクラスで犬とねこを飼っているかどうかを調べたところ，犬とねこの両方を飼っている生徒は犬だけを飼っている生徒の $\frac{1}{7}$ で，ねこだけを飼っている生徒より１人少ないことがわかりました。また，犬を飼っている生徒は何も飼っていない生徒の２倍いました。
犬だけを飼っている生徒の人数を答えなさい。

(11)　池のまわりを，Ａさんは毎分150 m，Ｂさんは毎分180 mの速さで同時に同じ場所から出発し，反対向きにまわりました。２人が出発してから２回目に出会ったのは，Ｂさんが出発点を通過してさらに370 m行ったところでした。
この池のまわりは何mですか。

(12)　１シート120円のシールを買うと，スタンプカードに１個スタンプがもらえます。
５個スタンプを集めると，スタンプカードと引きかえでシールを１シートもらえて，はじめから１個スタンプをおしてある新しいスタンプカードをもらえます。
①　このシールを21シート手に入れるには，お金は少なくともいくら必要ですか。
②　10000円で，最も多くて何シートのシールを手に入れることができますか。

(13) 水そうにホースで水を入れます。しばらく一定の割合で水を入れたあとで，ホースはそのままにしながら，ポンプで水をくみ出しました。すべての水をくみ出すのに，ポンプ 5 台では 9 時間かかり，ポンプ 8 台では 3 時間 36 分かかります。
すべての水をくみ出すのに，ポンプ 13 台では何時間何分かかりますか。

(14) 図のおうぎ形を，AB で折ったところ，点 O が円周上の点 C にちょうど重なりました。
このとき，角 x の大きさは何度ですか。

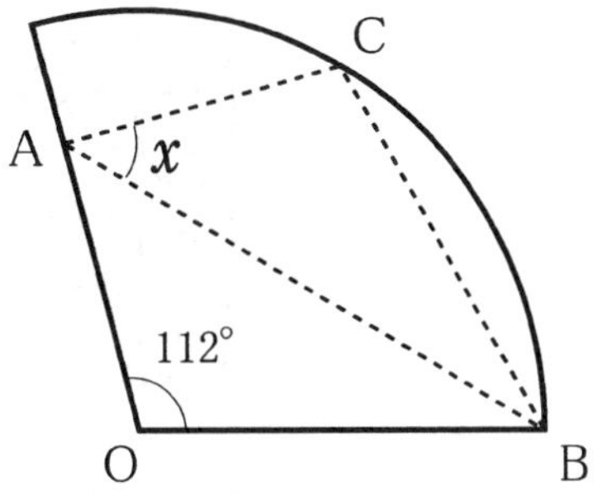

(15) 図のように，正方形の中に円と半径 2 cm のおうぎ形があります。
点 O は円の中心です。
斜《しゃ》線部分の面積を求めなさい。
ただし，円周率は 3.14 とします。

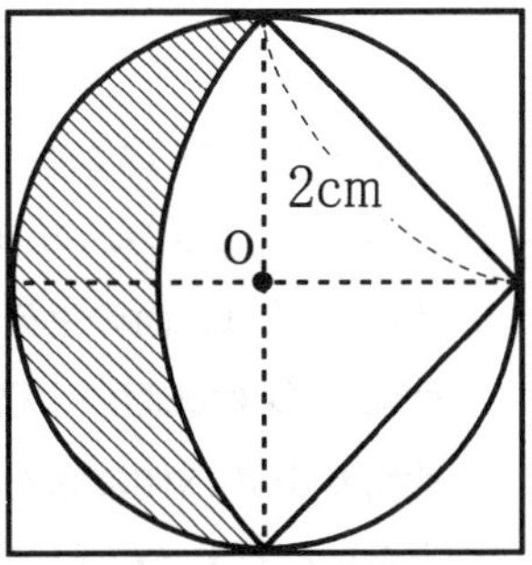

(16) 図のように，1 辺 6 cm の立方体 5 個をすきまなく組み合わせて作った立体があります。
この立体を 3 点 A，B，C を通る平面で切り分けたとき，体積が大きい方の立体の体積を求めなさい。

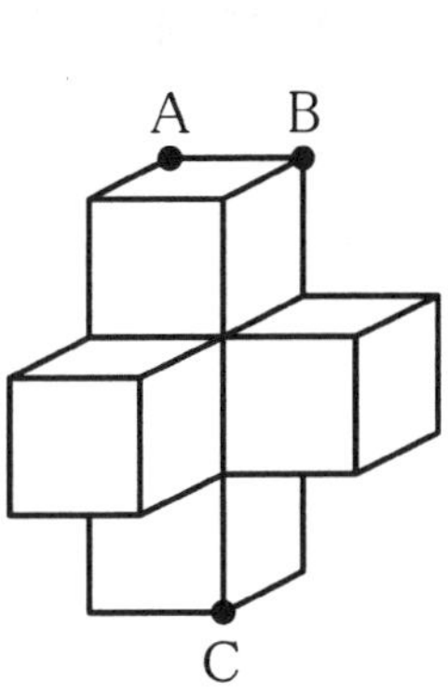

(17) 図は，縦が 10 cm の長方形の箱の中に，半径が 1 cm の球をすきまなく並べたものです。
左上の球から反時計回りに，1 から順に数を 1 個ずつすべての球に書き入れたところ，
図のようになりました。
次の各問いに答えなさい。

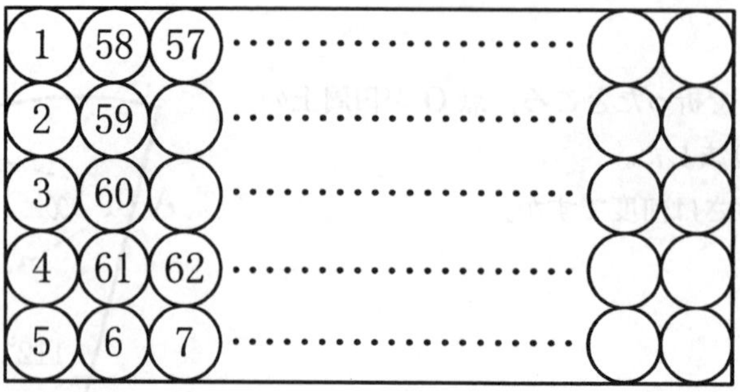

① この箱の横の長さは何 cm ですか。

② 縦に 5 つ並んだ球に書かれた数の合計は，最大でいくつですか。

(18) 底面の半径が 12 cm，高さが 10 cm である円柱の形をした容器があります。
この中に，底のない円柱の形をした仕切り P，Q が入っています。
仕切り P は底面の半径が 4 cm，高さが 20 cm，
仕切り Q は底面の半径が 8 cm，高さが 10 cm です。
仕切り P の内側に水を注ぎ，内側がいっぱいになるとその外側に水があふれます。
さらに仕切り Q の内側がいっぱいになるとその外側に水があふれます。
仕切りは水にうかないものとし，仕切りの厚みは考えないものとします。
次の各問いに答えなさい。ただし，円周率は 3.14 とします。

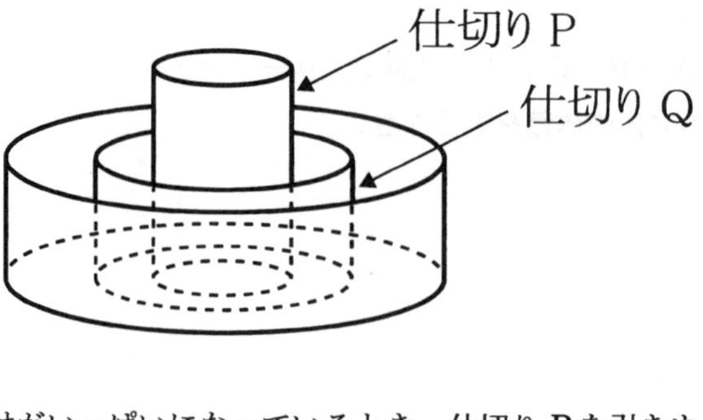

① 仕切り P の内側だけがいっぱいになっているとき，仕切り P を引きぬくと，
仕切り Q の内側の水面の高さは何 cm になりますか。

② 仕切り P の内側がいっぱいで，仕切り Q の内側の水面の高さが 9 cm になっているとき，
仕切り P を引きぬくと，仕切り Q の外側の水面の高さは何 cm になりますか。

問八　――線⑥「体温が、一気に上がる感覚がした」とありますが、ここでの航の気持ちを八十字以内で説明しなさい。

問九　本文についての説明として適当でないものを、次のア～エから選びなさい。

ア　海人はあまり感情的になることはなく、よく周りのことを見て落ち着いて行動している。

イ　冒頭の場面である練習後のロビーの外の情景は、航の胸の痛みを反映した描《びょう》写となっている。

ウ　航の視点を中心に航の父や海人からの視点も交えることで、登場人物の内面がいきいきと描《えが》かれている。

エ　航の父は、息子に対してアドバイスするだけでなく、自分自身も変わろうとしている。

問三　――線①「海人」とありますが、ここでの海人についての説明として最も適当なものを、次のア～エから選びなさい。

ア　県大会のためには航のタイムが必要だが、やる気をなくしているのではないかと心配して練習を続けさせたいと思っている。

イ　信司と龍之介を説得するためとはいえ、心にもないことを言ってしまった後ろめたさからつとめて自然に航に接しようとしている。

ウ　昨日の会話を聞かれていたのではと不安に思い、さりげなく練習に誘うことで航の様子を確かめようとしている。

エ　県大会のためには航の提案したメニューが必要だが、みんなの賛同を得られず、せめて航と自分だけでも練習したいと思っている。

問四　――線②「少し、海でも見るか」とありますが、「父さん」が海で話をしようとした意図を説明した次の文の 1 ・ 2 に当てはまる言葉を、本文中からそれぞれ指定の字数でぬき出し、 3 に当てはまる言葉を自分で考えて十字程度で答えなさい。

＊　1（三字以内）になることが大事だとかつては考えていたが、 2（六字） 方が楽しく、また強かったのではないかという思いを自らの経験を通して伝え、今の航が 2（六字） ために、 3（十字程度） ことを後押ししようとしている。

問五　――線③「おれは、精一杯首を横にふろうとしたけど、ぎこちなくなってしまった」とありますが、ここでの航についての説明として最も適当なものを、次のア～エから選びなさい。

ア　息子に謝罪する父親の姿を見てなさけなく思い、いたたまれなくなっている。

イ　謝《あやま》らなくていいと伝えたいが、予期していなかった内容だったため動きが不自然になっている。

ウ　唐突《とうとつ》に父が今までの教えと矛盾《むじゅん》した話を始めたので、意図がつかめずに戸惑《まど》っている。

エ　父は仕事で活躍《やく》していたと思っていたため、父の告白を聞いて失望を隠しきれないでいる。

問六　――線④「おれは車のドアを開けると、海人に向かって駆け出した」とありますが、ここでの航についての説明として最も適当なものを、次のア～エから選びなさい。

ア　父からのアドバイスを受けて、自分の思いを伝えるために自信を持って走り出している。

イ　三人から誘いを断られた海人のさみしそうな表情を目にして、思わず走り寄っている。

ウ　具体的な考えがあったわけではないが、父の話を受けて思い切って行動している。

エ　一歩ふみ出すことで状況《きょう》が変わるだろうと考え、あまり考えすぎないようにしている。

問七　――線⑤「信司が公園のベンチでゲームをしていた」とありますが、ここでの信司についての説明として最も適当なものを、次のア～エから選びなさい。

ア　目標に向けて仲間とともに練習をがんばりたいが、自分の力不足をもどかしく思っている。

イ　厳しい練習についていけなかった自分を責め、航や海人に対して申し訳ないと思っている。

ウ　生まれつきの才能があり、努力しなくても結果を出せる航や海人をうらやましく思っている。

エ　他のメンバーの負担となることが心配で、チーム競技のリレーへの参加は見送りたいと思っている。

る？」
「えっ？」
「信司が、きっといるから」
しかたなくついていくと、⑤信司が公園のベンチでゲームをしていた。
「本当にいたな」
おれがつぶやくと、海人は「でしょ」と言って、信司に近寄っていった。

（中略）

「ぼく……大会に出るのが自分の平泳ぎだけだったら、もしダメでも迷惑《めいわく》かけないって思ってた。でも、向井くんのおかげでメドレーリレーにも出られることになったから、絶対がんばらなきゃって……だけど、ついていけなくて」
信司の声が小さくなる。
「向井くん……水泳にはやっぱり生まれつきの才能があったんじゃない？」
海人が信司のとなりに座《すわ》ると、信司にやんわりと言った。
「それは、ちょっと違うんじゃないかな」
信司がきょとんとする。
「向井くんは、すごく練習したんだと思う。努力しなきゃ、あんなにきれいなフォームにならない。あんなに速いタイムになれるわけないよ」
一瞬、心がぐらりとゆらいだ。
こいつ……本当はおれのこと、どう思ってるんだ？
信司はふぅ、とため息をついた。
「海人は、やっぱり向井くんが好きなんだね」
へっ？
海人を見ると、いつもの涼《すず》しい顔をしている。
「だって、きのう、プールから帰ろうとした時に言ってたじゃん」
信司の言葉に、きのうの三人の背中を思い出す。
「向井くんのタイムは絶対必要だけど、それだけじゃない――って」
えっ……。
「向井くんと泳いだら、世界が変わる気がしたって」
世界が……？
「今まで行ったことのない場所へ、連れて行ってもらえると思ったって」
⑥体温が、一気に上がる感覚がした。
「すごく、良かったと思った。ぼくたちじゃ、どうしたって、海人に肩をならべられないから」
「信司……？」
海人の目に、とまどいがはしった。
「でも……さみしくて。ついていけないけど、一緒に泳ぎたかったんだ。ぼくも……」
「ふざけんな」
海人が信司にデコピンのまねをした。
「おれがおいていくわけないだろ。おれを一人にするなよ」
信司が海人を見て、小さくうなずく。
（一部内容を省略しました）

【高田由紀子『スイマー』】

注　ドリームブルー…航たちが練習をしているプールのある施《し》設。

問一　〰〰線a「ヨクジツ」・b「ニ(てる)」・c「シンコキュウ」のカタカナを漢字に直しなさい。

問二　[A]に当てはまる言葉を、本文中から四字でぬき出しなさい。

おれは、首を大きく横にふった。

「航はやっぱりスイミングクラブに入らないって言ってたけど、本当にもういいのか？」

「……」

（中略）

車に戻り、父さんが発車させると、道路をはさんで向かい側の歩道を海人が歩いているのが見えた。

「……海人？」

信号が青に変わってしまい、車が海人を追い越していく。

思わず窓を開けて、後方に目を向け、海人の姿を確かめる。

「どうした？　車、停めるか？」

父さんに聞かれたけど、返事ができない。

海人はプールバッグを持っていて、髪がぬれているように見える。

一人で……練習してたんだ。

「航、だれかいたのか？」

「あ……いや……朝、うちに来た海人ってやつが」

海人のことだから、きっとみんなも誘《さそ》ったんだろう。

でも、龍之介も信司も来なかったんだ。

「海人くん、ドリームブルーに行ってたんじゃないのか？」

父さんの言葉に首をふる。

「……知らない」

父さんが車を停めると、おだやかに言った。

「航、もうちょっとだけ、自分から手を伸《の》ばしてみれば」

は？　おれから……？

ずっと握《にぎ》っていた拳《こぶし》を開いて、自分の指先を見る。

おれから、ってどうすればいいんだ。

「水泳だって、最初はおぼれそうになってもがいていたけど、手を伸ばし続けたから、泳げるようになったんだよな」

泳ぐように……手を伸ばす？

「ビクトリーの時は、一人でがんばってたみたいだけど、あんなふうにうちに来てくれる子、いなかったんじゃないのか？」

くちびるをかむ。

海人の背中がどんどん小さくなる。

「一人で勝つのは、すごい。でも、みんなで勝つのは、強いぞ」

強い……？

父さんがニッと笑った。

「ちょっと、行ってくる。父さんは、帰ってて」

④おれは車のドアを開けると、海人に向かって駆《か》け出した。

「か……海人っ」

c シンコキュウしてから声をかけると、海人がふり返った。

ごくっとつばを飲む。

「一人で泳いできたのか？」

プールバッグを見ながら聞くと、海人は肩をすくめた。

「うん、みんなにフラれたから」

やっぱり……。

海人のぬれた髪を見ると、胸がまた痛みだす。

でも……龍之介と信司のことは本当に必要だけど、おれは違うんだよな。

声をかけたものの、どうしていいかわからずに立ちつくしていると、海人が口を開いた。

「向井くんは、なんでこんなところにいるの？」

「あ、いや……たまたま」

おれが答えると、海人はふっと笑った。

「これから、公園に行こうと思ってるんだけど、向井くんも一緒《しょ》に来

「タイムしか知らないけど、航のいいライバルになるんじゃないか?」

は?　ライバル?　海人が?

一瞬、海人とレースをした時の、ぞくぞくして違う世界が見えるような感覚が体をおそってきた。

……いや、もういい。

そんなものを追い求めて、もうがっかりするのはごめんだ。

っていうか、やっぱりスイミングはやめとくって言ったのに、父さん、聞いてなかったのかよ。

また今までみたいに父さんに口出しされたくない。

信号が赤になり、父さんが車を停《と》めた。

ちょうど、初めて海人を見た場所だった。

「さっきの子と、何か……あったのか?」

「……別に」

言う気にはなれない。

父さんは何か言いかけたけど、だまって防波堤《てい》ぞいに停車した。

「②少し、海でも見るか」

しかたなく降りると、父さんは海を眺《なが》めた。

今日もまだ少し風が強く、ブロックに白い波が打ちつけている。

「航、すまん。実は佐渡《さど》に引っ越したのは……ばあちゃんが心配だったのもあるけど、父さんが会社をやめて、佐渡でやり直したくなったからなんだ」

「えっ」

「会社で働くのが、つらくなってしまったんだ。会社の業績が悪くなってな……上司がたてた実現できないような高い目標を部下につきつけて、達成できなければ給料を低くしたりするのを、止められなかった……。最初はかばおうと思ったけど、そのうち、それが父さんの仕事みたいになっていった」

おれは首をもち上げたけど、父さんの顔をまっすぐ見ることができなかった。

「会社はリストラじゃないって言ってたけど、何人もやめていったよ……。最初は胸が痛んでいたけど、そのうち生き残るためにはしかたない、って思うようになってな」

おれはごくっとつばを飲むと、父さんの顔をしっかりと見た。

「航には、中途半端《ぱ》な時期に引っ越しを決めて悪かったけど……」

③おれは、精一杯《ぱい》首を横にふろうとしたけど、ぎこちなくなってしまった。

父さん……バリバリだったんじゃないのかよ。

いつも疲《つか》れて見えるのは、ただ忙《いそが》しいからだって思ってた。

おれ……何も知らなかった。

「仕事をすぐに見つけないで、何やってんだって思ってるかもしれないけど……今度はちゃんと考えたいんだ」

声をしぼり出す父さんに、うなずくことしかできない。

「会社に入った同期で、父さんはトップだった。母さんと航のためにも、ずっといい営業成績をあげ続けて、だれよりも早く昇《しょう》進するんだって思ってた」

おれはハッとした。

なんか、おれと父さん……ｂニてる。

当たり前か。ずっと父さんがおれに言い続けてきたんだもんな。

『がんばればできる。一番をめざせ』……って。

「だけど……会社で一番楽しかった仕事は、新入社員の時に、先輩《ぱい》とみんなで成功させたプロジェクトだったんだ。あとの二十年は、何をめざしてたんだろうな」

父さんはハハッと笑うと空を見た。

aヨクジツの土曜日。

何もする気になれず、ふとんの上で寝《ね》返りをくり返していると、一階から父さんの声が響《ひび》いてきた。

「航、友だちが来てるぞー」

……えっ、友だち？

ドキッとして起き上がる。

窓から玄《げん》関を見下ろすと、サラサラの黒髪《かみ》が見えた。

海人!?

しぶしぶ玄関に行くと、父さんがにこやかに海人に話しかけている。

「おはよう」

①海人はおれに気づくと、何事もなかったみたいにあいさつしてきた。

無言で、父さんの脇《わき》をすり抜《ぬ》けるようにスニーカーをはく。

外に出るとピシャッと戸をしめた。

海人は一瞬《しゅん》たじろいだけど、おれの目をまっすぐ見て言った。

「……きのうは、ごめん」

「……は？　なんのこと？」

内心、心臓が鳴りだしたのに気づきながらも、キツい口調になる。

「龍之介と信司に話してみたけど……まだ説得できなくて」

おれは海人の目から視線をそらすと、「別に、もういい」と言った。

自分でも、イヤな態度だなって思う。

でも……。

きのうの海人を思い出すと、くちびるの裏側をかんだ。

いい子ぶりやがって。バレてないと思ってんのかよ。

「今日さ、本当は練習休みだけど、きのうの分も向井くんと練習しようかと思って」

「……行かない」

「えっ」

「……おれ、もう行かないから！」

海人はしばらくおれを見つめていたけど、「わかった」とひとこと言うと、帰っていった。

小さくなる後ろ姿を見ると、なぜか胸がひりひりと痛みだした。

（中略）

自分の部屋へ戻り、またふとんの上でゴロゴロしていると、戸がノックされた。

「航、スーパーへ買い物に行くんだけど、ちょっとつきあわないか」

父さんが、買い物？

ことわろうかと思ったけど、このまま家にいると、よけいなことばかり考えてしまいそうだ。

「……行く」

スーパーで食材を買い出しすると、父さんはしばらくだまって車を走らせた。

大きな交差点を曲がると、海岸線に出た。

今まで見た中で、一番まぶしい海の光に、目を細める。

海岸線を走っていると、注ドリームブルーが近づいてきた。

「そういえば、引っ越してきた日に、あそこの横断歩道を背泳ぎの格《かっ》好で渡《わた》っている子がいたよな」

「……それがさっきのやつ」

「え、そうだったのか？　もしかして、温泉で背泳ぎが速いって話題になってた子か？　ばあちゃんの友だちの孫の……」

「うん、そう」

そっけなく言う。

イ　筆者は、科学・技術のマイナス面を認めつつも、プラス面についても公平に評価している。

ウ　筆者は、科学・技術のプラス面も、結局はマイナスの効果しかもたらさないと警告している。

エ　筆者は、科学・技術のマイナス面は、プラス面によってカバーできると前向きに考えている。

問九　━━線「科学で見出された原理や法則を、実際の物質に適用して人間にとって役に立つ人工物を創造するのが技術です」とありますが、このような技術の具体例を挙げ、次の(1)〜(3)の三点が分かるように、例にならって四十字以上、六十字以内で説明しなさい。（句読点も一字にふくみます）

(1)　どのような「原理や法則」を適用したのか。

(2)　どのような「人工物」を創造したのか。

(3)　どのように「人々の生活を向上」させたのか。

（例）　土を高温で焼くと固くなる性質を利用して土器を作り、人々が食物を煮《に》たり炊《た》いたりできるようにした。

二　次の文章を読んで、後の問いに答えなさい。

> 東京で強豪《ごう》スイミングクラブ・ビクトリーに所属していた小学六年生の「おれ（向井航《むかいこう》）」は、引っ越《こ》し先の佐《さ》渡《どが》島で出会った同級生の海人《かいと》、信司《しんじ》、龍之介《りゅうのすけ》とともに大会を目指すことになった。四人での練習中、航が提案した厳しいメニューに龍之介と信司が途《と》中で帰ってしまい、海人は二人を追って行った。

あーあ。やる気失《う》せた。

しかたなく練習を切り上げて更《こう》衣室に行くと、もう当然だれもいなかった。

でもロビーに向かうと、三人の背中が見えた。まだいたのかよ。

さっと見えない位置に隠《かく》れると、信司のぼやく声が聞こえてきた。

「そりゃ……向井くんはすごいよ。県大会にも余裕《ゆう》で行けるだろうし、いいアピールになると思う。でも……やっぱりついていけない」

龍之介が低い声で言った。

「おれたちは、やっぱり今まで通りのメニューで練習すっからな」

「……向井くんだって、みんなが県大会に行けるように考えてくれてるんだよ」

海人の説得に、龍之介が声を荒《あら》らげた。

「はあ？　何あいつの肩《かた》持つわけ？　どっちの味方なんだよ！」

「味方とか、関係ないだろ」

「海人……おれたちより向井の方が大事なのかよ？　違《ちが》うよな？　あいつのタイムが必要なだけなんだろ？」

今すぐこの場から立ちさりたいのに、体がすくむ。

「ああ」

海人の返事に、思わず耳をふさいだ。

これ以上、聞きたくない。

［Ａ］をかんできびすを返すと、更衣室に戻《もど》った。

なんだよ、これじゃ……やっぱりビクトリーの時と同じじゃないか。あいつと泳いだら、違う世界が見えるかもって思ったのに。

海人は、あいつらは、タイムだけが、必要だったんだ。

胸の奥《おく》が焼けるように痛い。

しばらくして、もう一度ロビーをのぞくと、みんないなくなっていた。

外に出ると、強い海風がふきつけた。

海は、重い雲の色を映して、鉛《なまり》色に広がっていた。

（中略）

科学・技術は、私たちの生き様や考え方、そして人間的能力にまで大きな影響《えいきょう》を与えており、単純に善悪とか長短とか正負というふうに言えそうにありません。表裏《り》一体なのです。それだけに、私たちは科学・技術のさまざまな成果をじっくり吟《ぎん》味しながら採否を考えるクセを身につける必要がありそうです。

（一部内容を省略しました）

【池内　了『なぜ科学を学ぶのか』】

注1　契機…きっかけ。
注2　インフラ…産業や生活の基盤《ばん》となる施設《せつ》のこと。
注3　弊害…害となること。
注4　脆弱…もろくて弱いこと。
注5　余暇…余ったひまな時間。
注6　ネットサーフィン…インターネット上で興味の赴《おもむ》くままに情報を検索《さく》すること。
注7　福音…喜びをもたらすもの。

問一　〰〰線a「カンビ」・b「ナラ(んだ)」・c「セツヤク」のカタカナを漢字に直しなさい。

問二　[A]・[B]に当てはまる言葉を、次のア～オからそれぞれ選びなさい。(同じ記号は二度使用しないこと)

ア　さらに　イ　つまり　ウ　しかし
エ　むしろ　オ　たとえば

問三　[X]に当てはまる言葉を、漢字一字で答えなさい。

問四　――線①「人間の精神世界を豊かにし、かつ知的領域を広大なものに拡大してきた」とありますが、このようなことが起こった理由として最も適当なものを、次のア～エから選びなさい。

ア　計算機やコンピューターの発達によって、人間の考える力が向上したため。
イ　技術の発展によって生じた問題を解決することで、思考様式が変化したため。
ウ　効率的な社会が実現することで、学問や芸術に取り組む時間が生まれたため。
エ　多様な世界に触《ふ》れることで、これまでの狭い物の見方が大きく広がったため。

問五　――線②「現在の～なくなり」とありますが、「科学・技術のレベル」が「等身大のスケール」ではなくなるとはどういうことですか。それについて説明した次の文の[1]・[2]に当てはまる言葉を、本文中からそれぞれ六字でぬき出しなさい。

＊　科学・技術のレベルが急速に[1]ことで、人間には[2]できない規模のものになってしまったということ。

問六　――線③「科学・技術の持つ魔の力」とありますが、筆者は、科学・技術によって人間生活が、災害や事故以外に、どのような悪い影響を受けていると考えていますか。本文中の言葉を用いて五十字以内で説明しなさい。

問七　本文には次の一文がぬけています。本文の[※]より後で、この文が入る直後の文の最初の五字を答えなさい。(句読点なども一字にふくみます)

＊　人間はあらゆる危険を克服《こく》したと傲慢《ごうまん》になっているのかもしれません。

問八　本文についての説明として最も適当なものを、次のア～エから選びなさい。

ア　筆者は、科学・技術のプラス面には目を向けずに、マイナス面ばかりを強調して述べている。

てつもなく大きな被害を引き起こすことを見せつけました。かつて寺《てら》田《だ》寅彦《とらひこ》(1878~1935年)は「文明が進めば進むほど災害は大きくなる」と言いました。文明の進展とともに、地下街や高層ビルが建ち b ナラんだ都市は画一化した姿となり、交通機関は高速で大量輸送を行い、海を埋《う》め立てて高層建築を作り、地下街や高速道路を張り巡《めぐ》らし、というふうな 注4 脆弱《ぜいじゃく》な都市構造としてしまったために、いったん地震や津波などの天災が起これば被害は確実に増大することを予言したものです。

ましてや日本では、放射能という人体に危険な物質を大量に抱《かか》え込《こ》み、反応が進むにつれ危険な放射能が増えていく原発を海岸縁《べり》に何十基も建設したのですから、大きな危険と隣《とな》り合わせの生活を送ってきた(今も送っている)のが現状と言えるでしょう。原発が暴走し始めると水をぶっかけて原子炉を冷やすしか方法がありません。まさに欠陥《かん》技術なのですが、安定して大量の電気エネルギーが得られるとの長所に目がくらんで、重大な危険という短所を考えないまま原発の建設を進めてきたのです。

また、世の中が便利になり効率化したことから、どんどん時間が加速され、私たちは忙《いそが》しい生活を送るようになってしまいました。便利にするということは、それによって雑用に取られる時間が c セツヤクでき、私たちの自由時間が増えて、芸術や学問や趣《しゅ》味など自分の好きなことに 注5 余暇《か》が使えるようになるはずでした。しかし、現実には次々しなければならないことが待っていて、好きなことに使える自由時間はかえって減る一方だし、「早くしなさい」と急《せ》かされるばかりです。「便利になればなるほど自由時間がなくなっている」のです。

それは人間が欲張りのため、あれもこれもとすべきことを詰《つ》め込むようになったためかもしれません。さらには、コンピューターで 注6 ネットサーフィンし、スマホのいろんなアプリで遊ぶようになったように、科学・技術の成果を追いかけるのに時間が潰《つぶ》されていることもあるでしょう。便利さに付け込んでお金と時間を使わせるよう人を誘惑《ゆうわく》する技術も開発されているのです。事実、私たちは、技術を追いかけることに必死になり、その結果、技術にコントロールされる(操られる)存在になりかかっていると言えるでしょう。③科学・技術の持つ魔《ま》の力を認識する必要がありそうですね。

そのことは、身近にあって日常的に使っている道具や機械が、私たち人間が持つ能力を拡大したという先に述べた効能とは裏腹の、人間が持つ固有の能力を奪《うば》っているという弊害があることを考えれば納得できるかもしれません。眼鏡は視力の弱い人間への 注7 福音《いん》ですが、眼鏡をかけるとどんどん度が進み、ますます視力が衰《おとろ》えるようになります。胃を手術して点滴《てき》で栄養を摂《と》るようになると胃が食べ物を消化する能力が衰え、しばらくは薬の助けを得なければ栄養が摂れません。エアコンのおかげで猛《もう》暑を凌《しの》ぐことができるようになりましたが、体の汗《あせ》をかく能力が衰えたため、温度が高い所に行っても汗をかかなくなり、そのため熱が体内に籠《こも》って熱中症《しょう》になってしまう患《かん》者が増えました。

これらは、いずれも人間の肉体は怠《なま》け者にできていて、その部分を使わないと衰えて能力が低下してしまうことを物語っています。 B 、道具や機械が私たちの持つ能力を肩代《かた》わりするようになると、人間が本来的に持つ固有の能力を失っていくということを意味しているのです。実際、計算機を使うようになって暗算や筆算ができなくなったとか、コンピューターでワープロ機能を使うようになって漢字が思い出せなくなった、ということを多くの人が言っています。ある地域で、バスが廃《はい》止になって自家用車ばかりに乗るようになった結果、糖尿《にょう》病患者が増えたというデータもあります。便利さばかりを追求していると、私たちは無能力人間になりかねないという警告です。

二〇二一年度　山脇学園中学校

【国　語】〈国・算一科午後試験〉（六〇分）〈満点：一〇〇点〉

一　次の文章を読んで、後の問いに答えなさい。

科学で見出された原理や法則を、実際の物質に適用して人間にとって役に立つ人工物を創造するのが技術です。人間にとって役に立つということは、人々の生活を向上させて健康で文化的な生活を送れること、さまざまな道具や機械を作って人々が便利で効率的な暮らしができること、エネルギーや資源を有効に利用して生産力を上げ、豊かな消費生活が実現できること、というような点が挙げられるでしょうか。［A］、それがマイナスに作用して健康被《ひ》害や大事故が引き起こされ、人々を苦しめ死を招くことすらあります。役に立たないどころか、害悪になる可能性もあるのです。

歴史を振《ふ》り返って見れば、科学と技術が緊《きん》密に結び合った結果、人々の生活環《かん》境が上昇《しょう》してきたことは明らかです。エアコンがａカンビした住環境となり、栄養不足が克《こく》服されて寿《じゅ》命が延び、病気になると治療《りょう》が受けられて健康が回復でき、食糧《りょう》増産が可能になって地球上に75億人もの人間が養え、飛行機や電車の発明で人間や物資を遠くへ速く輸送することができ、大量生産で衣料や生活必需《じゅ》品が安く手に入れられ、コンピューターによって効率的に機械を動かし、というふうに科学・技術がもたらしてくれた効能は数多くあります。１０００年前、５００年前、１００年前、50年前と比べれば、技術が加速度的に（時間が経《た》つほどより大きく急速に）進歩してきたことがわかるでしょう。

私たちの身近な道具でも、眼鏡《めがね》は眼の能力（視力）の不足を補って字や景色がよく見えるようになり、自転車・車・電車・飛行機は［X］の能力を拡大して私たちの行動半径を大きく広げ、鉛《えん》筆や万年筆やボールペンは字を書く手段を豊かにして手の能力を格段に上昇させ、電話はケータイになりスマホになって音声だけでなく大量のデータを送受信でき、計算機やコンピューターは複雑な計算や多量のデータの処理を高速でこなすようになって脳の能力を広げています。このように、道具や機械を使うことによって人間が持つさまざまな能力を何千倍にも拡大するとともに、私たちの生活領域のみならず知覚領域も大きく広げ、多くの人々と結びつき交流する機会が増え、世界の見方も狭《せま》い地域に閉じられた目から地球大へと開かれるようになりました。

このように科学・技術の成果は、人々のこれまでの狭い社会観や人間観を大きく広げて新しい可能性を拓《ひら》き、限られた個人の経験のみに止《とど》まっていた歴史観や文明観を根底から広げさせ、多様に展開する世界を見て自然観や宇宙観を新たに構築し直す、というふうに人類の生き方についての根本的に重要な思想や哲《てつ》学の変革の注１契《けい》機を与《あた》えてきたのです。科学・技術が単に道具や機械や注２インフラなどの人工物を通じて便利で機能的な社会をもたらしたことだけでなく、それによって人類の思考様式や文明の形態にまで革命を促《うなが》すことになったと言えるでしょう。つまり、科学・技術が人間を取り巻く物質世界の変革を導いたとともに、それによって①人間の精神世界を豊かにし、かつ知的領域を広大なものに拡大してきたというわけです。

このように科学・技術の効能は文明史にまで及《およ》ぶほど大きいのですが、他方ではその注３弊《へい》害も劣《おと》らず大きく、人類の存続を脅《おびや》かすほどになっていることは否定できません。（中略）

※　２０１１年３月11日の東北地方太平洋沖地震《しん》に伴《ともな》って勃《ぼっ》発した福島原発の炉《ろ》心溶融《ようゆう》（メルトダウン）事故は、②現在の科学・技術のレベルが等身大のスケールではなくなり、いったん事故が起こると、と

2021年度

山脇学園中学校

▶解説と解答

算　数　＜国・算１科午後試験＞（60分）＜満点：100点＞

解　答

(1)　3　(2)　$\frac{3}{4}$　(3)　16　(4)　168　(5)　150 g　(6)　11枚　(7)　420m　(8)　5
(9)　60本　(10)　21人　(11)　4070m　(12)　①　2040円　②　103シート　(13)　1時間48
分　(14)　38度　(15)　2 cm^2　(16)　648cm^3　(17)　①　52cm　②　364　(18)　①　5 cm
②　1.4cm

解　説

四則計算，逆算，約束記号，約数と倍数，濃度《のうど》，倍数算，植木算，比の性質，立体図形の構成，売買損益，つるかめ算，集まり，旅人算，周期算，ニュートン算，角度，面積，分割，体積，図形と規則，水の深さと体積

(1)　$8-3\div1\frac{2}{5}\times\left(3\frac{1}{2}-1.4\right)-\frac{1}{2}=8-3\div\frac{7}{5}\times(3.5-1.4)-\frac{1}{2}=8-3\times\frac{5}{7}\times2.1-\frac{1}{2}=8-3\times\frac{5}{7}\times\frac{21}{10}-\frac{1}{2}=8-\frac{9}{2}-\frac{1}{2}=\frac{16}{2}-\frac{9}{2}-\frac{1}{2}=\frac{6}{2}=3$

(2)　$1\div\left(\square\times1\frac{3}{5}-0.7\right)\div3\frac{1}{3}-\frac{1}{5}=0.4$より，$1\div\left(\square\times1\frac{3}{5}-0.7\right)\div3\frac{1}{3}=0.4+\frac{1}{5}=\frac{2}{5}+\frac{1}{5}=\frac{3}{5}$，$1\div\left(\square\times1\frac{3}{5}-0.7\right)=\frac{3}{5}\times3\frac{1}{3}=\frac{3}{5}\times\frac{10}{3}=2$，$\square\times1\frac{3}{5}-0.7=1\div2=\frac{1}{2}$，$\square\times1\frac{3}{5}=\frac{1}{2}+0.7=\frac{5}{10}+\frac{7}{10}=\frac{12}{10}=\frac{6}{5}$　よって，$\square=\frac{6}{5}\div1\frac{3}{5}=\frac{6}{5}\div\frac{8}{5}=\frac{6}{5}\times\frac{5}{8}=\frac{3}{4}$

(3)　［３］＝３×３×３＝27，＜４＞＝４×２＋３＝８＋３＝11より，［３］－＜４＞＝27－11＝16

(4)　右の図１の計算より，最小公倍数は，24×a×15で求められる。よって，24×a×15＝2520だから，a＝2520÷(24×15)＝７より，A＝24×７＝168とわかる。

図１

$$\begin{array}{r|ll} 24 & A & 360 \\ \hline & a & 15 \end{array}$$

(5)　８％の食塩水450 gには食塩が，450×0.08＝36(g)含《ふく》まれる。よって，水を蒸発させた後の食塩水に含まれる食塩の重さも36 gなので，濃度が12％になったときの食塩水の重さを□gとすると，□×0.12＝36(g)と表せる。よって，□＝36÷0.12＝300(g)だから，水は，450－300＝150(g)蒸発させればよい。

(6)　カードをやり取りした後も３人の枚数の合計は変わらないので，３人の枚数の比の数の合計を，２＋４＋７＝13と，１＋４＋４＝９の最小公倍数である，13×９＝117にそろえると，右の図２のようになる。そろえた比の，18－13＝５にあたる枚数は，春子さんが夏子さんにわたした５枚となるから，そろえた比の１にあたる枚数は，５÷５＝１(枚)となる。よって，秋子さんが夏子さんにわたした枚数は，そろえた比の，63－52＝11にあたるから，１×11＝11(枚)である。

図２

	春子		夏子		秋子		春子		夏子		秋子
はじめ	2	:	4	:	7	×9 →	18	:	36	:	63
後	1	:	4	:	4	×13 →	13	:	52	:	52

⑺　池のまわりの長さを□mとすると，植える木と木の間の数は，10mおきの場合が(□÷10)か所，12mおきの場合が(□÷12)か所なので，その比は，(□÷10)：(□÷12)＝$\frac{1}{10}$：$\frac{1}{12}$＝６：５となる。また，池のまわりに木を植えるとき，(木の本数)＝(木と木の間の数)より，10mおきに木を植える場合と12mおきに木を植える場合に必要な木の本数の比が６：５なので，比の，６－５＝１にあたる木の本数が７本だから，10mおきに木を植える場合，必要な木の本数は，７×６＝42(本)とわかる。よって，池のまわりの長さは，10×42＝420(m)と求められる。

⑻　右の図３で，アのさいころの６の面と向かい合うのは，７－６＝１の面，イのさいころの４の面と向かい合うのは，７－４＝３の面なので，アとイがつけられている面の目は，１，３，４，６以外の数だから，２か５とわかる。また，２＋５＝７より，１つのさいころで２と５の面は向かい合うから，つけられている面の目が２のとき，A，Dの目は５，つけられている面の目が５のとき，A，Dの目は２である。ここで，Bの目は２，５，１，６ではないので，３か４，Cの目は２，５，３，４ではないので，１か６となる。よって，Aの目が５だとすると，A，B，Cの目の和は７にならず，条件に合わないから，Aの目は２となり，つけられている面の目は５とわかる。

図３

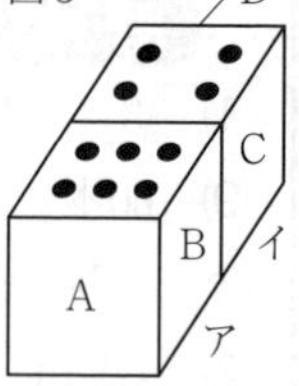

⑼　全部を１本90円で売ると，全体の２割の利益がでるので，そのときの売り上げは，13500×(１＋0.2)＝16200(円)である。すると，仕入れた本数は，16200÷90＝180(本)だから，１本あたりの仕入れ値は，13500÷180＝75(円)とわかり，１本あたりの利益は，１本90円で売ったときが，90－75＝15(円)，１本81円で売ったときが，81－75＝６(円)となる。実際の全体の利益は，13500×0.12＝1620(円)となるが，もし，180本全部を１本81円で売ったとすると，全体の利益は，６×180＝1080(円)となり，実際の利益よりも，1620－1080＝540(円)少ない。81円のペンを90円のペンと１本かえるごとに，全体の利益は，15－６＝９(円)ずつ増えるから，90円で売った本数は，540÷９＝60(本)と求められる。

⑽　両方を飼っている生徒の人数を①とすると，右の図４のように表せる(○は飼っていることを，×は飼っていないことを表す)。両方を飼っている生徒は犬だけを飼っている生徒(ア)の$\frac{1}{7}$だから，アの人数は，①÷$\frac{1}{7}$＝⑦と表せる。また，両方を飼っている生徒は，ねこだけを飼っている生徒(イ)より１人少ないので，イの人数は，①＋１(人)と表すことができる。さらに，犬を飼っている生徒(①とアの合計)は何も飼っていない生徒(ウ)の２倍いるから，ウの人数は，(①＋⑦)÷２＝④と表せる。よって，クラス全体の人数は，①＋⑦＋(①＋１)＋④＝⑬＋１(人)となり，これが40人だから，①＝(40－１)÷13＝39÷13＝３(人)とわかる。したがって，犬だけを飼っている生徒の人数は，⑦＝３×７＝21(人)と求められる。

図４

		犬	
		○	×
ねこ	○	①	イ
	×	ア	ウ

⑾　２人が２回目に出会うまでに，Bさんが進んだ道のりは，(池のまわりの長さ)＋370(m)なので，Aさんが進んだ道のりは，(池のまわりの長さ)－370(m)である。よって，このときまでにBさんはAさんよりも，370×２＝740(m)多く進んだことになり，１分あたり，BさんはAさんよりも，180－150＝30(m)多く進むから，このときまでの時間は，740÷30＝$\frac{74}{3}$(分)とわかる。したがって，Bさんが進んだ道のりは，180×$\frac{74}{3}$＝4440(m)だから，池のまわりの長さは，4440－370＝4070(m)と求められる。

(12)　①　はじめにシールを５シート買うと，スタンプが５個もらえ，それと引きかえで，シール１シートとスタンプ１個がもらえるから，買ったシールを○，スタンプカードと引きかえたシールを●とすると，右の図５のように考えられる。シールを21シート手に入れるには，21÷５＝４余り１より，はじめに５シート買ったあと，４シート買うことを，４－１＝３(回)行えばよいから，必要なお金は，５＋４×３＝17(シート)分の代金となり，120×17＝2040(円)とわかる。　②　10000円で買うことのできるシールは，10000÷120＝83余り40より，83シートである。よって，(83－５)÷４＝19余り２より，はじめに５シート買ったあと，４シート買うことを19回行って，さらに２シート買うことができる。したがって，このときスタンプカードと引きかえることができるシールは，１＋19＝20(シート)だから，手に入るシールは，最も多くて，83＋20＝103(シート)とわかる。

図５

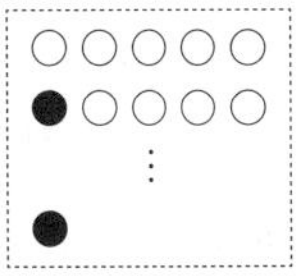

(13)　１時間にホースから入る水の量を①，１時間にポンプ１台がくみ出す水の量を[1]とする。ポンプ５台で９時間くみ出すとき，ホースから入る水の量は，①×９＝⑨，ポンプ５台がくみ出す水の量は，[1]×５×９＝[45]になる。また，ポンプ８台で，３時間36分＝$3\frac{36}{60}$時間＝3.6時間くみ出すとき，ホースから入る水の量は，①×3.6＝(3.6)，ポンプ８台がくみ出す水の量は，[1]×８×3.6＝[28.8]なので，上の図６のように表せる。図６より，⑨－(3.6)＝(5.4)にあたる水の量と，[45]－[28.8]＝[16.2]にあたる水の量が等しいから，①にあたる水の量，つまり，ホースから１時間に入る水の量は，[16.2]÷5.4＝[3]と表せる。そこで，くみ出す前の水そうの水の量は，[45]－⑨＝[45]－[3]×９＝[18]とわかる。よって，ポンプ13台を使うとき，水そうの水は１時間に，[1]×13－[3]＝[10]ずつ減るから，水そうの水がなくなるのにかかる時間は，[18]÷[10]＝1.8(時間)，0.8×60＝48(分)より，１時間48分である。

図６

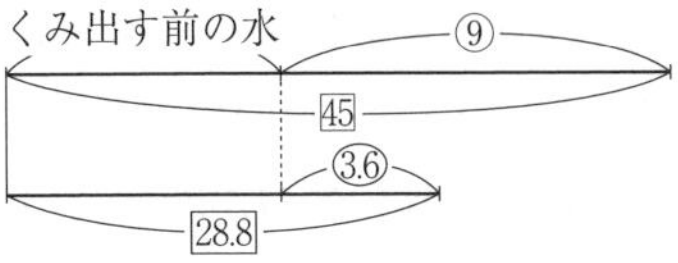

(14)　右の図７のように，ABで折り曲げているので，BCとOBの長さは等しく，これは円の半径だから，BC，OB，OCの長さはすべて等しくなる。すると，三角形OBCは正三角形で，角OBCの大きさは60度とわかるので，角ABCの大きさは，60÷２＝30(度)である。よって，角ACBの大きさは角AOBの大きさと等しく112度なので，角 x の大きさは，180－30－112＝38(度)と求められる。

図７

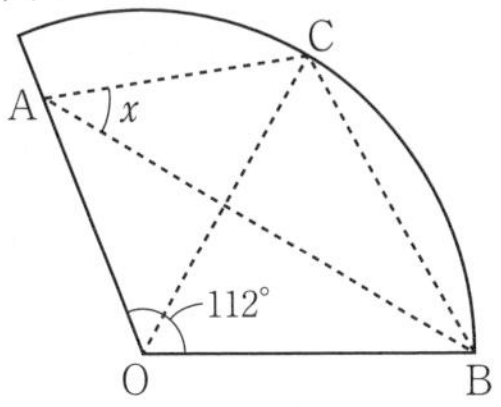

(15)　右の図８で，斜線《しゃせん》部分の面積は，(太線で囲んだ半円の面積)＋(三角形ABCの面積)－(おうぎ形CABの面積)で求めることができる。まず，三角形ABCは等しい辺が２cmの直角二等辺三角形だから，面積は，２×２÷２＝２(cm^2)となる。また，正方形ODEBの面積は三角形ABCの面積と等しいので，２cm^2である。ここで，OBの長さ(円の半径)を□cmとすると，□×□＝２となるから，太線で囲んだ半円の面積は，□×□×3.14÷２＝２×3.14÷２＝3.14(cm^2)と求められる。さらに，おうぎ形CABは半径が２cm，中心角が90度だから，面積は，２×２×3.14×$\frac{90}{360}$＝3.14(cm^2)となる。よって，斜線部分の面積は，3.14＋２－3.14＝２(cm^2)とわかる。

図８

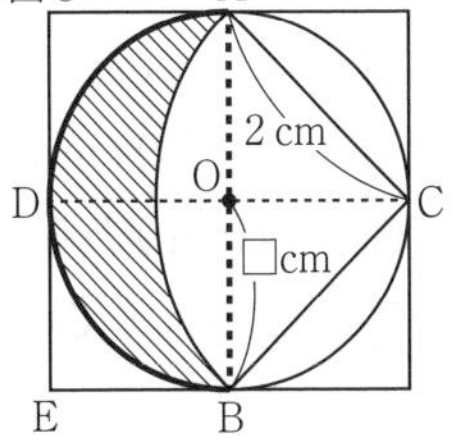

(16)　下の図９で，３点A，B，Cを通る平面で切り分けたとき，切り口の図形は太線で囲んだ部分となり，体積が大きい方の立体は，立方体㋐と，三角柱ADE－BCFと，四角柱PQRS－TUVWを合わ

せた立体である。まず，立方体㋐の体積は，６×６×６＝216(cm^3)で，三角柱ADE－BCFは，立方体３個でできた直方体を２等分した立体だから，その体積は，216×３÷２＝324(cm^3)となる。また，三角形BCF，SCP，RCQは相似で，その相似比は，CF：CP：CQ＝３：２：１だから，PSの長さは，$6\times\frac{2}{3}=4$(cm)，QRの長さは，$6\times\frac{1}{3}=2$(cm)となる。よって，台形PQRSの面積は，(４＋２)×６÷２＝18(cm^2)だから，四角柱PQRS－TUVWの体積は，18×６＝108(cm^3)とわかる。したがって，体積が大きい方の立体の体積は，216＋324＋108＝648(cm^3)と求められる。

図９

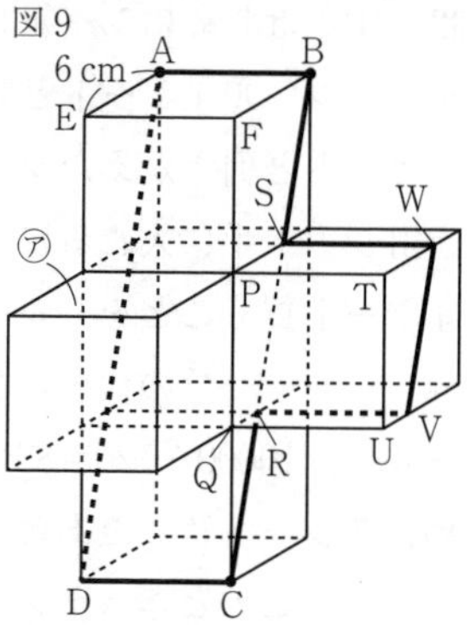

⒄　①　右の図10より，一番外側の１周に並ぶ球の個数は58個だから，太線で囲んだ部分の個数は，58÷２＝29(個)とわかる。よって，横１行に並ぶ球の個数は，29－４＋１＝26(個)であり，球の直径は，１×２＝２(cm)なので，箱の横の長さは，２×26＝52(cm)となる。　②　横１行に並ぶ球の個数が26個なので，球に書かれた数は右下の図11のようになる。すると，縦に５つ並んだ球に書かれた数の合計が最大になるのは，左から３列目から24列目までのいずれかの列とわかる。３列目から24列目までは，上から１，２行目の数は右へ１つ進むごとに１ずつ減っていき，上から３，４，５行目の数は右へ１つ進むごとに１ずつ増えていくので，縦に５つ並んだ球の数の合計は，右へ１つ進むごとに，１×３－１×２＝１ずつ増えていく。よって，最大となるのは24列目だから，その球の数の合計は，36＋87＋130＋83＋28＝364である。

図10

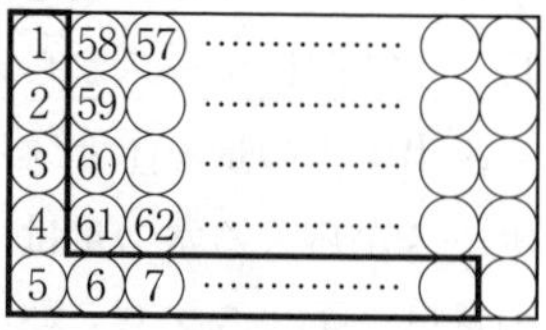

図11

１行目	1	58	57	56	……	36	35	34
２行目	2	59	108	107	……	87	86	33
３行目	3	60	109	110	……	130	85	32
４行目	4	61	62	63	……	83	84	31
５行目	5	6	7	8	……	28	29	30
			3列目				24列目	

⒅　①　右の図12で，仕切りＰの内側だけがいっぱいのとき，水の体積は，４×４×3.14×20＝320×3.14(cm^3)である。また，仕切りＱの内側の底面積は，８×８×3.14＝64×3.14(cm^2)だから，仕切りＰを引きぬくと，仕切りＱの内側の水面の高さは，(320×3.14)÷(64×3.14)＝５(cm)と求められる。　②　仕切りＰの内側がいっぱいで，仕切りＱの内側の水面の高さが９cmのとき，水は，高さ９cm以下の部分に，８×８×3.14×９＝576×3.14(cm^3)，高さ９cmより上の部分に，４×４×3.14×(20－９)＝176×3.14(cm^3)あるから，合わせて，576×3.14＋176×3.14＝752×3.14(cm^3)入っている。また，仕切りＰを引きぬくと，仕切りＱの内側には水が，８×８×3.14×10＝640×3.14(cm^3)まで入るから，仕切りＱの外側には，752×3.14－640×3.14＝112×3.14(cm^3)の水があふれる。仕切りＱの外側の底面積は，12×12×3.14－８×８×3.14＝144×3.14－64×3.14＝80×3.14(cm^2)だから，仕切りＱの外側の水面の高さは，(112×3.14)÷(80×3.14)＝1.4(cm)となる。

図12

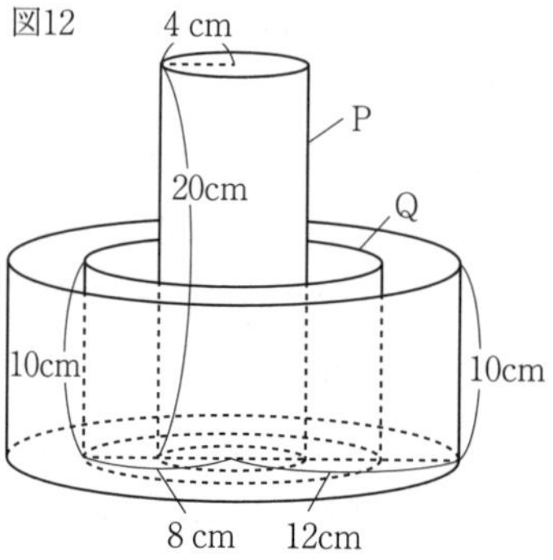

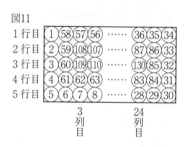

国語 ＜国・算１科午後試験＞（60分）＜満点：100点＞

解答

一 **問１** 下記を参照のこと。 **問２** A ウ B イ **問３** 足 **問４** エ **問５** １ 進歩してきた ２ コントロール **問６** （例） 便利になったことで，かえって自由時間を奪われたり，人間が本来持っていた固有の能力を失うという影響。 **問７** また，世の **問８** イ **問９** （例） 木材が水に浮く性質を利用して木造船を作り，人々が安全に海を渡ったり，多くのものを一度に遠くまで運んだりできるようにした。 二 **問１** 下記を参照のこと。 **問２** くちびる **問３** エ **問４** １ 一番 ２ みんなで勝つ ３ （例） 自分から仲間に歩み寄る **問５** イ **問６** ウ **問７** ア **問８** （例） 海人が自分のタイムだけを求めていたのではなく，自分と同じように一緒に泳ぐことで違う世界が見えそうだと感じていたことを知り，驚くとともにうれしく思っている。 **問９** ウ

●漢字の書き取り

一 問１ a 完備 b 並(んだ) c 節約 二 問１ a 翌日 b 似(てる) c 深呼吸

解説

一 **出典は池内了《いけうちさとる》の『なぜ科学を学ぶのか』による。**科学・技術は，人類に大きな利益をもたらしたが，その一方で弊害《へいがい》も大きいことを指摘《してき》し，科学・技術のもたらす新たな成果を採用するさいには慎重《しんちょう》でなければならないと主張した文章である。

問１ a 完全にそなわっていること。 b 音読みは「ヘイ」で，「並立」などの熟語がある。 c むだをはぶいて，切りつめること。

問２ A 空らんの前では，「人々の生活を向上させて～消費生活が実現できること」など，科学技術の「人間にとって役に立つ」点が述べられているが，後では，「マイナスに作用して～人々を苦しめ死を招《まね》くこと」もあるという科学技術の側面が述べられている。よって，前のことがらを受けて，それに反する内容を述べるときに用いる「しかし」が合う。 B 「人間の肉体は怠《なま》け者にできていて，その部分を使わないと衰《おとろ》えて能力が低下してしまう」ということは，別の言い方をすると，「道具や機械が私たちの持つ能力を肩《かた》代わりするようになると，人間が～能力を失っていくということを意味している」という文脈である。よって，前に述べた内容を“要するに”とまとめて言いかえるときに用いる「つまり」がよい。

問３ 前に，「眼鏡《めがね》は眼の能力(視力)の不足を補」うとあることを手がかりにする。人間の見る能力を補うのが眼鏡ならば，「自転車・車・電車・飛行機」は，人間の移動する能力を拡大するものなので，人間が歩くときに使う「足」があてはまる。

問４ 直前の「それによって」の「それ」が指すのは，科学・技術によって導かれた「人間を取り巻く物質世界の変革」である。どのような変革かを前の部分から確認《かくにん》すると，科学・技術の発達によって，人々は「これまでの狭《せま》い社会観や人間観」，「限られた個人の経験のみに止《とど》まっていた歴史観や文明観」を脱《だっ》して，より広い視野を得ることができるようになり，「多様に展開する世界を見て自然観や宇宙観を新たに構築し直す」ことができるようになったと述べられている。よって，同

様の内容のエが正しい。なお，計算機やコンピューターは「考える力」を向上させたわけではないのでアは誤り。

問５　**１**　「1000年前，500年前，100年前，50年前と比べれば」，科学と技術は，加速度的に「進歩してきた」と述べられている。　**２**　「等身大のスケール」は，人間の体と同じ規模のこと。言いかえると，“人間に扱《あつか》うことができるレベルである”という意味。急速に発展した現在の科学・技術は，人間が制御，つまりコントロールすることができない規模のものになってしまったと筆者は考えている。

問６　ぼう線③の前後の内容に注目する。前の段落では，科学・技術の発達によって「世の中が便利になり効率化したことから，どんどん時間が加速され」，その結果，「好きなことに使える自由時間はかえって減る一方」になったと述べられている。また，後の段落では，「道具や機械が，私たち人間が持つ能力を拡大した」こととは裏腹に，「人間が持つ固有の能力」を奪《うば》われるという弊害もあることが述べられている。これらの悪い影響《えいきょう》が，「科学・技術の持つ魔《ま》の力」と言いかえられている。

問７　もどす文には，「人間は～傲慢《ごうまん》になっているのかもしれません」とあるので，人間の傲慢といえる行いについて述べられている部分に着目する。ぼう線②の直後の段落で，日本は，原発を何十基も建設して「大きな危険と隣《とな》り合わせの生活を送ってきた(今も送っている)のが現状」であり，それは「長所に目がくらんで，重大な危険という短所を考えないまま原発の建設を進めてきた」からだと述べられている。この内容が，人間が傲慢になった結果の現状と考えられるので，この後に入る。

問８　筆者は，科学・技術がもたらす弊害が，「人類の存続を脅《おびや》かすほどになっていること」を指摘しているが，一方で，その「効能は文明史にまで及《およ》ぶほど大きい」ことも認めている。よって，イが合う。

問９　(1)～(3)の条件にしたがって書く。たとえば，「水が高いところから低いところに流れるという法則を利用して水車を作り，製粉やかんがいなどに用いて，人間の生活を豊かにした」などが考えられる。

二　**出典は高田由紀子《たかだゆきこ》の『スイマー』による**。仲間ともめたことから水泳に対してやる気をなくした航《こう》が，父に背中をおされて海人《かいと》と話した結果，再び泳ごうという気持ちを取りもどすまでの過程を描《えが》いた文章である。

問１　**a**　次の日。　**b**　音読みは「ジ」で，「類似」などの熟語がある。　**c**　できるだけ多くの空気を出入りさせるような，深い呼吸。

問２　「くちびるをかむ」は，怒《いか》りや悔《くや》しさをこらえるようす。

問３　後の会話文からわかるように，海人は，県大会に出るためには「航が提案した厳しいメニュー」に取り組む必要があると思い，信司《しんじ》と龍之介《りゅうのすけ》を説得しようとしていたが，二人を説得できなかった。そこで海人は，せめて航と二人で練習をしようと思って，航を誘《さそ》いに来たのだと考えられる。

問４　**１**　海での会話を確認すると，父さんはかつて一番になることが大事だと考えており，「がんばればできる。一番をめざせ」と言い続けてきたことがわかるので「一番」があてはまる。「トップ」でもよい。　**２**　しかし，「会社で一番楽しかった仕事は～みんなで成功させたプロジェクトだった」のである。今の父さんは，「一人で勝つのは，すごい」が，「みんなで勝つのは，強い」と考えるようになった。　**3**　また，自分の経験を語ることで，父さんは，「みんなで勝つ」ために，仲間に対して「自分から手を伸《の》ばしてみれば」どうかと航に提案している。つまり，航に自分のほうから仲間に歩み寄り，みんなで勝つことを目指してほしいと考えているのである。

問5　父さんは，佐渡《さど》に引っ越《こ》したのは会社で働くのがつらくなったからだと航にうち明けている。それは，父さんが「バリバリだった」と思っていた航にとっては意外なことだった。予期しないことを聞いた後に父さんが「中途半端《ちゅうとはんぱ》な時期に引っ越しを決め」たことを謝《あやま》ったので，航は謝らなくてもいいという気持ちを伝えるために「精一杯《せいいっぱい》首を横にふろう」としたが，動作がぎくしゃくしてしまったのである。

問6　この後，航は，海人に「声をかけたものの，どうしていいかわからずに立ちつくして」いる。このときの航は，何か考えがあって「海人に向かって駆《か》け出した」のではなく，父の話から何かをつかんだような気がして衝動《しょうどう》的に行動したのだと想像できる。

問7　信司が話した内容をみると，信司は県大会への出場を目指して「絶対がんばらなきゃ」と思っていたが，厳しいメニューについていくことができなかったことがわかる。信司は，そんな自分の力不足にいらだちを感じていたのだから，アがよい。

問8　最初の場面を確認すると，航は海人と「泳いだら，違《ちが》う世界が見えるかも」しれないと思っていたが，海人は自分のタイムだけを必要としているのだと思いこみ，失望したということがわかる。しかし，それは航のかん違いであり，海人も航と同じように「泳いだら，世界が変わる気がした」と言っていたと聞いて，驚《おどろ》くとともに喜びがこみ上げて体が熱くなったのだと想像できる。

問9　本文は最初から最後まで航の視点から書かれているので，ウは誤り。なお，海人は前日に航と気まずいことがあっても，次の日は「何事もなかったみたい」にふるまうことができたし，航が「イヤな態度」をとっても平然としていたので，感情に流されるタイプではない。よって，アはふさわしい。また，ロビーの外に出たときの「強い海風がふきつけた」「海は，重い雲の色を映して，鉛色《なまりいろ》に広がっていた」という表現は，航の暗くて重い心情を表しているのでイも合う。さらに，父さんはこれまでの自分の生き方を反省し，佐渡に来ることで自分を変えようとしていたのだから，エも合う。

Memo

2020年度　山脇学園中学校

〔電　話〕　(03)3585－３９１１
〔所在地〕　〒107－8371　東京都港区赤坂４－10－36
〔交　通〕　東京メトロ千代田線 ―「赤坂駅」より徒歩７分
東京メトロ丸ノ内線・銀座線 ―「赤坂見附駅」より徒歩５分

【算　数】〈Ａ日程試験〉(50分)〈満点：100点〉

1 次の□にあてはまる答を求めなさい。

(1) $5-\frac{3}{7}\div(3.4-2.8)\times5\frac{1}{4}=\square$

(2) $\left(\frac{2}{3}-\square\right)\times1\frac{1}{2}+\frac{1}{4}=\frac{13}{20}$

(3) 40人のクラスで通学方法を調べたところ，電車を利用している生徒は28人，バスを利用している生徒は17人でした。また，電車もバスも利用しない生徒は3人でした。
このとき，電車のみを利用している生徒は□人います。

(4) 3辺の長さが51 m，68 m，102 mの三角形の土地のまわりに等しい間かくで木を植えます。頂点に必ず木を植えることにすると，木は少なくとも□本必要です。

(5) ある五角形の5つの角を角ア，イ，ウ，エ，オとします。角アは角イの2倍より8度大きく，角ウは角イの2倍より4度小さく，角エは角イの3倍より50度小さいです。
角オが直角であるとき，角アの大きさは□度です。

(6) 8％の食塩水600 gに，6％の食塩水□gと水800 gを加えてよくかき混ぜると，4％の食塩水ができます。

(7) 図の角 x の大きさは□度です。
ただし，同じ印をつけた角の大きさは等しいとします。

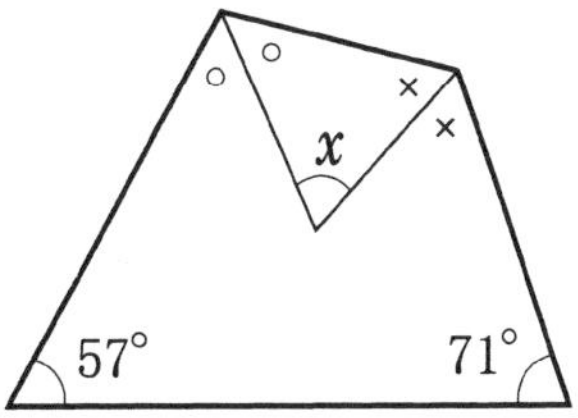

(8)　図のように，半径 3 cm の円の周上の 6 つの点を頂点とする正六角形があります。このとき，斜《しゃ》線部分の面積の和は □ cm^2 です。ただし，円周率は 3.14 とします。

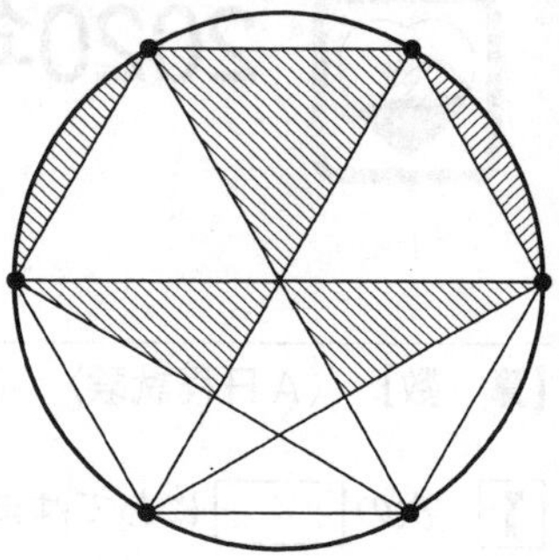

2　1 個 260 円のケーキと，1 個 80 円のチョコレートと，1 個 140 円のマドレーヌを合わせて 20 個買ったところ，代金が 3400 円でした。チョコレートとマドレーヌは同じ個数だけ買いました。ケーキは何個買いましたか。

3　A さんの家から学校までは 2.1 km あります。A さんは午前 7 時 30 分に家を出発して，毎分 60 m の速さで学校に向かいました。途《と》中で忘れ物に気がついて，毎分 120 m の速さで家に引き返しました。忘れ物を見つけるまでに 1 分かかり，再び毎分 60 m の速さで学校に向かったところ，午前 8 時 18 分に学校に着きました。忘れ物に気がついて引き返したのは家から何 m 進んだ地点ですか。

4 図のような，直方体の中に，直方体を組み合わせた形の台が入っている水そうがあります。

蛇《じゃ》口Aと蛇口Bは，ともに毎分50 cm^3 の割合で水を注ぐことができます。

水そうには，はじめ水が入っていませんでした。

次の各問いに答えなさい。

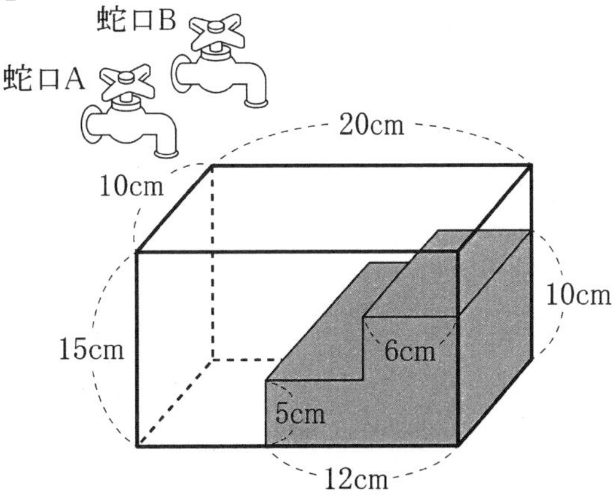

(1) 蛇口Aだけを使って，水そうをいっぱいにするには何分かかりますか。

(2) はじめに蛇口Aだけを使って水を入れて，途《と》中から蛇口Aと蛇口Bの両方で水を入れたところ，30分36秒かかって水そうがいっぱいになりました。
蛇口Bを使い始めたのは水を入れ始めてから何分何秒後ですか。

(3) (2)で，蛇口Bを使い始めたとき，水面の高さは何cmになっていましたか。

5 1つのサイコロをくり返しふって，次のようなゲームを行います。

1，2，3の目が出たら持ち点に1点を加えます。

4，5の目が出たら持ち点に2点を加えます。

6の目が出たら持ち点をすべて失い，0点になります。

また，はじめの持ち点は0点とします。次の各問いに答えなさい。

(1) 2回サイコロをふった後で，持ち点が1点になる目の出方は何通りありますか。

(2) 3回サイコロをふった後で，持ち点が2点になる目の出方は何通りありますか。

(3) 5回サイコロをふった後で，持ち点が9点以上になる目の出方は何通りありますか。

【社　会】〈Ａ日程試験〉（30分）〈満点：60点〉

1　国土地理院発行の地形図（２万５千分の１「桜島南部」原寸大・一部加工）を見て、各問いに答えなさい。

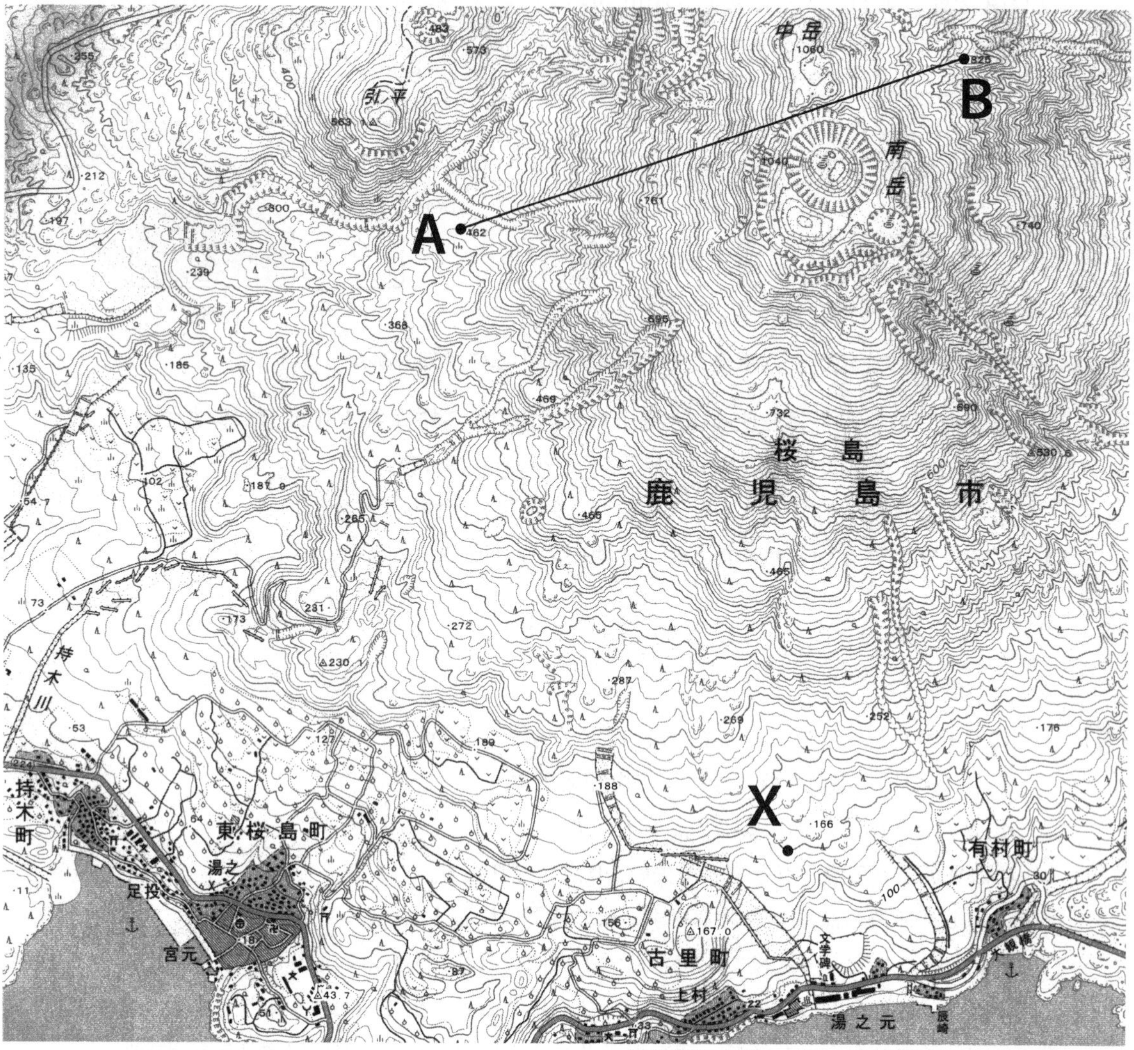

〈編集部注：編集上の都合により原図を90％に縮小しました。〉

問１　地図中にある**桜島**について、(1)～(3)に答えなさい。

(1) **桜島**北部の錦江湾は、かつて起きた巨大な噴火によってできたくぼみに海水が入り込んだものです。火山の爆発や火口周辺のかんぼつによってできるくぼ地の地形を何といいますか。

(2) **桜島**と陸続きになっている半島の名前を**ア**～**オ**の中から１つ選び、記号で答えなさい。

ア　大隅半島　　**イ**　薩摩半島　　**ウ**　知多半島　　**エ**　能登半島　　**オ**　渥美半島

(3) **桜島**のある鹿児島県には、樹齢数千年といわれる縄文杉が生育していることで有名な島があります。この島の名前を漢字で答えなさい。

問2　地図中にある**東桜島町**について、(1)～(4)に答えなさい。

(1) **東桜島町**の集落からみて、**南岳**の山頂はどの方角にありますか。八方位で答えなさい。

(2) **東桜島町**には２つの小・中学校があります。これらを直線で結ぶと地図上での長さが３㎝あります。実際の距離は何mになるかを求め、単位記号をつけて答えなさい。

(3) **東桜島町**の集落にはみられない施設（地図記号）を**ア～オ**の中から１つ選び、記号で答えなさい。

ア　地方港　　**イ**　警察署　　**ウ**　消防署　　**エ**　郵便局　　**オ**　神社

(4) **東桜島町**にある電子基準点には標高４３．７mと示されています。地図中の**X**との標高の差はどれくらいですか。最も近いものを**ア～エ**の中から１つ選び、記号で答えなさい。

ア　９８m　　**イ**　１０８m　　**ウ**　１１８m　　**エ**　１２８m

問３　火山活動がさかんな**桜島**での暮らしについて述べた文章**ア～エ**があります。地図中から読み取ったこととして誤っているものを**ア～エ**の中から１つ選び、記号で答えなさい。

ア　**湯之元**では、温泉がわき観光資源となっている。

イ　**南岳**の中腹では、土砂崩れが起こったあとがみられ、ときには死者が出ることもある。

ウ　**東桜島町**では、山の斜面《しゃめん》に果樹園があり、びわ狩りやみかん狩りを楽しめる。

エ　**中岳**の山頂には、地熱発電所が設置されている。

問４　地図中の**A**と**B**を結んだ線に沿う地形断面図として正しいものを**ア～エ**の中から１つ選び、記号で答えなさい。

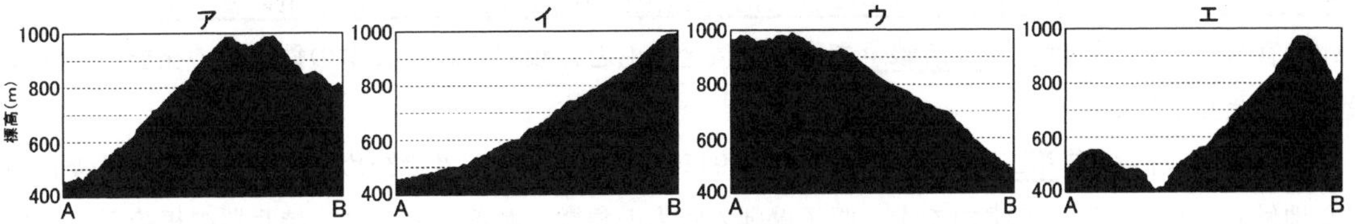

問５　鹿児島県の産業について、(1)～(3)に答えなさい。

(1) 右の表は鹿児島県が生産量５位以内に入る農作物と畜産物を示しています。表中Ⅰ～Ⅲにあてはまる農作物と畜産物の組み合わせとして正しいものを**ア～エ**の中から１つ選び、記号で答えなさい。

ア　Ⅰ－ピーマン　　Ⅱ－豚　　Ⅲ－茶

イ　Ⅰ－ピーマン　　Ⅱ－肉用牛　　Ⅲ－レタス

ウ　Ⅰ－サツマイモ　　Ⅱ－豚　　Ⅲ－茶

エ　Ⅰ－サツマイモ　　Ⅱ－肉用牛　　Ⅲ－レタス

	Ⅰ	Ⅱ	Ⅲ
1位	茨城県	鹿児島県	静岡県
2位	Y県	Y県	鹿児島県
3位	高知県	北海道	三重県
4位	鹿児島県	千葉県	Y県
5位	岩手県	群馬県	京都府

「日本国勢図会」2019/20より作成
ⅠとⅢは2017年、Ⅱは2018年

(2) 表中の**Y**県にあてはまる九州地方の県名を答えなさい。

(3) 鹿児島県を含む九州地方はシリコンアイランドと呼ばれています。ＩＣ工場は高速道路沿いや空港周辺に多く立地しています。高速道路や飛行機で運んでも採算がとれる理由を簡単に説明しなさい。

2 次の文を読んで、各問いに答えなさい。

2019 年 8 月現在、日本には 19 件の世界文化遺産が登録されています。そのいくつかを取り上げてみましょう。

「百舌鳥《もず》・古市《ふるいち》古墳群」は、49 基の古墳で構成されており、その多くは 4 世紀後半から 5 世紀後半にかけて築造されました。古墳には埴輪がならべられ、鏡・武器などの副葬品が数多くおさめられており、①大和政権の首長や豪族の権威《けんい》の象徴と考えられています。

「古都京都の文化財」は、京都府京都市などに位置する 17 の資産で構成されています。794 年、〔 A 〕天皇が平安京に都を移し、②政治や文化の中心として栄えました。室町時代末期、将軍家の後継ぎをめぐる問題などを原因に 1467 年に始まった〔 B 〕の乱で京都の町は荒廃しましたが、町衆と呼ばれる富裕な商工業者によって復興されました。豊臣秀吉の時代には政権の首都として整備が進み、現在の街並みの原型がつくられました。

「日光の社寺」は、東照宮《とうしょうぐう》、二荒山神社《ふたらさんじんじゃ》、輪王寺《りんのうじ》に属する 103 の建造物とそれらを取り巻く自然環境で構成されています。東照宮は、③江戸幕府を開いた徳川家康をまつる神社で、現在の主要な社殿は、3 代将軍〔 C 〕によって造営が行われたものです。〔C〕は参勤交代を制度化し、キリスト教の禁止や鎖国などによって、幕藩体制をほぼ固めました。

「明治日本の産業革命遺産 製鉄・製鋼、造船、石炭産業」は、④1850 年代から 1910 年にかけて日本の重工業化に貢献した遺産群で、鹿児島県から岩手県にかけて 23 の構成資産があります。山口県にある松下村塾は、長州藩の藩士だった〔 D 〕がおじの後を継いで開いた私塾です。⑤教えを受けた塾生の多くが、幕末やその後の日本の近代化・産業化の過程で重要な役割を担いました。また、北九州の官営〔 E 〕は、⑥日清戦争で得た賠償金をもとに設立され、日本の鉄鋼業の発展に大きな役割を果たしました。

「原爆ドーム」は、⑦第二次世界大戦末期の 1945 年 8 月 6 日に世界で初めて投下された原子爆弾の爆心地付近に残った唯一の建物です。原子爆弾の威力の象徴であるとともに、核兵器の根絶と⑧世界平和への希望を表すものとも言えるでしょう。

問 1 空らん〔 A 〕～〔 E 〕に入る語句を漢字で答えなさい。

問 2 下線部①を何といいますか。漢字で答えなさい。

問 3 下線部②について、平安時代の政治に関係するできごと**A**～**D**を年代順に並べ、記号で答えなさい。

A 藤原氏が摂政・関白の地位を独占し、道長・頼通の時代に摂関政治の全盛期を迎えた。

B 源氏が、壇ノ浦の戦いで平氏を滅ぼした。

C 白河天皇が位を譲って上皇となり、院政を始めた。

D 征夷大将軍の坂上田村麻呂が蝦夷の平定を行った。

問 4 下線部③は、1600 年の「天下分け目の戦い」で勝利したあとに、幕府を開きました。この戦いが行われた場所は現在の何県にありますか。正しいものを**ア**～**エ**の中から 1 つ選び、記号で答えなさい。

ア 神奈川県　　**イ** 岐阜県　　**ウ** 長野県　　**エ** 愛知県

問5　下線部④の時期に起こったできごと**A**～**E**を年代順に並べ、記号で答えなさい。

A　西南戦争が起こった。　　**B**　戊辰戦争が起こった。

C　ペリーが来航し、開国した。　　**D**　日露戦争が起こった。

E　大日本帝国憲法が発布された。

問6　下線部⑤について、この塾生の一人で、内閣制度を創設し、初代内閣総理大臣となった人物はだれですか。漢字で答えなさい。

問7　下線部⑥の講和条約の名称と内容の組み合わせが正しいものを**ア**～**エ**の中から1つ選び、記号で答えなさい。

ア　ポーツマス条約　－　清は日本に旅順・大連の租借権《そしゃくけん》をゆずる

イ　ポーツマス条約　－　日本は治外法権（領事裁判権）を撤廃《てっぱい》した

ウ　下関条約　－　清は日本に台湾・遼東半島・澎湖諸島をゆずる

エ　下関条約　－　日本は関税自主権を回復した

問8　下線部⑦について、(1)～(2)に答えなさい。

(1)　第二次世界大戦は、ドイツがある国に侵攻したことがきっかけで始まりました。ある国とはどこですか。正しいものを**ア**～**オ**の中から1つ選び、記号で答えなさい。

ア　イギリス　　**イ**　イタリア　　**ウ**　フランス　　**エ**　ポーランド　　**オ**　オランダ

(2)　第二次世界大戦前後の日本について説明が誤っているものを**ア**～**エ**の中から1つ選び、記号で答えなさい。

ア　海軍の青年将校らが中心となって犬養毅首相を殺害した、二・二六事件が起こった。

イ　盧溝橋事件をきっかけに、日中戦争が始まった。

ウ　第二次世界大戦後、満20歳以上の全ての男女に選挙権が与えられ、女性参政権が実現した。

エ　ＧＨＱの主導によって、財閥解体、独占禁止法の制定などの改革が行われた。

問9　下線部⑧の実現を目指して戦後に発足し、日本も1956年に加盟した組織を何といいますか。漢字4文字で答えなさい。

問10　本文中にある世界遺産の中で、2019年7月に登録されたものは次のうちどれですか。**ア**～**オ**の中から1つ選び、記号で答えなさい。

ア　百舌鳥・古市古墳群　　**イ**　古都京都の文化財

ウ　日光の社寺　　**エ**　明治日本の産業革命遺産 製鉄・製鋼、造船、石炭産業

オ　原爆ドーム

3　次の文を読んで、各問いに答えなさい。

「ドカ雪・大雪割キャンペーン」(右図参照)

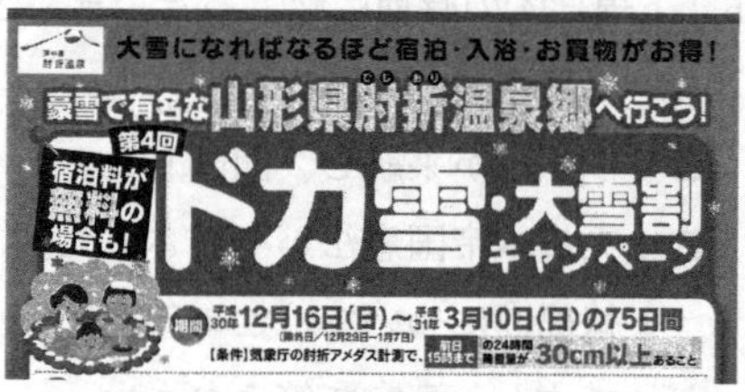

「大蔵村観光協会ホームページ」より作成

このキャンペーンは、山形県大蔵村にある肘折《ひじおり》温泉郷で行われているもので、前日までの積雪量に応じて、宿泊料や買物を割引するというものです。生活に不自由をもたらす原因ともなる雪を利用し、観光客を誘致《ゆうち》しています。

山形県大蔵村は、①人口3,412人、211.63平方キロメートルの村です(大蔵村ホームページより)。この地域では②人口が減り続けており、社会生活を続けることが難しい状態となっています。

③都市部と地方との格差が問題となる中、大蔵村でも地域の活性化のために様々な政策を行っています。当然、その資金は④地方財政から歳出されます。右のグラフは、大蔵村における平成29年度の歳入構成比をあらわしたものです。グラフからもわかるとおり、⑤歳入のほとんどを国や県などからの支出や村債に依存していることがわかります。⑥自主財源の少ない地方自治体の多くでは、歳入の不足分を補完するために⑦特定の地方自治体に対して寄付を集めることのできる制度を使って歳入を得ているところもあります。しかし、この制度は問題も指摘され、2019年6月の地方税法改正によって制限を受けるようになりました。

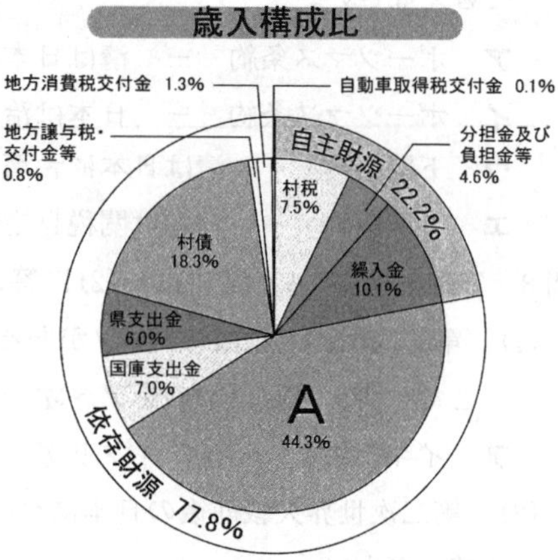

「広報おおくら　平成29年4月号」より作成

問1　下線部①について、大蔵村の1平方キロメートルあたりの人口密度はおおよそ何人ですか。**ア**〜**エ**の中から1つ選び，記号で答えなさい。

ア　9　　**イ**　16　　**ウ**　37　　**エ**　62

問2　下線部②について、次の問いに答えなさい。

(1) このような状態のことを何といいますか。漢字で答えなさい。

(2) もしあなたが首都圏から大蔵村に移住するとしたら、どのような行政サービスがあれば移住を考えますか。大蔵村の立場もふまえて答えなさい。

問 3　下線部③について、次の**ア**と**イ**のグラフは、大蔵村と東京都の産業別就業者数の割合を表したものです。２つのうち、大蔵村の割合を表しているのはどちらですか。記号とその理由を答えなさい。(グラフは、大蔵村『村政要覧平成 29 年度版』および、東京都『2019 くらしと統計』より作成)

ア

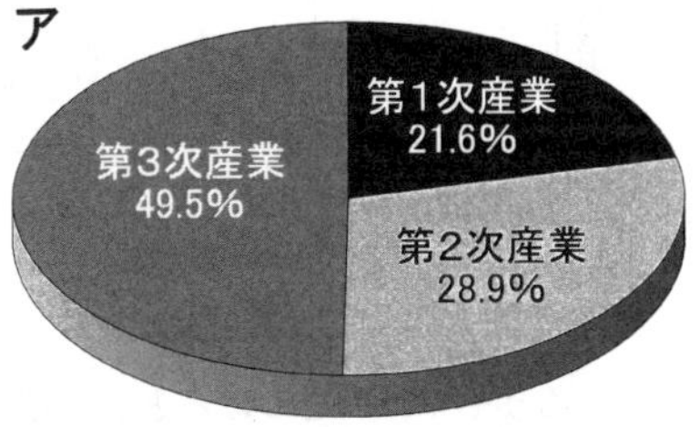

イ

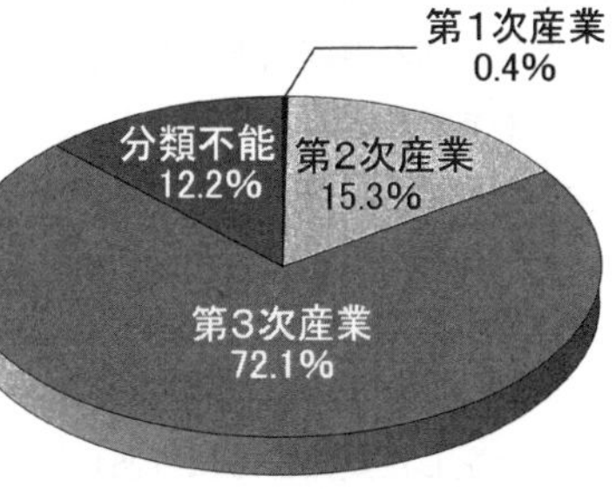

問 4　下線部④について、歳出と歳入の計画のことを何といいますか。漢字で答えなさい。

問 5　下線部⑤について、本文中のグラフ内の**A**にあたる、地方自治体間の財政格差を調整するために国が配分するお金のことを、何といいますか。漢字で答えなさい。

問 6　下線部⑥について、次の**ア**〜**エ**のうち、自主財源の中の村税に含まれるものをすべて選び、記号で答えなさい。

ア　関税　　**イ**　固定資産税　　**ウ**　入湯税　　**エ**　法人税

問 7　下線部⑦について、この制度は何と呼ばれていますか。通称名を 6 文字で答えなさい。

【理　科】〈A日程試験〉（30分）〈満点：60点〉

1 次の文章を読んで、あとの問いに答えなさい。

ものが燃えるためには次の３つの条件が必要です。

①燃える「もの」があること

②燃えるために必要な温度以上になること

③（　**あ**　）があること

（あ）は通常、空気中の約（　**い**　）割を占めている気体です。この気体を発生させるためには、固体の（　**う**　）に液体の（　**え**　）を加えて、（　**お**　）法で集めます。

図１

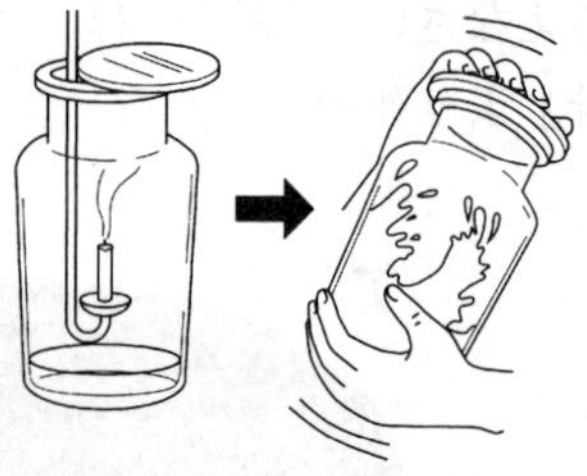
図２

図１のようにふたをした集気びんに**（あ）**と（　**か**　）を入れて、ろうそくに火をつけると、はげしく燃えた後に火は消えます。ろうそくをとり出した後に、集気びんをふり混ぜると**（か）**は白くにごりました。**（図２）**

問１　文章中の空らん**（あ）**～**（か）**に当てはまる言葉や数字（整数）を答えなさい。

問２　理科室で次の**ア～オ**の集気びんに空気を満たし、ろうそくに火をつけました。ろうそくの火がもっとも早く消えるものと、もっとも遅《おそ》く消えるものはそれぞれどれですか。**ア～オ**から１つずつ選び、記号で答えなさい。ただし、ろうがなくなったために消えるということは除きます。

問３　**図１**で、**（あ）**の代わりに「ちっ素」、「二酸化炭素」、「空気」をそれぞれ入れてろうそくに火をつけました。その結果として正しいものを次の**ア～カ**から１つずつ選び、それぞれ答えなさい。同じ記号を複数回選んでもかまいません。

ア　激しく燃えた後に火が消え、**（か）**は白くにごった。

イ　激しく燃えた後に火が消えたが、**（か）**は白くにごらなかった。

ウ　**（あ）**のときよりもおだやかに燃えた後に火が消え、**（か）**は白くにごった。

エ　**（あ）**のときよりもおだやかに燃えた後に火が消えたが、**（か）**は白くにごらなかった。

オ　すぐに火は消え、**（か）**は白くにごらなかった。

カ　すぐに火は消えたが、**（か）**は白くにごった。

問４　**図１**で、ろうそくの代わりにスチールウールを入れて火をつけた時の変化を問３の**ア～カ**から１つ選び、記号で答えなさい。

2 次の文章を読んで、あとの問いに答えなさい。

地球はその表面の大部分が海でおおわれており、水の惑《わく》星と言われます。海や陸の水は、蒸《じょう》発して水蒸気となります。その水蒸気が上空で冷やされて水や氷のつぶになり、再び雨や雪として地上に降りそそぎます。このように地球上の水はすがたを変えながら、海と空と陸地をめぐっています。
「水が蒸発して水蒸気に変化すること」は水のじゅんかんの原動力です。また、地球上の生命にとって無くてはならないはたらきです。この変化のエネルギー源は（　①　）です。地球上の水は、海水、池や川や湖の水、地下水、空気中の水蒸気など、さまざまな形で存在していますが、そのうち約97%が（　②　）です。ところが、私たち人間をはじめ陸上にすむ生物は（　②　）ではなく、（　③　）を飲み水などとして利用し生きています。この貴重な（③）はまさに、（②）が蒸発することによって供給されているのです。（②）の成分のうち（　④　）は残り、水だけが空気中に蒸発しますから、再び雨となって陸上に降りそそぐときは（③）になっています。また、水が水蒸気になるとき、（　⑤　）ので気温の変化を和らげてくれる効果もあります。

問１　文中の下線部の集まりを何と言いますか。

問２　文中の（ ① ）～（ ④ ）にあてはまる言葉として、もっとも適切なものを次の**ア**～**サ**から選び、記号で答えなさい。

ア　地球の自転　　**イ**　月の引力　　**ウ**　太陽　　**エ**　化石燃料　　**オ**　風
カ　真水（淡《たん》水）　　**キ**　海水　　**ク**　水蒸気　　**ケ**　水素　　**コ**　塩分　　**サ**　酸素

問３　文中の（ ⑤ ）にあてはまる文は次の**ア**・**イ**のうちどちらですか。記号で答えなさい。

ア　周りから熱を吸収する　　**イ**　周りに熱を放出する

問４　右の図は、地球全体の水の移動を表したものです。また、矢印の横の数値は、１年間の水の移動量で、単位は「兆トン」です。なお、１年間を通してみると、海水の量や空気中の水蒸気の量は一定です。

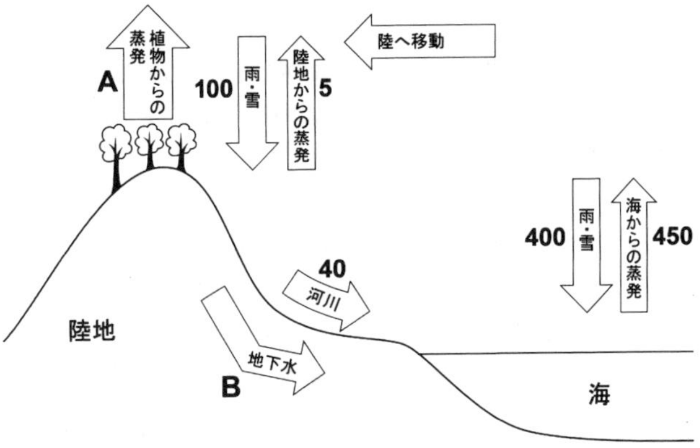

（１）図中の**A**、**B**にあてはまる数値をそれぞれ答えなさい。

（２）地面がコンクリートで舗装《ほそう》されると、水の移動量が増えるのは、次の**ア**～**エ**のうちどれですか。最も適切なものを１つ選び記号で答えなさい。また、その理由を答えなさい。

ア　植物からの蒸発　　**イ**　河川　　**ウ**　地下水　　**エ**　陸地からの蒸発

3 長さが30cmと90cmの糸と、重さが10gと20gのおもりを組み合わせてふりこを作りました。おもりを糸がたるまないようにしてある高さまで持ち上げ、静かに手をはなした時の最下点（最も低い位置）を通る時の速さや最高点（最も高い位置）の高さを測定すると、下の表のようになりました。ただし、問4以外は空気の抵こうの影響《えいきょう》は考えないこととします。

問1　表の**ア～カ**にあてはまる数字を答えなさい。

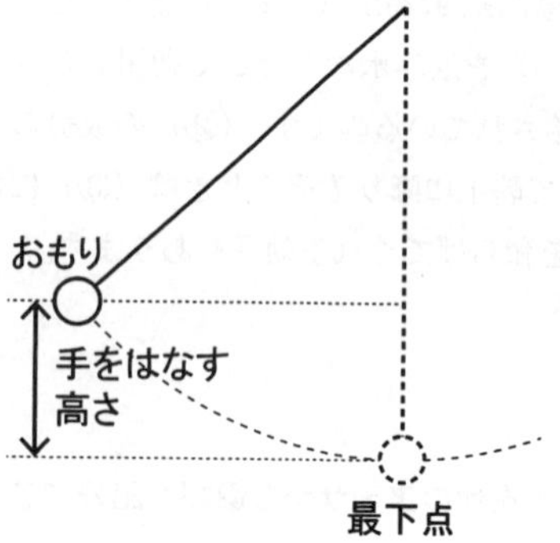

糸の長さ(cm)	30				90		
おもりの重さ(g)	10		20		10		
手をはなす高さ(cm)	5	20	5	20	5	20	45
最下点の速さ（毎秒□cm）	100	200	ア	イ	100	ウ	300
最高点の高さ(cm)	5	エ	オ	20	5	カ	45

問2　10gのおもりを使ってふりこをふらせるとき、30cmの糸では10往復するのにかかる時間はちょうど10秒でした。20gのおもりを使うと何秒かかると考えられますか。

問3　90cmの糸と10gのおもりを使ったふりこで、糸がたるまずに運動を続けるとします。最下点での速さが毎秒400cmになるのは、何cmの高さで手をはなしたときと考えられますか。

問4　実際には、物体の運動には空気の抵こうが影響します。空気の抵こうの影響を考えた場合、上の表の「最下点の速さ」と「最高点の高さ」はどう変わりますか。また、しばらくふれた後のふりこの運動はどのようになっていると考えられますか。

問5　ふりこが往復運動をしている途中で、図のように右側の最高点に届く少し前に、糸が切れておもりが飛び出しました。その後のおもりの動きとして最も適切なものを**ア～エ**より選び記号で答えなさい。

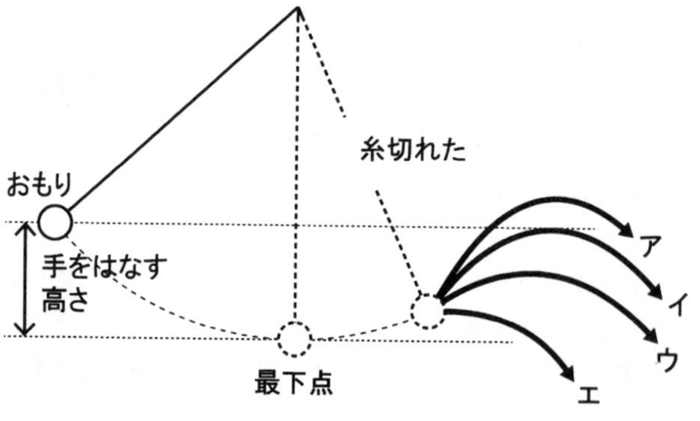

4 次の文章を読んで、あとの問いに答えなさい。

［Ⅰ］花子さんは、日本では在来種のタンポポが減少して外来種のタンポポが増えてきた現状を知り、夏の自由研究でタンポポについて調べることにしました。

わかったこと

まずは、花の構造に注目してみました。タンポポの花は、右の**図１**のような小花（小さい花）がたくさん集まって、１つの花のように見えます。 これを頭花《とうか》といいます。次に、近畿《き》地方などで多く見られる在来種のカンサイタンポポと外来種のセイヨウタンポポの違いを表にまとめてみました。

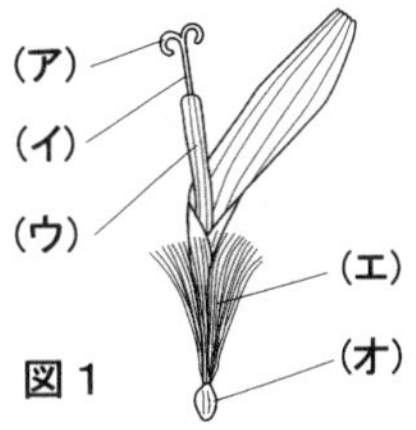

図１

	カンサイタンポポ	セイヨウタンポポ
１つの頭花につく小花の数	72 個	182 個
１つの頭花にできる種子の数	42 個	168 個（春～秋の平均）
種子１個の重さ	0.82mg	0.42mg

現在、全国の都市部の道路・道ばた・空き地において見られるタンポポのほとんどは、セイヨウタンポポなどの外来種で、在来種はほとんど見られません。都市開発という人間の活動によって、環境が大きく変化したため、在来種の繁殖《はんしょく》が難しくなったと言われています。実際、あまり人の手が加えられていない①野原や山里では、今でも在来種が一面に咲いているところが多いようです。

問１　上の**図１**のうち、タンポポのおしべはどれですか。**(ア)～(オ)**の中から１つ選び、記号で答えなさい。

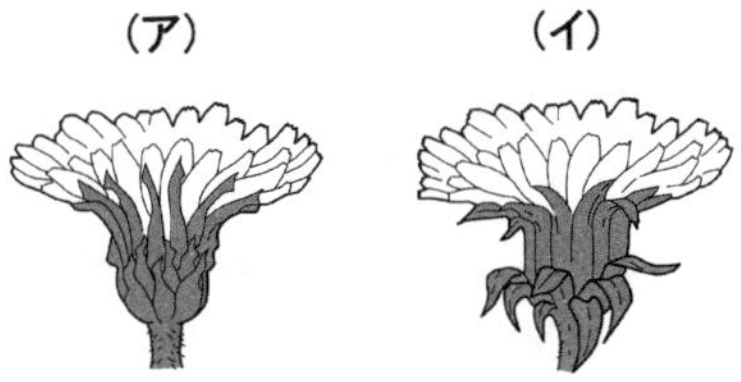

問２　右の**図**のうち、セイヨウタンポポの頭花を示すのは、**(ア)**と**(イ)**のどちらですか。記号で答えなさい。

問３　なぜ全国の都市部において、セイヨウタンポポは数を増やすことができたのですか。上の表を参考にして、その理由を答えなさい。

問４　下線部①について、野原や山里ではセイヨウタンポポよりもカンサイタンポポなどの在来種の方が成長に有利な性質を持っています。その性質に関する以下の文章の**あ～お**に入る語句を答えなさい。
ただし、**い～お**には春・夏・秋・冬のいずれかの季節が入ります。

背丈《せたけ》が低いタンポポにとって、他の植物がさかんに活動する季節では（　**あ**　）が当たりにくく、成長に適していません。セイヨウタンポポの種子は、地面に落ちるとすぐに発芽しますが、（　**い**　）の草むらでは競争相手が多く、うまく育つことができません。それに対して、在来種のタンポポの種子は、地面に落ちてもすぐには発芽せず、周りの草がかれてくる（　**う**　）に発芽する性質を持っています。そして、（　**え**　）をロゼットの状態で過ごし、（　**お**　）に開花して種子をつくります。

［Ⅱ］花子さんと先生が、前のページの**わかったこと**について会話をしています。

先生：よくまとめましたね。１つ、この表で注目してほしい点があります。タンポポの頭花につく小花のうち、種子のできた割合を「結実率《けつじつりつ》」とすると、セイヨウタンポポは90%以上なのに対して、カンサイタンポポの結実率は（　A　）%です。この差は、なぜ起こるのだと思いますか。

花子：うーん。

先生：ふつう、めしべが種子をつくるためには、何が必要でしょうか。

花子：（　B　）することが必要です。

先生：そうです。もちろん、セイヨウタンポポは、おしべで花粉をつくっていますが、それがめしべに（　B　）しなくても種子ができます。そのため、セイヨウタンポポの結実率は高いのです。

花子：つまり、セイヨウタンポポは、近くに同じ種類のタンポポがいなかったり、（　C　）の助けがなかったりしたとしても種子をつくることができるのですね。

先生：その通りです。それが、在来種の数が減少した都心部において、急激に勢力をのばしたセイヨウタンポポの特徴《ちょう》の一つといえるでしょう。

花子：他にもセイヨウタンポポが増えてきた要因がないのか調べてみます。
ありがとうございました。

問５　先生との会話における**A〜C**に入る数字や語句を答えなさい。ただし、割り切れないときは、四捨五入して整数で答えなさい。

［Ⅲ］花子さんは、セイヨウタンポポが在来種のタンポポに直接的な影響を与えることはないのか、インターネットを使って、もっとくわしく調べてみました。

調べてみたところ、右の**図２**の野外調査の結果を見つけました。開花中のカンサイタンポポを中心に、半径２m以内にあるカンサイタンポポとセイヨウタンポポの頭花数からセイヨウタンポポの割合を求め、その中心にあるカンサイタンポポの結実率をグラフにしたものです。

グラフ内の●１つは、中心にあるカンサイタンポポの１つの頭花における結実率を示します。半径２m以内にあるタンポポの総数に大きな差はなかったとします。

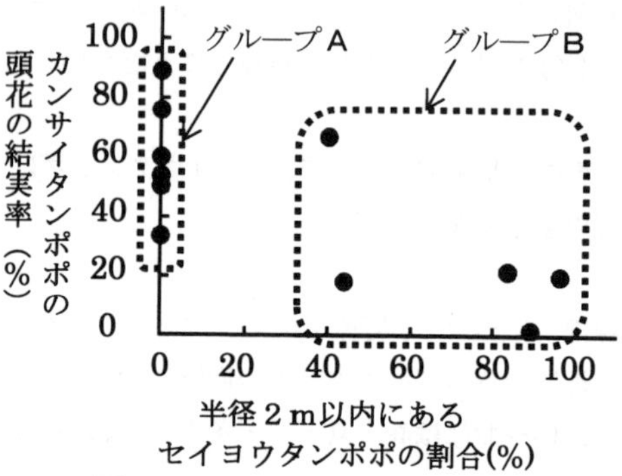

図２　Takakura et al.(2009)より改変し引用

問６　花子さんは**図２**のグラフを見て、この結果をグループ**A**とグループ**B**に分けました。グループ**A**とグループ**B**を比べて、セイヨウタンポポの割合とカンサイタンポポの結実率にどのような関係があるか答えなさい。

花子さんは、**図2**の結果の原因として以下の２つを挙げ、それらを確かめる実験を考えました。

原因１	土壌《じょう》に含まれる栄養や水の多くが、セイヨウタンポポに吸収されたため
原因２	セイヨウタンポポの花粉が、カンサイタンポポの結実に悪い影響《えいきょう》を与えたため

（実験１…原因１による影響を調べる実験）

手順１．土が入った２つの容器に(a)と(b)のラベルをつけ、それぞれの土の中心にカンサイタンポポの種子を１個ずつ植える。

手順２．(a)　中心から半径２m以内に、カンサイタンポポの種子６個を等間隔《かく》に植える。
　　　　(b)　中心から半径２m以内に、セイヨウタンポポの種子６個を等間隔に植える。

手順３．(a)と(b)の容器の中心に植《う》えたカンサイタンポポが開花したら、それぞれのめしべに同じ種類のカンサイタンポポの花粉を人工的につける。

手順４．(a)と(b)の容器の中心に植えたカンサイタンポポの頭花に②袋をかぶせて２週間後、それぞれの頭花の結実率を調べる。

問７　下線部②について、なぜ袋をかぶせる必要があるのか。その理由を答えなさい。

問８　原因１の考えが正しいとするとき、実験１の(a)と(b)の結果を比べるとどのようになるか。
次の**ア～ウ**の中から１つ選び、記号で答えなさい。

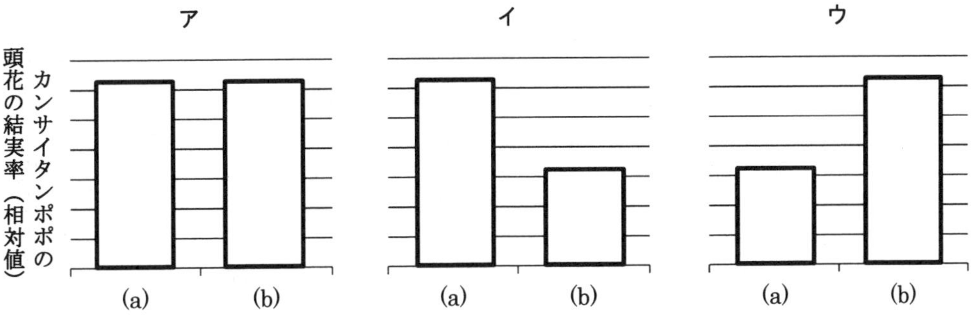

問９　原因２による影響を調べるためには、２つの容器に対してどのような条件で実験するとよいか、以下の文章の**あ・い**にあてはまるように答えなさい。（カンサイタンポポを㋕、セイヨウタンポポを㋝と書いてよい。）また、原因２の考えが正しいとするとき実験結果はどのようになるか、問８の**ア～ウ**の中から１つ選び記号で答えなさい。

手順１．土が入った２つの容器に(a)と(b)のラベルをつけ、それぞれの土の中心にカンサイタンポポの種子を１個ずつ植える。

手順２．(a)　（　　　　　　　**あ**　　　　　　　）。
　　　　(b)　（　　　　　　　**い**　　　　　　　）。

手順３．(a)と(b)の中心に植えたカンサイタンポポの頭花に袋をかぶせて２週間後、それぞれの頭花の結実率を調べる。

ウ　友人の通う学校へ行く。

エ　妹は絵をかくのが好きだ。

問三　［Ａ］に当てはまる言葉として最も適当なものを、次のア〜エから選びなさい。

ア　社会的　　イ　経済的

ウ　直接的　　エ　一時的

問四　本文には次の一文がぬけています。本文のどの文の直後に入れるのが適当ですか。その文の最後の五字を答えなさい。（句読点も一字にふくみます）

＊　このように、食品ロスが発生することにより、様々な影響や問題が生まれます。

問五　本文の内容として最も適当なものを、次のア〜エから選びなさい。

ア　食品ロスは企業や飲食店の問題ではなく、私たち個人が解決していかなければならない問題である。

イ　消費者は、食品ロスの多くを出している企業や小売店の立場に立って問題点を考える必要がある。

ウ　私たちは食品ロスを自分自身が関わる問題としてとらえ、減らしていかなければならない。

エ　企業や小売店は多くの食品ロスを出しているので、率《そっ》先してこの問題の解決を図《はか》る義務がある。

問六　食品ロスを削《さく》減する具体的な方法を、自分で考えてまとめなさい。その際に、次の(1)・(2)の条件を全てみたして答えなさい。

(1)　「消費者」以外の「生産地」「企業」「小売店」「飲食店」が原因となっている食品ロスについて答えなさい。

(2)　具体的な食品ロスの例をあげて答えなさい。

四

次の各問いに答えなさい。

問一　次の1〜5の□の部分に当てはまる言葉を、それぞれひらがなで答えなさい。（□にはひらがな一字が入ります。）

1　悪い行いからは足を□□□べきだ。

2　手に□□□仕事を仲間に手伝ってもらう。

3　このことは私だけの腹《はら》に□□□□ことにした。

4　彼《かれ》の活躍《やく》には、目を□□□ものがある。

5　相手の鼻を□□□ために必死に練習した。

問二　次の1〜5の――線のカタカナを漢字と送りがなに直しなさい。また、それと同じ漢字をふくむものを、後のア〜クから選びなさい。

1　おもちゃを部屋にチラカス。

2　平均寿命《じゅみょう》がノビル。

3　勉強をして試験にソナエル。

4　チームを勝利にミチビク。

5　神仏をトウトブ。

ア　最新の機械をドウニュウする。

イ　個人のソンゲンを守る。

ウ　雨で運動会がエンキになる。

エ　実験はセイコウに終わった。

オ　ケンアクな空気が流れる。

カ　予定外にサンザイしてしまった。

キ　大勢の観光客でコンザツする。

ク　倉庫のビヒンを整理する。

ウ　かもめの姿に息子を重ね合わせてしまい、放浪《ろう》の末に死んでしまった息子のことを思い出し、悲しみを抑《おさ》えることができない気持ち。

エ　少年のようにいくつものいのちを生きてみたかった病弱な息子のことを思い出し、悲しみを抑えることができない気持ち。

問七　═線「あなたの秘密」とありますが、男は文集を読むことにより、少年が日曜日ごとに姫路に行きいろいろなうそをついていた理由をどのように考えましたか。その理由が書かれている部分を「と考えた。」に続くように四十五字以内で本文中からぬき出し、最初と最後の五字を答えなさい。（句読点も一字にふくみます）

問八　この小説の文の構成や表現の特徴として最も適当なものを、次のア～エから選びなさい。

ア　話し言葉をたくさん用いることによって、現実と想像の区別があいまいな少年時代の雰《ふん》囲気を表現している。

イ　擬《ぎ》人法や擬態語を多く用いることによって、それとなく男と少年の気持ちを表現している。

ウ　少年と級友の詩のやり取りを交互《ご》に配置することにより、雰囲気の悪いクラスの様子が浮かび上がる構成になっている。

エ　手紙や詩を小説の中に多く配置することにより、男と少年の思いが浮かび上がる構成になっている。

三　次の文章を読んで、後の問いに答えなさい。

「食品ロス」という言葉を聞いたことがありますか。まだ食べられる食品が捨てられてしまうことです。

食品ロスには様々な原因があります。生産地では、見た目①の悪いaキカク外の野菜などは出荷《か》されずに処分されます。小売店では、クリスマスケーキのようなイベント用の商品が、売り切れを防ぐために多めに用意され、廃棄《はいき》されています。また、最近では人目をひく写真を撮《と》るために、過度な大盛りや品数の料理を頼《たの》んで残すという消費者側の問題もあります。

農林水産省の推計によると、日本で一年間に出る食品ロスの量は、六四三万トン以上とされています。これは、飢餓《きが》に苦しむ人々への世界の食料援《えん》助量の一・七倍にもなります。多くの食品を廃棄している一方で、七人に一人の子どもが食事に困っています。この状況《きょう》は［　Ａ　］に考えて見過ごすことができません。また、焼却《きゃく》する際に出る二酸化炭素や灰が環《かん》境に大きな影響《えいきょう》を与《あた》えます。

二〇一五年、国連サミットで「持続可能な開発目標（ＳＤＧｓ）」が採択《たく》されました。「持続可能な開発」とは、環境bホゼンを考えつつ、将来の世代も現在の世代もcマンゾクするような開発のことです。それを実現するための世界目標は、十七のゴールと百六十九のターゲット（達成基準）で構成されており、地球上の誰《だれ》一人として開発から取り残さないことを誓《ちか》っています。

それをふまえ、日本では食品ロスを二〇三〇年までに、二〇〇〇年の廃棄量から半減させるという目標を設定しました。企《き》業や飲食店でも、様々な取り組みが始まっています。しかし、それだけでは問題の解決にはなりません。私たち一人一人がこの問題を自分のこととして考え、解決に向けて努力することが必要なのです。

問一　～～線a～cのカタカナを漢字に直しなさい。

問二　――線①「の」と同じ働きのものを、次のア～エから選びなさい。

ア　兄の努力が実を結ぶ。

イ　休みの日は母を手伝う。

孤《こ》独なやつほど演技をして見せるのかも知れないと男は思った。

すると逝《い》ってしまった息子の顔が脳裏《り》に浮《う》かび、折られた魚釣《つ》りの浮きがほうふつとした。生きたかっただろうなと思った。あの少年がいくつものいのちを生きてみようとしたように、息子は生きたかったんだろうなと思った。

そう思うと、⑥ほとんど、どうしようもない涙が突《つ》き上がってきたのだった。

【灰谷健次郎「日曜日の反逆」】

注1　常体と敬体…文末に「だ」「である」を用いた文体と文末に「です」「ます」を用いた文体。

注2　物故…人が死ぬこと。

注3　符合する…合致《ち》する。

注4　塩田…大量の海水から水分を蒸発させ、塩だけを取り出すために用いられる場所および施設《し》。

問一　――線①「それから半月もたって男は一通の手紙を書いた」とありますが、住所がわかりながら半月も時間を使ったのはなぜですか。その理由として最も適当なものを、次のア～エから選びなさい。

ア　住所を教えてもらった教師に、悪いことに使われると困ると言われた言葉がずっと心の中で引っかかっていたから。

イ　住所を書きとめた紙片を手帳にはさんだまま、四、五日を過ごしてしまい、なんとなく面倒《どう》くさくなってしまったから。

ウ　少年によい形で再会したかったので、少年の心を傷つけないようあれこれ考えていたから。

エ　利口な少年に自分が日曜日のたびに少年を待っていたとさとられて、恥《は》ずかしい思いをしたくなかったから。

問二　――線②「知らなくてはならないこと」とは何ですか。本文中から十字程度でぬき出しなさい。

問三　――線③「男は少年から送られてきた文集をくり返し読んだ」とありますが、「文集」を読んでわかることとして最も適当なものを、次のア～エから選びなさい。

ア　少年は級友を教室で批判して教師をからかっていた。

イ　少年の父は有名な実業家であり、すでに亡くなっていた。

ウ　少年の家庭はとても裕《ゆう》福で、それを自慢《まん》していた。

エ　少年は成績が悪く、二つの進学塾と家庭教師に教わっていた。

問四　――線④「その時はんぶん泣きそうになった」とありますが、少年が泣きそうになったのはなぜですか。その理由を四十字以内で答えなさい。

問五　――線⑤「それぞれの子どもが、自分の中の西沢静夫を見つけていることであった」とありますが、それを説明した次の文の[1]・[2]に当てはまる言葉を本文中からそれぞれ五字以内でぬき出しなさい。

＊　それぞれの子どもが、他者との[1]やかっとうを通して、自分の中の[2]を文集に寄せることによって、自分の気持ちを表現していること。

問六　――線⑥「ほとんど、どうしようもない涙が突き上がってきたのだった」とありますが、この時の男の気持ちとして最も適当なものを、次のア～エから選びなさい。

ア　息子に対して、折られた魚釣りの浮きを弁償《しょう》してあげることができなかった自分を悔《く》やみ、取り返しのつかぬことをした気持ち。

イ　息子に対して、少年の学校の教師や生徒のようにぶつかりながらも対話を重ねることが出来なかった自分を悔やんでいる気持ち。

けれど書けるようになりました／あの時の先生の言葉がききました

教師は少年にどのような言葉を投げかけたのだろう。あの少年に、言葉がききましたといわせた言葉とはどんな言葉だったのだろう。男はため息をついた。

その辺りから少年は急速に教師と接近している。「ぼく、ひとりぼっちにおさらばできるかも知れない」と少年はいったが、このことをいっていたのだったのかと男は思った。

男は文集を置いて目をとじた。少年と教師のさまざまなかっとうが男には羨《うらや》ましかった。

ノートをあけたら／赤ペンがぜんぜんついていなかった／読んでみると／「よごしたくなかったのです」／という言葉が書いてあった／ぼくは④その時はんぶん泣きそうになった／よごすもよごさないも／このノートは／先生のノートでもあるのに

そういう少年の詩があった。赤ペンで感想を書くこともはばかられたという少年の文章を男は読んでみたいと思った。その詩からも少年と教師のつながりがうかがえた。

この文集の大きな特徴《ちょう》は、⑤それぞれの子どもが、自分の中の西沢静夫を見つけていることであった。

みんな／うれしなみだが流れる時まで／旅人です

という詩を書いた子どもがいた。

西沢君のくるしみは／私は半分わかります／でも私のくるしみは／詩に書くと／言うと／家族の一人が苦しむことになります／だから私は書けません／西沢君のことはみんながしっていますが／わたしのくるしみはしれていません／くるしみをだれかに言うと／左半分もしくは右半分の／もっこりしたものがおちるでしょう／でも　あとの半分はのこっていると思います

そんな詩を書いている子どももいた。

この詩の作者はつぎのようにも書いていた。

私は／自由帳長い間書けませんでした／考えました／で　結果はやめました／わたしのしんどさを半分にするより／家族のしんどさを倍にする方が／重罪だからです／それでこれも／私にとってはさみしいことです

男は大きなため息をついて、文集をとじた。こんな学級もあったのかと男は思った。よかったな坊主《ぼうず》と、男はつぶやいた。「ぼく、ひとりぼっちにおさらばできるかも知れない」と叫《さけ》んだ少年は、長い旅をしてきた旅人だったのかも知れないと男は思った。ひょっとすれば少年は、級友の人にいえない苦しみを、自らなぞってみようとして日曜日の冒《ぼう》険をくわだてたのかも知れない、そう男は思った。

男は車を走らせていた。

塩をとらなくなった注4塩田は荒《あ》れ果てて、びょうびょうとしていた。

かもめがたった一羽で、飛翔《しょう》していた。ゆるく円を描《えが》いたかと思うと、急旋《せん》回して上昇《しょう》して見せた。

がありません。

どういったらいいでしょうか。

②知らなくてはならないことを自分の未熟《じゅく》さのために、知らないまま過ごしたり、知ろうとしなかったために、人を傷つけたり、一つの命の生き死ににかかわるようなことをしていたとしたら、おじさんは人間でありながら人間でないということになります。

わかってくれますか。

それが、おじさんには耐《た》えられないのです。おじさんはたったひとりの息子を死なせてしまったために、今、家内とふたりでさびしく暮しています。しかし、ふたりともまだ老人ではないので、今後、子どもが生まれないと決まったわけではありません。

こんど子どもが生まれてきたなら、同じあやまちを二度とくり返したくありません。そのためにおじさんは、子どものことを、ほんとうの子どものことを知りたいのです。

あなたからのお返事がとどくことを、こころより願っています。

本多　悦太郎

少年から、男のところへ返事がとどいたのは、それから五日のちだった。

——おじさん。ごめんなさい。おじさんがあの国道で日曜日のたびに、ぼくを待ってくれていたのかと思うと、ぼくは涙《なみだ》が出ました。おじさんに会えなかったのは、ぼくがおじさんに会えないようなことをしていたからです。それを一つ一ついうのはとてもつらいので、一冊の学級文集を送ります。この中に、ぼくの書いた詩がのっています。それから、ぼくのことを書いた先生の文章ものっています。利口なおじさん(ぼくのことを利口と書いてくれたおかえしです)なら、それでなにもかもわかってくれると思います。

この学級文集はうらしま太郎の玉手箱のようなものかもしれません。うらしま太郎は玉手箱をあけると、おじいさんになってしまいましたが、ぼくの玉手箱は、あけるとぼくが、ほんとうに人間らしい人間になっていたというしくみです。

おじさんに会える日は、そんなに遠くないと思います。ぼくはそれを楽しみにしています。

③男は少年から送られてきた文集をくり返し読んだ。

少年の詩、級友の詩、そしてそれを結ぶように子どもに語りかけるような担任の言葉が印刷されてあった。その文集は少年と、少年の担任との出会いからはじまっていた。

ある子どもの書いた詩を少年は教室で批評して、「先生、この詩はまちがっています。この詩は注1常体と敬体を同時に使っているからまちがっています」と発言して教師をおどろかせている。そういうことのいいそうな子だと男は思った。

少年の父親は高名な実業家で、数年前、注2物故していること、家の庭にはプールがあり、級友が遊びにきたとき、食事にビフテキを出したことで評判になったということもわかった。

二つの進学塾《じゅく》と家庭教師があてがわれ、成績抜《ばっ》群で非の打ちどころがないという子どもだということも、その文集から推測できた。

少年が「ぼく、今、変化がおこってるんだ」と男にいったことがあった。

ちょうどそれと注3符《ふ》合するような詩を少年は書いていた。

先生/ぼく、ほんとうは/父の詩、書きたくありませんでした/

不足などによって、農業は環境を破壊しているのだ。

問九　本文の内容として最も適当なものを、次のア～エから選びなさい。

ア　日本の稲《いな》作のような農業を世界に広めることは、深刻化する水不足の解決としても有効である。

イ　イネは土の中の栄養を利用するのに対して、麦は肥料で作るため連作障害が起きやすい。

ウ　作物の栽培に必要な土壌は、有機物の分解が長期間にわたって積み重なることで作られる。

エ　日本の田んぼに多くの生物が生息しているのは、田んぼで化学肥料を使用することがないためである。

二　次の文章を読んで、後の問いに答えなさい。

> 男（本多悦太郎《ほんだえつたろう》）は、職場から神戸《こうべ》の自宅に帰る際に、日曜日ごとに姫路《ひめじ》でヒッチハイクを求める少年（西沢静夫《にしざわしずお》）と出会った。男は中学生の息子《むすこ》を亡《な》くしており、そのせいもあってなぞめいた少年を何度か車に乗せたが、ある日少年はこつ然と姿を現さなくなった。その後、少年がアルバイトをしていたという店を訪ねたが、彼《かれ》がうそをついていたことがわかった。

結果は意外なほど簡単であっけなかった。最初に電話をした学校に、その少年西沢静夫はいた。

「住所を教えてくださいませんか」

男は電話口でいった。

「あなたはどなたですか」

「西沢君の父親の友人なんですが、静夫君の誕生日に贈《おく》り物をしたいものですから」

電話の向こうで、（西沢はおとうさんがいないはずだけど……）という声がかすかにきこえた。

男はどきっとした。

「なくなったおとうさんのお友だちですか」

電話の声が大きくなった。

「はい、はい。そうです」

男の声も思わず大きくなった。

電話に出た教師は、悪いことに使われると困るんですがといいながら、結局、少年の住所を教えてくれた。

男は少年の住所を書きとめた紙片を手帳にはさんだまま、四、五日を過ごした。

もう、いそぐことはないという思いもあったけれど、どういう形で少年に再会するかということを考えていたのだった。

あくまで少年の心の問題だから、真相を知りさえすればいいというようなことではない。それを男は悩《なや》んだ。

①それから半月もたって男は一通の手紙を書いた。

――西沢静夫くん。この手紙があなたのところに着くことによって、おじさんがなにをしたか、利口なあなたにはおよそ見当がつくはずです。それは、あなたに歓迎《かんげい》されることではないと思います。それどころか、あなたの怒《いか》りでおじさんをもうあなたの友だちにしてもらえないという不安を感じます。

それでもなお、そうしたのは、おじさんの子どもが自ら命を断つにいたったわけを少しでも知りたいと思うからです。それを知ったからといっておじさんの子どもが生き返ってくるというわけではありません。また、あなたの秘密？　とおじさんの子どもの死とどんな関係があるのかと問われれば、それもまたこたえよう

注1　施与…ほどこし与《あた》えること。
注2　先に述べたように…本文より前の部分を指す。
注3　自家中毒…自身の体内で生じた有毒物質により害を受けること。

問一　[A]・[B]に当てはまる言葉を、次のア〜オからそれぞれ選びなさい。（同じ記号は二度使用しないこと）
ア　けれども　イ　さらには　ウ　一方
エ　確かに　オ　つまり

問二　――線①「農業には、自然を破壊するという一面」とありますが、その例として当てはまらないものを、次のア〜エから選びなさい。
ア　山林・原野を焼きはらって広い耕作地を作り、できた灰を肥料として用いる焼畑農業。
イ　害虫駆《く》除・除草のためにアイガモを水田に放ち、排泄《はいせつ》物を有機肥料として利用するアイガモ農法。
ウ　乾燥《そう》地帯の砂漠を農地とするために、外来の河川《せん》からの用水路を整えて作物を栽培するオアシス農業。
エ　夏に作物を収穫《かく》した後、同じ畑に肥料を撒いて冬に収穫する別の作物を育てる二毛作農法。

問三　――線②「こうして作られた表土が、今、見る見る失われているのだ」とありますが、「表土」がどのようにして失われているのかを、「失われる。」に続くように、本文中の言葉を用いて四十字以内で説明しなさい。

問四　【X】に入る次のア〜エを、正しい順に並べかえなさい。
ア　日光に温められると土壌表面の水は蒸発し、栄養分を含んだ土の中の水は地表面に上がっていく。
イ　こうして、土壌表面に栄養分は蓄積して、濃度を高めていく。
ウ　そして、水が蒸発してしまうとミネラルなどの栄養分だけが、土壌表面に残ってしまうのである。
エ　作物を栽培するために農地に水を撒くと、土に沁《し》み込《こ》んだ水に土の中のミネラルなどの栄養分が溶《と》け出す。

問五　――線③「二一世紀を生きる私たちもまた、文明の危機にさらされているのである」とありますが、その説明として最も適当なものを、次のア〜エから選びなさい。
ア　古代文明を滅亡させたという「塩類集積」は、科学の発展にともない地球規模の問題へと悪化しているということ。
イ　かつて繁栄した文明の滅亡の原因とされる「塩類集積」が、地球全体の問題となって依《い》然として存在しているということ。
ウ　古代よりも科学技術が進歩した現在においても「塩類集積」の解決が可能にならず、森林が失われ続けているということ。
エ　文明を滅ぼすほどの力を持つ「塩類集積」の問題は、やや沈《ちん》静化したとはいえ現在でも我々を脅《おびや》かしているということ。

問六　――線④「田んぼ」の特徴《ちょう》について説明した次の文の[1]〜[3]に当てはまる言葉を、本文中からそれぞれ五字以内でぬき出しなさい。
＊　生息する様々な生き物の種類から[1]とも呼ばれる田んぼでは、[2]いるため塩類集積が起こりにくく、構造上は[3]として土壌浸食を食い止めている。

問七　――線⑤「これは、世界の農業から見れば、まさに奇跡である」とありますが、筆者がこのように述べるのはなぜですか。五十字以内で説明しなさい。

問八　本文には次の一文がぬけています。本文のどの文の直後に入れるのが適当ですか。その文の最後の五字を答えなさい。（句読点も一字にふくみます）
＊　このように農地の開発や、地力の低下、塩類集積、水資源の

ところが農業用水として水を利用するようになってから、アラル海は見る見る小さくなり、ほぼ消滅してしまう事態にある。
　ところが日本で暮らしていると、ここで紹介《しょうかい》したような環境破壊は、どうもピンとこない。それは、日本の農業が④田んぼを中心に行われているからなのである。
　注2先に述べたように、日本人もまた未開の地を開拓《たく》し、田んぼを作ってきた。
　しかし、その結果、作られた田んぼに自然破壊のイメージはあまりない。田んぼや田んぼに水を引くための小川は、ドジョウやメダカ、カエル、トンボ、ホタルなど、さまざまな生き物が暮らしている。
　田んぼは湿《しっ》地を開発して作られてきた。そのため、田んぼには湿地の生き物たちがそのまま生息しているのである。そのため、生態学では田んぼの環境のことを「代替《たい》湿地」と呼んでいる。
　農業が水資源を奪《うば》うという点はどうだろう。
　水をためる水田は、大量の水を必要とする。しかし、日本は世界の雨の二%が降ると言われるほど、水資源に恵《めぐ》まれた国である。[A]水不足のときには水を奪うという面もあるが、むしろ大量に降る雨を受け止めて、ゆっくりと流す役割をしている。
　それでは、世界の農地で問題になっている土壌の流亡はどうだろうか。日本の国土を覆《おお》う田んぼは、畦《あぜ》でまわりを囲み、土が流出するのを防ぐ砂防ダムの役割をしている。そのため、土をしっかりと受け止めて流さないのである。
　それでは、世界の農地を砂漠化している塩類集積はどうだろうか。
　土壌表面に塩類が集積するのは、水分の蒸発によって土の中から水が上がってくるためである。雨の多い日本の畑地や、水を張っている田んぼでは塩類集積は問題にならない。
　また、作物を栽培することによって、土の中の栄養分が奪われるが、これも日本では問題にならない。昔から「稲《いね》は地力で、麦は肥料で作る」と言われ、イネは土の中の栄養を利用する作物であった。もちろん、現在では化学肥料を用いるが、肥料のなかった昔も、山の森林から流れ出る栄養分を含《ふく》む水が田んぼを潤《うるお》して、栄養分が補給されていたのである。
　日本では、毎年、当たり前のように田植えをしてイネを育てる。
　これも世界の農業から見れば、極《きわ》めて珍《めずら》しいことである。
　農作物を栽培するときには、毎年、同じ作物を連続して作ると、うまく育たなかったり、枯《か》れてしまったりすることがある。この現象は「連作障害」と呼ばれている。そのため、作物を育てる場所を替《か》えていかなければならないのである。
　ところが、田んぼは毎年、同じ場所でイネばかりを作っている。それなのに、どうして連作障害が起こらないのだろうか。
　連作障害の原因には、作物の種類によって土の中の栄養分を偏《かたよ》って吸収するために、土の中の栄養分のバランスが崩《くず》れてしまうことや、作物の根から出る物質によって注3自家中毒を起こしてしまうことがある。あるいは、同じ作物を栽培することで、土壌中にその作物を害する病原菌《きん》が増えてしまうということがある。
　ところが、田んぼは水を流している。このことによって、余った栄養分は洗い流され、新しい栄養分が供給される。また、生育を抑《よく》制する有害物質も洗い流してくれる。[B]、水を入れたり乾《かわ》かしたりする田んぼでは、同じ病原菌が増加することも少ない。
　そのため、田んぼでは連作障害が起こらないのである。
　イネは何千年もの昔から、ずっと同じ場所で作られ続けてきた。
⑤これは、世界の農業から見れば、まさに奇跡《きせき》である。

【稲垣栄洋『イネという不思議な植物』】

（一部内容を省略し、表記を改めました）

二〇二〇年度 山脇学園中学校

【国語】〈A日程試験〉（五〇分）〈満点：一〇〇点〉

一 次の文章を読んで、後の問いに答えなさい。

①農業には、自然を破壊《かい》するという一面と、自然を創り出すという一面とがある。

世界の農業に目を向けたとき、農業は間違《ちが》いなく自然の破壊者として見なされることが多い。

一つは、農地の開発である。

農業を行うためには、農地が必要となる。そのため、森林を伐《ばっ》採して、農地の拡大が行われている。しかし、大規模な農地の開発が行われているにもかかわらず、世界の農地面積は増えていない。これは、どうしてなのだろうか。

じつは、農業を続けることによって土壌《じょう》が荒廃《こうはい》し、作物の栽培《さいばい》ができなくなっているのである。たとえば、農地で作物を栽培すれば、作物が土の中の養分を吸収する。そのため、土の中の栄養分は失われて、やせた土地になってしまうのである。もちろん、作物を栽培するためには肥料を注1施与《せよ》するが、化学肥料で補える栄養素は限られている。こうして、やせて植物が育たなくなった土は、風や雨水で流出してしまう。じつは、現在では、世界の農地の四〇%で、このような土壌浸《しん》食が問題になっている。特に、巨《きょ》大な食糧《りょう》生産大国であるアメリカでは七五%もの農地で土壌浸食が起こっていると言うから、深刻である。

土は無限にあるわけではない。土は有機物が分解することによって作られる。

たった一センチメートルの深さの表土が生成されるのに、およそ二〇〇～三〇〇年かかると言われている。つまり、作物を栽培する三〇センチメートルの深さの土を作るためには、六〇〇〇～九〇〇〇年という途《と》方もない歳《さい》月を要するのである。②こうして作られた表土が、今、見る見る失われているのだ。

もちろん、やせた土にならないように、人間は肥料を撒《ま》く。しかし、その肥料もまた、砂漠《ばく》化の原因になっている。

【　X　】作物を育てるのに、栄養分は必要であるが、適量がある。あまりに高濃《のう》度になると、逆に植物に害を与《あた》えてしまう。こうして、土壌表面に蓄《ちく》積されたミネラルなどによって、土地は植物が育たない環《かん》境になる。そして、ついには砂漠と化していくのである。この現象は、「塩類集積」と呼ばれている。

古代に繁《はん》栄を遂《と》げたメソポタミア文明やエジプト文明は、この塩類集積によって滅《めつ》亡したとされている。農業は環境を破壊し、そしてその環境破壊は、文明を滅《ほろ》ぼすほどの力を持っているのだ。

科学が進歩した現在でも状況《きょう》は何一つ変わっていない。農地の塩類集積は大きな問題となっている。今でも、農業による地力《ちりょく》の低下や塩類集積によって、一年間に五〇〇～六〇〇ヘクタールもの農地が砂漠と化している。驚《おどろ》くことに、これは日本全体の農地面積よりも大きな面積である。今や環境破壊は、一地域の問題ではなく、地球規模の問題である。③二一世紀を生きる私たちもまた、文明の危機にさらされているのである。

さらに近年では、水資源の不足も指摘《てき》されている。

農業は、植物を栽培するために、大量の水を必要とする。（中略）

中国大陸を流れる黄河《こうが》は全長五五〇〇キロメートルにも及《およ》ぶ世界有数の大河である。しかし、農業用水として水を使いすぎたことによって、下流部では水がなくなる断水が起こっていると言う。また、ロシアのアラル海は、かつて世界で四番目に大きい湖として知られていた。

2020年度

山脇学園中学校 ▶解説と解答

算　数　＜Ａ日程試験＞（50分）＜満点：100点＞

解　答

1 (1) $1\frac{1}{4}$　(2) $\frac{2}{5}$　(3) 20　(4) 13　(5) 132　(6) 400　(7) 64　(8) 9.42
2 8個　3 480m　4 (1) 42分　(2) 19分12秒後　(3) 9cm　5 (1) 3通り　(2) 21通り　(3) 272通り

解　説

1 四則計算，逆算，集まり，植木算，約数，分配算，濃度《のうど》，角度，面積

(1) $5-\frac{3}{7}\div(3.4-2.8)\times5\frac{1}{4}=5-\frac{3}{7}\div0.6\times\frac{21}{4}=5-\frac{3}{7}\div\frac{3}{5}\times\frac{21}{4}=5-\frac{3}{7}\times\frac{5}{3}\times\frac{21}{4}=5-\frac{15}{4}=\frac{20}{4}-\frac{15}{4}=\frac{5}{4}=1\frac{1}{4}$

(2) $\left(\frac{2}{3}-\square\right)\times1\frac{1}{2}+\frac{1}{4}=\frac{13}{20}$より，$\left(\frac{2}{3}-\square\right)\times1\frac{1}{2}=\frac{13}{20}-\frac{1}{4}=\frac{13}{20}-\frac{5}{20}=\frac{8}{20}=\frac{2}{5}$，$\frac{2}{3}-\square=\frac{2}{5}\div1\frac{1}{2}=\frac{2}{5}\div\frac{3}{2}=\frac{2}{5}\times\frac{2}{3}=\frac{4}{15}$　よって，$\square=\frac{2}{3}-\frac{4}{15}=\frac{10}{15}-\frac{4}{15}=\frac{6}{15}=\frac{2}{5}$

(3) 右の図1のように表して考えると，電車のみを利用している生徒の人数は，図1のアの人数になるので，全体の人数からバスを利用している生徒の人数と，どちらも利用しない生徒の人数をひけば求められる。よって，40－17－3＝20(人)となる。

図1

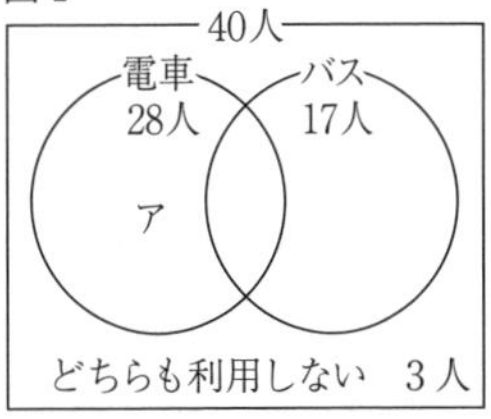

(4) 頂点に木を植えるので，等しい間かくを○mとすると，51m，68m，102mをそれぞれ○mずつ余りの出ないように分ける必要がある。また，木の本数を少なくするには○は大きい方がよいから，木の本数を最も少なくするとき，○は51，68，102の最大公約数となる。したがって，右の図2の計算より，○＝17(m)だから，木と木の間の場所の数は，51÷17＋68÷17＋102÷17＝3＋4＋6＝13(か所)と求められる。さらに，土地のまわりに木を植えるとき，木の本数は木と木の間の場所の数と同じだから，木の本数は13本とわかる。

図2

17) 51　68　102
　　　3　 4　　6

(5) 五角形の内角の和，つまり，角ア，イ，ウ，エ，オの和は，180×（5－2）＝540(度)だから，角ア，イ，ウ，エの和は，540－90＝450(度)となる。また，角イの大きさを①とすると，角アは②より8度大きく，角ウは②より4度小さく，角エは③より50度小さい。よって，450－8＋4＋50＝496(度)が，②＋①＋②＋③＝⑧にあたるから，①＝496÷8＝62(度)とわかる。したがって，角アの大きさは，62×2＋8＝132(度)と求められる。

(6) 8％の食塩水600gに，6％の食塩水□gと水800gを加えて4％の食塩水ができるときの様子は下の図3のように表せる。図3で，かげをつけた部分の面積と太線で囲んだ部分の面積は，どちらも混ぜてできた食塩水に含《ふく》まれる食塩の重さを表している。よって，これらの面積は等しいの

図３

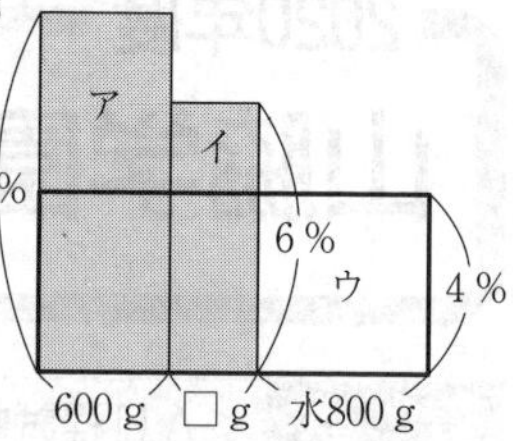

で，(ア＋イ)とウの面積は等しくなる。ウの面積は，800×0.04＝32(ｇ)で，アの面積は，600×(0.08－0.04)＝24(ｇ)だから，イの面積は，32－24＝８(ｇ)とわかる。したがって，□＝８÷(0.06－0.04)＝400(ｇ)と求められる。

⑺　右下の図４で，四角形の内角の和は360度であるから，○２つと×２つの大きさの和は，360－(57＋71)＝232(度)である。よって，○１つと×１つの大きさの和は，232÷２＝116(度)だから，角 x の大きさは，180－116＝64(度)と求められる。

図４

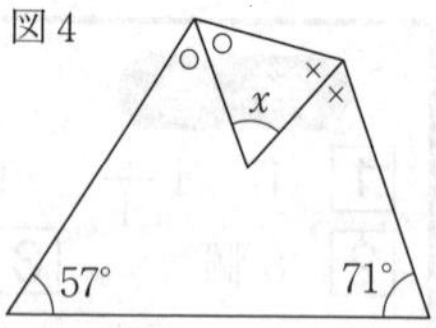

⑻　右下の図５で，四角形OABCは正三角形を２つ合わせてできたひし形で，三角形OAEの面積はこのひし形の $\frac{1}{4}$ だから，正三角形の面積の $\frac{1}{2}$ となる。同様に，三角形ODFの面積も正三角形の面積の $\frac{1}{2}$ なので，三角形OAEと三角形ODFを合わせた面積は正三角形１個分になる。よって，矢印のように移動すると，斜線《しゃせん》部分の面積の和はおうぎ形OAGの面積に等しいことがわかる。おうぎ形OAGの中心角は，60×２＝120(度)だから，斜線部分の面積は，$3\times3\times3.14\times\frac{120}{360}=9.42(cm^2)$ と求められる。

図５

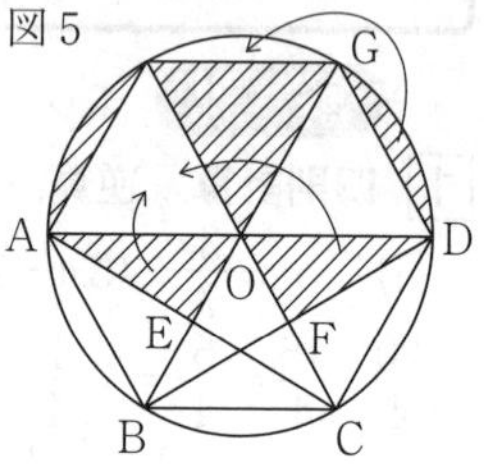

2　つるかめ算

チョコレート１個とマドレーヌ１個の値段の平均は，(80＋140)÷２＝110(円)である。また，チョコレートとマドレーヌは同じ個数だけ買ったので，その個数を□個とすると，チョコレート□個とマドレーヌ□個のかわりに，１個110円のお菓子《かし》を(□×２)個買っても代金は同じになる。そこで，１個260円のケーキと１個110円のお菓子を合わせて20個買い，代金が3400円だったと考える。このとき，110円のお菓子だけを20個買ったときの代金は，110×20＝2200(円)となり，実際よりも，3400－2200＝1200(円)安い。110円のお菓子を260円のケーキと１個かえるごとに，代金は，260－110＝150(円)ずつ高くなるから，買ったケーキの個数は，1200÷150＝８(個)と求められる。このとき，チョコレートとマドレーヌはそれぞれ，(20－８)÷２＝６(個)ずつとなる。

3　速さ，速さと比

Ａさんは家から学校までの2.1km(＝2100m)を進むのに，2100÷60＝35(分)かかるから，再び家を出発した時刻は，８時18分－35分＝７時43分で，家に戻《もど》った時刻は，７時43分－１分＝７時42分となる。また，家から忘れ物に気がついた地点までの道のりを，毎分60mで進むときと毎分120mで進むときで，かかる時間の比は，$\frac{1}{60}:\frac{1}{120}=2:1$ となり，その時間の和は，７時42分－７時30分＝12分なので，家を出発してから忘れ物に気がつくまでの時間は，$12\times\frac{2}{2+1}=8$(分)とわかる。よって，忘れ物に気がついたのは，家から，60×８＝480(m)進んだ地点である。

4　水の深さと体積

⑴　水そうを正面から見た図は，下の図のようになる。この図で，☆の長さは，10－５＝５(cm)だから，かげをつけた部分(台にあたる部分)の面積は，５×６＋５×12＝90(cm^2)となり，かげのついていない部分全体の面積は，15×20－90＝300－90＝210(cm^2)とわかる。よって，容器の水が入る部分の容積は，210×10＝2100(cm^3)だから，Ａだけを使って水そうをいっぱいにするには，2100÷50＝42(分)かかる。

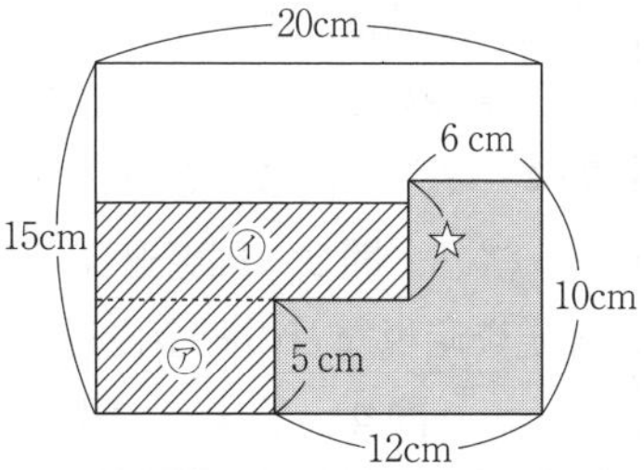

(2)　Ａから水を入れた時間は，30分36秒＝$30\frac{36}{60}$分＝$30\frac{3}{5}$分なので，Ａから入れた水の体積は，$50\times30\frac{3}{5}=1530$(cm^3)である。よって，Ｂから入れた水の体積は，2100－1530＝570(cm^3)だから，Ｂから水を入れた時間は，$570\div50=11\frac{2}{5}$(分)とわかる。したがって，Ｂを使い始めたのは，$30\frac{3}{5}-11\frac{2}{5}=19\frac{1}{5}$(分後)となり，$\frac{1}{5}$分は，$60\times\frac{1}{5}=12$(秒)だから，19分12秒後である。

(3)　Ｂを使い始めたときまでに水そうに入った水の体積は，$50\times19\frac{1}{5}=960$(cm^3)であり，この水を正面から見た図(右上の図)で表すと，その面積は，960÷10＝96(cm^2)となる。また，図の㋐の部分の面積は，５×(20－12)＝40(cm^2)で，㋐と㋑を合わせた部分の面積は96cm^{2}なので，㋑の部分の面積は，96－40＝56(cm^2)とわかる。よって，㋑の部分の高さは，56÷(20－６)＝４(cm)だから，このときの水面の高さは，５＋４＝９(cm)と求められる。

5　場合の数

(1)　２回サイコロをふって，持ち点が１点になるのは，１回目に０点になって２回目に１点が加わるときだから，目の出方は，(１回目，２回目)＝(６，１)，(６，２)，(６，３)の３通りある。

(2)　３回サイコロをふって，持ち点が２点になるのは，㋐１回目に０点になって，２回目，３回目に１点ずつ加わる場合と，㋑１回目は何が出てもよく，２回目に０点になって，３回目に２点が加わる場合のどちらかである。㋐の場合，１回目の目は６の１通りで，２回目と３回目の目はどちらも１，２，３の３通りだから，３回の目の出方は，１×３×３＝９(通り)ある。㋑の場合，１回目の目は１～６の６通り，２回目の目は６の１通り，３回目の目は４，５の２通りだから，３回の目の出方は，６×１×２＝12(通り)ある。よって，全部で，９＋12＝21(通り)ある。

(3)　５回サイコロをふって，持ち点が９点以上になるのは，㋒５回とも２点が加わる場合と，㋓５回のうち，４回は２点，１回は１点が加わる場合のどちらかである。㋒の場合，５回ともサイコロの目は４か５の２通りだから，５回の目の出方は，２×２×２×２×２＝32(通り)ある。㋓の場合，例えば，１回目だけ１点で，残りの４回が２点のとき，１回目の目は１，２，３の３通りで，２回目～５回目までの目はいずれも４，５の２通りだから，５回の目の出方は，３×２×２×２×２＝48(通り)ある。このほかに，２回目だけ１点のとき，３回目だけ１点のとき，４回目だけ１点のとき，５回目だけ１点のときがあり，いずれも１回目だけが１点のときと同様に48通りあるから，㋓の場合，５回の目の出方は，48×５＝240(通り)ある。よって，全部で，32＋240＝272(通り)ある。

社　会　＜Ａ日程試験＞（30分）＜満点：60点＞

解　答

1　**問１**　(1)　カルデラ　(2)　ア　(3)　屋久島　**問２**　(1)　北東　(2)　750m　(3)　イ　(4)　イ　**問３**　エ　**問４**　ア　**問５**　(1)　ア　(2)　宮崎県　(3)　(例)　ICなど

の電子部品は，小さくて軽く，しかも高価であるため。　**2** **問1**　**A**　桓武　**B**　応仁　**C**　徳川家光　**D**　吉田松陰　**E**　八幡製鉄所　**問2**　大王　**問3**　D→A→C→B　**問4**　イ　**問5**　C→B→A→E→D　**問6**　伊藤博文　**問7**　ウ　**問8**　(1)　エ　(2)　ア　**問9**　国際連合　**問10**　ア　**3** **問1**　イ　**問2**　(1)　過疎化　(2)　(例)　固定資産税などの税金優遇措置　**問3**　ア／(例)　第１次産業に従事する人の割合が高いから。　**問4**　予算　**問5**　地方交付税交付金　**問6**　イ，ウ　**問7**　ふるさと納税

解　説

1　地形図の読み取りや鹿児島県の自然と産業についての問題

問1　(1)　火山の中心にできる大きな円形状のくぼ地をカルデラといい，その多くは火山の噴火後に火口付近が落ちこんでできる。　(2)　桜島は現在も噴火を続けている活火山で，薩摩半島と大《おお》隅《すみ》半島にはさまれた鹿児島湾(錦江湾)北部に位置している。1914年に大噴火を起こしたさい，流れ出た溶岩で最大幅400mの海峡《かいきょう》が埋《う》め立てられ，対岸の大隅半島と陸続きになった。　(3)　屋久島(鹿児島県)は大隅半島の南方海上に位置する円形に近い島で，中央に九州最高峰《ほう》の宮之浦岳(1936m)がそびえている。亜《あ》熱帯から亜寒帯までの植物が垂直に分布する特別な地域であることや，樹齢数千年におよぶ屋久杉の原生林が広がっていることから，1993年にユネスコ(国連教育科学文化機関)の世界自然遺産に登録された。

問2　(1)　この地形図には方位記号がないため，地形図の上が北を示していることになるので，右が東，下が南，左が西となる。「東桜島町」から見て「南岳の山頂」は右斜《なな》め上にあるので，八方位では北東にあたる。　(2)　実際の距離を縮めた割合を縮尺といい，実際の距離は，(地形図上の長さ)×(縮尺の分母)で求められる。この地形図の縮尺は２万５千分の１なので，地形図上で３cmの実際の距離は，３×25000＝75000(cm)より，750mとなる。　(3)　東桜島町には，地方港(⚓)，消防署(Y)，郵便局(〒)，神社(⛩)の地図記号はあるが，警察署(⊗)の地図記号はない。なお，(X)の地図記号は交番である。　(4)　２万５千分の１の縮尺の地形図上では，等高線の主曲線(細い線)は10mごと，計曲線(太い線)は50mごとに引かれているので，Xのある計曲線は標高150mを表している。よって，標高差は，150－43.7＝106.3(m)より，イが最も近い。

問3　中岳の山頂に発電所(☼)の地図記号はないので，エが誤っている。

問4　Aの標高は462mなので，ア，イ，エのいずれかだとわかる。Aから，AとBのほぼ中間地点(標高1040m)に向かって高くなり，南岳の火口のふちを通ってから標高825mのBに向かって低くなっていくので，地形断面図はアと判断できる。

問5　(1)，(2)　ピーマンは，生産量全国第１位の茨城県，第２位の宮崎県，第３位の高知県で全生産量の約半分を占《し》める。豚の飼育頭数は全国第１位が鹿児島県，第２位が宮崎県と，南九州の２県が上位を占める。茶は，生産量全国第１位の静岡県と第２位の鹿児島県で全生産量の約４分の３を占める。統計資料は『日本国勢図会』2019／20年版による(以下同じ)。　(3)　ICは集積回路の略称《りゃくしょう》で，コンピュータや電化製品など，さまざまなものに利用されている。ICは小型・軽量で値段が高く，飛行機やトラックを使い，遠くから輸送費をかけて運んでも採算がとれるため，IC工場は地方の空港周辺や高速道路沿いに多く立地している。

2　日本にある世界文化遺産を題材とした歴史の問題

問１　**A**　794年，桓武天皇は寺院勢力の強い平城京から離れて人心を一新するため都を平安京に移し，律令政治の立て直しに取り組んだ。　**B**　1467年，室町幕府の第８代将軍足利義政のあと継ぎ争いに，有力守護大名の細川氏と山名氏の勢力争いがからんで応仁の乱が起こった。　**C**　1636年，江戸幕府の第３代将軍徳川家光は日光東照宮の大改修工事を行い，豪華な本殿と陽明門を完成させた。また，家光はその前年の1635年に武家諸法度《しょはっと》を改定し，参勤交代を制度化した。**D**　吉田松陰は，おじにあたる人物が萩城下(山口県萩市)で開いていた松下村塾《しょうかそんじゅく》を受け継ぎ，高杉晋作《しんさく》や伊藤博文など，のちに幕末から明治維新にかけて活躍《かつやく》する多くの人材を育てた。　**E**　1901年，福岡県八幡村(現在の北九州市)で操業を開始した八幡製鉄所は，日清戦争の講和条約である下関条約で清(中国)から得た賠償《ばいしょう》金をもとに，鉄鋼の国産化をめざして建設された官営工場で，日露戦争(1904～05年)後には国内の鉄鋼の約70～80％を生産した。

問２　大和政権は大王《おおきみ》(のちの天皇)とよばれる首長を中心に４世紀ごろに成立した豪族の連合政権で，５世紀後半には関東地方から九州地方の豪族たちが大王に従っていたと考えられている。

問３　年代順に並べると，D(９世紀初め)→A(11世紀前半)→C(1086年)→B(1185年)となる。

問４　豊臣秀吉の死後の1600年，徳川家康の率いる東軍と豊臣方の石田三成らを中心とする西軍が現在の岐阜県南西部にある関ヶ原で戦った。「天下分け目の戦い」とよばれるこの戦いで，家康は三成らを破って政治の実権をにぎり，1603年に征夷《せいい》大将軍に任ぜられて江戸幕府を開いた。

問５　年代順に並べると，C(1854年)→B(1868年)→A(1877年)→E(1889年)→D(1904年)となる。

問６　伊藤博文は山口県生まれの政治家で，吉田松陰の松下村塾で学んだのち，1871年に岩倉使節団の一員として欧米にわたり，1882年には再び憲法調査のためヨーロッパに出発。1885年には内閣制度をつくってみずから初代内閣総理大臣となり，大日本帝国憲法の制定にも貢献《こうけん》した。

問７　日本は日清戦争(1894～95年)に勝利し，1895年に清との間で下関条約が結ばれた。この条約では，清は朝鮮が独立国であると認めること，台湾・遼東《リャオトン》半島・澎湖《ポンフー》諸島を日本にゆずること，２億両《テール》(約３億１千万円)の賠償金を日本に支払うことなどが決められた。

問８　(1)　1939年９月１日，ドイツが隣国《りんごく》のポーランドに侵攻《しんこう》すると，イギリス・フランスがドイツに宣戦布告して第二次世界大戦が始まった。この戦争は，のちにドイツ・イタリア・日本とアメリカ・イギリスを中心とした連合国との間でくり広げられ，約60か国が参加する人類史上最大の戦争となった。　(2)　1932年５月15日，日本の国家改造を計画し，軍部政権を打ち立てようとした海軍の青年将校の一団が首相官邸《かんてい》をおそい，犬養毅《いぬかいつよし》首相らを殺害した。これを五・一五事件という。

問９　国際連合は，国際連盟が第二次世界大戦を防げなかった反省の上に立ち，1945年10月に新しく51か国が参加して発足した国際的な平和組織で，現在は193か国が加盟している。日本は1956年に日ソ共同宣言に調印してソ連との国交が回復したことで，それまでソ連の反対でさまたげられていた国際連合への加盟が実現した。

問10　2019年７月，仁徳天皇の墓と伝えられてきた大阪府堺市の大山(大仙)古墳をふくむ百《も》舌鳥《ず》古墳群と，藤井寺市・羽曳野《はびきの》市にある古市古墳群が，「百舌鳥・古市古墳群」として世界文化遺産に登録された。

3　地方財政についての問題

問１　人口密度は，(人口)÷(面積)で求められるので，3412(人)÷211.63(平方キロメートル)＝16.122…(人／平方キロメートル)より，約16人となる。

問２　⑴　ある地域の人口がいちじるしく減少して地域社会の活力が低下し，住民が一定の生活水準を保てなくなる現象を過疎《かそ》化という。過疎化が進行している地域では高齢化が起きていることが多く，深刻な事態となっている。　⑵　大蔵《おおくら》村は自主財源が少なく，新たな税金を投入する行政サービスを実施することが難しいため，土地や家にかかる固定資産税を一定期間軽減するなどの優《ゆう》遇措置《ぐうそち》が考えられる。

問３　東京都はサービス業や小売業などの第３次産業にたずさわっている人の割合が圧倒的に高いのに対し，大蔵村は農業・林業・水産業といった第１次産業にたずさわる人の割合(21.6％)が高い。

問４　国や地方自治体の一会計年度(日本では４月１日から翌年の３月31日まで)における歳入(収入)と歳出(支出)の見積もりを予算といい，議会で議決されると成立する。

問５　地方交付税交付金は，地方財政の歳入の格差をなくすために，国が使い道を指定せず，自主財源の少ない地方自治体に配分するお金のことである。

問６　その地域の住民が納め，地方自治体の財源となるものを地方税といい，道府県が課す道府県税と，市町村が課す市町村税からなる。市町村税の種類には，住民税(市町村民税)，固定資産税，軽自動車税，入湯税，事業所税，都市計画税などがある。

問７　ふるさと納税制度は，自分の生まれ故郷や応援したい地域など，好きな地方自治体(都道府県・市区町村)を選んで一定額以上を寄付すると，それに応じて納める住民税や所得税が免除される制度である。寄付の見返りとして，その地方自治体から返礼品がもらえるという特典があるところが多い。しかし，この返礼品に関する競争が過熱したため，2019年６月に地方税法が改正され，返礼品は寄付額の３割以下とすることや，返礼品を地場産品とすることが決められた。

理　科　＜Ａ日程試験＞(30分)＜満点：60点＞

解　答

[1] **問１**　**あ**　酸素　**い**　２　**う**　二酸化マンガン　**え**　オキシドール　**お**　水上置換　**か**　石灰水　**問２**　**もっとも早く消える**…エ　**もっとも遅く消える**…イ　**問３**　**ちっ素**…オ　**二酸化炭素**…カ　**空気**…ウ　**問４**　イ　[2] **問１**　雲　**問２**　①　ウ　②　キ　③　カ　④　コ　**問３**　ア　**問４**　⑴　**Ａ**　45　**Ｂ**　10　⑵　**記号**…イ　**理由**…(例)　水が地面にしみこまなくなるから。　[3] **問１**　**ア**　100　**イ**　200　**ウ**　200　**エ**　20　**オ**　５　**カ**　20　**問２**　10秒　**問３**　80cm　**問４**　**最下点での速さ**…おそくなる　**最高点の高さ**…低くなる　**しばらくふれた後**…(例)　しんぷくが小さくなりやがて止まる。　**問５**　ウ　[4] **問１**　(ウ)　**問２**　(イ)　**問３**　(例)　種子の数が多いから。　**問４**　**あ**　日光　**い**　夏　**う**　秋　**え**　冬　**お**　春　**問５**　**Ａ**　58　**Ｂ**　受粉　**Ｃ**　こん虫　**問６**　(例)　セイヨウタンポポの割合が高くなると，カンサイタンポポの結実率は下がる。　**問７**　(例)　他の植物の花粉がつかないようにするため。　**問８**　イ

問９　(例)　**あ**　中心の㋕が開花したら，㋕の花粉を人工的につける　　**い**　中心の㋕が開花したら，㋕と㋝の花粉を人工的につける　　**記号**…イ

解　説

1　ものの燃え方についての問題

問１　**あ～え**　ものが燃えるためには酸素が必要である。酸素は体積の割合で空気全体の約２割をしめている。酸素を発生させるためには，黒い固体の二酸化マンガンに液体のオキシドール(うすい過酸化水素水)を加える。　　**お**　酸素は水にとけにくいので，水上置換《ちかん》法で集める。　　**か**　ろうそくが燃えると二酸化炭素が発生するため，石灰水を入れた集気びんの中でろうそくを燃やした後，集気びんをふり混ぜると，石灰水は白くにごる。

問２　集気びんが小さく，ろうそくの本数が多いエの集気びんのろうそくがもっとも早く消える。集気びんが大きいイとオは，入っている空気が多いので，アやウより長く燃え続ける。また，このとき発生する二酸化炭素は高温なのでまわりの空気より軽く，集気びんの上の方にたまっていく。よって，イとオではオの方が先に消える。

問３　ちっ素や二酸化炭素にはものを燃やすはたらきがないため，ろうそくに火をつけても，すぐに火は消える。また，ちっ素を入れた集気びんでは石灰水はにごらないが，二酸化炭素を入れた集気びんでは石灰水が白くにごる。空気を入れた集気びんでは，酸素を入れたときよりはおだやかに燃え，ろうそくが燃えてできた二酸化炭素によって，石灰水は白くにごる。

問４　スチールウール(鉄)は酸素の多いところでは激しく燃えて，酸化鉄になる。このとき二酸化炭素ができないので，石灰水は白くにごらない。

2　水の状態変化，地球上における水のじゅんかんについての問題

問１　水蒸気が上空で冷やされて，水や氷のつぶになって浮《う》かんでいるものを雲という。

問２　①　地球上の水は，太陽のエネルギーによって氷，水，水蒸気とそのすがたを変えて存在し，じゅんかんしている。　　②～④　地球上に存在する水のほとんどは海水である。海水は，太陽のエネルギーによって蒸発して水蒸気になり，このとき，塩分は海水中にとどまる。水蒸気の一部は上空で水や氷の状態(雲)になり，雨や雪として陸地に降ることで，陸上の生物に真水をもたらす。

問３　水が水蒸気になるときには，まわりから熱を吸収する。水蒸気が熱をたくわえていることで，地球の気温はあまり大きく変化しないですんでいる。

問４　(1)　図全体で，蒸発量の合計と降水量の合計は等しくなるので，Ａ＋５＋450＝100＋400より，Ａ＝45となる。また，海に出入りする矢印に注目すると，450＝400＋40＋Ｂより，Ｂ＝10と求められる。　　(2)　地面がコンクリートで舗装《ほそう》されると，地面にしみこむ水の量が少なくなり，河川に流れこむ水の量が増える。

3　ふりこの運動についての問題

問１　**ア～ウ**　表から，おもりの最下点の速さは，糸の長さやおもりの重さには関係しないが，手をはなす高さが４(２×２)倍，９(３×３)倍になると，２倍，３倍になることがわかる。アは，手をはなす高さが５cmなので，最下点での速さは毎秒100cmである。イ，ウは，手をはなす高さが20cmなので，最下点での速さは毎秒200cmである。　　**エ～カ**　手をはなす高さと最高点の高さ

は等しくなる。

問2　ふりこが10往復するのにかかる時間は，おもりの重さには関係せず，糸の長さだけに関係するので，10 g のおもりを使ったときと同じ10 秒かかる。

問3　表から，手をはなす高さが 5 cmのとき，最下点の速さは毎秒100cmである。手をはなす高さが 4（2 × 2）倍，9（3 × 3）倍になると，おもりの最下点の速さは 2 倍，3 倍になることから，最下点の速さが，400÷100＝ 4（倍）になるとき，手をはなす高さは，5 × 4 × 4 ＝80(cm)となる。

問4　空気の抵《てい》こうは，おもりが運動する向きと反対の向きにはたらくので，しだいに最下点での速さはおそくなり，最高点の高さは低くなる。つまり，ふりこのふれ(しんぷく)はだんだん小さくなっていくので，しばらくすると，おもりは最下点で止まる。

問5　ふりこのおもりが動く方向は，糸と垂直になっている。糸が切れると，おもりはその瞬間《しゅんかん》の糸と垂直な方向に飛び出したあと，重力に引かれて落ち始める。このとき，おもりが届く高さは，手をはなす高さより低くなる。

4　タンポポの結実についての問題

問1　(ア)はめしべの柱頭，(イ)はめしべの花柱，(ウ)はおしべ，(エ)は冠《かん》毛（がく），(オ)はめしべの子房《しぼう》である。

問2　セイヨウタンポポの頭花を包んでいる部分(総ほうという)は，(イ)のようにそり返っている。カンサイタンポポなどの在来種の場合は(ア)のようにそり返っていない。

問3　セイヨウタンポポの方が 1 つの頭花にできる種子の数が多いため，その数を増やしやすい。また，セイヨウタンポポの種子の方が軽いため，種子をより遠くまで飛ばすことで生息範囲《はんい》を広げることもできる。

問4　**あ，い**　多くの植物がさかんに活動している夏の草むらでは，日光が当たりにくく，タンポポはうまく育つことができない。　**う～お**　在来種のタンポポの種子は，他の植物がかれて日光が当たりやすくなる秋に発芽し，冬はロゼットの状態で寒さをさけて過ごし，暖かくなる春にいち早く開花して種子をつくる。

問5　**A**　カンサイタンポポの結実率は，42÷72×100＝58.3…より，58％である。　**B，C**　在来種のタンポポは，こん虫などによって運ばれた花粉がめしべの柱頭について受粉し，種子ができるが，セイヨウタンポポは受粉しなくても種子ができる。

問6　グループＡは，半径 2 m以内にセイヨウタンポポがない場合のカンサイタンポポの結実率を表していて，その割合は平均すると約60％である。一方，グループＢは，半径 2 m以内にセイヨウタンポポがある場合の結実率を表していて，セイヨウタンポポの割合が高くなるとカンサイタンポポの結実率が下がることがわかる。

問7　土壌《どじょう》に含まれる栄養や水の影響《えいきょう》について確かめる実験なので，開花してカンサイタンポポの花粉を人工的につけたあとは，セイヨウタンポポなどほかの花粉がつかないように袋《ふくろ》をかぶせておく必要がある。

問8　中心から 2 m以内にセイヨウタンポポの種子を植えた(b)の結実率が低くなると考えられる。

問9　一方は，カンサイタンポポが開花したら，カンサイタンポポの花粉を人工的につけたあと，頭花に袋をかぶせる。もう一方は，カンサイタンポポが開花したら，カンサイタンポポの花粉とセイヨウタンポポの花粉の両方を人工的につけたあと，頭花に袋をかぶせる。そして，セイヨウタンポポの花粉がカンサイタンポポの結実に悪い影響を与えている場合，両方の花粉をつけたカンサイタンポポの結実率が低くなると考えられる。

国　語　＜A日程試験＞（50分）＜満点：100点＞

解　答

一　問1　A　エ　B　イ　問2　イ　問3　（例）　栽培される作物に栄養分が吸収されて植物が育たなくなった表土が，風や雨水で流出して(失われる。)　問4　エ→ア→ウ→イ　問5　イ　問6　1　代替湿地　2　水を張って　3　砂防ダム　問7　（例）　世界の農業では連作障害が起こるが，日本の田んぼは毎年同じ場所で稲ばかり作ることができるから。　問8　態にある。　問9　ウ　二　問1　ウ　問2　ほんとうの子どものこと　問3　イ　問4　（例）　担任の先生が自分の気持ちを書いた文章を大切にしてくれたことがうれしかったから。　問5　1　つながり　2　苦しみ(くるしみ)　問6　イ　問7　級友の人に～も知れない(と考えた。)　問8　エ　三　問1　下記を参照のこと。　問2　ウ　問3　ア　問4　与えます。　問5　ウ　問6　（例）　形が悪くて売れない野菜などを，加工品の材料として使う。　四　問1　1　あらう　2　あまる　3　おさめる　4　みはる　5　あかす　問2　漢字は下記を参照のこと。　1　カ　2　ウ　3　ク　4　ア　5　イ

●漢字の書き取り

三　問1　a　規格　b　保全　c　満足　四　問2　1　散らかす　2　延びる　3　備える　4　導く　5　尊ぶ

解　説

一　**出典は稲垣栄洋《いながきひでひろ》の『イネという不思議な植物』による。**農業には自然を破壊《はかい》する一面があることを指摘《してき》する一方で，田んぼを中心とした日本の農業は自然を破壊しないことを説明している。

問1　A　前では，日本は水資源に恵《めぐ》まれた国であると述べ，後では，水不足のときには水を奪《うば》うという面もあると述べているので，“まちがいなく”という意味の「確かに」が入る。　B　前にあげたことに加え，後でも田んぼの長所を述べているので，前のことがらに別のことをつけ加えるときに使う「さらには」が合う。

問2　イの「アイガモ農法」は，農薬を使わず，化学肥料も用いないので，自然を破壊するとはいえない。

問3　二つ前の段落で，「農地で作物を栽培《さいばい》すれば，作物が土の中の養分を吸収する」ので，「土の中の栄養分は失われて，やせた土地になってしまう」と説明されている。そして，「やせて植物が育たなくなった土は，風や雨水で流出してしまう」とある。このようにして，土壌《どじょう》は浸食《しんしょく》され，表土は失われるのである。

問4　もどす文章では，土地の砂漠化《さばくか》につながる内容が述べられているので，順序立てた説明になるようにする。まず，農地に水を撒《ま》くと，土に沁《し》み込《こ》んだ水に土の中のミネラルなどの栄養分が溶《と》け出す。そして，日光に温められると土壌表面の水は蒸発し，栄養分を含《ふく》んだ土の中の水は地表面

に上がっていき，その水が蒸発してしまうと，ミネラルなどの栄養分だけが，土壌表面に残ってしまう。このような過程をくり返すと，土壌表面に栄養分は蓄積《ちくせき》し，濃度《のうど》を高めていくのである。よって，エ→ア→ウ→イの順になる。

問５　問４でみたような状況《じょうきょう》で土地の砂漠化が進むことが「塩類集積」だが，古代に繁栄《はんえい》していたメソポタミア文明やエジプト文明は，「塩類集積」によって滅亡《めつぼう》したとされている。科学が進歩した現在でも状況は変わらず，農地の「塩類集積」が大きな問題となっていて，環境《かんきょう》破壊が「地球規模の問題」になっているので，古代の人々と同じように「塩類集積」による文明の危機に直面しているといえる。

問６　続く説明から読み取る。　**1**　「田んぼ」は湿地《しっち》を開発して作られ，湿地の生き物たちがそのまま生息しているので，その環境は「代替《だいたい》湿地」とよばれている。　**2**　土壌表面に塩類が集積するのは，水分の蒸発によって土の中から水が上がってくるためだが，田んぼは「水を張って」いるので問題にならないのである。　**3**　田んぼは，畔《あぜ》でまわりを囲み，土が流出するのを防ぐ「砂防ダム」の役割をしているのである。

問７　ずっと同じ場所でイネが作られてきたことが「奇跡《きせき》」だと述べられている。具体的には，世界の農業では，毎年，同じ作物を連続して作ると，うまく育たなかったり，枯《か》れてしまったりする「連作障害」が起こるが，日本の田んぼでは，毎年，同じ場所でイネばかり作っているのに，「連作障害」が起こらないのである。

問８　もどす文では，それまでの内容を受けて，農業が環境を破壊するものであることがまとめられている。ぼう線④の前の段落までで，農業による環境破壊について述べられ，ぼう線④の段落からは日本の農業は自然を破壊しないということに話題が切りかわっているので，ぼう線④の前の段落の最後，「ほぼ消滅《しょうめつ》してしまう事態にある」の文の直後に入れると，まとめとして文意が通る。

問９　ぼう線②の前に，土は「有機物が分解すること」によって作られるが，作物を栽培する三〇センチメートルの深さの土を作るためには，六〇〇〇～九〇〇〇年という「途方《とほう》もない歳月《さいげつ》を要する」と述べられているから，ウがよい。

二　**出典は灰谷健次郎《はいたにけんじろう》の『子どもの隣《とな》り』所収の「日曜日の反逆」による。**男と，男の車をヒッチハイクした少年との手紙のやり取りによって，二人の心情を描《えが》いている。

問１　直前に，「少年の心の問題」なので，男は思い悩《なや》み，「どういう形で少年に再会するかということを考えていた」とある。場合によっては，少年を傷つけてしまいかねないので，手紙を書くのをためらっていたのである。

問２　男は，自分の子どもが「自《みずか》ら命を断つにいたったわけを少しでも知りたい」と思っていた。それは，「こんど子どもが生まれてきたなら，同じあやまちを二度とくり返したく」ないからであり，そのために男は，「ほんとうの子どものこと」を知りたかったのである。

問３　少年は級友の書いた詩を批評《ひひょう》したが，級友を批判したわけではなく，教師をからかってもいないので，アは誤り。また，「少年の家庭はとても裕福《ゆうふく》」だが，それを自慢《じまん》していたかどうかはわからないので，ウも正しくない。さらに，少年は，「成績抜群《ばつぐん》で非の打ちどころがないという子ども」だったのだから，エもふさわしくない。

問４　担任の教師は，少年の文章を読んで，そのすばらしさに心を打たれ，「赤ペンで感想を書くこと」さえもできないと思った。少年は，「よごしたくなかったのです」という教師の言葉を読んで，教師が，自分の文章をそれほど大切にしてくれたことに感動して，「はんぶん泣きそうになった」のである。

問5　**1**　文集からは，「少年と教師のさまざまなかっとう」と「つながり」がうかがえた。それは，少年と教師だけに限らず，ほかの子どもたちも同様だったのである。　**2**　「それぞれの子どもが，自分の中の西沢静夫《にしざわしずお》を見つけている」とは，「西沢君のくるしみ」を理解し，自分の「くるしみ」を発見する，ということである。

問6　男と息子《むすこ》が，少年の学校の教師や生徒たちのように，さまざまな葛藤《かっとう》を抱《かか》えながらも，本音で語り合うことができていたら，息子は自殺などしなかったかもしれない。男がそう思うと，「どうしようもない涙《なみだ》が突《つ》き上がってきた」のだから，イが選べる。

問7　文集を読み終えた男は，少年は「級友の人にいえない苦しみを，自らなぞってみようとして日曜日の冒険《ぼうけん》をくわだてたのかも知れない」と考えた。「日曜日ごとに姫路《ひめじ》でヒッチハイクを求める」行為《こうい》は，少年にとっては「ひとりぼっちにおさらば」するための「冒険」だったのだろうと男は推測したのである。

問8　男と少年がやり取りした手紙や，文集に収められた少年と級友の詩の一節などが，文中に巧《たく》みに組みこまれている。それらの手紙や詩を読むことによって，読者が男と少年の思いを理解できるように工夫《くふう》されている。

三　**出典は「食品ロス」に関する文章による。**「食品ロス」を減らすためには，私たち一人一人の努力が必要であると述べられている。

問1　**a**　大きさ・形・質などについて，そうあるべき標準として定められたもの。　**b**　保護して，無事に守ろうとすること。　**c**　望みをはたして，不満がないこと。

問2　「見た目の悪い」「友人の通う」の「の」は，主語を表す。「兄の努力」「休みの日」の「の」は，後の語を説明する働きをする。「絵をかくのが」の「の」は，「こと」と言いかえられる。

問3　「多くの食品を廃棄《はいき》している一方で，七人に一人の子どもが食事に困って」いるという状《じょう》況《きょう》は，社会全体の問題として，見過ごすことはできないのである。

問4　もどす文は「このように」という語で前の内容を受け，「食品ロスが発生することにより，様々な影響《えいきょう》や問題が生まれます」とまとめているので，空らんＡをふくむ段落の，「多くの食品を廃棄している一方で，七人に一人の子どもが食事に困って」おり，「焼却《しょうきゃく》する際に出る二酸化炭素や灰《はい》」は「環境に大きな影響を与《あた》え」るという事例の後に入れると文意が通る。

問5　「私たち一人一人がこの問題を自分のこととして考え，解決に向けて努力することが必要」だとまとめられているので，ウがよい。

問6　「食品ロス」はかなり身近な問題となっている。たとえば，「小売店」では，消費期限が過ぎた弁当を廃棄《はいき》したり，「生産地」では，形が悪くて売れない野菜や収穫《しゅうかく》量が多すぎて安くなってしまいそうな野菜を出荷《しゅっか》せずに廃棄したりしている。最近では，恵方《えほう》巻が，節分を過ぎると大量に処分されることが問題となった。食品ロスを減らすには，消費期限が早いものから売る・買う，予約制にするなど，それぞれに対策が考えられる。

四　**慣用句の知識，漢字の書き取り**

問1　**1**　「足をあらう」は，悪いことをやめて，きちんとした生き方をすること。　**2**　「手にあまる」は，自分の能力では処理できないこと。　**3**「腹におさめる」は，知ったことを，他人に知らせず自分の心の中だけにとどめること。　**4**「目をみはる」は，驚《おどろ》きや感動のために目を見開くこと。　**5**「鼻をあかす」は，人を出しぬいて，驚かせること。

問2　**1**「散らかす」なので，カの「散財」が同じ。　**2**「延びる」なので，ウの「延期」が同じ。　**3**「備える」なので，クの「備品」が同じ。　**4**「導く」なので，アの「導入」が同じ。　**5**「尊ぶ」なので，イの「尊厳」が同じ。　なお，エは「成功」，オは「険悪」，キは「混雑」と書く。

2020年度　山脇学園中学校

〔電　話〕　(03)3585－３９１１
〔所在地〕　〒107－8371　東京都港区赤坂４－10－36
〔交　通〕　東京メトロ千代田線 ―「赤坂駅」より徒歩７分
東京メトロ丸ノ内線・銀座線 ―「赤坂見附駅」より徒歩５分

〈編集部注：この試験は，算数・国語のいずれかを選択します。〉

【算　数】〈国・算１科午後試験〉（60分）〈満点：100点〉

次の各問いに答えなさい。解答らんに答のみ書くこと。

(1)　$2\frac{3}{4}\div1\frac{1}{2}-\left(0.3-\frac{1}{5}\right)\times\left(1.5\div\frac{2}{3}+9\right)$ を計算しなさい。

(2)　次の $\square$ にあてはまる数を求めなさい。

$$0.7-\frac{9}{25}\times\left\{\frac{7}{9}-\left(\square+\frac{2}{9}\right)\div1.5\right\}=\frac{19}{30}$$

(3)　次のように，あるきまりにしたがって数字がならんでいます。

１，１，２，１，２，３，１，２，３，４，…

はじめて９がでてくるまでの数字をすべて足し合わせたらいくつになりますか。

(4)　200 cm のひもを，１回目に何 cm か使い，２回目は残りの５分の１を使い，３回目にその残りの５分の１を使ったところ 48 cm 残りました。１回目に何 cm 使いましたか。

(5)　たてと横の長さの比が３：２の長方形があります。面積が 96 cm^2 であるとき，この長方形のまわりの長さは何 cm ですか。

(6)　６％の食塩水 30 g に水を加え，さらに 10％の食塩水 50 g を加えたところ，４％になりました。水は何 g 加えましたか。

(7)　ある商店では，定価の４割引で売っても，原価の８％の利益が出るように，定価を決めます。このとき，原価が2000円の品物の定価はいくらですか。

(8)　ある仕事を，春子さんと夏子さんの２人ですると６時間，夏子さんと秋子さんの２人ですると３時間，春子さんと秋子さんの２人ですると４時間かかります。この仕事を，夏子さんが１人ですると何時間かかりますか。

(9)　0.5 より大きくて１より小さい分数のうち，分子が整数で分母が７のものは全部で何個ありますか。

(10) デジタル時計が１時を示しています。この１：00の表示を３けたの数100と考えるとき，１時から４時までの３時間に９で割り切れる数の時刻は何回現れますか。

(11) ある遊園地の入場料は大人500円，子ども200円です。ある日の入場料は合計して195300円で，入場した子どもの数は大人の数の２倍でした。この日の入場者数は何人ですか。

(12) 右の図の点は円周を12等分したものです。
角 x の大きさは何度ですか。

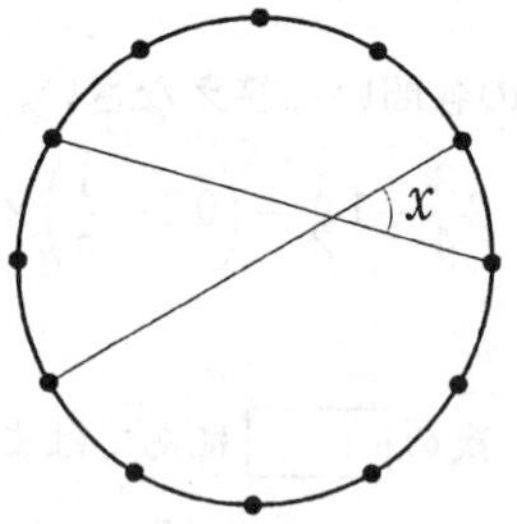

(13) 図のように，おうぎ形の円周部分を３等分しました。
斜《しゃ》線部分の面積は何 cm^2 ですか。
ただし，円周率は3.14とします。

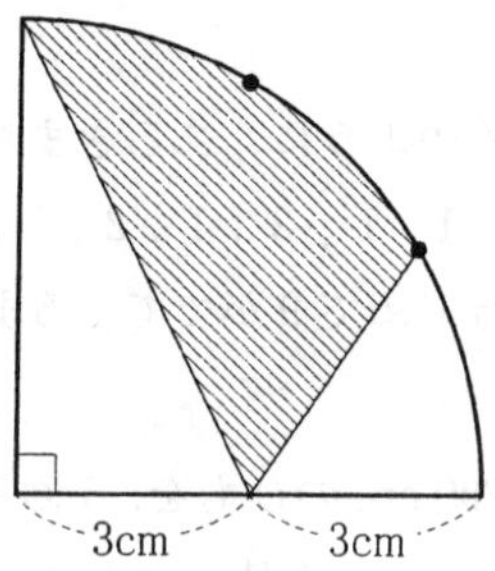

(14) 図でABと直線 ア は平行です。三角形ABCを直線 ア のまわりに１回転させてできる立体の体積は何 cm^3 ですか。
ただし，円周率は3.14とします。
また，円すいの体積は，「(底面積)×(高さ)÷３」で求められます。

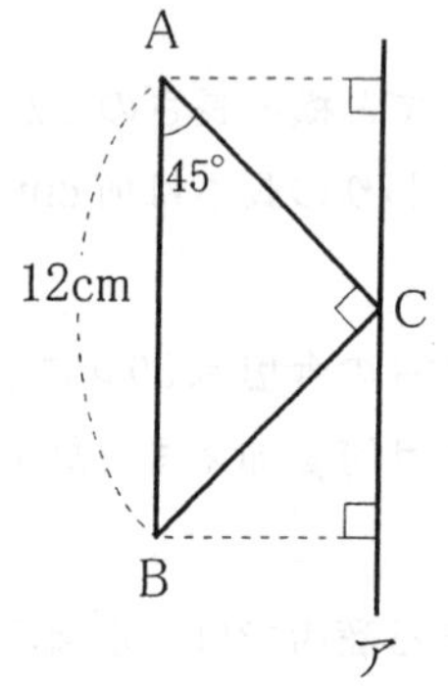

(15) 図のように，正三角形ABCの辺BCを３：２に分ける点をPとします。次に，点Pを通り辺AB, ACに垂直な線をひきます。このとき，図の斜《しゃ》線部分の２つの三角形の面積の和は13 cm^2 でした。正三角形ABCの面積は何 cm^2 ですか。

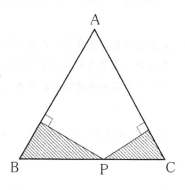

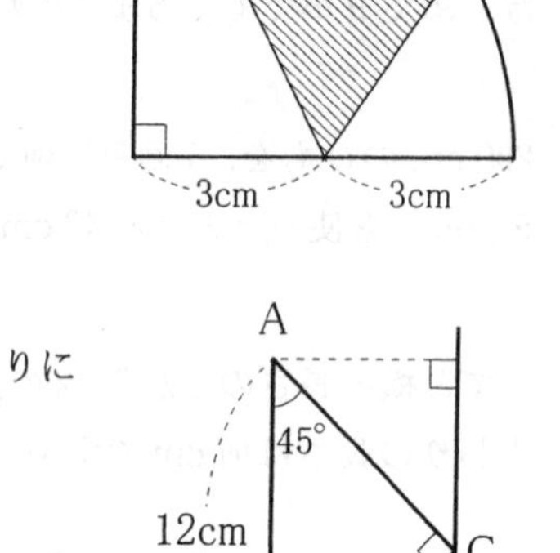

(16)　1円玉だけがたくさん入った貯金箱があります。入っている1円玉をできるだけ5円玉に両替《が》えすると硬《こう》貨の枚数は260枚減りました。次に，5円玉をできるだけ10円玉に両替えしました。さらに，10円玉をできるだけ100円玉に両替えしたところ，硬貨は全部で8枚になりました。貯金箱には何円入っていましたか。

(17)　サイコロは向かい合う面の数の和が7になっています。
図のように，サイコロをまず右に1回転がし，次に手前に1回転がし，次にまた右に1回転がし…というように転がしていきます。次の各問いに答えなさい。

①　図の状態から3回転がしたときの，上に向いた面にかかれた数を答えなさい。

②　図の状態から2020回転がしたときの，上に向いた面にかかれた数を答えなさい。

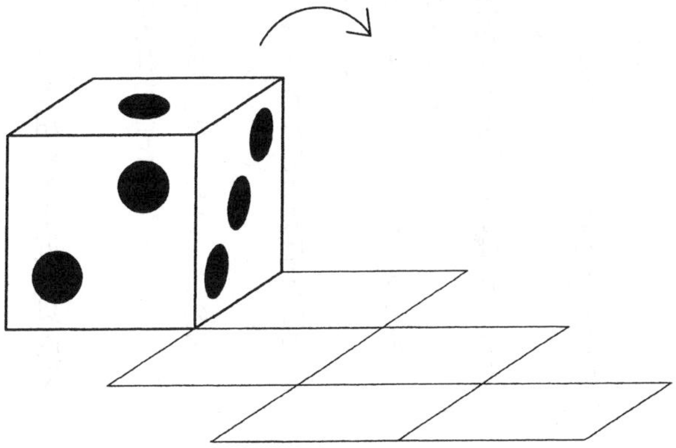

(18)　ある池のまわりをAさん，Bさん，Cさんの3人がP地点から同時に同じ方向に出発しました。Aさんは徒歩で，Bさんは走って，Cさんは自転車に乗って進みました。Cさんは9分後に，出発後初めてAさんに追いつき，そのあと4分30秒後にBさんに追いつきました。Aさんは毎分60 m，Bさんは毎分130 mの速さで進みました。次の各問いに答えなさい。

①　Cさんの速さは毎分何 mですか。

②　池のまわりの長さは何 mですか。

かあさん」と呼びかけた。

ウ　亡くなった「お母さん」の思い出をやっと忘れることができたが、照れくさい気持ちもあったので、夕食の時に何気なく「おかあさん」と呼びかけてみた。

エ　「晴子さん」を「おかあさん」と書くことで亡くなった「お母さん」への思いを断《た》ち切ることができ、夕食の時にためらいなく「おかあさん」と呼びかけた。

問八　――線⑥「大躍進」とは、どういうことですか。次の文の□に当てはまる説明を、本文中の言葉を用いて十五字以内で補い、文を完成させなさい。

＊□ことを、父が受け入れたこと。

問九　本文の内容についての説明として最も適当なものを、次のア～エから選びなさい。

ア　父は、息子への向き合い方を教えてくれた男の人に表面的には反発しながらも、内心では感謝していた。

イ　男の人は父の兄弟として、父とリョウがお互《たが》いに分かりあって幸せな家族を築くことを強く願っている。

ウ　晴子さんは、リョウから突然「おかあさん」と呼ばれたことを、さまざまな感情とともに受けとめた。

エ　ぼくは、札幌で友達と会うことと、父親らしくなった父と祖母が仲直りすることを楽しみにしている。

注４　怪訝…不思議で納得できないさま。
注５　癇癪…ちょっとしたことで激しく怒ること。
注６　一生、叱られていたかった人…「ぼく」の実の母のこと。母はよく父の子供っぽい行いを叱っていた。
注７　大人になると…この場面は、三十二歳《さい》になった大人の「ぼく」が過去を回想している。
注８　邪険…意地が悪く、思いやりのないさま。
注９　カツさん…「ぼく」の父のこと。

問一　――線①「晴子さん」とありますが、「ぼく」は「晴子さん」や父との関係についてどう思っていますか。その説明として最も適当なものを、次のア～エから選びなさい。
ア　父は晴子さんの人柄《がら》のよさを強調するけれども、同意できないと思っている。
イ　晴子さんは頼りになるので、父とずっと一緒《しょ》にいてほしいと思いはじめている。
ウ　晴子さんは父の言うようにいい人だし、信頼《らい》できる人だと思いはじめている。
エ　母を亡くした父が、晴子さんとすぐに結婚したがったのは当然だと思っている。

問二　――線②「三回忌に帰るの、やめないか」とありますが、「父」はなぜそう言ったと考えられますか。八十字以内で説明しなさい。

問三　[A]～[C]に当てはまる言葉として最も適当なものを、次のア～オからそれぞれ選びなさい。（同じ記号は二度使用しないこと）
ア　父の目から、涙が流れた
イ　父ははっとしたように男の人を見つめ、泣きやんだ
ウ　父は再び、子供のように泣き出した
エ　泣きじゃくっていた父が、驚いたように声を飲んだ
オ　父は、うわーっと声を上げて、泣いた

問四　――線③「ぼくは、母の臨終の言葉を思い出していた」とありますが、「母の臨終の言葉」を、「ぼく」はどのように捉《とら》えていましたか。その説明として最も適当なものを、次のア～エから選びなさい。
ア　お母さんは、ぼくのことはまったく心配していなかった。
イ　お母さんは、父のことをあまり心配していなかった。
ウ　お母さんは、ぼくと父とを同じように心配していた。
エ　お母さんは、なによりも父のことを心配していた。

問五　――線④「親父を許せなかったら、お前が辛くなる」とありますが、「男の人」は「親父」のどのような点を「許」すべきだと言っていますか。三十字以内で説明しなさい。

問六　[D]・[E]に当てはまる言葉として最も適当なものを、次のア～オからそれぞれ選びなさい。（同じ記号は二度使用しないこと）
ア　目を疑った　　イ　目を見開いた
ウ　目を奪《うば》った　　エ　目を射た
オ　目を剝《む》いた

問七　――線⑤「おかあさん、おかわり」とありますが、この部分の「ぼく」についての説明として最も適当なものを、次のア～エから選びなさい。
ア　亡くなった「お母さん」とは別の「おかあさん」として晴子さんを認めることができたので、夕食の時に思い切って「おかあさん」と呼びかけてみた。
イ　「おかあさん」と書くことで亡くなった「お母さん」の面影《おもかげ》から離れることができたので、夕食の時には自信をもって「お

「なに？」

「お風呂《ふろ》立ててあるから入っちゃいなさい。注9カツさんは後でいいって」

「分かった」

お風呂に入り、父と交替《たい》し、父が上がってから、晩ごはんになる。

緊《きん》張して、おかずが何だったのか覚えていない。

目につく端《はし》から白飯にワンバウンドでかき込んで、茶碗《わん》を空にする。

さあ行け。それ行けアンパンマン。愛と勇気だ。

「⑤おかあさん、おかわり」

早口で茶碗を突き出す。

晴子さんが［E］。むっつりビールを飲んでいた父も。

「……大盛り？　小盛り？」

晴子さんの声は、揺れていた。

「中盛り」

「中盛り一丁、承《うけたまわ》りました！」

晴子さんはわざとらしくおどけて、台所へ立った。

中盛りをつぐのに、やけに時間がかかっていた。

洟《はな》をすする音が聞こえた。

父は、何も言わなかった。

だが、ごはんが終わって、二階に上がるときに、ぶっきらぼうに言った。

「飛行機、前日でいいな」

晴子さんが、「まだ取ってなかったの!?」と咎《とが》めるような口調になる。

そう言わないで。⑥大躍《やく》進なんだよ。最初は帰るのよそうって言ってたんだ。

「法事が終わったら、すぐ帰るぞ」

「もう少しゆっくりしてきたら？」

父は「仕事がある」とにべもない。

ぼくも本当はもっとゆっくりしたかった。祖母とも久しぶりだし、札幌の友達や幼なじみとも久しぶりだ。

だけど、父にとって祖母の家は針のむしろだろう。帰ってくれるだけで、御《おん》の字だ。友達とは法事の前日に遊ぶことにしよう。

父が二階に上がってから、晴子さんが言った。

「リョウちゃんだけでも、もっとゆっくりしてきたら？　航空会社に頼めば、搭《とう》乗も到《とう》着も係の人が面倒《どう》見てくれるし、おばさん、空港まで迎《むか》えに行ってあげるから」

おやおや。せっかくぼくがおかあさんと呼んだのに。

「いいよ、おかあさんも忙《いそが》しいだろ」

「……ごめんね、ありがとう」

そして、

「おかあさん、お土産《みやげ》は六花亭《てい》のバターサンドがいいな！」

「お父さんも大好物だから、きっと一番大きい箱で買ってくれるよ」

「楽しみにしてるね」

こうしてその日、晴子さんはぼくのおかあさんになった。

【有川　浩『アンマーとぼくら』】

（一部内容を省略しました）

（一部不適切と思われる表現がありますが、作品のオリジナリティを尊重し原文のまま掲載しました）

注1　子鯨…波が岩場に当たって砕《くだ》け散る形をたとえた表現。

注2　形式上ではあるが、軽く驚いて見せた…「ぼく」は以前「晴子さん」の「辛い」過去を本人から直接きいたことがあった。

注3　三回忌…人が死んだ翌々年の命日、またはその日に供養のために行われる法事のこと。

して、地面を見ている。

すると、男の人は、また父のほうを向いた。

「大丈夫だよ。あんたのことだって、心配してたよ。自分がいなくなったら、どうなっちゃうんだろうって、ずっとずっと、心配してたよ。立ち直れないんじゃないか、立ち直れなくて息子を支えてやれないんじゃないかって思ったから、息子にお前が頑《がん》張れって遺言を遺《のこ》したんだ。……だから、」

男の人は、俯《うつむ》いた父の顔を、両手で挟《はさ》んで上げさせた。

まっすぐ、目を覗《のぞ》き込む。

「あんたが晴子さんと出会って、お母さんはきっと安心してる」

［　C　］。

今度は、泣き声の上がらない、静かな涙だった。

男の人が、立ち上がった。ぼくらに背を向けて、歩き出す。

ぼくは、父のそばに膝を突いた。

でも、泣いている父に、何と話しかけていいのか分からない。困って、無言で肩《かた》をさすった。

それから、はっと気づいて、男の人を振《ふ》り返った。

「ありがとう！」

叫んだが、男の人の姿はもうどこにも見えなかった。

（中略）

殴られた頬《ほお》は、腫《は》れていた。

家に帰ると、晴子さんが「どうしたの⁉」とびっくりした。

ぼくらは目を見交《か》わした。腫れた頬の言い訳は作っていなかった。

どうする？　任せた。オッケー。

「お父さん、はしゃいで岩場で転んじゃったんだ。子供で困るよね、まったく」

父が［　D　］。

はしゃいだは余計だろ！　子供も余計だろ！　――と言っているのは分かったが、無視。

「もう！」

おかあさんは叱るような口調になった。

「磯《いそ》でふざけちゃいけませんっていつも言ってるでしょ！」

父はうぐぐと唸《うな》っていたが、結局「うん、ごめん」と頷《うなず》いた。

「冷やさなきゃ」

「いいよ、大したことない」

大したことないことにしたかったんだな、と注7大人になると分かった。いきなり知らない若造に殴られて、正論をぶたれて、悔《くや》しいのかたまりだったのだ。このうえ、手当てがいるような打撃《げき》をもらったなんて、認めたくなかったに違いない。

「もっとひどくなるわよ」

晴子さんが玄《げん》関を上がった父の後を追ったが、父は「いいよ」と珍《めずら》しく晴子さんを注8邪《じゃ》険にして、二階に上がった。

ぼくは部屋で濡《ぬ》れた服を着替えてから、ノートを出した。

鉛《えん》筆で、お母さんと書いてみた。それから晴子さんと。

お母さん。晴子さん。お母さん。晴子さん。――やっぱり、お母さんという言葉には、母の顔が浮《う》かんでくる。

ふと気がついて、おかあさんと書いてみた。――おお。

「……いけるかも」

おかあさん。晴子さん。おかあさん。晴子さん。おかあさん。おかあさん。おかあさん。

ドアが軽くノックされて、晴子さんが顔を出した。

「リョウちゃん」

慌《あわ》ててノートを閉じる。

「自分にだってできないことを、何で息子《むすこ》に押《お》しつける！」

「――だって！」

父が、まるで注5癇癪《かんしゃく》を起こした子供のように、叫《さけ》んだ。

「仕方ないじゃないか！」

仕方ないって、何が。

「お母さんは、俺《おれ》を置いて、死んじゃったじゃないか！」

そして［　A　］。

泣きじゃくった。

まるで火が点《つ》いたように、泣きじゃくった。

「リョウが覚えてたら、俺も思い出しちゃうじゃないか！」

――そういうことか。

さっきと同じ言葉を、違うテンションで思った。

「リョウが覚えていたら、お母さんが死んじゃったことを、思い出しちゃうじゃないかっ！」

注6 一生、叱《しか》られていたかった人が、あまりにも早く死んでしまった。

父は、ずっとパニック状態だったのだ。

母親に突然死なれた幼い子供のように。

父は、晴子さんとの幸せで、母が死んだ悲しみを上書きしようとしていたのだ。

ぼくが晴子さんをお母さんと呼ばない限り、新しい三人家族としての上書きができないのだ。

男の人は、泣きじゃくる父の胸倉を摑んだまま、呆然としていた。

父は泣き続ける――泣き続ける――泣き続ける。

男の人が、がくりと頭を垂れた。

そして、父の胸倉を、軽く揺《ゆ》する。

「……それでも、あんたは、こいつのお父さんなんだよ」

［　B　］。

――あなたは、リョウくんのお父さんなのよ。

まるで、母のようなことを、その人は言ったのだ。

「頼《たの》むよ。三回忌に連れて帰ってくれ」

父は涙《なみだ》を流しながら、どうしたらいいか分からないように、ぼくを見た。

③ぼくは、母の臨終の言葉を思い出していた。

お父さんを許してあげてね。お父さんは、ただ、子供なだけなのよ。

母は、その遺言《ゆいごん》で、ぼくのことを言わなかった。

子供が二人いたら、きっと、上の子に下の子のことを頼む。お兄ちゃん、弟を守ってあげてね、とか、そんなふうに。

母が亡くなる現実に耐《た》えられず、見舞《ま》いにさえろくに来られなかった父に、ぼくのことなんか頼めるわけがない。

母は、心配な大きな子供を、ぼくに頼むしかなかったのだ。

「あのさ」

男の人が話しかけたのは、ぼくにだった。

「違うからな」

違うって、何が。

「お母さんは、親父のことを心配してたんじゃない」

正に今、そう思っていたところだったので、ぼくはびっくりした。

「④親父を許せなかったら、お前が辛くなる。だからだ。お母さんは、最後までお前のことを心配してたんだ」

何で、そんなことが分かるんだろう。

この人は、一体何者なんだ。

「親父が子供で、子供で子供で、お前のことを悪気なくたくさん傷つけるって、お母さんは分かってたんだ」

父は、いつのまにか泣きやんでいた。尻餅を突いたまま、首を落と

か」

——そういうことか！

確かに、晴子さんのことを、お母さんとはまだ呼べない。

でも、大人になるまで、呼べないとは思わない。

今はまだ、無理なのだ。

それでも、晴子さんはいい人だし、ぼくは心を許しはじめているのに、

——どうしてこのクソ親父《おやじ》は、一々一々、台無しなことをするんだ！

「お母さんのことなんか、もう忘れろよ」

なんか。——父は、決して添《そ》えてはいけない言葉に、「なんか」と添えた。

「どうして、そんなこと言うんだよ！」

ぼくは、腹の底から怒《ど》鳴った。

声で人を殴《なぐ》れるものなら殴りたい、それくらいの声で、怒鳴った。

続けて腹の底から迫《せ》り上がってきたのは、絶対にそんなことは言ってはいけないと、母にきつく戒《いまし》められていた言葉だった。

死ねよ、このクソ親父！

ぼくの口からマグマのように声が飛び出す前に、

横から突《とつ》然、誰《だれ》かがぼくらの間に飛び込《こ》んできた。

突然現れた誰かは、いきなり父をぶん殴った。

知らない男の人だった。

父は、突然ぶん殴られて、地面に転げた。

「なっ……」

あまりのことに、父は言葉もない。口をぱくぱくさせて、男の人を見上げる。

父に少し似ていた。

「何すんだ、いきなりっ！」

父がようやく声を張り上げる。だが、倍ほども大きな声でかき消された。

「謝《あやま》れ！」

何を？　誰に？

「こいつに謝れ！」

男の人が激しく指差したのは、ぼくだった。

何が何だか、分からない。

父も分からないようで、地べたに尻餅《しりもち》をついたまま、呆《ぼう》然としている。

男の人は、父の前に両膝《ひざ》を突《つ》いて、父の胸倉《むなぐら》を両手で摑《つか》んだ。

「忘れられるわけないだろう、母親のことを！　まだ、たった二年だぞ！」

ぼくらが母の三回忌の話をしているのを、通りすがりに聞いたのか。

しかし、何故《なぜ》この人が、こんなにも突然怒るのか。

正義感が強いというより、親切というより、恐《こわ》いと思った。

気違《ちが》いかもしれないと思った。

ぼくはただ竦《すく》んで、二人の大人を見守るしかない。

晴子さんがいてくれたら、と思った。

自分ではどうにもできない、めちゃくちゃなパニックが起こったとき、ぼくはもう晴子さんを頼《たよ》りにするようになっていたのだと、そのとき初めて分かった。

男の人が、父にのしかかるようにして、怒鳴る。

「あんただって、忘れてないんだろ！」

父の顔が、大きく歪《ゆが》んだ。

ア　最初の段落で問題提起を行い、中間部分で具体的な根拠を挙げ、最後の段落で問題提起に対する筆者の解答を示している。

イ　最初の段落で世間の一般論を示し、中間部分で一般論に対する筆者の疑問点を挙げ、最後の段落で一般論を否定している。

ウ　最初の段落で問題提起を行い、中間部分で問題提起に対する一般的な解答を示し、最後の段落で筆者独自の解答を示している。

エ　最初の段落で筆者の意見を述べ、中間部分で筆者の意見を裏付ける根拠を挙げ、最後の段落で再び筆者の意見を述べている。

オ　最初の段落で世間の一般論を示し、中間部分で筆者の意見とその根拠を述べ、最後の段落で読者に問題提起をしている。

二　次の文章を読んで、後の問いに答えなさい。

> 札幌《さっぽろ》に住んでいたぼく（リョウ）は、小学四年生の時に実の母を亡《な》くした。その後写真家の父は沖縄《おきなわ》で出会った晴子さんと結婚《こん》し、父とぼくは那覇《なは》に引っ越《こ》し三人で暮らすことになった。ある日、父はぼくに二人で残波岬《ざんぱみさき》に行こうと提案した。風雨の中で岩場に大小の波が打ちつける勇壮《そう》な風景を見ながら、父はぼくに母や晴子さんのことを語った。

「①晴子さんに初めて会ったときはさぁ……」

父は波に目を戻《もど》した。——注1子鯨《くじら》。

「すごい人だなぁって思ったんだよ」

感嘆《たん》。——正に、そんな声の色だった。

「知れば知るほど、すごいなぁって思った。自分のふるさとを愛して、お父さんにいい景色を撮《と》らせるために一生懸《けん》命になってくれて、写真のことなんか何にも分からないのに、お父さんが何をしてほしいか、どうしたら喜ぶか、一生懸命考えて、助けてくれて……あんな目に遭《あ》ってたのに、何でこんなに人のために一生懸命になれるんだろうって」

言い終えてから、父は口を滑《すべ》らせた顔をした。そして、

「……晴子さんも、いろいろ辛《つら》いことがあった人なんだ」

ぼくは「そうなんだ」と注2形式上ではあるが、軽く驚《おどろ》いて見せた。

「晴子さんは、いい人だよね。それは分かるよ」

だから、父が晴子さんを好きになっても仕方がない。母が亡くなって寂《さび》しかったのなら余計に。それは、もう納《なっ》得しているつもりだった。

雨が、どさっと降ってきた。

ぼくらは、どちらからともなく、波に背を向けて車のほうへ戻《もど》った。

岩場を抜《ぬ》けて、道路に戻った辺りでのことだった。

「リョウ」

父が不意にそう呼びかけた。

「なに？」

ぼくはまったくの無防備。

「②注3三回忌《き》に帰るの、やめないか」

は!?　——と、注4怪訝《けげん》な声を出すことさえできなかった。

一体——一体一体一体、

この人は、

何を言い出したんだ？

「お墓参りに帰ってたら、お前、お母さんのこと忘れないじゃないか」

何で、母のことを忘れなければいけない？

意味が分からない。意味が分からない。意味が分からない。

「お前、いつまでも晴子さんのこと、お母さんって呼ばないじゃない

い。

ア　人間を特別な存在として自然界の他の生物と区別するため。

イ　これから述べる話題の中心となる言葉として強調するため。

ウ　人間を生物の中の一つの種類として扱《あつか》うことを示すため。

エ　この言葉をもともとの意味とは違《ちが》う意味で用いているため。

問三　――線②「本当にそうだろうか」とありますが、ここで筆者はどのようなことに対して疑問を投げかけているのですか。最も適当なものを、次のア～エから選びなさい。

ア　デコボコの地面では車輪は使い物にならないこと。

イ　ヒト以外に車輪を進化させた生物が全く存在しないこと。

ウ　自然界はデコボコだらけで平らなところがないこと。

エ　地面がデコボコだから車輪が生物で進化しなかったこと。

問四　――線③「車輪のエネルギー効率がよい」とはどういうことですか。「エネルギー効率がよい」理由もふくめて五十字程度で説明しなさい。

問五　――線④「車輪の欠点」について具体的に説明しているひと続きの二文を本文中からぬき出し、最初と最後の五字を答えなさい。（句読点も一字にふくみます）

問六　――線⑤「コアラ」とありますが、筆者はコアラの例を挙げることでどのようなことを説明しようとしているのですか。最も適当なものを、次のア～エから選びなさい。

ア　生物は、住んでいる環《かん》境に合わせてさまざまに体の仕組みを変化させること。

イ　どのような生物であっても、地球上のどこかには生息できる環境があること。

ウ　地球上には、合理的とは思えないような生態の生物がいくらでもいること。

エ　生息条件が限られていることは、その生物が存在しない理由にならないこと。

問七　――線⑥「この車で段差を上ることを考えよう」とありますが、この車のような体のつくりを持つ左の【図】のような生物がいると仮定して、この生物が段差を上る過程について、後の〈条件〉(1)～(3)を全て満たすように説明しなさい。

【図】

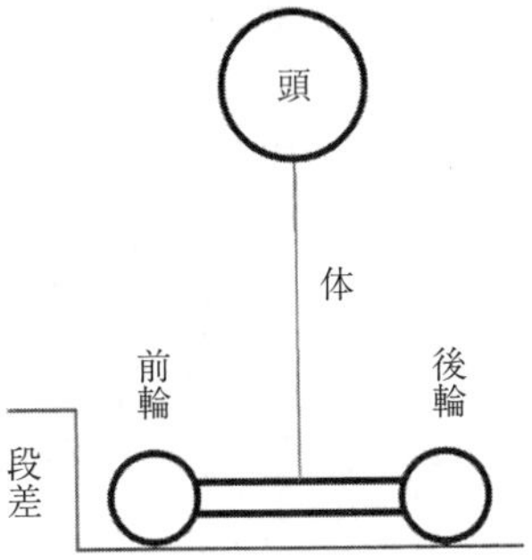

〈条件〉

(1)　三つの文に分けて、全体を八十字以内で書くこと。

(2)　一文目は「まず」、二文目は「次に」、三文目は「最後に」で書き始めること。

(3)　「前輪」、「後輪」、「頭」、「体」という語を全て用いること。

問八　本文には次の一文がぬけています。本文の※より後で、この文が入る直後の文の最初の五字を答えなさい。（句読点も一字にふくみます）

＊　しかも、車輪を複数使えば、かなりデコボコでも走れるので、車輪が使える場所は思ったよりも広いかも知れない。

問九　本文についての説明として最も適当なものを、次のア～オから選びなさい。

るのだ。それなのに、どうしてサバンナにだけ住んでいる車輪をもったシカは、進化しなかったのだろうか。

しかも、車輪を複数使えば、半径よりずっと高い段差を上ることだってできるのだ。たとえば前後に車輪を付けた車の上に、重りをつけた柱を立てておく。柱は自由に曲げることができるものとする。⑥この車で段差を上ることを考えよう。たとえ段差が車輪の半径より高くても、前の車輪だけなら段差の上に上げることはできる。しかし、重りを動かさなければ、車が上れるのはここまでだ。車全体が、段差の上に上がることはできない。しかし、柱を曲げて重りを段差の上まで動かして、車全体の重心を段差の上に移動させれば、どうだろうか。そうすれば、後ろの車輪は床《ゆか》から離《はな》れて、車は段差の上に上ることができる。これなら、前後の車輪の間隔《かく》を広げることによって、いくらでも高い段差に上ることが可能である。

※ いくらなんでも重りをつけて移動させるのは反則だ、と言う人もいるかもしれない。しかし、そんなことはない。[B]重心を移動させなければ、どんな方法を使おうと、段差を上ることは不可能なのだ。私たちだって、段差の上に片足を載《の》せただけで、真っすぐに突《つ》っ立っていては、段差を上ることはできない。段差を上るためには、体を曲げて、段差に載せた足よりも先まで、頭を持ってこなければならない。そうして、体全体の重心を段差の上まで移動させてから、足を伸《の》ばすことによって、段差を上るのである。だから、重心を移動させるのは反則でも何でもなく、段差を上るために不可欠なことなのだ。このように少し工夫《ふう》をすれば、車輪でもいろいろなことができる。木に登ることだってできるのだ。

さらに言えば、複数の移動手段を進化させた生物は、たくさんいる。だから、車輪が使えないときは別の手段で移動して、車輪を使えるときだけ使う、そんな生物が進化したっておかしくない。

カラスは空を飛ぶ。でも地面を歩くこともできる。カラスは空を飛ぶ翼《つばさ》も、地面を歩く肢《あし》も、両方持っているからだ。昆《こん》虫のカブトムシも、空を飛ぶ翅《はね》と、地面を歩く肢を、両方持っている。一方エビは、泳ぐことも、海底を歩くこともできる。泳ぐための肢（腹部についている腹肢《し》）と、海底を歩くための肢（胸部についている胸脚《きゃく》）を、両方もっているからだ。

だから、肢と車輪を両方進化させた生物がいたってよさそうなものだ。デコボコした場所は肢で歩き、平坦《たん》なところは車輪で疾《しっ》走する。そんな生物がいたら、繁《はん》栄しそうに思える。ローラースケートのように、脚の先に車輪をつけるのも、よいかもしれない。これなら、車輪で越《こ》えられないような大きな石は、跨《また》げばよいのだ。それなのに、いくらサバンナを見渡《わた》しても、車輪で走っていく生物が1匹《ぴき》もいないのはなぜだろう。

以上の話をまとめよう。地球上で車輪を使える場所はあまりないけれど、まったくないわけではない。さらに車輪だけでなく肢も同時に進化させれば、もはや何の問題もない。車輪が使えないところでは、肢を使えばよいのだから。どうやら「地面がデコボコだから車輪が進化しなかった」とは言えないようだ。

【更科 功『進化論はいかに進化したか』】

注　食性…動物の、食物の種類や食べ方についての習性。

問一 [A]・[B]に当てはまる言葉として最も適当なものを、次のア～オからそれぞれ選びなさい。（同じ記号は二度使用しないこと）

ア そもそも　イ たとえば　ウ さらに
エ つまり　オ もちろん

問二 ――線①「ヒト」を表すのに、漢字ではなくカタカナが用いられている理由として最も適当なものを、次のア～エから選びなさ

二〇二〇年度　山脇学園中学校

【国　語】〈国・算一科午後試験〉（六〇分）〈満点：一〇〇点〉

一　次の文章を読んで、後の問いに答えなさい。

古くからある謎《なぞ》の一つに、「なぜ生物には車輪がないのか」というものがある。これに対する答えとしては、「車輪はデコボコ道が苦手だから」というのが一般《ぱん》的である。

車輪をもつ自動車は、舗《ほ》装された平らな道の上ならスムーズに走れる。しかし、砂《じゃ》利道では車体がガタガタして安定しないので、スピードを落とさなければならない。大きな岩でもあれば、それ以上先へ進むことすらできない。確かに車輪は、デコボコ道が苦手なようだ。ましてや、①ヒト以外の多くの生物が住んでいる自然界には、そもそも道すらない。地面はいたるところ、デコボコだらけだ。これでは車輪は使い物にならないので、車輪は生物で進化しなかったのだ。これが、よく聞く答えである。でも、②本当にそうだろうか。

私たちの周りでは、自動車も電車も車輪で動いている。どうして、私たちヒトは、車輪をよく使うのだろう。

それは、③車輪のエネルギー効率がよいからである。たとえば、歩行と自転車を比べてみよう。両方ともエネルギー源は人力だ。しかし同じ距離《きょり》を移動するなら、自転車の方が少ないエネルギーで済むこと、つまり楽なことは明らかだ。

私たちが歩くときには、右足を前に出し、それから右足を地面に着けて止める。その間に左足を動かすのだが、それが終わると、地面に着けていた右足をまた前に出す。その繰《く》り返しだ。つまり、右足にせよ左足にせよ、動かしたり止めたりしなければならないので、その度《たび》に加速や減速のためのエネルギーを余分に使うことになる。一方、自転車の車輪は、一定の速さで回り続ける。足のように加速と減速を繰り返さないので、エネルギー効率が良いのである。

私たちは、この車輪の利点を使うために、④車輪の欠点を修正する。つまり、デコボコ道を平らにする。道路を作ったり、線路を敷《し》いたりするのである。［　A　］、デコボコを平らにするのにもエネルギーは必要だ。しかし、いったん平らにしてしまえば、その後は車輪が使えるので、エネルギーが節約できる。長い目で見れば得をするので、がんばって平らにするわけだ。

つまり、もしも地面が平らだったら車輪は進化したのだが、実際の地面はデコボコなので、生物で車輪は進化しなかった、というのが一般的な説ということになる。この説が正しいかどうかを考えるために、車輪はどのくらい地面がデコボコだと進めないのか検討してみよう。

車輪は、どのくらいの段差まで上れるのだろうか。車椅《い》子《す》や自動車の場合は、段差が車輪の直径の4分の1ぐらいまでなら、何とか上ることができるようだ。車輪だけが単独で転がっていく場合なら、原理的には車輪の直径の半分、つまり半径より低い段差なら上ることが可能である。これなら、車輪がそこそこ大きければ、道路がなくても走れるところが、地球上に結構ありそうだ。たとえば、タイヤの直径が70～80センチメートルのジープなどで、道のないサバンナや砂漠《ばく》を走ることは可能だし、火星の探査車もタイヤを使って、道のない火星の表面を調査している（ちなみに、タイヤというのは車輪の外側の部分で、ゴムでできていることが多い）。たしかに車輪で走れないところも多いだろうが、地球上のあらゆるところで車輪がまったく使えない、ということはないはずだ。そう考えると、一部の地域で、車輪を持つ生物が進化したって、よさそうなものである。⑤コアラのように注食性が限られていて、一部の地域にしか住んでいない生物はたくさんい

2020年度

山脇学園中学校　▶解説と解答

算　数　＜国・算１科午後試験＞（60分）＜満点：100点＞

解　答

(1)　$\frac{17}{24}$　(2)　$\frac{2}{3}$　(3)　165　(4)　125cm　(5)　40cm　(6)　90ｇ　(7)　3600円　(8)　８時間　(9)　３個　(10)　18回　(11)　651人　(12)　45度　(13)　14.34cm^2　(14)　904.32cm^3　(15)　50cm^2　(16)　327円　(17)　①　6　②　3　(18)　①　毎分270m　②　1890m

解　説

四則計算，逆算，数列，還元算，比の性質，濃度《のうど》，売買損益，仕事算，分数の性質，倍数，割合と比，角度，面積，体積，相似，辺の比と面積の比，差集め算，図形の移動，周期算，旅人算

(1)　$2\frac{3}{4}\div1\frac{1}{2}-\left(0.3-\frac{1}{5}\right)\times\left(1.5\div\frac{2}{3}+9\right)=\frac{11}{4}\div\frac{3}{2}-\left(\frac{3}{10}-\frac{2}{10}\right)\times\left(\frac{3}{2}\times\frac{3}{2}+9\right)=\frac{11}{4}\times\frac{2}{3}-\frac{1}{10}\times\left(\frac{9}{4}+9\right)=\frac{11}{6}-\frac{1}{10}\times\left(\frac{9}{4}+\frac{36}{4}\right)=\frac{11}{6}-\frac{1}{10}\times\frac{45}{4}=\frac{11}{6}-\frac{9}{8}=\frac{44}{24}-\frac{27}{24}=\frac{17}{24}$

(2)　$0.7-\frac{9}{25}\times\left\{\frac{7}{9}-\left(\square+\frac{2}{9}\right)\div1.5\right\}=\frac{19}{30}$より，$\frac{9}{25}\times\left\{\frac{7}{9}-\left(\square+\frac{2}{9}\right)\div1.5\right\}=0.7-\frac{19}{30}=\frac{7}{10}-\frac{19}{30}=\frac{21}{30}-\frac{19}{30}=\frac{2}{30}=\frac{1}{15}$，$\frac{7}{9}-\left(\square+\frac{2}{9}\right)\div1.5=\frac{1}{15}\div\frac{9}{25}=\frac{1}{15}\times\frac{25}{9}=\frac{5}{27}$，$\left(\square+\frac{2}{9}\right)\div1.5=\frac{7}{9}-\frac{5}{27}=\frac{21}{27}-\frac{5}{27}=\frac{16}{27}$，$\square+\frac{2}{9}=\frac{16}{27}\times1.5=\frac{16}{27}\times\frac{3}{2}=\frac{8}{9}$　よって，$\square=\frac{8}{9}-\frac{2}{9}=\frac{6}{9}=\frac{2}{3}$

(3)　右の図１のように区切って，順に１組，２組，３組，…とすると，どの組も１から順に，組の番号と同じ個数だけ数字が並んでいるので，はじめて９がでてくるのは｛1，2，3，…，9｝と並ぶ組，つまり，９組の最後となる。よって，はじめてでてくる９までをすべて足した和は，１組から９組までのすべての数字の和となる。１組の和は１，２組の和は，１＋２＝３，３組の和は，１＋２＋３＝３＋３＝６，４組の和は，１＋２＋３＋４＝６＋４＝10，５組の和は，10＋５＝15，６組の和は，15＋６＝21，７組の和は，21＋７＝28，８組の和は，28＋８＝36，９組の和は，36＋９＝45だから，すべて足した和は，１＋３＋６＋10＋15＋21＋28＋36＋45＝165と求められる。

図１

1｜1，2｜1，2，3｜1，2，3，4｜…
1組　2組　3組　4組

(4)　２回目に使った後の残りの，$1-\frac{1}{5}=\frac{4}{5}$が48cmなので，２回目に使った後の残りの長さは，$48\div\frac{4}{5}=60$(cm)である。これは，１回目に使った後の残りの，$1-\frac{1}{5}=\frac{4}{5}$にあたるから，１回目に使った後の長さは，$60\div\frac{4}{5}=75$(cm)とわかる。よって，１回目に使った長さは，200－75＝125(cm)と求められる。

(5)　たてと横の長さの比が３：２なので，たての長さを(□×３)cm，横の長さを(□×２)cmとすると，面積は，(□×３)×(□×２)＝□×□×６(cm^2)と表せる。これが96cm^2だから，□×□＝96÷６＝16＝４×４より，□＝４(cm)とわかる。よって，たての長さは，４×３＝12(cm)，横の長さは，４×２＝８(cm)だから，まわりの長さは，(12＋８)×２＝40(cm)となる。

(6)　６％の食塩水30ｇに食塩は，30×0.06＝1.8（ｇ）ふくまれ，10％の食塩水50ｇに食塩は，50×0.1＝５（ｇ）ふくまれる。また，加えた水には食塩はふくまれないから，最後にできた食塩水には，食塩が，1.8＋５＝6.8（ｇ）ふくまれている。このとき，食塩水の濃度は４％だから，食塩水の重さを□ｇとすると，□×0.04＝6.8（ｇ）と表せる。よって，□＝6.8÷0.04＝170（ｇ）だから，加えた水の重さは，170－30－50＝90（ｇ）と求められる。

(7)　原価が2000円で，原価の８％が利益だから，利益は，2000×0.08＝160(円)で，売り値は，2000＋160＝2160(円)となる。これが定価の４割引きなので，定価の，１－0.4＝0.6(倍)が2160円にあたる。よって，定価は，2160÷0.6＝3600(円)とわかる。

(8)　この仕事全体の量を６，４，３の最小公倍数より，12とすると，春子さんと夏子さんの２人では１時間に，12÷６＝２，夏子さんと秋子さんの２人では１時間に，12÷３＝４，春子さんと秋子さんの２人では１時間に，12÷４＝３の仕事ができる。よって，春子さん，夏子さん，秋子さんが１時間にできる仕事の量をそれぞれ㋩，㋤，㋐とすると，右上の図２のような３つの式に表せる。これらの式をすべてたすと，㋩＋㋩＋㋤＋㋤＋㋐＋㋐＝２＋４＋３＝９となるから，㋩＋㋤＋㋐＝９÷２＝4.5とわかる。よって，㋤＝(㋩＋㋤＋㋐)－(㋩＋㋐)＝4.5－３＝1.5だから，夏子さんが１人ですると，12÷1.5＝８(時間)かかる。

図２

㋩＋㋤　　＝2
　　㋤＋㋐＝4
㋩＋　　㋐＝3

(9)　0.5は１の半分だから，0.5より大きい分数の分子は，分母の半分より大きくなる。よって，0.5より大きく１より小さい分数のうち，分母が７のものは分子が，７÷２＝3.5より大きく７より小さいから，$\frac{4}{7}$，$\frac{5}{7}$，$\frac{6}{7}$の３個ある。

(10)　１時台，２時台，３時台の時刻を表す３けたの数は，100～159，200～259，300～359で，４時を表す３けたの数は400である。これらのうち，９で割り切れる数が何個あるか考えればよい。まず，99が９で割り切れることから，100～159のうち，９で割り切れる最も小さい数は，99＋９＝108である。よって，100～159のうち，９で割り切れる数は，108，117，126，135，144，153の６個ある。また，99×２＝198，99×３＝297が９で割り切れることから，200～259のうち，９で割り切れる最も小さい数は，198＋９＝207で，300～359のうち，９で割り切れる最も小さい数は，297＋９＝306となる。したがって，200～259のうち，９で割り切れる数は，207，216，225，234，243，252の６個，300～359のうち，９で割り切れる数は，306，315，324，333，342，351の６個ある。さらに，400は９で割り切れないので，１時から４時までで９で割り切れる数の時刻は，６×３＝18(回)現れる。

(11)　子どもの数は大人の数の２倍だったので，大人１人と子ども２人を組にしていくと，ちょうどあまりなく組をつくることができる。このとき，１組あたりの入場料は，500×１＋200×２＝900(円)で，入場料の合計は195300円だったから，組の数は全部で，195300÷900＝217(組)となる。よって，入場者数は，（１＋２）×217＝３×217＝651(人)と求められる。

(12)　右の図３で，弧《こ》ABと弧CDの長さはどちらも円周の，６÷12＝$\frac{1}{2}$だから，直線ABとCDはどちらも円の直径である。よって，円の中心をＯとすると，ＯはABとCDの交わる点となる。ここで，角EOCの大きさは，360×$\frac{1}{12}$＝30(度)である。また，三角形ODEは二等辺三角形で，角DOEの大きさは，180－30＝150(度)だから，角ODEの大きさは，(180－150)÷２＝15(度)となる。また，角BODは30度なので，三角形ODFの内角と外角の関係か

図３

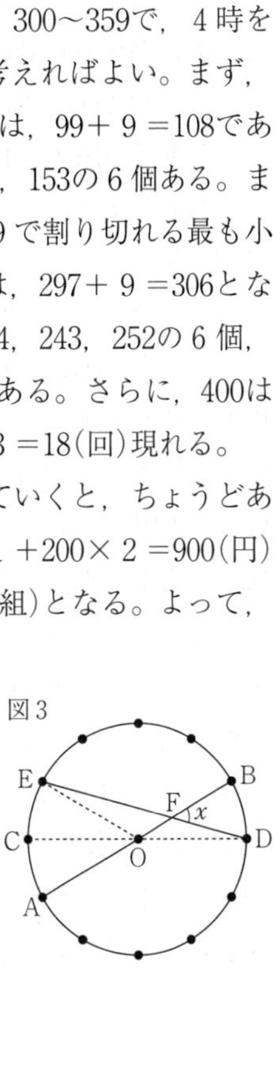

ら，角 x ＝角BOD＋角ODE＝30＋15＝45(度)と求められる。

⒀　右の図４で，斜線《しゃせん》部分の面積は，おうぎ形OABの面積に三角形OCBの面積をたして，三角形OACの面積をひけば求められる。まず，おうぎ形の半径は，３＋３＝６(cm)で，角AOBの大きさは，$90\times\frac{2}{3}=60$(度)だから，おうぎ形OABの面積は，$6\times6\times3.14\times\frac{60}{360}=18.84$($cm^2$)である。また，点ＢからＯとＣを通る直線と直角に交わる直線BHをひくと，角BOHの大きさは，$90\times\frac{1}{3}=30$(度)，角OBHの大きさは，180－(30＋90)＝60(度)だから，三角形OBHは正三角形を２等分した直角三角形とわかる。よって，BHの長さはOBの半分で，６÷２＝３(cm)となるから，三角形OCBの面積は，OC×BH÷２＝３×３÷２＝4.5(cm^2)となる。さらに，三角形OACの面積は，３×６÷２＝９(cm^2)なので，斜線部分の面積は，18.84＋4.5－９＝14.34(cm^2)と求められる。

図４

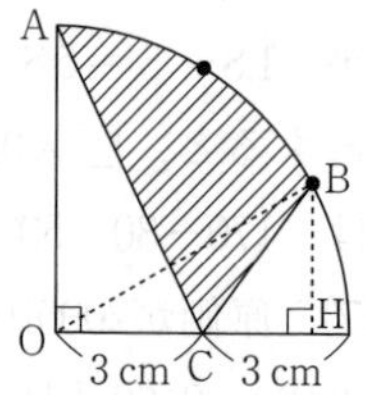

⒁　右の図５のような，円柱から円すいを２個くり抜《ぬ》いた形の立体ができる。三角形ABCは直角二等辺三角形なので，ＣからABと直角に交わる直線CDをひくと，三角形ADC，三角形BDCも直角二等辺三角形となる。よって，AD，DC，DBの長さは等しいので，これらの長さはすべて，12÷２＝６(cm)となる。すると，円柱と円すいの底面の半径はいずれも６cmで，２個の円すいの高さはいずれも６cmとわかる。したがって，円柱の体積は，６×６×3.14×12＝432×3.14(cm^3)で，円すい２個の体積の和は，６×６×3.14×６÷３×２＝144×3.14(cm^3)だから，この立体の体積は，432×3.14－144×3.14＝(432－144)×3.14＝288×3.14＝904.32(cm^3)と求められる。

図５

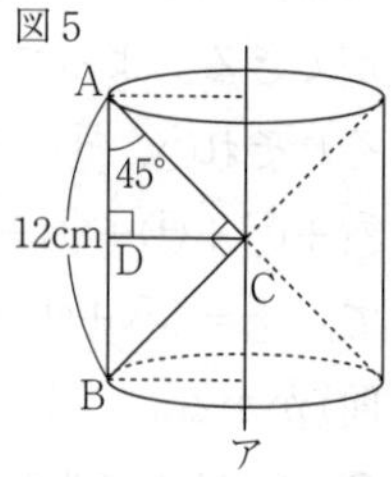

⒂　右の図６で，三角形PDBと三角形PECはどちらも，３つの角が90度，60度，180－90－60＝30(度)となるので，相似である。その相似比は，BP：CP＝３：２だから，面積の比は，(３×３)：(２×２)＝９：４となる。よって，三角形PECの面積は，$13\times\frac{4}{9+4}=4$(cm^2)とわかる。また，三角形PECは正三角形を２等分した直角三角形なので，ＢからACと直角に交わる直線を引き，交わる点をＱとすると，三角形PECと三角形BQCは相似になる。そこで，PC：BC＝２：(２＋３)＝２：５なので，面積の比は，(２×２)：(５×５)＝４：25となり，三角形BQCの面積は，$4\times\frac{25}{4}=25$(cm^2)となる。これは三角形ABCの面積の半分なので，三角形ABCの面積は，25×２＝50(cm^2)となる。

図６

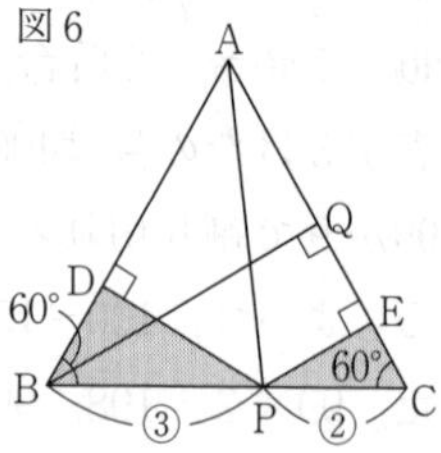

⒃　１円玉５枚を５円玉１枚に両《りょう》替《が》えすると，硬《こう》貨《か》の枚数は，５－１＝４(枚)減り，全体で硬貨の枚数が260枚減ったので，１円玉を５円玉，260÷４＝65(枚)に両替えしたとわかる。また，５円玉２枚で10円玉１枚に両替えできるから，５円玉65枚は，65÷２＝32あまり１より，10円玉32枚と５円玉１枚になる。さらに，10円玉10枚で100円玉１枚に両替えできるから，10円玉32枚は，32÷10＝３あまり２より，100円玉３枚と10円玉２枚になる。よって，最後に残った硬貨は，100円玉が３枚，10円玉が２枚，５円玉が１枚であり，全部で８枚になったので，残った１円玉の枚数は，８－(３＋２＋１)＝２(枚)とわかる。したがって，貯金箱に入っていた金額は，100×３＋10×２＋５×１＋１×２＝327(円)と求められる。

⒄　①　１回転がすと，下の図７の[1]のようになり，３の面は下にくる。３の面は４の面と向かい合うから，上に向いた面は４の面となる。また，２の面は５の面と，１の面は６の面とそれぞれ向かい

合うので，２回，３回転がすと，それぞれ図７の②，③のようになる。よって，３回転がしたとき，上に向いた面にかかれた数は６である。　② ４回，５回，６回転がすと，それぞれ図７の④，⑤，⑥のようになるので，６回転がすと，初めの状態と同じになる。その後，初めからと同じように，右，手前，右，手前，…と転がしていくから，上に向いた面の数は，１回目から６回目までの{4，5，6，3，2，1}がくり返される。よって，2020÷６＝336あまり４より，2020回転がしたときの上に向いた面の数は，４回転がしたときと同じになるので，３とわかる。

図７

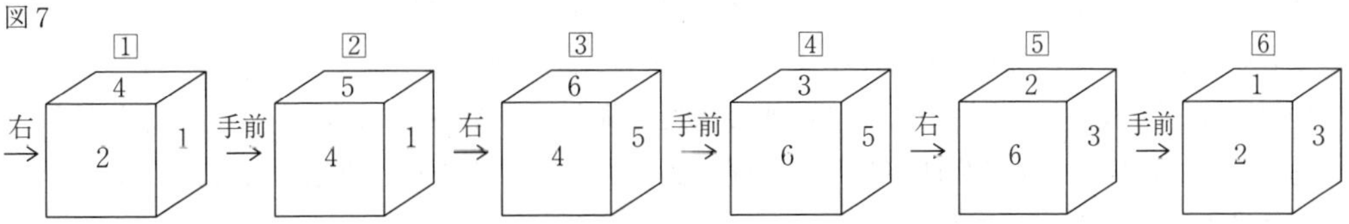

(18) ① ９分後には，ＢさんはＡさんとＣさんより，(130－60)×９＝630(m)前にいる。ここから，$4\frac{1}{2}$分でＣさんがＢさんに追いつくので，ＣさんとＢさんの速さの差は毎分，630÷$4\frac{1}{2}$＝140(m)なので，Ｃさんの速さは毎分，130＋140＝270(m)である。　② ９分でＣさんはＡさんより池１周分多く進むので，池のまわりの長さは，(270－60)×９＝1890(m)と求められる。

国　語　＜国・算１科午後試験＞（50分）＜満点：100点＞

解　答

一 **問１** **Ａ** オ　**Ｂ** ア　**問２** ウ　**問３** エ　**問４** (例) 加速や減速のための余計なエネルギーを必要としないため，少ないエネルギーで進むことができるということ。　**問５** しかし，砂～できない。　**問６** エ　**問７** (例) まず前輪を段差の上に上げる。次に体を曲げて頭を段差に載せた前輪よりも先まで動かし，体全体の重心を段差の上に移動する。最後に後輪を段差の上に上げる。　**問８** さらに車輪　**問９** イ　**二** **問１** ウ　**問２** (例) 母の三回忌に帰ると，リョウが母を忘れず晴子さんを「お母さん」と呼ばない上に，父自身も妻を亡くした悲しみを思い出してしまって，新しい三人家族にならないから。　**問３** **Ａ** オ　**Ｂ** エ　**Ｃ** ア　**問４** エ　**問５** (例) 父が子供っぽさのために，悪気なくリョウを傷つけてしまう点。　**問６** **Ｄ** オ　**Ｅ** イ　**問７** ア　**問８** (例) 母の法事のために札幌に帰る(ことを，父が受け入れたこと。)　**問９** ウ

解　説

一 **出典は更科功《さらしないさお》の『進化論はいかに進化したか』による。**「なぜ生物には車輪がないのか」という問いに対する一般《いっぱん》的な答えを紹介《しょうかい》し，それを批判《ひはん》した上で，その答えはまちがっていると主張している。

問１ **Ａ** 「デコボコ道を平らにする」ことについて述べている部分で，平らにするにもエネルギーは必要だが，いったん平らにすればエネルギーが節約できると述べているので，“いうまでもなく”という意味の「もちろん」が合う。　**Ｂ** 重りをつけて移動させるのは反則だ，と言う人もいるが，そんなことはなく，重心を移動させなければ段差を上れないという文脈なので，“だい

たい”という意味の「そもそも」が合う。

問２　「ヒト」もまた，自然界に住んでいる多くの生物の一種にすぎないということを示すために，あえてほかの生き物と同様にカタカナ表記が用いられているのである。

問３　直前に，地面はいたるところデコボコだらけで，車輪はデコボコ道が苦手なので生物で進化しなかったのだとある。この一般的な意見に対して筆者は，「本当にそうだろうか」と疑問を投げかけているのである。

問４　歩行と自転車を比べて説明されている。歩くときには足を動かしたり止めたりしなければならないので，その度《たび》に加速や減速のためのエネルギーを余分に使うことになる。一方，車輪は，一定の早さで回り続けて，「足のように加速と減速を繰《く》り返さないので，エネルギー効率が良い」のである。「エネルギー効率が良い」とは，同じ距離《きょり》を移動するなら，車輪のほうが「少ないエネルギーで済む」ということである。

問５　欠点を修正することが，「デコボコを平らにする」ことなので，欠点はデコボコ道が苦手ということである。最初から二つ目の段落で，「車輪をもつ自動車」は，舗装《ほそう》された平らな道の上ならスムーズに走れるが，「砂利《じゃり》道では車体がガタガタして安定しないので，スピードを落とさなければならない」し，「大きな岩でもあれば，それ以上先へ進むことすらできない」と説明されている。

問６　コアラは，「食性が限られていて，一部の地域にしか住んでいない生物」の例である。筆者は「一部の地域で，車輪を持つ生物が進化したって，よさそうなもの」だと考えているので，限定された条件の下でしか生きられないからといって，その生物が存在しないということにはならないことを示しているのである。

問７　続く部分の説明を参考にまとめるとよい。この生物が段差を上る過程は，まず，前輪を「段差の上に上げる」ことから始まる。ついで，体を曲げて，頭を段差の上の前輪の先まで動かして，体の「全体の重心を段差の上に移動させ」る。そうすれば，「後ろの車輪は床《ゆか》から離《はな》れて」段差を上がるので，この生物は段差の上に上ることができるのである。

問８　もどす文は，前のことがらを受けて，さらに別のことを加えるときに使う「しかも」で始まっているので，最後の段落のまとめの「地球上で車輪を使える場所はあまりないけれど，まったくないわけではない」の後に入れると，それに加えて車輪を複数使えば，車輪が使える場所は思ったよりも広いというつながりになり，文意が通る。

問９　最初の段落で，「なぜ生物には車輪がないのか」という問いに対して，「車輪はデコボコ道が苦手だから」と答えるのが一般的であることを紹介している。中間部分では，「本当にそうだろうか」として，その一般論に対する疑問があげられている。そして最後の段落で，筆者は，「どうやら『地面がデコボコだから車輪が進化しなかった』とは言えないようだ」として，一般論を否定している。

二　**出典は有川浩《ありかわひろ》の『アンマーとぼくら』による。**突然《とつぜん》現れた謎《なぞ》の人物によって，亡《な》くなった母が「ぼく」や父のことをどう思っていたかを告げられ，父の心情も知った「ぼく」が，後妻《ごさい》の晴子さんを「おかあさん」と呼ぶようになったいきさつを描《えが》いている。

問１　読み進めていくと，「晴子さんは，いい人」だし，「父が晴子さんを好きになっても仕方がない」と書かれている。

問２　父は，母の三回忌《き》に行くと，「ぼく」が母のことを思い出し，いつになっても晴子さんのことを「お母さん」と呼ばないと考えている。また，突然現れた男の人によって，父も母のことを忘れられていないことがわかった。その状態では，「新しい三人家族としての上書き」ができないのである。

問３　**A**　父は，空らんＡの前で「お母さんは，俺《おれ》を置いて，死んじゃったじゃないか！」と叫《さけ》び，後で「泣きじゃくった」とあるので，「うわーっと声を上げて，泣いた」が合う。　**B**　空らんＢの前で，男の人は，父の胸倉《むなぐら》を掴《つか》んだまま「軽く揺《ゆ》する」と，「……それでも，あんたは，こいつのお父さんなんだよ」と言っている。それは，まるで母が言いそうなことだったので，「泣きじゃくっていた父が，驚《おどろ》いたように声を飲んだ」のである。その後，父は涙《なみだ》を流しながら「ぼく」を見ているので，まだ泣きやんではいない。　**C**　父は，この前ではいったん泣きやんでいたが，男の人に「あんたが晴子さんと出会って，お母さんはきっと安心してる」と言われて，また「静かな涙」を流しているので，「父の目から，涙が流れた」がよい。

問４　母の臨終の言葉は，「お父さんを許してあげてね。お父さんは，ただ，子供なだけなのよ」というものだった。母は父のことを心配して，父のことを「ぼく」に頼《たの》むためにそう言ったのだろうと「ぼく」は思っていたのである。

問５　この後，男の人は，父がとても子供なので，「ぼく」のことを「悪気なくたくさん傷つける」だろう，ということを母は分かっていたと言っている。そのことで父親を許せなかったら，「ぼく」がつらくなるだろうと思って，母は「お父さんを許してあげてね」と言ったのである。

問６　**D**　見知らぬ男の人に殴《なぐ》られたために，父の頬《ほお》は腫《は》れていた。それを見て，晴子さんがびっくりしたので，「ぼく」はとっさに，「お父さん，はしゃいで岩場で転んじゃったんだ。子供で困るよね，まったく」と嘘《うそ》をついた。それを聞いて父は，「はしゃいだは余計だろ！　子供も余計だろ！」と怒《おこ》っているので，「目を剝《む》いた」のである。「目を剝く」は，怒って目を大きく開くこと。　**E**　「ぼく」が初めて晴子さんを「おかあさん」と呼んだので，晴子さんは驚いて，「目を見開いた」のである。

問７　少し前にあるとおり，「お母さん」という呼び名は，亡くなった母と結びついていたので，「ぼく」は晴子さんを「お母さん」とは呼べなかった。一方，「おかあさん」と呼ぶならいけることがわかったので，「ぼく」は勇気を出して晴子さんを「おかあさん」と呼んでみたのである。

問８　「躍進《やくしん》」は，めざましい勢いで進歩すること。父は，最初は母の三回忌に行くのはやめようと言っていたのだから，三回忌に出席すると決めただけでも，「大躍進」なのである。

問９　父は男の人に対して最初のうちは反発していたが，最後にはその言葉を受け入れている。しかし，「感謝していた」かどうかは読み取れないので，アは誤り。また，男の人は「父の兄弟」かどうかはわからないので，イも合わない。さらに，父はまだ子供っぽいままで，父親らしくはなっていないし，「ぼく」は「父にとって祖母の家は針のむしろだろう」と考えているので，エも正しくない。「針のむしろ」は，周囲から非難されたり，冷たくあしらわれたりして，非常につらい思いをする場所のたとえ。「父と祖母が仲直りする」なら，「父にとって祖母の家」は，「針のむしろ」ではなくなるはずである。

Dr.福井の
入試に勝つ！脳とからだのウルトラ科学

入試当日の朝食で，脳力をアップ！

朝食を食べない学生は，朝食をきちんと食べる学生に比べて成績が悪かった――という研究発表がある。まあ，ちょっと考えればわかると思うけど，朝食を食べないということは，車にガソリンを入れないで走らせようとするようなものだ。体がガス欠になった状態では，頭が十分に働くわけがない。入試当日の朝食はちゃんと食べよう！　朝食を食べた効果があらわれるように，試験開始の２時間以上前に食べるようにするとよい。

では，入試当日の朝食にふさわしいものは何か？

まず，脳の直接のエネルギー源はブドウ糖だけであるから，それを補給するためのご飯やパン，これは絶対に必要だ。また，砂糖や果物の糖分は吸収されやすく，効果が速くあらわれやすいので，パンにジャムをぬったり果物を食べたりするのもよいだろう。

次に，タンパク質。これは脳の温度を上げる作用がある。温度が低いままでは十分に働かないからね。タンパク質を多くふくむのは肉や魚，牛乳，卵，大豆などだが，ここでは大豆でできたとうふのみそ汁や納豆をオススメする。そして，記憶力がアップするDHAを多くふくんでいる青魚，つまりサバやイワシなども食べておきたい。

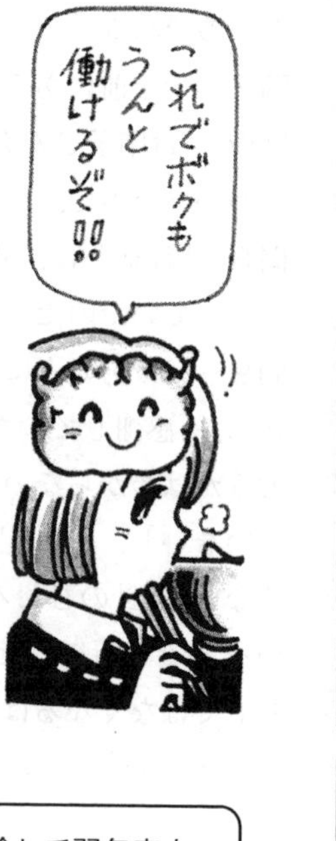

生野菜も忘れてはならない。その中にふくまれるビタミンBは，ブドウ糖を脳に吸収しやすくする働きを持つので，結果的に脳力アップにつながるんだ。

コーヒーや紅茶，緑茶は，カフェインという成分の作用で目覚めをうながすが，トイレが近くなってしまうので，飲みすぎに注意！　試験当日はひかえたほうがよいだろう。眠気を覚ましたいときはガムをかむといい。脳が刺激《しげき》されて活性化し，目が覚めるんだ。

Dr.福井(福井《ふくい》一成《かずしげ》)…医学博士。開成中・高から東大・文Ⅱに入学後，再受験して翌年東大・理Ⅲに合格。同大医学部卒。さまざまな勉強法や脳科学に関する著書多数。

Memo

Memo

2025年度用

中学スーパー過去問

■編集人 声の教育社・編集部
■発行所 株式会社 声の教育社
〒162-0814 東京都新宿区新小川町8-15
☎03-5261-5061(代) FAX03-5261-5062
https://www.koenokyoikusha.co.jp

※本書の内容についての一切の責任は当社にあります。内容・解説・解答・その他は当社ホームページよりお問い合わせ下さい。

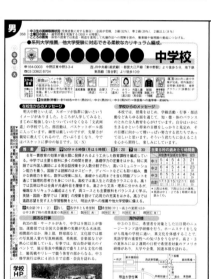

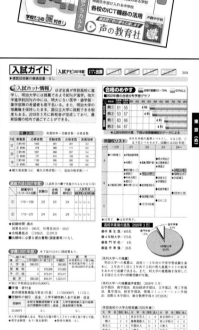

カコを追いかけ
ミライをつかめ

よくある解答用紙のご質問

01

実物のサイズにできない

拡大率にしたがってコピーすると，「解答欄」が実物大になります。配点などを含むため，用紙は実物よりも大きくなることがあります。

02

A3用紙に収まらない

拡大率164％以上の解答用紙は実物のサイズ（「出題傾向＆対策」をご覧ください）が大きいために，Ａ３に収まらない場合があります。

03

拡大率が書かれていない

複数ページにわたる解答用紙は，いずれかのページに拡大率を記載しています。どこにも表記がない場合は，正確な拡大率が不明です。

04

１ページに２つある

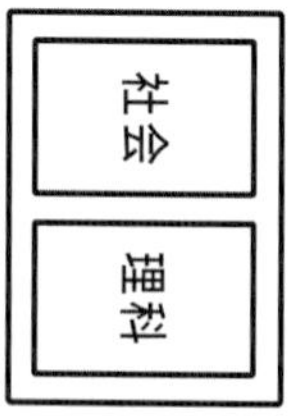

１ページに２つ解答用紙が掲載されている場合は，正確な拡大率が不明です。ほかの試験回の同じ教科をご参考になさってください。

山脇学園中学校

【別冊】入試問題解答用紙編

解答用紙は本体からていねいに抜きとり、別冊としてご使用ください。

※　実際の解答欄の大きさで練習するには、指定の倍率で拡大コピーしてください。なお、ページの上下に小社作成の見出しや配点を記載しているため、コピー後の用紙サイズが実物の解答用紙と異なる場合があります。

●入試結果表

年度	回	項目	国語	算数	社会	理科	4科合計	合格者
2024	A日程	配点(満点)	100	100	60	60	320	最高点
		合格者平均点	63.7	58.3	43.5	37.4	202.9	248
		受験者平均点	54.1	42.1	39.3	33.2	168.7	最低点
		キミの得点						185
	回	項目	国語	算数				合格者
	国・算1科午後	配点(満点)	100	100				最高点
		合格者平均点	70.6	73.9				国88 算 97
		受験者平均点	59.8	61.0				最低点
		キミの得点						国65 算 62
年度	回	項目	国語	算数	社会	理科	4科合計	合格者
2023	A日程	配点(満点)	100	100	60	60	320	最高点
		合格者平均点	65.5	77.3	44.2	40.8	227.8	267
		受験者平均点	57.2	58.3	38.4	35.5	189.4	最低点
		キミの得点						212
	回	項目	国語	算数				合格者
	国・算1科午後	配点(満点)	100	100				最高点
		合格者平均点	74.7	78.1				国 90 算 100
		受験者平均点	57.0	52.4				最低点
		キミの得点						国 70 算 67
年度	回	項目	国語	算数	社会	理科	4科合計	合格者
2022	A日程	配点(満点)	100	100	60	60	320	最高点
		合格者平均点	62.0	70.3	42.0	36.1	210.4	252
		受験者平均点	49.2	53.6	35.2	30.5	168.5	最低点
		キミの得点						199
	回	項目	国語	算数				合格者
	国・算1科午後	配点(満点)	100	100				最高点
		合格者平均点	70.1	71.8				国 86 算 100
		受験者平均点	57.0	52.4				最低点
		キミの得点						国 65 算 60
年度	回	項目	国語	算数	社会	理科	4科合計	合格者
2021	A日程	配点(満点)	100	100	60	60	320	最高点
		合格者平均点	59.0	60.5	38.9	38.6	197.0	239
		受験者平均点	47.4	45.3	33.0	33.0	158.7	最低点
		キミの得点						180
	回	項目	国語	算数				合格者
	国・算1科午後	配点(満点)	100	100				最高点
		合格者平均点	76.7	67.8				国 95 算 95
		受験者平均点	64.0	53.0				最低点
		キミの得点						国 72 算 60

〔参考〕満点(合格最低点)　2020 年：A日程 320(174)　国・算1科午後 100(国61 算55)

※　表中のデータは学校公表のものです。ただし、4科合計は各教科の平均点を合計したものなので、目安としてご覧ください。

声の教育社

２０２４年度　山脇学園中学校

算数解答用紙　Ａ日程

番号		氏名		評点	／100

1

(1)		(2)		(3)		(4)	ア	イ	
(5)		(6)		(7)		(8)		(9)	

2

(1)

(求め方)

答.　円

(2)

円

(3)

(求め方)

答.　個

3

(1)

(2)

(求め方)

答.　cm^2

(3)

(求め方)

答.　cm^2

4

(1)

(求め方)

答.　cm^3

(2)

(求め方)

答.　cm

(3)

(求め方)

答.　cm^2

(4)

(求め方)

答.

(注)　この解答用紙は実物を縮小してあります。179％拡大コピーをすると、ほぼ実物大の解答欄になります。

〔算　数〕100点(推定配点)

1～4　各５点×20

２０２４年度　　山脇学園中学校

社会解答用紙　Ａ日程

番号		氏名		評点	／60

1

問1	(1) km	(2)	(3)	(4)
	(5) → →			
問2	(1)	(2)	(3)	(4)	(5)
問3	仙台市内の移動における			

2

問1	A	B	C	D
	E			

問2		問3		問4		問5	
問6		問7		問8		問9	
問10	→ → →	問11		問12	(1)		
問12	(2)						

3

問1	A	B	
	C	問2	
問3		問4	満　　　歳
問5	E	F	
	G	H	
問6	(投票する人)		
	(理由)		

（注）この解答用紙は実物を縮小してあります。Ｂ５→Ａ３(163%)に拡大コピーすると、ほぼ実物大の解答欄になります。

〔社　会〕60点(推定配点)

1　問１　(1)～(4)　各１点×4　(5)　２点＜完答＞　問２　各２点×5　問３　３点　2　問１　各１点×5　問２～問４　各１点×3　問５　２点　問６～問９　各１点×4　問10，問11　各２点×2＜問10は完答＞　問12　(1)　２点　(2)　３点　3　問１～問４　各１点×6　問５　各２点×4　問６　４点

2024年度　　山脇学園中学校

理科解答用紙　A日程

番号		氏名		評点	／60

1

問1	A	B	C

問2

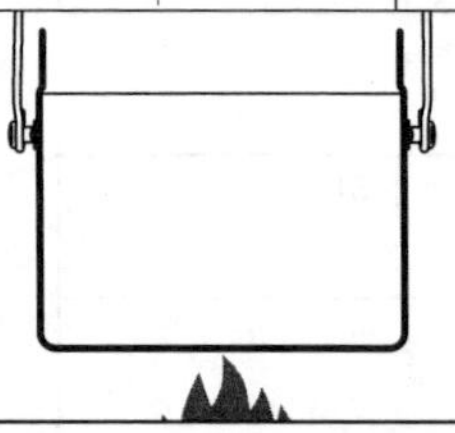

問3	①	②	③	④
問4	→	→	→	→
問5				

2

問1		問2	②	③
問2	④	⑤	⑥	
問3		問4		
問5				
問6	分　秒前	問7	問8	年後

3

問1		問2	(1)	(2)
問3	kg	問4	秒	
問5	(1)	(2)	(3)	
問6	A	B		
問7				

4

問1					
問2	(あ)	(い)	(う)	(え)	問3
問4		問5		問6	ア 拡散する・集める　イ 小さく・大きく
問6	ウ 小さく・大きく	問7	cm	問8	記号
問8	工夫				

（注）この解答用紙は実物を縮小してあります。169％拡大コピーをすると、ほぼ実物大の解答欄になります。

〔理　科〕60点(推定配点)

1　問1　各1点×3　問2　2点　問3　各1点×4　問4，問5　各2点×2＜問4は完答＞　2　問1～問4　各1点×8　問5～問8　各2点×4　3　問1，問2　各1点×4　問3，問4　各2点×2　問5，問6　各1点×5　問7　2点　4　問1～問6　各1点×12　問7，問8　各2点×2＜問8は完答＞

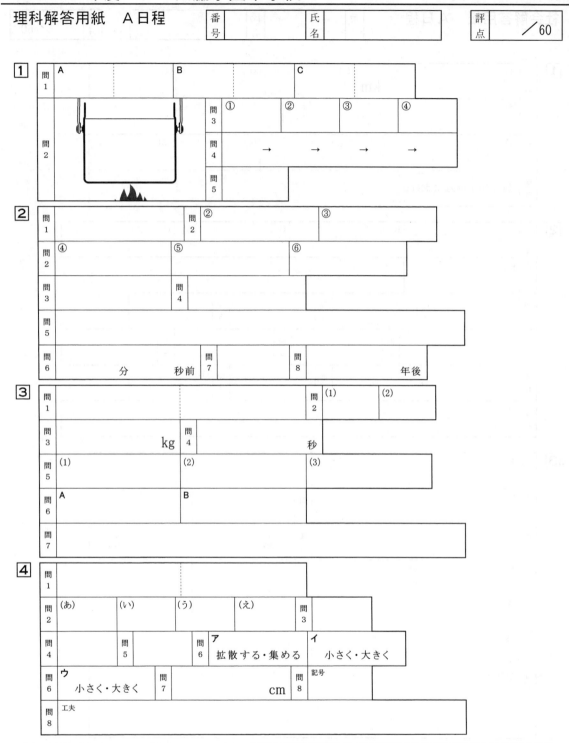

２０２４年度　山脇学園中学校

国語解答用紙　A日程

番号		氏名		評点	/100

一

問一　A　B　問二
問三　ダーウィンの説は、 ………… ものだったから。
問四　問五
問六
問七　問八

二

問一
問二
問三　問四　1　2　問五
問六
問七　→　→　→　→　問八

三

問一　a　む　b　c　問二　問三
問四　問五
問六

四

問一　1 漢字　意味　2 漢字　意味　3 漢字　意味　4 漢字　意味　5 漢字　意味

問二

	記号	正しく直したもの
1		、一緒に山に行こう。
2		今年の目標は、たくさん　。
3		犬を彼もかわいいと思ったようだ。
4		ニュースによると、今日は　。
5		デパートに行くのは、　。

（注）この解答用紙は実物を縮小してあります。Ｂ５→Ａ３（163％）に拡大コピーすると、ほぼ実物大の解答欄になります。

〔国　語〕100点(推定配点)

一　問1　各2点×2　問2　3点　問3　5点　問4　2点　問5　3点　問6　8点　問7　2点　問8　3点　二　問1　3点　問2　5点　問3，問4　各2点×3　問5　3点　問6　8点　問7，問8　各3点×2<各々完答>　三　問1～問5　各2点×7　問6　5点　四　各2点×10<各々完答>

２０２４年度　山脇学園中学校　国・算１科午後

算数解答用紙

番号		氏名		評点	／100

(1)		
(2)		
(3)	①	
	②	
	③	
(4)		
(5)	①	
	②	
(6)		分　　秒
(7)		個
(8)		
(9)		票
(10)		回
(11)		毎分　　m
(12)		分　　秒後

(13)		毎分　　m
(14)		度
(15)		
(16)		cm
(17)		cm^2
(18)	①	cm
	②	cm
(19)	①	(求め方)　答.　　g
	②	(求め方)　答.　　%
	③	(求め方)　答.　　g

（注）この解答用紙は実物を縮小してあります。Ｂ５→Ａ３（163%）に拡大コピーすると、ほぼ実物大の解答欄になります。

〔算　数〕100点(推定配点)

(1)～(10)　各４点×10＜(3)，(5)は完答＞　(11)～(19)　各５点×12

２０２４年度　山脇学園中学校　国・算二科午後

国語解答用紙

番号　　氏名　　評点　／100

一

問一　a　い　b　c

問二　A　B　問三（10）

問四

問五（20・40・60・80）

問六（20）ということが人々の共通の考えになっているということ。

問七

問八　問九

二

問一　a　b　c

問二　A　B　C

問三（20・40・60・80）

問四（20・40・60）

問五

問六　1　最初　最後　2　最初　最後　3　最初　最後

問七（15）

問八　問九

（注）この解答用紙は実物を縮小してあります。Ｂ５→Ａ３（163％）に拡大コピーすると、ほぼ実物大の解答欄になります。

〔国　語〕100点（推定配点）

一　問1，問2　各2点×5　問3，問4　各4点×2　問5　8点　問6　6点　問7，問8　各4点×2　問9　各2点×2　二　問1，問2　各2点×6　問3　8点　問4　7点　問5，問6　各4点×4　問7　5点　問8，問9　各4点×2

２０２３年度　山脇学園中学校

算数解答用紙　Ａ日程

番号		氏名	

評点	／100

1

(1)		(2)		(3)		(4)		(5)	
(6)		(7)		(8)		(9)			

2

(1)	(求め方) 答.	(2)	(求め方) 答.
(3)	(求め方) 答.	(4)	(求め方) 答.

3

(1)	(2)	(3)
(求め方) 答.　　時　　分	(求め方) 答.　　時　　分	(求め方) 答.　　m

4

(1)	cm^2	(2)	cm^3
(3)	(求め方) 答.　　cm^2	(4)	(求め方) 答.　　cm^2

〔算　数〕100点(推定配点)

1～4　各５点×20

（注）この解答用紙は実物を縮小してあります。172%拡大コピーをすると、ほぼ実物大の解答欄になります。

2023年度　山脇学園中学校

社会解答用紙　A日程

番号		氏名		評点	／60

1

問1		問2	cm	問3		問4		問5	
問6	(1)		(2)		(3)		(4)		(5)
問7		問8	(1)						
問8	(2)								

2

問1	A	B	C
	D	E	F
問2	(1)	(2)	(3)
問3			
問4		問5	
問6	→	→	→
問7			
問8	(1)	(2) の改革	(3)
問8	(4)	問9	

3

問1			
問2	A	B	C
問3	(1)	(2)	
	(3)記号	理由	
問4	(1) D	E	(2)
	(3)		

（注）この解答用紙は実物を縮小してあります。B５→A３(163%)に拡大コピーすると、ほぼ実物大の解答欄になります。

〔社　会〕60点(推定配点)

1　問1～問7　各1点×11　問8　各2点×2　2　問1　各1点×6　問2　各2点×3　問3～問5　各1点×3　問6～問8　各2点×6＜問6は完答＞　問9　1点　3　問1，問2　各1点×4　問3　(1)，(2)　各2点×2　(3)　3点　問4　(1)　各1点×2　(2)，(3)　各2点×2

２０２３年度　山脇学園中学校

理科解答用紙　Ａ日程

番号		氏名		評点	／60

1

問1	ア		イ		ウ	
問2	A	B	C	D	問3	
問4		問5				

2

問1		問2			問3		
問4							
問5		問6		問7		問8	

3

問1		問2	(1)	(2) g	(3) g
問3					
問4	(1)	(2)	問5		
問6	あ	い	う	え	
問7					

4

問1	あ	い	う	え	
	お	か	き	問2	
問3	雲量　～				
	記号　○				
問4	分				
問5					

図4　平面図

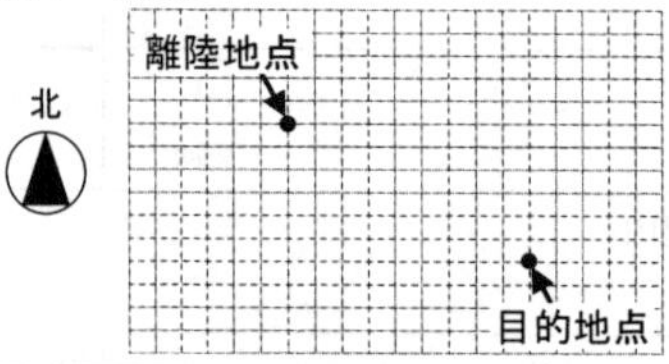

（注）この解答用紙は実物を縮小してあります。Ｂ５→Ａ３（163%）に拡大コピーすると、ほぼ実物大の解答欄になります。

〔理　科〕60点(推定配点)

1　問1，問2　各1点×7　問3～問5　各2点×3　2　問1　1点　問2　2点　問3　1点　問4　2点　問5　1点　問6～問8　各2点×3　3　問1，問2　各1点×4　問3，問4　各2点×3＜問4の(2)は完答＞　問5，問6　各1点×5　問7　2点　4　問1　各1点×7　問2～問5　各2点×5＜問4は完答＞

二〇二三年度　山脇学園中学校

国語解答用紙　Ａ日程

番号		氏名		評点	/100

一

問一　A　B
問二　I　II　III
問三
問四
問五
問六
問七
問八

二

問一　［その日は］
問二
問三
問四
問五
問六
問七
問八

三

問一　a　b
問二　A　B
問三　I　II
問四
問五
問六

四

問一　1　2　3　4　5
問二　1　2　3　4　5

（注）この解答用紙は実物を縮小してあります。Ｂ５→Ａ３（163%）に拡大コピーすると、ほぼ実物大の解答欄になります。

〔国　語〕100点(推定配点)

一　問1～問3　各2点×6　問4　5点　問5　2点　問6　7点　問7，問8　各2点×2　二　問1　4点　問2　2点　問3　5点　問4，問5　各3点×2　問6　7点　問7，問8　各3点×2　三　問1～問5　各2点×8　問6　4点　四　各2点×10

2023年度　山脇学園中学校　国・算1科午後

算数解答用紙

番号		氏名		評点	／100

(1)	
(2)	
(3)	
(4)	個
(5)	ウォン
(6)	%
(7)	円
(8)	円
(9)	個以上
(10)	回
(11)	分
(12)	日目
(13)	時間　分
(14)	秒後
(15)	度

(16)	m^2
(17)	cm
(18)	cm
(19)	cm^3
(20)	①（求め方）　答　個
	②（求め方）　答　個
	③（求め方）　答

（注）この解答用紙は実物を縮小してあります。Ｂ５→Ａ３（163%）に拡大コピーすると、ほぼ実物大の解答欄になります。

〔算　数〕100点(推定配点)

(1)～(10)　各4点×10　(11)～(20)　各5点×12＜(20)の③は完答＞

二〇二三年度　山脇学園中学校　国・算二科午後

国語解答用紙

番号　　氏名　　評点 /100

一

問一 a　b　c

問二 A　B　問三 (1)　(2) 最初　最後

問四

問五 (20)(30)

問六　問七

問八 最初　最後　ということ。

問九 (20)(40)(60)(70)(80)(90)

二

問一 a　b　め　c　い

問二 (20)(40)(60)(80)

問三　問四

問五 (20)(40)(50)

問六 1　2

問七 C　D　E

問八　問九

(注) この解答用紙は実物を縮小してあります。B5→A3(163%)に拡大コピーすると、ほぼ実物大の解答欄になります。

〔国　語〕100点(推定配点)

一 問1　各2点×3　問2　各3点×2　問3，問4　各4点×3　問5　6点　問6　3点　問7，問8　各4点×2　問9　9点　二 問1　各2点×3　問2　9点　問3　4点　問4　3点　問5　7点　問6　5点<完答>　問7　各2点×3　問8　4点　問9　各3点×2

2022年度　山脇学園中学校

算数解答用紙　A日程

番号		氏名	

評点	／100

1

(1)	(2)	(3)	(4)	(5)

(6)	(7)	(8)	(9)
①　②　③			

2

(1)	(2) あ	(2) い	(3)
(求め方)	(求め方)	(求め方)	(求め方)
答　毎秒　cm^3	答	答	答　毎秒　cm^3

3

(1)	(3)	(4)
毎時　km	(求め方)	(求め方)
(2)		
km		
	答　分　秒後	答　km

4

(1)	(2)	(3)
回		

(注) この解答用紙は実物を縮小してあります。169%拡大コピーをすると、ほぼ実物大の解答欄になります。

〔算　数〕100点(推定配点)

1～4　各5点×20<1の(6)，4の(3)は完答>

２０２２年度　　山脇学園中学校

社会解答用紙　Ａ日程

番号		氏名		評点	／60

1

問1		問2		問3											
問4	(1)	(2)	(3)	(4) 記号＝											
	(4) 説明＝　北西季節風の影響														
問5	(1)														
	(2)	(3)													

2

問1	A		B		C	
	D		問2		問3	
問4			問5		問6	
問7		問8	→	→	→	
問9	(1)		(2)			
問10						
問11		問12		問13	年　月　日	

3

問1	A		B
	C		D
問2		問3	
問4	(1)		(2)
問5	(1)　名		(2)

（注）この解答用紙は実物を縮小してあります。Ｂ５→Ａ３（163％）に拡大コピーすると、ほぼ実物大の解答欄になります。

〔社　会〕60点（推定配点）

1　各２点×10＜問４の(4)は完答＞　**2**　問１～問10　各１点×14＜問８は完答＞　問11～問13　各２点×３　**3**　各２点×10

２０２２年度　山脇学園中学校

理科解答用紙　Ａ日程

番号		氏名	

評点	／60

1

問1		問2	太い根	細い根	
問3		問4		問5	
問6	(1) 上 ・ 下	(2)			
問7	(1)	(2)	(3)		

2

問1		問2	極	問3	強い場所	弱い場所
問4	①	②	③			
問5	図5	図6				

3

問1		問2	①	②		
問3	(1) ℃	(2) ℃	(3) m			
問4	①	②	問5	①	②	③

4

問1	(1)	(2)			
問1	(3)				
問1	(4)				
問2	① %	② トン	問3	B	
問3	C	問4		問5	

（注）この解答用紙は実物を縮小してあります。Ｂ５→Ａ３（163%）に拡大コピーすると、ほぼ実物大の解答欄になります。

〔理　科〕60点（推定配点）

1　問1～問5　各2点×5＜問2は完答＞　問6，問7　各1点×5＜問7の(1)は完答＞　2　問1～問3　各2点×4＜問3は各々完答＞　問4　各1点×3　問5　各2点×2＜各々完答＞　3　問1　2点　問2　各1点×2　問3　各2点×3　問4，問5　各1点×5　4　問1　各2点×4＜(2)は完答＞　問2～問4　各1点×5　問5　2点

二〇二三年度　山脇学園中学校

国語解答用紙　A日程

番号		氏名		評点	/100

一

問一　A　B　問二

問三　言葉　ことば

問四　（20　40　60）　という特徴。

問五　1　2　3

問六　問七　問八

二

問一　A　B

問二　問三

問四　最初　最後　問五

問六　（10）

問七　（20　40　60）

問八

三

問一　a　って　b　問二　A　B　問三　問四　問五

問六

四

問一　1　2　3　4　5

問二　1　2　3　4　5

（注）この解答用紙は実物を縮小してあります。B５→A３（163％）に拡大コピーすると、ほぼ実物大の解答欄になります。

〔国　語〕100点(推定配点)

一　問１～問３　各２点×５　問４　８点　問５～問８　各２点×６　二　問１　各２点×２　問２～問６　各３点×５　問７　８点　問８　３点　三　問１～問５　各２点×７　問６　６点　四　各２点×10

2022年度　山脇学園中学校　国・算1科午後

算数解答用紙

番号		氏名		評点	／100

(1)	
(2)	
(3)	回
(4)	円
(5)	枚
(6)	%
(7)	枚
(8)	個
(9)	
(10)	日目

(11)	m
(12)	m
(13)	本
(14)	度
(15)	cm
(16)	cm^2
(17)	① cm^3
	② cm^2
(18)	① 個
	② 個

（注）この解答用紙は実物を縮小してあります。B５→B４(141%)に拡大コピーすると、ほぼ実物大の解答欄になります。

〔算　数〕100点(推定配点)

(1)～(18)　各５点×20

二〇二三年度　山脇学園中学校　国・算二科午後

国語解答用紙

番号　氏名　評点 /100

一

問一　a　り　b

問二　A　B

問三　①　⑤

問四

問五

問六

問七　問八　問九

二

問一　a　b　c　る

問二

問三　B　C

問四　と考えている。

問五

問六

問七

問八

問九

（注）この解答用紙は実物を縮小してあります。Ｂ５→Ａ３（163%）に拡大コピーすると、ほぼ実物大の解答欄になります。

〔国　語〕100点(推定配点)

一　問1　各2点×2　問2，問3　各3点×4　問4　6点　問5　5点　問6　9点　問7～問9　各5点×3　二　問1　各2点×3　問2，問3　各3点×3　問4　9点　問5　4点　問6　7点　問7，問8　各4点×2　問9　各3点×2

2021年度　山脇学園中学校

算数解答用紙　A日程

番号		氏名		評点	／100

1

(1)	(2)	(3)	(4)	(5)

(6)	(7)	(8)	(9)

2

(1)	(2)	(3)
(求め方)	(求め方)	(求め方)
答　毎分　cm^3	答　cm	答　毎分　cm^3

3

(1)	(2)
(求め方)	(求め方)
答　毎分　m	答　毎分　m

4

(1)	(2)	(3)	(4)
cm	：	：	cm^2

(注) この解答用紙は実物を縮小してあります。169％拡大コピーをすると、ほぼ実物大の解答欄になります。

〔算　数〕100点(推定配点)

1　各5点×9　2　各6点×3　3　(1)　6点　(2)　7点　4　各6点×4

２０２１年度　山脇学園中学校

社会解答用紙　Ａ日程

番号		氏名		評点	／60

1

問1		問2		問3	
問4		問5		問6	
問7	(1)	(2)		(3)	
問8	(1)	(2)			

2

問1	A	B		C			
問2		問3		問4			
問5		問6	(1)　→　→　→　→	(2)			
問7	(1)	(2)	問8	ア	イ	ウ	
問9		問10		問11			

3

問1		問2	(1)	(2)
問3	A	B		
	C	D		
問4	(1)　【タイプ　　　　】			
	(2)			

（注）この解答用紙は実物を縮小してあります。Ｂ５→Ａ３（163％）に拡大コピーすると、ほぼ実物大の解答欄になります。

〔社　会〕60点(推定配点)

1　各２点×11　2　問１～問４　各１点×６　問５　２点　問６　(1)　２点＜完答＞　(2)　１点　問７, 問８　各１点×５　問９　２点　問10, 問11　各１点×２　3　各２点×９

2021年度　山脇学園中学校

理科解答用紙　A日程

番号		氏名	

評点	／60

1

問1　mm

問2　②　③　④　⑤　⑥

問3　(1)⑦　時　分　秒　⑧　時　分　秒　⑨　秒

(2)　時　分　秒

2

問1　種類　問2　性　問3

問4　問5

問6　性質④　水よう液

3

問1　①　顔の正面　・　顔の横　②　より遠くのもの　・　より広いはんい

問2　(1)①　②　③

(2)C

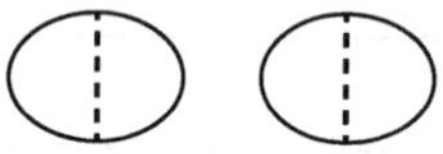

左眼　右眼

問3

4

問1　問2　問3　問4　問5

問6

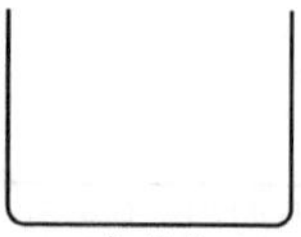

水そう

問7　問8

問9

（注）この解答用紙は実物を縮小してあります。B５→B４(141%)に拡大コピーすると、ほぼ実物大の解答欄になります。

〔理　科〕60点(推定配点)

1　問1　2点　問2　各1点×5　問3　各2点×4　2, 3　各2点×14<2の問3, 問4, 問5, 問6の水よう液は完答>　4　問1　1点　問2～問9　各2点×8

二〇二二年度　山脇学園中学校

国語解答用紙　Ａ日程

番号　　氏名　　評点　／100

一

問一　A　B
問二
問三
問四　…こと。
問五
問六
問七　…ロボット。
問八

二

問一　A　B
問二
問三
問四
問五　…こと。
問六
問七
問八

三

問一　a　b
問二
問三
問四
問五
問六

四

問一　1 漢字　記号　2 漢字　記号　3 漢字　記号　4 漢字　記号　5 漢字　記号
問二　1　2　3　4　5

（注）この解答用紙は実物を縮小してあります。Ｂ５→Ａ３（163%）に拡大コピーすると、ほぼ実物大の解答欄になります。

〔国　語〕100点（推定配点）

一　問1　各2点×2　問2，問3　各3点×2　問4　6点　問5　3点　問6　6点　問7，問8　各3点×2　二　問1　各2点×2　問2　6点　問3〜問6　各3点×4　問7　6点　問8　3点　三　問1〜問5　各2点×6　問6　6点　四　各2点×10<問1は各々完答>

２０２１年度　山脇学園中学校　国・算１科午後

算数解答用紙

番号		氏名		評点	／100

(1)		
(2)		
(3)		
(4)		
(5)		g
(6)		枚
(7)		m
(8)		
(9)		本
(10)		人

(11)		m
(12)	①	円
	②	シート
(13)	時間	分
(14)		度
(15)		cm^2
(16)		cm^3
(17)	①	cm
	②	
(18)	①	cm
	②	cm

（注）この解答用紙は実物を縮小してあります。Ｂ５→Ｂ４（141%）に拡大コピーすると、ほぼ実物大の解答欄になります。

〔算　数〕100点(推定配点)

(1)～(5)　各４点×５　(6)～(18)　各５点×16

二〇二二年度　山脇学園中学校　国・算二科午後

国語解答用紙

番号　　氏名　　評点　／100

一

問一　a　　b　　んだ　　c

問二　A　　B

問三　　問四

問五　1　　2

問六　（20・40・50）

問七

問八

問九　（20・40・60）

二

問一　a　　b　　てる　　c

問二　　問三

問四　1　　2　　3

問五　　問六

問七

問八　（20・40・60・80）

問九

（注）この解答用紙は実物を縮小してあります。B5→A3（163%）に拡大コピーすると、ほぼ実物大の解答欄になります。

〔国　語〕100点（推定配点）

一　問1　各2点×3　問2　各3点×2　問3～問5　各4点×4　問6　8点　問7，問8　各4点×2　問9　8点　二　問1　各2点×3　問2，問3　各4点×2　問4　各3点×3　問5～問7　各4点×3　問8　9点　問9　4点

２０２０年度　山脇学園中学校

算数解答用紙　Ａ日程

番号		氏名		評点	／100

1

(1)	(2)	(3)	(4)
(5)	(6)	(7)	(8)

2

(求め方)

答　　　個

3

(求め方)

答　　　m

4

(1)	(2)	(3)
(求め方)	(求め方)	(求め方)
答　　　分	答　　　分　　　秒後	答　　　cm

5

(1)	(2)	(3)
(求め方)	(求め方)	(求め方)
答　　　通り	答　　　通り	答　　　通り

(注) この解答用紙は実物を縮小してあります。182%拡大コピーすると、ほぼ実物大で使用できます。(タイトルと配点表は含みません)

〔算　数〕100点(推定配点)

1　各６点×８　2, 3　各７点×２　4　(1), (2)　各６点×２　(3)　７点　5　(1), (2)　各６点×２　(3)　７点

２０２０年度　山脇学園中学校

社会解答用紙　Ａ日程

番号		氏名	

評点	／60

1

問1	(1)	(2)	(3)	
問2	(1)	(2)	(3)	(4)
問3		問4		
問5	(1)	(2)		
	(3)			

2

問1	A	B	C				
	D	E					
問2		問3	→ → →	問4			
問5	→ → → →	問6					
問7		問8	(1)	(2)	問9		
問10							

3

問1			
問2	(1)	(2)	
問3	(記号)	(理由)	
問4		問5	
問6			
問7			

(注) この解答用紙は実物を縮小してあります。Ｂ４用紙に143％拡大コピーすると、ほぼ実物大で使用できます。(タイトルと配点表は含みません)

〔社　会〕60点(推定配点)

1 問1　各1点×3　問2　(1)，(2)　各2点×2　(3)，(4)　各1点×2　問3，問4　各1点×2　問5　各2点×3　**2** 問1～問6　各2点×10＜問3，問5は完答＞　問7，問8　各1点×3　問9，問10　各2点×2　**3** 問1，問2　各2点×3　問3　各1点×2　問4～問7　各2点×4＜問6は完答＞

２０２０年度　　山脇学園中学校

理科解答用紙　Ａ日程

番号		氏名	

評点	／60

1

問1	(あ)	(い)	(う)	(え)
	(お)	(か)	問2　もっとも早く消える	もっとも遅く消える
問3	ちっ素	二酸化炭素	空気	問4

2

問1		問2　①	②	③	④
問3		問4　(1)A	B		
問4	(2) 記号	理由			

3

問1	ア	イ	ウ	エ	オ	カ
問2	秒	問3	cm			
問4	最下点での速さ	最高点の高さ	しばらくふれた後			
問5						

4

問1		問2		問3	
問4	あ	い	う	え	お
問5	A	B	C		
問6					
問7		問8			
問9	あ				
	い	記号			

（注）この解答用紙は実物を縮小してあります。Ａ３用紙に164%拡大コピーすると、ほぼ実物大で使用できます。（タイトルと配点表は含みません）

〔理　科〕60点(推定配点)

1　問１　各２点×６　問２〜問４　各１点×６　2　問１〜問３　各１点×６　問４　(1)　各２点×２　(2)　記号…１点，理由…２点　3　問１　３点＜完答＞　問２〜問５　各１点×６　4　問１，問２　各１点×２　問３〜問７　各２点×７＜問４は完答＞　問８　１点　問９　あ・い…２点＜完答＞，記号…１点

二〇二〇年度　山脇学園中学校

国語解答用紙　A日程

番号		氏名		評点	/100

一

問一　A　B　問二

問三　（20・40）失われる。

問四　→　→　→　問五

問六　1　2　3

問七　（20・40・50）

問八　問九

二

問一

問二　問三

問四　（20・40）

問五　1　2　問六

問七　最初　最後　と考えた。

問八

三

問一　a　b　c　問二　問三

問四　問五

問六

四

問一　1　2　3　4　5

問二　1 漢字　記号　2 漢字　記号　3 漢字　記号　4 漢字　記号　5 漢字　記号

(注) この解答用紙は実物を縮小してあります。A3用紙に156%拡大コピーすると、ほぼ実物大で使用できます。(タイトルと配点表は含みません)

〔国　語〕100点(推定配点)

一　問1，問2　各2点×3　問3　4点　問4　3点＜完答＞　問5，問6　各2点×4　問7　6点　問8，問9　各3点×2　二　問1～問3　各3点×3　問4　4点　問5，問6　各2点×3　問7，問8　各3点×2　三　問1～問3　各2点×5　問4，問5　各3点×2　問6　6点　四　各2点×10＜問2は各々完答＞

2020年度　山脇学園中学校　国・算1科午後

算数解答用紙

番号		氏名	

評点	／100

(1)	
(2)	
(3)	
(4)	cm
(5)	cm
(6)	g
(7)	円
(8)	時間
(9)	個
(10)	回

(11)	人
(12)	度
(13)	cm^2
(14)	cm^3
(15)	cm^2
(16)	円
(17)	①
	②
(18)	① 毎分　m
	② m

（注）この解答用紙は実物を縮小してあります。Ｂ４用紙に128%拡大コピーすると、ほぼ実物大で使用できます。(タイトルと配点表は含みません)

〔算　数〕100点(推定配点)

(1)～(18)　各５点×20

二〇二〇年度　山脇学園中学校　国・算二科午後

国語解答用紙

番号		氏名		評点	/100

一

問一　A　B
問二
問三
問四
問五　最初　最後
問六
問七
問八
問九

二

問一
問二
問三　A　B　C
問四
問五
問六　D　E
問七
問八　ことを、父が受け入れたこと。
問九

（注）この解答用紙は実物を縮小してあります。A3用紙に149%拡大コピーすると、ほぼ実物大で使用できます。（タイトルと配点表は含みません）

〔国　語〕100点(推定配点)

一　問1，問2　各3点×3　問3　4点　問4　8点　問5　5点　問6　4点　問7　9点　問8，問9　各4点×2　二　問1　4点　問2　9点　問3　各3点×3　問4　4点　問5　8点　問6　各3点×2　問7　4点　問8　5点　問9　4点

Memo